财政转移支付和政府间事权财权关系研究

卢中原 主编

中国财政经济出版社

图书在版编目（CIP）数据

财政转移支付和政府间事权财权关系研究/卢中原主编．—北京：中国财政经济出版社，2007.7

ISBN 978－7－5005－9927－2

Ⅰ．财…　Ⅱ．卢…　Ⅲ．财政支出－支付方式－财政制度－研究－中国　Ⅳ．F812.45

中国版本图书馆 CIP 数据核字（2007）第 066715 号

中国财政经济出版社出版

URL：http：//www.cfeph.cn

E－mail：cfeph@cfeph.cn

社址：北京市海淀区阜成路甲 28 号　邮政编码：100036

发行处电话：88190406　财经书店电话：64033436

北京财经印刷厂印刷　各地新华书店经销

787×1092 毫米　16 开　22.5 印张　552 000 字

2007 年 10 月第 1 版　2007 年 10 月北京第 1 次印刷

印数：1—2 000　定价：45.00 元

ISBN 978－7－5005－9927－2/F·8620

（图书出现印装问题，本社负责调换）

国务院发展研究中心宏观经济研究部
日本财务省财务综合政策研究所
合作研究项目

中方课题组成员

课题顾问

谢伏瞻　原国务院发展研究中心副主任、现国家统计局局长

课题组长

卢中原　国务院发展研究中心宏观经济研究部部长

副组长

魏加宁　国务院发展研究中心宏观经济研究部副部长

孟　春　国务院发展研究中心宏观经济研究部副部长

课题组成员

倪红日　国务院发展研究中心副局长　研究员

张立群　国务院发展研究中心学术委员会副秘书长　研究员

张永生　国务院发展研究中心宏观经济研究部处长　研究员

李建伟　国务院发展研究中心宏观经济研究部处长　副研究员

张俊伟　国务院发展研究中心宏观经济研究部副处长　副研究员

王　彤　国务院发展研究中心宏观经济研究部助理研究员

中国财政部财政科学研究所所长贾康研究员、科研处长阎坤研究员和国务院发展研究中心社会发展研究部贡森研究员提供了研究报告，在此一并致谢。

目 录

中文版序言

国务院发展研究中心宏观经济研究部部长　卢中原

2003年以来，中国国务院发展研究中心宏观经济研究部与日本财务省综合政策研究所开展了三个阶段的合作研究。第一期关于“地方债”的合作研究已于2004年初结束；第二期关于“财政转移支付”的合作课题已于2005年2月完成；第三期关于“政府间事权划分”的合作课题于2006年3月告一段落。在中日双方的共同努力下，三个阶段的合作研究进展一直比较顺利，中日双方均取得了较为丰硕的成果。这本书收集了中日第二、第三阶段合作研究的成果，主要包括财政转移支付课题以及中央和地方政府事权划分的课题。

中方取得的主要研究成果为立法和决策提供了参考，并产生了良好的社会影响。目前中国正在制定“财政转移支付法”。作为起草小组成员，时任中国国务院发展研究中心副主任谢伏瞻向起草小组介绍了中方课题组的研究成果。中方课题组成员与起草小组多次进行交流，专门提交有关研究报告，得到了他们的积极评价。中日双方在中国北京、辽宁省大连市、四川省眉山市、海南省海口市和日本东京举行了多次中间报告会和最终成果报告会。中共中央政策研究室、国务院研究室、全国人大财经委、全国人大预算工委和财政部的专家参加了在中国举办的报告会，合作研究成果引起了中国立法机构、有关决策部门和学术界的重视。与会者对中日双方专家的研究报告给予了较高评价，比如在海口研讨会上，全国人大财经委的资深专家称，中日合作课题的报告是近年来中国研究财政转移支付最具深度的报告之一。一些研究成果引起世界银行、亚洲开发银行等相关国际机构的关注，也得到与会国际机构（例如OECD）专家的好评。

三年来，为推动中日双方的合作研究，中国国务院发展研究中心原副主任谢伏瞻以及中心的国际合作局给予了大力支持，日本财务省综合政策研究所的历任所长、副所长和日方专家作出了积极努力，参加历次课题研讨会的各位中方和外方专家贡献了学识和智慧。谨向他们表示由衷的感谢！

对于中国来说，当前和今后一段时间，合理划分各级政府间事权和财权，建立事权和财权相匹配的财税体制，将是财政体制改革的一项重要任务。这方面的改革对于完善社会主义市场经济体制，建立科学的宏观调控体系，保持中国经济持续、快速、协调发展，是十分必要的。主要体现在：

一是需要增强各级政府的公共服务能力。目前，中国的中央政府和地方政府之间的财权和事权划分还不够清晰合理，各级政府缺乏与本级公共服务职能及其公共开支相适应的正常财税收入来源，导致地方政府纷纷开辟不正规的渠道以增加财政收入。各级政府预算外收入和体制外融资的渠道和支出去向不规范、不透明，其中相当多资金直接投入公共服务以外的盈利性投资项目，容易削弱政府提供公共服务的能力。因此需要研究如何进一步明确中央和地方政府的事权和财权，使各级政府都能有规范而稳定的财政收入来源，以满足其正常的公共开支需要。

二是需要纠正地方政府过多干预经济的行为。中国现行分税制体系基本适应了发展市场经济的趋势，但还不够完善。例如，中央和地方税种结构及其分成比例不够合理，地方财政收入缺乏适合地方经济发展需要的主体税种（例如不动产税等），过于依赖增值税、营业税等流转税，加之与建设项目挂钩的专项转移支付还占较大比重，这就容易导致地方政府热衷于争建设项目、积极干预地方工商业投资。因此，需要研究如何合理调整中央税、地方税以及共享税的税种和分成比例，如何以及何时开征物业税、环保税等新税种，是否应当扩大资源税和耕地占用税的征收范围，怎样才能稳步扩大地方政府发行债券的权力，等等。

三是需要促进地区协调发展。财税体制改革，应当有利于改善不同地区发展的基础设施和公共服务条件，有利于提高欠发达地区的自我发展能力和人民福利水平，着重缩小不同地区之间的社会发展差距。中国建立财政转移支付制度还只有10多年，存在不完善之处是难以避免的。例如，中央财政对欠发达地区的转移支付力度还不够，一般性转移支付所占比例较小，专项转移支付所占比例还比较大，不利于体现地区间公共服务均等化的原则，致使区域政策在消弭市场缺陷方面的效果还不理想。因此，需要进一步完善财政转移支付制度和相关的财税政策，改进中央和省以下财政转移支付制度，减少专项转移支付，扩大一般性转移支付，简化财政预算管理层次，推广“省直管县”等改革试点，等等。

在中日合作研究和对日本的考察中，我有以下几点体会：

第一，如何使地区自我发展能力与政府支持之间的关系处于良性循环之中，是非常重要的。我在九州参观了日本“一村一品”活动的发源地和正在进行的宣传活动。当地人发明了一种叫做“汤路”的流通券，通过它来促进温泉旅游事业。“汤路”的日文发音和欧元的英文发音（euro）很相似，可以理解为“洗温泉的欧元”。当地人与行业协会联手，设立了发行和兑换“汤路”的“银行”，把它当作可在一定区域内流通的特殊货币，用来开发当地丰富的温泉旅游资源。这是地区特色非常鲜明而又相当幽默的创造，有利于发挥比较优势，壮大特色经济，增强地区自我发展能力。我很受启发，在中国也应该发挥各地自我创新的积极性，并与中央政府的扶持政策形成良性互动。

第二，财政转移支付制度需要在经济发展中不断改革和完善。日本的财政转移支付制度已经有数十年的历史，现在仍然在进行“三位一体”的改革。而中国的财政转移支付制度还很不成熟，仍处于改革的过渡期，当然中国的情况也更加复杂。我们应当立足于中国国情，学习借鉴日本和其他国家的有益经验，使我们的财政转移支付制度逐步完善起来。要想健全中国的财政转移支付制度，还需要深入研究如何合理划分中央政府和地方政府的权限，如何推进税制改革，如何构建公共财政体系等。只有进行多方面的配套改革，才能在中国发挥好转移支付制度的作用。

第三，需要处理好中央和地方政府的收入和支出关系。在讨论当中，中方研究人员提出，对各级政府事权和财权相统一的见解，现在有不同的看法。从西方国家财政收入和支出关系的变化趋势看，中央政府倾向于越来越多地集中收入，而把支出的责任越来越多地交给地方政府，这样有利于控制地方政府的行为。在中国未来的改革中，怎样形成一种更合理的收入支出关系，这是值得我们进一步研究的。例如，可以通过对国际上多种模式的比较研究，结合中国自己的国情，找出适合中国的改革道路。

第四，在公共服务中需要发挥好政府和市场的不同作用。我们在北海道考察期间，了解到北海道的公立医院和私立医院都执行由国家规定的同一收费标准，私立医院也不能按照市场供求关系随便提高收费，这是一个很有意思的规定。但是公立医院当中，也尽可能把一些服务发包给私人，通过市场机制来降低成本。比如说医疗计分的统计、清洁工作和医疗器械的维修等，都尽可能由私人的市场竞争来完成。这使我感到有借鉴意义。目前，中国对医疗和教育等公共服务的改革争论非常激烈，有一种意见认为出现了过分市场化的偏差，希望往回走，公共服务都要由政府包起来。这样做，是不是符合未来公共服务发展的方向？看来也是值得研究的。

第五，我感到合作研究的内容逐步深入，政策建议的针对性有所增强。第三阶段关于“政府间事权划分”的合作研究，与中国改革的实际结合得更加紧密。中方专家介绍了中国的五级政权和相应的财政体制，正在一些省进行改革试点的情况以及这些改革所产生的成效、所面临的重要问题，并提出进一步改革的设想。他们平常都素有研究，所以介绍得非常清楚。这也使日方专家进一步了解了中国在这些方面有什么新的动作，现在研究的水平已经达到什么样的高度。日方专家也有比较了解中国的教授和研究人员，他们提出了有针对性的建议。比如开征土地税，推动增值税的改革，在中央和地方之间合理划分财源，合理设计税种等等。中国的专家和日本的专家在交流当中，双方都获益匪浅。

我希望并且相信，在今后的合作研究中，中日双方都会进一步获得有益的信息、经验和建议，取得新的研究成果。最后需要说明，中方课题组提交的研究报告，都是研究人员个人的看法，并不代表其供职机构的观点。

2006 年 3 月 17 日

第一篇

财政转移支付研究

中国政府间财政转移支付制度的现状、问题与完善

国务院发展研究中心　倪红日

从严格并狭义上讲，中国政府间财政转移支付制度的建立是从1994年实行“分税制”开始的，因此这个制度的历史是短暂的。在此以前的政府间财政体制中，也存在着上级政府对下级政府的补助，但是笔者认为并不属于严格意义上、国际通行做法的转移支付制度。

一、中国政府间财政转移支付制度建立的背景

中国政府间财政关系的历史演变历经了十几种主要体制的变革，基本上是沿着中央集权向分权化改革的总体方向推进的。但是过度的分权也会导致中央政府实现其必要职能的能力的削弱，因此寻求适当集权与分权的体制是中国政府间财政关系1994年以来继续变革和完善的主要动因。

从中国财政转移支付制度来看，它是政府间财政管理体制的组成部分。中国经济体制改革以前，政府间的财政补助虽然以不同的形式存在，但是作为真正意义上的财政转移支付制度，是在1994年“分税制”改革中出现的，它是“分税制”体制的重要组成部分，具有了特定的制度特点。

中国1994年政府间财政关系调整和转移支付制度建立的背景：一是改革开放以后，地区之间的经济发展差距和财政供给差距总体上呈现扩大的态势。二是政府间财政体制呈现过度分权的特征，下面的图示（见图1）对中国政府间财政关系的集权和分权特征的抽象概括，可以看出这些制度演变的方向性。

从图1可见，从新中国成立初期至今，政府间财政关系的变化大体可以概括为四个阶段：第一阶段，建国初期和第一个五年计划期间，政府间财政关系基本上实行的是集权体制，其中1950年实行的是高度集权的“统收统支”体制。第二个阶段，从1958～1979年期间实行了“总额分成”为主要特征的各类体制，其基本特点是在中央统一领导下的适当分权型体制。这类体制是在中央集权的前提下，调动地方政府管理经济、组织财政收入、安排财政支出的积极性。第三个阶段，从1980～1993年，在经济体制实行重大改革的背景下，对地方政府和国营企业的放权让利是改革的主要基调。适应这种改革要求，政府间财政体制逐

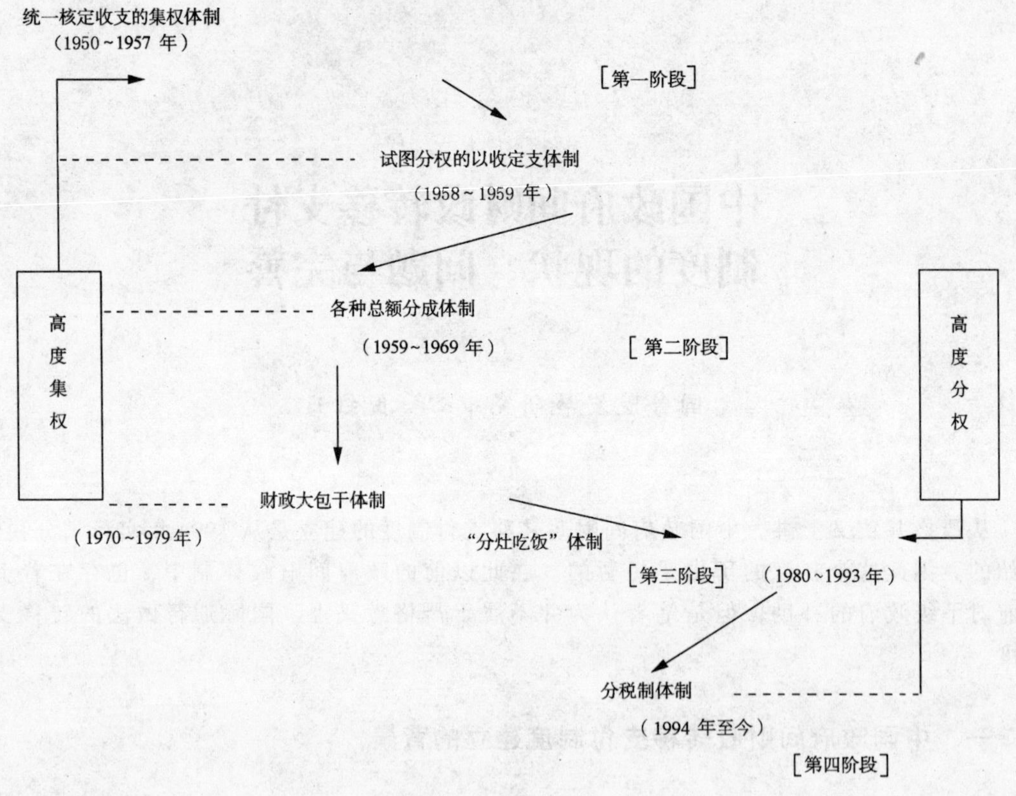

图 1

步走向分权性体制。以“分灶吃饭”为典型的分权体制，使得地方政府的财力不断增长，中央财政的财力在全部财政收入中的比重逐渐下降，中央财政对各地区的财政调节能力明显减弱。第四个阶段，从 1994 年至今，实行和不断完善“分税制”体制。这一体制的初衷是要建立与国际上市场经济国家通行做法的中央（或联邦）政府控制下的各级政府适当分权的财政关系。与“分灶吃饭“的包干体制相比，是向适当集权的方向改进。但是，由于各种原因，这一体制正处于改革的过程中，离预定的初衷尚有一段距离，同时又暴露出了一些新的问题。

二、中国政府间财政转移支付制度的建立与现状

（一）1994 年分税制改革的特点和成效

1994 年的分税制改革，奠定了适应社会主义市场经济体制的政府间财政关系的基本框架。由于难以打破地方政府原有的利益格局等原因，1994 年的改革没能对此前各个地区的财政支出基数进行调整，同时建立起科学、规范的政府间财政转移支付制度。而是选择采取“存量不动、增量调整”的方针，旨在通过渐进性改革，逐步加大中央财政所控制的增量，用增量部分进行以公共服务水平均等化为目标的地区间财力再分配，以求

逐步建立起科学、规范的财政转移支付制度。这种渐进性改革取得了一定的成效，主要做法和收效是：通过各种措施逐步扩大中央财政收入的增量，中央财政收入占全部财政收入的比重逐年提高。

实施政府间财政转移支付的渐进性改革，重要的条件是不断扩大中央财政收入的增量。1994 年至 1997 年这部分增量的扩大比较缓慢。1998 年以后至今，中央财政收入每年的增长速度大多都超过地方财政收入的增长速度，中央财政收入的增量明显扩大。

采取的主要措施有四个方面：一是强化税收征收管理，运用“金税工程”的高新技术手段，将流失的税收征收上来。实施强化税收征管措施后，作为中央财政收入主要来源的增值税、消费税，保持了强劲增长。海关打击走私，使中央财政的关税收入和代征增值税和消费税大幅度增长；二是将恢复开征的税种直接作为中央财政收入，如 1999 年恢复开征的利息所得税直接作为中央收入；三是调整某些共享税种的中央与地方分享比例，提高中央分享份额，如证券交易税；四是在 2002 年实施了所得税分享改革，企业所得税由按照企业隶属关系划分中央与地方收入改为中央和地方共享税，个人所得税由地方税收改为中央和地方共享税。

上述措施的效果是明显的。自 1998 年以后，作为反映中央财力增长的相对指标——中央财政收入占全部财政收入的比重逐年提高，中央财政向地方财政的返还和补助（包括税收返还、专项补助和一般性转移支付等形式）数量也逐年增加（详见表 1）。

表 1　1994 年以来中央财政收入占全部财政收入比重及向地方政府转移财力数量表

	全国财政总收入（亿元）	中央财政本级收入（亿元）	中央财政收入占财政总收入比重（%）	中央财政对地方财政的补助支出（亿元）
1994 年	5218.1	2906.4	55.7	2389.1
1995 年	6242.2	3256.6	52.2	2534.1
1996 年	7408.0	3661.1	49.4	2722.5
1997 年	8651.1	4226.9	48.9	2856.7
1998 年	9876.0	4892.0	49.5	3323.0
1999 年	11444.1	5849.2	51.1	4095.3
2000 年	13380.1	6986.1	52.2	4665.0
2001 年	16371.0	8578.0	52.4	6015.0
2002 年	18914.0	10390.0	54.9	7362.0

资料来源：《2003 年财政年鉴》和公开发表的财政部长的年度预决算报告。

（二）适应“分税制”的转移支付制度的建立

为了建立规范的转移支付制度，1995 年财政部开始制定和实施过渡期转移支付办法，该办法是在借鉴国外经验的基础上，充分考虑中国国情制定的。过渡期转移支付制度包括一般性转移支付和民族优惠政策转移支付两部分。一般性转移支付额根据各地区标准支出、财力、收入努力不足额以及一般性转移支付系数计算确定；民族政策优惠转移支付是对民族地区在享受一般性转移支付后额外实施的照顾性转移支付。1996年以后，每年财政部都要对这个过渡期转移支付制度做一些修改和补充，使其不断完善。2002年过渡期转移支付办法改为一般性转移支付。其基本做法是：参考国际经验，按照规范和公正的原则，根据客观因素计算确定各地区的标准财政收入和标准财政支出，将其作为财政转移支付的分配依据。一般性转移支付的数量逐年增加，由1995年的21亿元增加到2002年的279亿元。

另外，为了配合工资政策调整、农村税费制度改革、西部大开发战略以及生态保护，中央财政安排了对部分地方政府的转移支付。这些转移支付与一般性转移支付一起，被称为中央财政对地方财政的财力转移支付，国际上通常称为均衡性转移支付。这部分转移支付的规模2002年为1340亿元。

为配合中央宏观政策的实施，设立了专项转移支付，用于对地方基础设施建设、天然林保护工程、贫困地区义务教育工程等专项拨款。这部分转移支付规模由1993年的360亿元增加到2002年的2400亿元。

（三）推进省以下财政管理体制的调整和完善

1994年分税制改革以后，省以下财政管理体制主要由省级政府根据分税制财政管理体制的要求和本地区的情况来确定。近年来由于县乡基层政府财政困难、矛盾突出，2002年国务院转发财政部《关于完善省以下财政管理体制有关问题的意见》，要求各地方政府结合所得税收入分享改革，调整和完善省以下财政管理体制。总的来说，调整后的地区内财力分配不平衡的状况有所缓解。

上述措施的综合结果是，中央财政以达到地区间公共服务横向均衡为目的转移支付规模和力度逐步扩大，适合中国国情的科学、规范的政府间转移支付制度的雏形基本形成，并逐步扩展和完善。

三、中国政府间财政体制和转移支付制度存在的主要问题及原因分析

（一）现行政府间财政体制和转移支付制度尚没能够解决政府间财政的纵向不平衡

首先，政府间纵向的不平衡表现在：中央财政收入扣除向地方财政的财力转移以后，实际可支配财力只占全部财政收入（不包括债务收入）的16%，省以下地方财政实际可支配财力占84%。那种认为中央财政财力宽裕，地方财政困难的说法存在偏颇。中央财政向省以下地方财政的财力转移的情况详见图2。

省以下地方各级政府的财力状况也存在不平衡，县乡基层财政困难是突出的表现。从省以下各级政府的财力状况看，地级市政府集中了较大的财力（详见图3所示）。

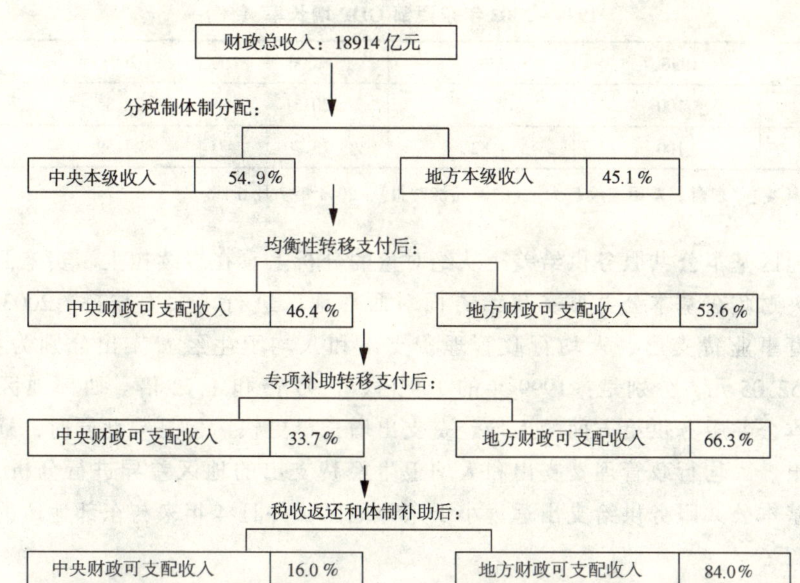

图2　中央政府与地方政府之间的财力分配（2002年数据）

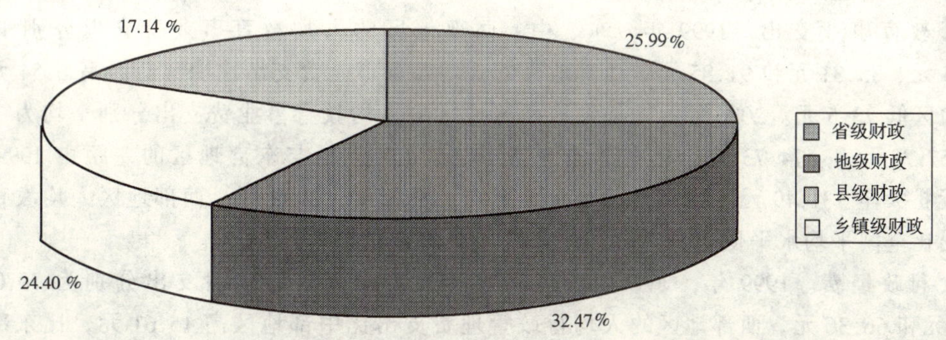

图3　2002年省以下各级政府财政财力分布状况

数据来源：根据财政部《2002年地方财政统计资料》计算。

（二）现行政府间财政体制和转移支付制度还没能够解决地区间财政横向不平衡问题

1994年以后，尤其是实施西部大开发以来，12个省市区经济发展速度都超过了自己历史最好水平，但是从东西部地区之间的差距来看，最近的研究表明，其差距扩大不仅没有停止，反而呈现继续扩大的趋势。其理由：一是东西部地区的GDP增长率差距呈逐年扩大趋势（详见表2），由2.54个百分点扩大到6.81个百分点、8.26个百分点、8.39个百分点。二是人均GDP增速差距拉大，西部人均GDP从1998年的498美元增加到2002年的663美元，增长33%；而同期东部人均GDP由1998年的1212美元增加到2002年的1704美元，增长41%，东部增长高于西部8个百分点。三是从西部与东部人均GDP差距比值看，以西部为1，1998年的差距比值是1:2.43，2002年扩大到1:2.57。

表 2　　1998～2002 年东西部 GDP 增长率（%）

	1998 年	1999 年	2000 年	2001 年	2002 年
东部地区	100	7.36	20.51	32.85	44.59
西部地区	100	4.82	13.70	24.59	36.20

资料来源：林凌："东西部差距继续扩大"《中国经济时报》，2004 年 7 月 6 日。

东西部地区基本公共服务供给差距从绝对量的分析上看在继续拉大。实施西部大开发战略以来，中央财政在基本公共服务供给方面对西部地区进行了大力扶持。2003 年，西部地区的人均教育事业费支出、人均行政管理费支出和人均卫生经费支出分别为：174.73 元、129.31 元和 52.05 元，分别是：1999 年的 1.9 倍、1.95 倍和 1.72 倍。西部地区与中部地区相比，在基本公共服务供给方面的人均经费支出增长得更快。但是与此同时，通过对人均教育事业费支出、人均行政管理费支出和人均卫生经费支出的地区差异进行分析，可以看出，西部地区的基本公共服务供给支出远远小于东部地区，并且 4 年来与东部地区的差距有扩大趋势。

从西部地区与全国平均水平的比较看，除了人均行政管理费支出西部地区略高于全国平均水平外，西部地区的人均教育事业费支出和人均卫生经费支出仍低于全国平均水平，而且与东部地区的差距呈现出扩大的趋势。

1. 教育事业支出。1999 年，东、中、西部地区的人均教育事业费支出分别平均为 165.35 元、85.31 元和 91.85 元，西部地区的人均教育事业费支出比中部地区高 6.54 元，比东部地区低 73.5 元。2003 年，东、中、西部地区的人均教育事业费支出分别平均为 306.22 元、157.78 元和 174.73 元，比中部地区高 16.95 元，但是与东部地区的差距由 1999 年的 73.5 元扩大至 131.49 元。西部地区与全国平均水平相比，1999 年，西部地区人均教育事业费支出比全国平均水平低 19.09 元，到 2003 年，该差距扩大到 34 元。

2. 行政经费。1999 年，东、中、西部地区的人均行政管理费支出分别为 79.01 元、50.75 元和 66.36 元，西部地区的人均行政管理费支出比中部地区高 15.61 元，比东部地区低 12.65 元。2003 年，东、中、西部地区的人均行政管理费支出分别为 168.26 元、97.16 元和 129.31 元，西部地区的人均行政管理费支出比中部地区高 32.15 元，但与东部地区的差距也大幅增加，比东部地区低 38.95 元。

西部地区与全国平均水平相比，1999 年，西部地区人均行政管理费支出比全国平均水平高出 3.02 元，到 2003 年，西部地区的该项经费支出人均水平虽然仍高出全国平均人均水平 1.03 元，但高出幅度已大大下降。

3. 基本医疗保障。1999 年，东、中、西部地区的人均财政卫生经费支出分别平均为 54.34 元、23.86 元和 30.33 元，西部地区的人均卫生经费支出比中部地区高 6.47 元，比东部地区低 30.48 元。各地人均卫生经费支出相差非常悬殊。2003 年，东、中、西部地区的人均财政卫生经费支出分别为 88.06 元、40.15 元和 52.05 元，西部地区的人均财政卫生经费支出比中部地区高 11.5 元，比东部地区低 36.01 元。西部地区与东部地区的人均财政卫生经费支出差距拉大 5.53 元。

西部地区与全国平均水平相比，1999 年，西部地区人均卫生经费支出比全国平均水平低 4.53 元；到 2003 年，西部地区的该项财政支出人均水平与全国平均水平差距进一步扩大，比全国平均水平低6.45元。

从相对量的分析上看，东、西部地区的人均教育事业费支出之比，由1999年的1.80:1改变为2003年1.75:1，差距有微弱的缩小；东、西部地区的人均卫生经费支出之比，由1999年的1.79:1改变为2003年的1.69:1，差距也呈缩小趋势。但是，东、西部地区的人均行政管理费支出之比，却由1999年的1.19:1改变为2003年的1.30:1，呈现的差距有所扩大。

总之，综合绝对量和相对量两个方面的分析，东、西部地区的政府公共服务供给的差距依然是比较大的，既使相对量分析显示东、西部地区的人均教育事业费和卫生经费支出的差距有所缩小，但是四年来的缩小数量年均仅为0.01～0.025。假设达到基本均衡水平1.1:1的目标，按照年均0.025的速度缩小，至少需要23年以上。

（三）直接原因的分析

纵向不平衡的原因与政府的行政层次和预算级次过多有直接关系。1994年以来，中央财政向省以下地方政府的财力转移规模不断扩大。中央财政集中的收入主要用于对省以下地方政府的税收返还和转移支付，中央财政支出占全部财政支出的比重基本维持在30%左右，与1993年分税制以前的水平持平。据权威部门的资料反映，2003年除税收返还和体制性补助外，中央财政对省以下地方财政的转移支付总额高达4489亿元，是1995年的9.6倍，年均增长32.7%。1994～2003年省以下地方政府可支配的财力年均递增16.7%。显然，地方基层财政的困难，不是中央财政集中财力所导致的，而是由于地方政府层次和预算级次过多，中央财政的转移支付在地方政府各级次中划分和分解。由本文图3的图示可见，省以下政府财力将近三分之一集中在地级市政府手中。省以下地方政府的财力分散，是造成基层财政资金拮据的重要原因。目前中央财政部已经认识到这一问题，一些省级政府也开始进行省直管县的改革，以缓解财政纵向不平衡矛盾。

（四）横向不平衡的原因分析

主要原因是，在中央政府集中的收入和转移给地方政府的收入中，具有均衡性作用的转移支付数量规模过小。中央对地方政府的税收返还数量是一般性转移支付数量的10倍以上，东部地区在全部税收返还数量中的比重占到50%以上，其中“增值税和消费税两税返还”占52.6%，“所得税基数返还”占70.82%（见图4和图5）。

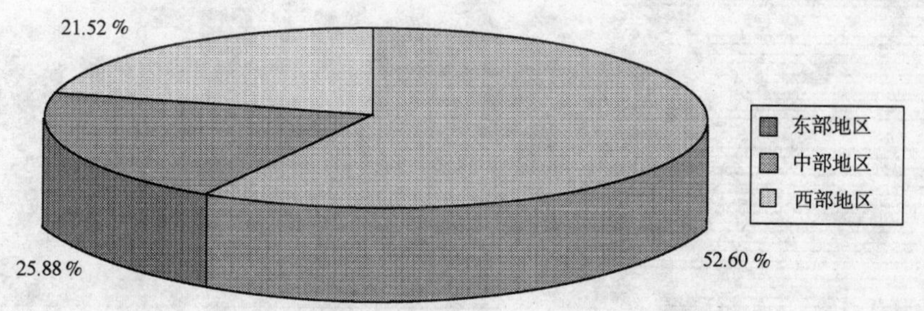

图4 2002年中央财政“两税返还”东、中、西部地区的占比

资料来源：根据财政部《2002年全国地方财政统计资料》中数据计算。

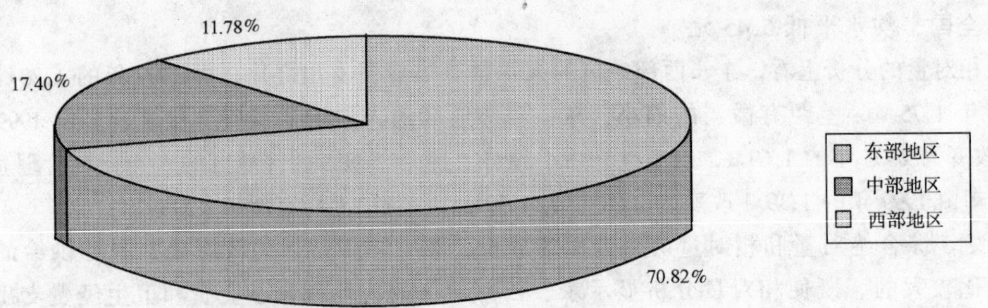

图 5　2002 年中央财政“所得税基数返还”东、中、西部地区的占比

资料来源：根据财政部《2002 年全国地方财政统计资料》中数据计算。

尽管中央财政的一般性转移支付明显向中、西部地区倾斜（见图 6），但是从中央财政向地方财政转移的全部财力（“两税”、“所得税基数”两项税收返还和一般性转移支付合计）中，经济发达的东部地区所占数量仍然具有明显优势（见图 7）。

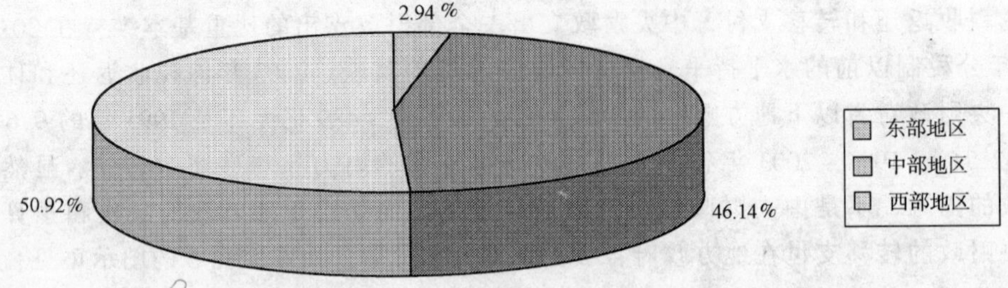

图 6　2002 年中央财政一般性转移支付东、中、西部地区的占比

资料来源：根据财政部《2002 年全国地方财政统计资料》中数据计算。

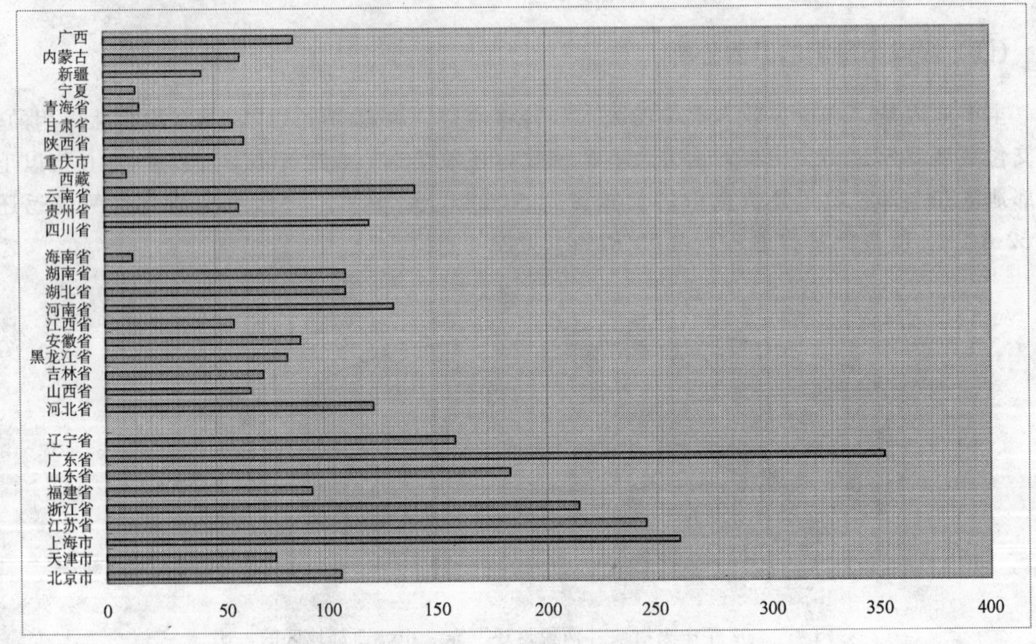

图 7　2002 年中央财政向各省级地方政府转移财力的情况

资料来源：根据财政部《2002 年全国地方财政统计资料》中数据计算。

（五）深层次的制度原因及其他方面的原因

1. 政府职能转变尚未到位。政府财政承担的经济事务仍然比较多，这使得政府的财力难以集中于公共服务事务，或用于公共服务事务的资金受到限制。

2. 中央和地方各级政府所承担的公共事务划分不稳定，省以下地方各级政府所承担的公共事务与其财力不匹配。中、西部地区和农业为主的县乡财力往往难以满足其承担的公共事务的需要。

3. 公共财政的建立刚刚起步，许多新的财政管理制度正在建立过程中。庞大的预算外资金和各种政府基金既没有全部纳入预算管理，也没有通过政府会计制度加以反映、管理和控制。在没有全面考虑预算外资金的情况下，政府间财政转移支付的数量计算可能会存在一定的误差。

4. 政府间税权划分方面的改革尚没有实质性的推进，地方政府的税收管理权限过小，不利于地方政府因地制宜地解决收入不足的矛盾。对于是否赋予地方政府的发债权存在较大争议，认识不统一。

5. 统计和会计数据的不真实，增加了建立规范的转移支付制度的技术难题。

6. 政府间财政管理体制包括转移支付制度的目标不清晰。由于采取的是渐进性改革，制定明确的制度目标似乎并不是很重要。当然大致的具有方向性的目标是有的，包括不断提高中央财政占全部财政收入的比重，以增加中央政府的宏观调控能力，以科学、公平、规范的方法逐步取代不规范的转移支付办法等。但是具体明确的目标并不清晰，包括政府间财政关系和转移支付制度的目标和功能是什么？各级政府的事权划分，中央财政收入占全部财政收入的集中度是多少为合适等。如果改革的具体目标是模糊的，起码会带来三方面的问题：一是政府间财政制度对各地经济发展的激励远远大于对地区协调发展的促进力；二是中央财政集中财力的上限不明确，持续地提高中央财力，有可能使地方政府应承担的责任随着中央集中财力，逐步地潜移默化地转移给中央政府，这样既不利于调动地方政府的理财积极性，又增加了中央政府的负担；三是由于目标的不清晰，在中央与地方的矛盾和摩擦加剧时，不可避免地会使政府间财政体制处于不稳定状况。

7. 转移支付制度的改革缺乏法律的支撑和保证。在1994年颁布的《中华人民共和国预算法》中，对中央和地方收入体制和范围划分做了较为明确和原则的规定，但是体制具体设计的权力赋于了国务院行政机构，其法律效应看来也十分有限。而对于支出的体制、范围以及转移支付制度没有法律规定。这反映了当时在中央和地方财政支出体制上认识的不统一性和制度的不确定性，也使得目前的改革缺乏法律的支撑和保证。

四、中国政府间转移支付制度的完善

建立中国政府间科学规范的转移支付制度，目前与10年前相比有了更为有利的基础和条件，毕竟旧制度改革和新制度建立在艰难中已被大大推进。但是，目前确实面临着如下的两种选择：一种选择是转移支付制度的建立和完善仍只能坚持渐进性推进战略；另一种选择是，将转移支付制度的改革进行实质性的推进。为了使下一步的改革方向更为明确，并使已经确定的合理制度避免出现反复，需要着眼于完整而全面的制度设计、目标的明确和把握以及法制的建立与实施。

（一）完整而具体的制度设计

首先是政府间事权的划分，经过这些年的改革实践，可以说在这个问题上逐渐由不清晰到比较清晰。下一步需要加以总结、研究和明确，并在适当的时候用法律的形式固定下来，这是建立规范的转移支付制度的前提。

（二）进一步完善分税制

在前一阶段的向中央财力集中的过程中，事实上已打破了原有的分税制格局。随着经济和财源情况变化，税制的调整不可避免，原有的分税制也需要随之调整，如果能够有一套比较清晰的制度框架，就可以在调整中避免少走弯路。但是，与此同时必须考虑税权的适当下放和允许地方政府开辟新的财源问题。

（三）进一步完善转移支付制度

转移支付制度主要包括三大块：税收返还、一般性转移支付和专项转移支付。根据目前的情况，下一步改革应强化一般性转移支付，弱化税收返还，缩小和改革专项转移支付办法。最终规范的转移支付制度应以一般转移支付和专项转移支付为主体，制度设计要解决这三块的比重和专项转移支付的办法。

上述三个方面联系密切，相互牵制，前两个方面是规范的转移支付制度的前提。有了完整的制度框架，可以避免政策之间的不协调，减少单项制度改革推进中的阻力和摩擦。

（四）明确中央和地方财权、财力的集中与分散的量化目标

在一定的政策取向下，必须有“度”的控制，才能防止“矫枉过正”。思路性的建议是，中央财政占全部财政收入的55%是一个界限，同时为了调动地方政府的积极性和缓解地方财政收支矛盾的压力，应适当下放地方税收的管理权限。

（五）应不失时机地推进转移支付制度和相关制度的法制化

高度重视《预算法》修改。1994年的预算法在一些方面已明显落后于目前财政预算改革和发展的实际，这样使法律的效能受到影响，而且使新建立的规范制度缺乏法律的保证。目前已经开始着手《预算法》的修改，应注意体制的改革、完善与法律修改的衔接与互动。

（六）研究并制定政府行政级次和预算级次的改革方案

在总结省管县体制做法的经验基础上，探讨具有长期的、制度建设的改革方案和路径，为进一步改革和完善中国政府间财政关系和转移支付制度奠定基础。

中国财政转移支付立法初探

国务院发展研究中心　孟　春　甘肃省财政厅　苏志希

转移支付制度是现代财政管理制度的重要组成部分，是促进社会经济协调发展，保证不同地区居民享受大体均等的公共服务，实现社会政治稳定的重要宏观调控手段。我国在1994年分税制财政体制基础上确立的过渡期转移支付制度，对于加强国家宏观调控、加大对中西部地区和少数民族地区财政支持，保障社会稳定，促进经济持续、快速、健康发展，发挥了重要作用，收到了良好效果。同时，还应看到，转移支付制度本身还不完善，缺乏相关权威性的法律规范来规范转移支付的运行，影响了财政转移支付作用的进一步发挥。因此，加快推进转移支付制度立法，建立与社会主义市场经济体制相适应的转移支付制度，已成为当务之急。

一、我国现行政府间转移支付制度分析

转移支付是公共部门将一部分资金所有权无偿转让给其他主体使用所形成的支出。我国财政转移支付制度是在1994年实行的分税制财政管理体制基础上建立起来的，现行规范性文件是1995年财政部颁发的《过渡期财政转移支付办法》，核心是地区收支均衡问题。

（一）我国政府间转移支付制度现状

我国现行转移支付制度作为一种过渡性制度，主要由以下几部分组成：

1. 原体制补助与上解。

从1988年开始，财政部对部分省（市、自治区）实行定额补助；与此同时，部分省（市、自治区）对中央按一定比例上解。

2. 税收返还。

为了照顾地方既得利益，从1994年起，实行中央对地方的税收返还。返还额以1993年地方净上划中央的数额（4%消费税＋25%增值税－中央下划收入）为基数，全额返还，以后年度在此基础上逐年递增，增幅以当地增值税与消费税增幅1:0.3为系数确定。以后年度给中央净上划达不到1993年基数则相应扣减税收返还基数。税收返还通过“存量不动，增量调节”的办法，提高了中央财政在增值税与消费税增量上的分享比重。

3. 专项补助。

专项补助包括两部分，一是中央对地方专项拨款，如对文化、教育、卫生、环保等项目的直接投入，有明确的使用方向和专项用途；二是扶贫、救灾等临时性支出。

4. 年终结算补助。

指中央与地方在每个财政年度结束后对某些事项的结算。既有中央财政给予地方财政的结算补助，又有地方财政给予中央财政的结算上解，属于上下级政府之间的双向财力转移。

5. 过渡期转移支付。

我国在 1994 年实行分税制财政管理体制后开始设立和实施。其核心是地区收支均衡模式。我国的收支均衡模式兼顾了各地区财政能力（财政收入）和财政需求。基本做法是：测算各地区标准财政收入和标准财政支出，并对其进行比较，进而计算出各地区标准财政收支缺口（该地区标准财政支出大于标准财政收入的差额）。

6. 调整工资转移支付和社会保障转移支付。

1998 年，各省（市、自治区）执行国家统一调整工资政策和社会保障政策，中央考虑各地差距较大，对执行这些政策所增加支出的承受能力不一样。为了促进这两项政策顺利实施，中央对财政困难的老工业基地和中西部地区出现的财力缺口给予了适当转移支付。

7. 其他补助。

指上述转移支付形式之外的其他一些规模较小的转移支付项目。例如，为了配合西部大开发和改善西部生态环境，中央在 1995 年之后陆续出台了天然林保护工程转移支付、退耕还林还草转移支付等等。

（二）我国现行政府间转移支付制度存在的主要问题

我国现行政府间财政转移支付制度在很大程度上是原体制分配格局的延续，照顾了既得利益，从而存在许多问题。

1. 政府间事权、财权不明晰，制约了我国政府间规范化转移支付制度的构建。

事权是指各级政府管理公共事务，提供公共产品的责任。财权是各级政府所享有的组织财政收入，安排财政支出的权力。目前，在上下级政府之间，很多事项难以区分清楚，本应由地方财政负担的支出，却由中央政府承担；而本应由中央财政负担的支出，却由地方政府负担。省以下地方政府，特别是县、乡两级政府支出责任较重，提供了当地大部分公共支出。而国际通行做法却是：中央政府和地方政府共同承担教育和医疗卫生支出，由中央政府承担全社会的保障和福利支出。在事权、财权不匹配的情况下，基层政府（特别是乡镇政府）不是把支出负担转嫁给个人，就是不按照规定提供必须的公共服务。

2. 转移支付的规模（指公式化补助部分）过小，导致其在平衡地区间财力方面发挥作用很小。

我国各地区自然条件差异较大，经济发展水平很不均衡。特别是改革开放以来，东部沿海省市经济迅速发展，文化、教育、卫生等公共服务水平有了很大提高。而中西部地区经济发展相对较慢，财政收入增长十分有限，相当部分县市财政入不敷出。而中央财政转移支付的规模太小，使得东部与中西部差距不但没有缩小，而且呈扩大趋势。

3. 仍然采用基数法确定转移支付数额，均等化功能弱。

目前，国际上通常采用因素法计算各地标准收入和标准支出，以此确定转移支付分配数额，较为科学合理。而我国现行转移支付制度采用“基数法”，所分配的只是中央财政增量的一部分，在很大程度上是原体制分配格局的延续，照顾了既得利益。在标准收入测算中，某些收入项目以实际数作为标准数；在标准支出测算中，“标准公用经费”、“标准财政供养人口”、“标准人员经费”采用多元回归方法，自然搀杂了老体制中的不合理因素。从转移支付结构来看，税收返还占有很大比例，且仍以旧体制地方对中央上划税收为基数，不仅没有解决历史原因造成的财力分配不公和地区间经济差距大的问题，而且肯定了这一差距，从而使既定的地方财政差距进一步拉大，转移支付的调控力度很小，均等化功能较弱。

4. 转移支付资金管理分散，缺乏统一协调机制。

目前，我国中央转移支付资金是多头管理，特别是专项资金，除了财政部代表中央政府实施对地方政府的转移支付外，很多中央部门都有本系统内部规模不等的专项资金。如灾后补偿和重建转移支付资金的管理，就涉及民政、发改委、水利、交通、教育、卫生等诸多部委。转移支付资金多头审批、管理分散，使得财政部门统一管理各类专项补助的空间很小，降低了财政资金整体效能，转移支付资金被挤占、挪用、截留等现象更是屡见不鲜。

5. 现行转移支付制度缺乏法律权威性。

转移支付制度是中央政府在分权财政管理体制基础上制衡地方政府的重要财政手段，其制度设计和实际运作涉及国家一些重大政策目标。因此，世界上许多国家普遍以法律形式、甚至通过宪法对有关政府间转移支付事宜做出明确规定，使其具有较高权威性和可操作性。对于转移支付内容，如政府支出责任、收入划分、转移支付规模、计算方法等均以法律形式加以规定。例如，德国通过《基本法》强调了“生存条件一致”原则，规定经济发展水平高的州必须对经济发展水平低的州提供一定的财政补助，且在转移支付制度中，转移支付系数要由立法机构讨论确定，转移支付的目的、范围等也被写入法律，据以计算均等化拨款的税收能力和标准税收需求，对于其他一些技术性比例也以法律形式加以明确。日本转移支付的法制化水平也比较高，政府间事权划分有明确法律规定，转移支付有相应立法。此外，美国、韩国、澳大利亚、英国、意大利等国的转移支付制度也无不体现法制化特点。相比而言，我国现行政府间财政转移支付制度的主要依据是《过渡期转移支付办法》，该《办法》属于行政规章，立法层次低，缺乏法律权威性，制度的稳定性较差，立法的科学性、民主性难以保证。

二、我国财政转移支付立法应考虑的基本框架及内容

根据目前我国转移支付制度运行中存在的问题，需要进一步加快转移支付立法步伐，以法律形式从根本上理顺政府间转移支付行为。这既是保证地方政府正常运转、巩固基层政权，实现各地基本公共服务均等化的客观需要，也是推进依法理财、科学理财、民主理财的内在要求。特别是对加强宏观调控，缩小地区差距，促进和协调区域经济发展将发挥更加积极的作用。综合考虑我国国情，借鉴国外先进经验，在实施转移支付立法时，应考虑以下内容：

（一）依法确立转移支付目标

实施转移支付旨在确保中央政府有能力实现宏观调控目标，解决各级政府间效率与公平问题。因此，转移支付应该有法定目标，且目标是多重而统一的。

1. 弥补财政缺口，矫正各级政府间纵向不平衡。

当各级地方政府自有财政收入不能满足基本支出需要，出现纵向财政缺口时，势必影响地方政府正常运转和社会长治久安。因此，中央政府应动用部分结余财力作为转移支付，弥补地方政府收入缺口，确保地方政府具备执行基本职能、提供最低公共服务的基本财力。现阶段应考虑为财政特别困难的基层政府（县级）提供最低财力保障。

2. 保证最低公共服务标准，解决地方政府间横向不平衡。

从各国经验看，转移支付首要是保证各地公共服务水平均等化，这也是我国财政管理体制改革的基本方向。我国地区间经济社会发展水平不平衡，财力差异很大，特别是中、西部地区经济发展滞后、财力薄弱，老工业基地发展缓慢，依靠自身财力无法提供最低标准的公共服务，出现横向财力缺口，阻碍了各地区均衡发展和社会共同进步。因此，中央财政需要通过财力再分配缩小或者消除地区间财力差别，使各地方政府具备相对均衡的提供公共服务的能力，各地居民享有大体均等的就学、就医、就业、交通、通讯、公用设施等公共服务，逐步实现公共服务水平均等化，促进共同发展。

3. 补偿地方政府提供公共产品和服务的外溢，提高公共服务效率。

某些公共服务和公共设施具有外溢性，惠及其他地区居民，从而影响该地方政府提供这些服务和设施的积极性，甚至出现地区封锁等一系列问题。对此，就需要中央政府通过转移支付加以调节，对福利外溢性项目进行补偿，激励地方政府增加此类支出，协调和矫正跨地区间公共服务和公共设施的提供，促进各地公共服务水平共同提高。

4. 维护国家宏观经济稳定协调发展，实现政府特定经济和社会目标。

根据宏观经济形势，通过对转移支付总量、结构和支付时间的适度调节，影响各地方政府财政支出水平和资金使用方向，在经济萧条时期增加转移支付以鼓励地方支出，在经济高涨时期减少转移支付以限制地方支出，引导财政资金合理使用方向，促进经济稳定协调发展。

（二）依法确立转移支付基本原则

1. 公平优先，兼顾效率原则。

针对我国地区间财政能力、公共服务水平差距大的实际，在转移支付立法时应考虑公平优先，突出强调一般性转移支付，辅之以专项补助兼顾效率，主要解决地方财力总量不足。采用无条件转移支付和有条件转移支付相结合的形式，实现政府间财政纵向与横向平衡，促进公平；支持社会保障、教育、交通等事业发展，提高地方公共产品供给水平，实现效率。

2. 规范化原则。

转移支付制度必须符合我国政治、经济的客观要求，做到规范、科学、合理。采用国际上通行的“因素法”，因素采集全面考虑社会、经济、历史、自然地理等情况，综合反映各地实际。具体说来，影响财政收支的因素应定为：人口因素、人均国民生产总值和人均财政收入、自然因素及特殊因素。转移支付测算标准、资金分配要采用计量经济学方法，建立数学模型，量化各地财政困难程度，据此确定转移支付对象和数额，有效排除人为因素影响，保证转移支付规范化、公式化、程序化。

3. 法律化原则。

尽快建立、健全与转移支付相关的法律制度，对确保我国转移支付制度的公平、科学至关重要。具体而言，就是将各级政府事权、财权划分，转移支付基本制度、相关程序、资金来源及规模、转移支付形式、计算公式、预算与决算、监管办法等以法律形式确定下来，确保转移支付制度有效实施，确保转移支付制度稳定性和延续性，确保转移支付制度公平、公正。

4. 公开透明原则。

转移支付制度所涉及的政策、执行细则、操作程序要予以细化和公开，使各地区能便于查询、了解。对年度转移支付分配方案要提前公布，对调整内容和最终分配结果也要及时公布。要建立转移支付数据库和信息查询系统，涉及转移支付的各项数据和信息要真实、准确、完整、透明。

5. 本土化与国际化相结合原则。

我国是一个发展中的多民族农业大国，国土辽阔，人口众多，各地区之间自然条件差异很大，经济发展水平很不平衡，公共服务水平存在较大差异。因此，我国转移支付立法一定要立足国情，符合我国实际。同时，我国已加入 WTO，且经济全球化已成为当今世界发展趋势，转移支付立法作为市场经济国家处理中央与地方财政关系的普遍做法和基本准则，在国外已有几十年历史，积累了丰富经验。为提高我国转移支付立法水平，应大胆借鉴、吸收国外转移支付立法中比较好的作法，并在实践中不断修改、完善。

（三）依法规范转移支付基本形式

针对我国现行转移支付形式较多、结构不合理、资金分配办法不规范的问题，在转移支付立法中要根据转移支付目标及作用，对各种转移支付形式进行归并，统一设置一般性转移支付（均等化转移支付）、专项转移支付和特殊转移支付三种形式。一般性转移支付用来弥补各级财政纵向缺口和横向缺口，确保各级政府基本财力需要和提供均等化公共服务；专项转移支付和特殊性转移支付用来实现国家特定政策目标，如支持社会经济中特殊性、临时性需要及时解决的项目。从结构来看，应建立以一般性转移支付为主、专项和特殊转移支付为辅的转移支付体系，确保各地实现基本公共服务均等化。

（四）依法完善转移支付内容

1. 实行纵向转移为主，横向转移为辅。

政府间转移支付就其实质而言，体现地区间财力再分配关系，但这种财力再分配不是各地政府间自发的财力授受关系，而是表现为国家意志，所以没有任何一个国家的转移支付制度采取单一的各地政府间财力平行转移。结合我国国情，应依法将现有单一纵向转移模式改为纵向为主、横向为辅模式。我国中央政府财力紧张，具有横向转移支付的要求，且地区间财力差距大，具有横向转移支付的能力，采取“纵主横辅”模式可有效缓解中央财政收入有限性与促进财力横向平衡之间的矛盾，减轻中央财政压力。同时，促使中央政府侧重解决纵向不平衡问题，通过专项补助等方式，使资金投向更能体现中央意图，加强宏观调控力度。

2. 适度提高转移支付资金规模，加大公式化转移支付力度。

应在财力增长基础上，逐步加大转移支付力度，尤其是增加转移支付效果较为明显的“公式化补助”部分，这对平衡地区经济差距，实现各地经济发展均等化至关重要。建议依法明确以国家财政收入的一定比例确定中央对地方转移支付总额。转移支付总额确定要坚持适度原则，既确保中央政府有能力资助贫困地区和少数民族地区，促进基本公共服务达到均等水平，又要防止规模过大影响地区发展经济的积极性和自主性。

3. 依法确保转移支付制度的实施效果。

转移支付预算、决算、审计等事项应依法明确，并规定对违法违章者的制裁，确保转移支付制度在立法、司法和审计上的相互配合和协调统一，确保转移支付制度有效实施。

（五）依法加强对转移支付监督管理

在转移支付立法中要相应建立完善的监督体系，加强对转移支付资金管理。一是确保转移支付制度、信息公开透明，使各级政府能够对各自转移支付数额进行准确测算，形成自下而上的监督，发挥公众监督作用；二是在财政系统内部自上而下对转移支付资金的分配、使用效益进行跟踪反馈和评价考核，切实提高资金使用效益；三是在各级人大设立专门机构对转移支付进行全程监控，确保转移支付客观、公正、合理。

三、我国转移支付立法的相关配套措施

完善转移支付制度不仅涉及财政分配本身，更离不开必要的财力支持和政治经济体制支持。因此，在对转移支付制度进行立法时，必须考虑相关领域的配套改革和整体规范。

（一）合理清晰地界定中央与地方事权与财权

针对我国目前五级政府的实际，应按照市场经济对政府精简、高效的要求，从确定合理的政府级次入手，逐步理顺中央与地方事权、财权关系：从长远考虑，应考虑取消乡镇一级财政管理机构，建立中央、省、县（市）三级财政管理体制，使政府纵向结构合理化。从目前来看，受政治、经济、历史、文化等因素影响，减少政府级次难以在短期内实现，可考虑政体不动，财政改革先行。具体方式为：一是实行“省管县”财政管理体制，省财政直接对县（市），市对县只起督导作用，把市级财政与县级财政视为省以下平行财政级次。二是将乡镇作为县一级派出机构，实行乡财县管。在此基础上，依据效率原则，进一步明确各级政府事权责任，使各负其责，杜绝扯皮现象。

（二）改善转移支付立法环境

制定《转移支付法》，首先需要解决法律之间衔接和配套问题。第一，出台《转移支付法》的同时，应相应修订《预算法》。转移支付制度是财政管理体制的一个重要方面，对转移支付制度立法而言，《预算法》是母法、基本法，《转移支付法》各项条款应以《预算法》为依据，具备坚实的法理基础。第二，确立《预算法》基础地位，解决《预算法》与部门法律之间不衔接问题。部分部门法的一些规定在财力严重不足、保障水平较低的情况下是适宜的，但只能作为阶段性政策，不宜长期适用。一部法律的出台实施，在各行各业要统一执行，部门法律法规不能与《预算法》冲突，以维护法律的统一性和权威性。

（三）转移支付目标的实现应采取分步实施战略

受经济发展水平和财力限制，现阶段我国公共服务均等化标准不能很高，也不可能在所

有领域全面实现均等化，在制定《转移支付法》时，应考虑近期目标和远期目标。近期目标以解决县级财政困难为重点，重点保证基层政权正常运转，对贫困县提供最低财力保障；远期目标主要针对地区间财力差距，通过科学、规范的转移支付制度来满足社会共同需要，实现公共服务均等化。

（四）改进和完善财政信息统计管理系统，为实施规范的转移支付制度提供信息、数据支持

一是加强转移支付测算因素的细化和精选。转移支付测算要在现有因素基础上，充分考虑中、西部地区自然条件差、地域广、民族多、行政成本大，教育、文化、卫生、基础设施落后，财政支出欠账多等因素，对影响财政收支的因素进行全面精选。二是在财政部门建立健全信息网络系统，搜集、整理基础性数据，使转移支付制度建立在科学、可靠的基础上。

（五）建立一个有效的转移支付管理机构体系，确保转移支付制度的规范性、合理性

为确保转移支付制度尽可能规范化、合理化，有必要在机构设置方面采取措施，建立一种有效的制衡机制。世界上许多国家都建立了专门的转移支付管理机构，澳大利亚政府的转移支付机构设置对我国很有借鉴意义。澳大利亚管理转移支付的机构主要有两个：一是联邦国库部，负责确定每年转移支付总额和规模，协调各种形式转移支付的结构和比例关系；二是联邦拨款委员会，负责提出建议性分配方案，财政部和有关主管部门则负责转移支付资金的下达。从我国的实际情况看，有必要设立一个转移支付委员会或类似机构，专门负责转移支付的设计和测算，确保转移支付资金分配公正、公平，实现转移支付制度的规范性、合理性。

中国财政转移支付立法的着眼点

国务院发展研究中心 张俊伟

一、立法活动面临的困难

转移支付源自各级政府收入和支出责任的不匹配，涉及财政运行的各个环节和方面。作为特定财政制度框架的运行结果，稳定的转移支付制度依赖于相对成熟的政府支出责任和收入来源分工架构。事实上，这样的前提在目前是不存在的。

（一）从政府职能角度看

政府职能具体包括两个层次。首先，政府应该做什么。当前，我国正处在快速的社会变迁之中，这个变迁主要包括以下四个方面：由计划经济向市场经济转型、由封闭经济向开放经济转型、农村人口大量涌向城市和快速实现现代化。快速而深刻的社会变迁必然要求政府职能发生深刻变化。在计划经济时期，政府直接决定生产什么、生产多少、为谁生产等问题，用行政命令维系经济运转。但在社会主义市场经济条件下，市场在资源配置中发挥着基础性作用，政府的职能相应转为弥补市场失灵、为市场机制创造良好的法制环境、增强市场配置资源的功能。政府发挥作用，更多地依赖法律手段和经济手段，通过调节汇率、利率、税率乃至变动政府支出规模调控宏观经济运行。如果说，20世纪80~90年代的改革是“以放为主”、以减少政府微观经济干预为特色的话，科学发展观和社会主义和谐社会目标的提出，则开启了我国政府职能演变的又一个转折：在提供公共服务方面，政府职能开始得到强化。

其次，政府应该如何做。这又涉及到政府间分工和政府提供管理和服务的具体方式。从理论上讲，中央政府应主要负责提供全国性的公共物品和服务，地方政府则负责提供地区性公共物品和服务。但我国地域广阔、人口众多、地区差异大、政府层次多，难以清晰划定各级政府的支出责任，再加上在快速的社会转变过程中各种矛盾、力量和社会思潮激荡冲撞，政府职能乃至其实施方式都在发生重大变化，即便一时清晰划定各级政府的支出责任，也要随时间变化对其不断做出调整才能适应形势的变化。

（二）从收入角度看

当前，在预算收支之外，地方政府还有规模庞大的预算外收支活动（如土地收入、国有资产经营收益)，预算外收支和预算收支相互交叉，又游离于预算监督之外，使上级政府无法摸清下级政府的真实家底，更难以把握下级政府收支的真实缺口（而这个缺口恰恰是上级政府确定转移支付额度的前提)。

决定政府间收入分配格局的，除了把不同收入（税收和收费）划归不同层级政府之外，还有收入共享安排，如税收共享、收费共享等。这里且不说各级政府调整收入的政策会导致本级政府收支关系发生变化，给转移支付带来影响。但就共享收入政策发生变化（通常由上级权力机关决定）而言，不仅会导致相关各级政府收入发生变化，也会对转移支付带来影响。十多年来我国税收收入划分曾数次调整，均对转移支付制度产生了影响，如增值税改革就催生了税收返还制度。随着可持续发展观念不断深入人心，构建和谐社会目标化为行动，收入分配结构发生变化，以及受国际税收竞争影响，今后我国的税种、税制、税率乃至收入分配比例还会发生重大变化，并最终对转移支付活动产生较大影响。

一些发达国家（地区）政府间分工稳定、合理，资金分配规则性强，效率较高，令人羡慕。殊不知，这种分工格局有其特定的历史文化传统，是长期发展的产物，并且仍处在演变过程之中。财政学界耳熟能详的瓦格纳定律，说的就是随着经济和社会发展，政府职能会不断加强的普遍趋势。而20世纪80年代西方的私有化运动、放松管制和90年代的新管理革命，则是在新时期政府行使职能方式发生重大变化的典型。

大量事实表明：在这次立法活动中，试图对我国各级政府的支出责任和收入来源作出科学、合理的划分，并一劳永逸地设计出理想的政府转移支付框架，是不现实的。

二、要跳出“行政性分权”的老路

近些年来，转移支付一直是财政领域的热点问题。简要的历史回顾可以发现：当前的转移支付热是1994年分税制改革制度设计不完善的一种反弹。

当年的分税制改革侧重于财权划分，把关税、消费税列为中央税收，把与经济发展密切相关的增值税列为共享税。各级地方政府遵循这种思路，利用其相对于下级政府的主导地位，把收入稳定、税源充足、征管容易的税种列为共享税，以确保自己拥有足够财力。留给县乡基层政权的，通常是税收额少、税源分散、征收难度大的税种。在主要税种收入的分配中，基层政府所得的份额通常都很小。

在把经济增长作为业绩考核最主要指标的情况下，各级地方政府必然会尽量把这些公共资金用于改善本地投资环境、加快经济发展，而不是立足于改善居民生活质量来分配公共资源。其结果，一是公共卫生、基础教育等社会事业发展得不到充足的资金支持。二是支出责任被分解、下压到基层政府身上。各级地方政府支出责任与可支配资金反向变动的趋势，使得越到基层政府，财力就越感到紧张。“中央财政蒸蒸日上，省财政稳稳当当，市财政勉勉强强，县财政穷个精光，乡财政要饭逃荒”，就是形象的写照。支出责任与收入匹配在纵向和横向上的严重失衡状况，使财政转移支付问题一下子突出出来，成为近年来财政改革和运行的焦点。

在当前有关转移支付的争论中，地方政府（下级政府）强调，把资金交给地方政府（下级政府）支配，可以因地制宜发展社会事业，更好地满足公众需要，提高财政资金的使用效益；中央政府（上级政府）则强调，集中分配资金可以从大局着眼使用资金，实现总体目标，防止重复建设和浪费。从实际操作看，无论是西部开发、东北振兴、还是酝酿中的“中部崛起”，地方政府一致的反应就是：伸手向中央要资金、要项目、要审批权。事实上，各级政府围绕转移支付所争夺的，是对既有财政资金的支配权。至于如何遏制地方政府上项目的冲动、推动地方政府职能的转变，人们则很少提及，甚至完全忽略了。以上事实充分表明：当前围绕转移支付的争论尚没有跳出“行政性分权”的老路。

必须看到，非均衡是发展的常态。在市场经济条件下，由于市场规模、人口素质、经济基础、文化传统乃至地理区位的不同，一些地区综合条件较好，地区竞争优势明显，发展态势也更好一些。地区差距的长期存在甚至在一定时期内持续拉大，是难以避免的客观现象。地方政府以促进经济发展为名，向上级政府寻求财力支持，其暗含逻辑是只要有财政支持，就可以使落后赶超先进。这是“政府万能”论的特定表现形式，在实际生活中是行不通的。而且，政府掌握的资源是有限的。从国际经验看，有限的财政资金首先应当支持政府履行基本职能，如提供法律和秩序、保护财产所有权、维护宏观经济稳定等；然后才能支持政府履行积极职能，如加强金融监管、实施反垄断措施、强化市场竞争、促进市场发展等。财政资源的合理分配和高效利用，有助于提高政府活动效率，对整个国家（或地区）经济社会的快速发展产生持续的积极影响。

当前，我国政府职能转换的步伐明显落后于社会变迁过程。从财政角度看，具体体现在：①资金分配不合理，政府偏重基本建设投资，忽视社会事业发展；②供养人员过多，人头费和办公经费比例严重失调；③费用标准不科学，项目论证不够充分，决策缺乏透明度，难以充分反映公众意愿；④监督严重缺位，财政资金浪费严重，效益低下。建设现代公共财政和建设公共服务型政府，是一枚硬币的两面。从提高资金使用效益入手，而不是从财权和事权划分入手开展转移支付立法，有助于加快我国公共财政制度建设步伐，推动政府职能转型，是完善转移支付的努力跳出“行政性分权”的窠臼。

三、立法应着眼于提高财政转移支付资金的效益

着眼于提高资金使用效益来制定财政转移支付法，可以跳出分割既定财政收入的思维惯性，使立法工作得以顺利展开。

作为正式的行为规范，法律条文具有很强的稳定性，它必须能够适应快速变化的社会现实，体现法律的包容性，而不能朝令夕改。仅就以作为政府间职能分工前提的政府组织体系为例，十多年来分税制的实践，使五级政府组织框架的弊端充分显露，必须对其改革。但如何改？只有在实践中反复摸索，才能求得可行的答案。以中央、省级、县级三级政府组织框架构想而言，由于乡级政府的支出责任和收入来源大大萎缩，取消乡级财政（乃至政权）目前已基本达成共识，但具体怎么落实呢？是全部取消，一刀切？是撤乡并镇，逐步推进？还是就地转换为县政府的派出机构？没有定论。我们可以预计，随着社会财富蛋糕越做越大，随着新发展观和社会主义和谐社会构想的逐步落实，农村的基础教育、公共卫生、社会保障等社会事业会取得长足进步，基层政府管理社会事务的责任会大大加强。从管理学角度看，完全撤销乡级政权，由县级政府负责管理人口数十万乃至上百万的庞大社区，是否会存在管理幅度过大，效率低下的弊端呢？许多发达国家，其国土面积和人口低于我国一些省份，其政府（财政）架构还是中央、省（州）级、地方三级，我国完全取消乡级财政和市级财政，

仅留省级财政和县级财政二级，是否妥当呢？是否会因为政府管理半径过长，幅度过大而导致效率下降或者出现管理盲区呢？既然清晰划分政府支出责任和收入来源的努力和过程永无止境，我们就不应该对此扭住不放，而要另辟蹊径。在笔者看来，可行的选择是：在划分政府支出责任和收入来源方面，法律条文可以仅做一些笼统的规定，以明确今后的努力方向，也为未来的变革预留出空间；更大的精力，则应放在加强转移支付资金管理、提高转移支付资金使用效益上。

转移支付在财政运行中处于枢纽地位。完善的转移支付制度，高效率的资金运用，需要以完善的财政收入、支出管理制度为前提。改革开放以来，我国在探索建立现代公共财政管理体制方面已经积累了许多宝贵经验，国际上的最新思潮和成熟做法也为业内人士所了解，在这次立法活动中，如果以提高财政资金使用效益为出发点，就可以把我国财政改革和探索的有益成果提升为法律，大大加快我国公共财政建设步伐。

财政支出的效益，可以分为宏观层面和技术层面两个层次。前者指财政资金在不同职能或用途之间分配比例适当，能够反映公众和居民的真实需要，最大限度地增进社会福利。后者则指在特定用途上，财政资金的运行和使用要符合技术效率原则，避免贪污和浪费。

我们认为，从宏观效率层面看，转移支付法条文应明确提出如下要求：①提高决策的科学化和民主化水平，使财政决策顺应民意。②强化对预算的外部监督。应加快各级人大财经委及其助手机构的建设步伐；调整预算年度，真正落实预算“审批在前，实施在后”；鼓励舆论发挥建设性作用。③明确预算编制的时间和程序，及时下拨转移支付额度，保证各级人大有充分时间审查预算。④增强财政透明度，引导公众有序参与公共决策，加强财政监督。

从技术效率层面看，则可以明确提出如下要求：①各级政府要实行部门预算，集中国库收付制度和政府采购制度。②预算编制要因地制宜引入零基预算、绩效预算、中期财政分析框架、权责发生制会计等技术手段；要细化支出标准，对项目预算进行充分论证，堵塞资金流失。③推行复式预算，加强对土地基金、国有资本经营等准财政收支活动的监督和管理，防范财政风险。④完善财政内部控制机制，加强财政监督与控制。⑤对转移支付资金的使用情况进行评估和审计。⑥鼓励采用新技术，为全方位加强财政监督，保证财政资金高效运转提供技术支持。

转移支付涉及我国政权的所有层次，设计合理的转移支付制度面临着空前挑战。上级政府必须掌握一定的财力，以支持落后地区政府提供最低水平的公共服务。上级政府不能把转移支付资金的支配权全部掌握在自己的手中，必须赋予地方政府一定的自主权，以适应当地千差万别的具体情况。需要在地方自主性和上级控制权之间取得平衡，一种选择是：在划分各级政府支出责任、制定合理费用标准的基础上，以确保政权正常运转（如公务员工资和办公经费）、履行公共福利承诺（如养老金、贫困救济等）、提供最低标准的公共服务（如基础教育和公共卫生）为重点，不断加大财力性转移支付力度；在提高财政透明度，强化财政监督的前提下，逐步提高非限定用途的转移支付数量，鼓励地方政府尤其是基层政府因地制宜发展社会事业；同时逐步减少项目类专项转移支付的比重和数量，逐步优化转移支付结构。这，很可能就是我国财政转移支付发展的现实路径。

从国际经验看中国财政转移支付制度的改革路径

国务院发展研究中心　张永生

一、导论：研究财政转移支付的一个视角

政府间财政转移支付（intergovernmental fiscal transfer）是指政府间的收入转移。世界各国均有大规模的政府间财政转移支付。自1994年实行分税制改革以来，中国的转移支付制度开始逐步采用国际通行的一些规范做法。但是，由于转轨过程的复杂性，中国财政转移支付制度的改革还面临着很多问题和障碍。如何完善财政转移支付制度是一个世界性的难题。目前，很多研究将精力集中在如何科学地设计更符合各地方实际需求的转移支付公式上。但是，这种围绕转移支付公式进行改革的做法效果往往并不理想。原因在于，传统理论假定政府官员总是有足够动力去提供公共产品和维护市场秩序，而转移支付的参与各方均有动力去追求转移支付的最佳社会效果（参见Bardhan，2002）。实际上，由自利人（self-interested individuals）组成的政府，总是会谋求自身利益最大化。财政转移支付就是不同层级的政府为争夺更多财政资源而进行的一场博弈，而博弈的方式和结果则取决于上下级政府各自的控制能力。不同层级政府的行为模式，都是在给定约束条件下将自身利益最大化（Qian & Weingast，1997）。因此，各级政府讨价还价的能力就决定着一国财政转移支付的目标和效果。

这就意味着，我们不能局限于财政转移支付本身来研究财政转移支付问题。财政是一个国家政权运行的物质基础，财政转移支付本质上同上下级政府间的控制权密切相关。因此，要最有效率地实现转移支付的公共目标，就必须建立一套行之有效的能使该目标自我执行（self-fulfilling）的制度。也就是说，在给定个人利益最大化这个基本假定的条件下，如何才能用最低的成本建立一套能够保证国家政权稳定运行和政府间财政支付目标自我执行的制度框架和技术手段。正如Bardhan（2002）指出的，由于发展中国家和转轨国家的制度背景不一样，关于政府间财政关系的传统理论并不一定适用。因此，我们必须结合各国具体的制度背景来考察政府间财政关系。这是我们研究各个国家不同财政转移支付制度的一个视角。

西方发达市场经济国家的现代财政制度经历了上百年的历史，其经验和教训对于中国转移支付制度的设计有着十分重要的意义。本文通过对西方发达市场经济国家财政转移支付制度的考察，旨在建立一个初步的分析框架，并用其解释中国的财政转移支付制度及其可能的演进路径。在接下来的第二部分，我们将对世界各国尤其是西方发达市场经济国家的财政转移支付制度以及中央（联邦）与地方关系进行考察和分析。在第三部分，我们提出一个研究政府间关系的分析框架。在第四部分，我们用这一分析框架分析中国的政府间关系以及财政转移支付的一些具体问题。最后一部分是结论及其对中国财政转移支付制度改革的政策含义。

二、财政转移支付制度的国际比较

（二）西方发达市场经济国家财政转移支付的基本制度背景

尽管大规模的政府间财政转移支付在所有西方发达国家都存在，但各个国家的具体做法都不尽相同。世界上不存在一种适合于所有国家的财政转移支付制度，也不存在哪一种转移支付制度最好的问题。近几十年来，为了更好地实现财政转移支付的目标，各国政府都在不断地尝试转移支付制度改革。这些改革主要集中在中央和地方如何进行合理分权，以及如何完善转移支付的公式等方面。财政制度只是政府间关系的一个方面。为了理解西方国家转移支付制度的改革，我们首先需要考察西方国家中央（联邦）与地方关系的基本制度背景。

中央（联邦）和地方（州）的关系主要体现在两个大的方面。

第一，各级政府官员的产生渠道。在西方国家，中央（联邦）和地方（州）的权力配置是一种典型的自下而上的金字塔结构，即自下而上的选举。就国体而言，世界上分为联邦制（federal）国家和单一制（unitary）国家两种类型。前一种国家包括美国、加拿大、德国、澳大利亚等，后一种类型包括英国、日本等。联邦制和单一制国家的主要区别体现在联邦权力是在宪法中被授予的，还是地方的权力由中央授予。无论是联邦制还是单一制的发达市场经济国家，地方的自治程度都很高，上、下级政府官员都是经民主选举产生，而非由上级政府任命。下级政府并不直接听命于上级政府，反而上级政府长官为了获得更多选票更在乎下级政府的反应。这样，上、下级政府之间并不是一个相互隶属的关系。下级政府官员由于只对辖区选民负责，在上级政府面前就有更大的讨价还价的能力。

第二，对财政资源的支配权。在西方发达市场经济国家，上级政府往往控制着大部分的财政资源或在财政资源的分配上起着主导作用（参见 Ma，1997；Wong，2003）。在国家的层面上，中央（或联邦）政府控制着国家大部分的财政资源（见图 1）；在州或省的层面上，州（或省）政府往往控制着大部分的财政资源。但是，在事权的划分上，往往贯彻属地原则，中央（或联邦）政府的支出责任小于其财力，地方的支出责任则大于其本级财力。这样，各级政府就出现财权和事权不对称的情况，财政转移支付就成为必需，下级政府不得不依赖于上级政府的转移支付。也就是说，在财政资源的分配上，西方国家上下级政府之间是一种倒金字塔结构，上级政府居于主导地位。在州的层面上，地方政府对州政府的财政转移支付依赖程度很高。

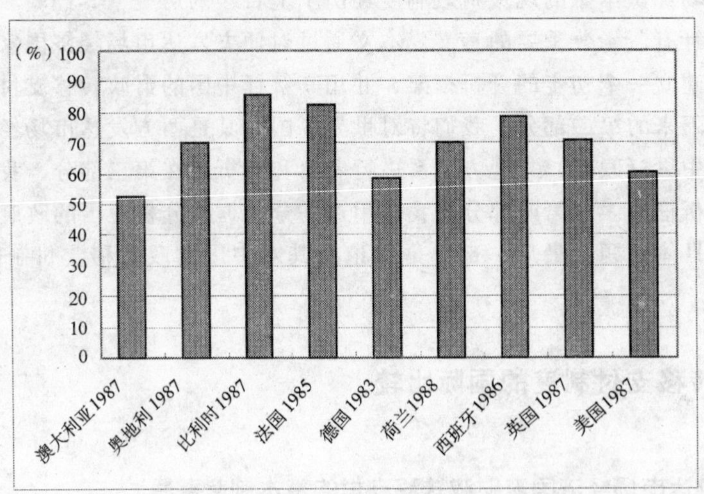

注：图中比重为标注年份前三年的平均值。

图1　主要发达市场经济国家中央财政支出占全国总财政支出的比重

资料来源：根据黄佩华（2003，pp.76～77表3－6）绘制。

（二）西方发达市场经济国家转移支付改革的基本目标和做法

近几十年来，各发达市场经济国家都在进行财政转移支付制度的改革。改革的目标可以归结为两个：一个是效率，一个是公平。

各国如何提高经济效率？为了达到提高经济效率的目标，各个国家采取的重要措施之一就是进一步分权（decentralization）。一般来说，分权就意味着财政转移支付规模的下降。总的来看，中央政府向地方政府下放权力是一个世界性的趋势（参见 Dabla－Norris & Wade，2002）。Hayek（1945）、Tiebout（1956）、Musgrave（1959）和 Oates（1972）分别从“知识在社会中的运用”、地区竞争、税收和支出在不同层级政府间的分配方式对福利的影响等方面建立了关于分权的理论。具体而言，分权有以下好处：第一，分权可以提高地区间的竞争，从而提高经济效率；第二，当地政府更了解当地居民需要什么样的服务，公共服务由地方政府提供可以提高效率，从而可以使资源分配更有效率；第三，由于当地政府熟悉当地经济，他们知道可能从哪些方面增加税收。再者，如果收入是由当地支配，当地就有动力去提高收入；第四，属地原则被广泛接受，地方事务由地方自治。财政分权程度的提高是决策民主化的一个重要手段，它能提高政府行为的透明性和可度量性；第五，在一些国家，分权自治是解决民族矛盾和地区矛盾的一个重要手段。因此，很多转型国家都从过去的集权向分权转变。

美国的案例（见表1）。美国是一个非常典型的分权化例子。总体来看，美国联邦政府对各州和地方的转移支付比重近20年来一直呈下降趋势。在20世纪60年代至70年代末期间，联邦政府的拨款占联邦预算的比重以及占州和地方政府支出的比重大幅度增加。80年代，州和地方政府对联邦拨款的依赖性降低。90年代联邦政府的拨款水平比80年代要低。但是，在90年代的头3年，联邦对州和地方政府的拨款又有所抬头。但是，这种提高是由于联邦政府对个人而不是对州政府拨款的提高而引起。

表 1　　美国联邦对州和地方政府的拨款

年份	数额（10亿美元）	联邦拨款占州和地方支出的比重（%）	联邦拨款占联邦政府支出的比重（%）	对个人的支出占联邦拨款的比重（%）
1970	73.6	19.0	11.5	36.3
1975	105.4	22.6	13.7	33.7
1980	127.4	25.8	15.2	35.7
1985	113.0	20.9	10.8	46.6
1990	119.7	19.4	10.7	57.0
1993	163.2	23.0	13.6	62.0

资料来源：U. S. Department of Commerce，Survey of Current Business，National Income and Product Accounts，and Advisory Commission on Intergovernmental Relations（1993）.

各国如何实现公平原则？主要是对落后地区和特定的弱势群体进行补贴，对全国的社会保障实行统一等等，以保证任何公民不因其居住地发展水平的低下而享受低下的政府公共服务和福利水平。此外，就转移支付本身而言，公平的目标更多地是通过如何科学地设计转移支付的公式来实现的。各个国家不断地对其转移支付公式进行调整和完善，以使其更客观地反映各地区的实际需求。也就是说，转移支付改革本身的目的是如何更有效率地实现公平的目的。

三、财政转移支付问题的一个分析框架

（一）一个分析框架

可以看出，西方发达市场经济国家关于政府间关系的制度设计有两个显著的特点：第一，上、下级政府的权力配置是自下而上的“正金字塔”结构；第二，财政资源的分配则是一个自上而下的“倒金字塔”结构。二者正好形成一种相互制衡的关系。尽管在过去的二十多年里，世界范围内的财政分权改革进行得轰轰烈烈，但西方发达市场经济国家却始终没有改变上级政府财政收入比重占财政收入大部分的格局。为什么在推崇民主和地方自治的西方国家在财政制度的设计上会出现这样一种集权的安排？传统的解释是，由于跨区域公共设施产生的外部性（externalities）、溢出效应（spillovers）以及地区财政均等化（fiscal equalization）等的需要，上级政府必须掌握大部分财政资源（比如，Oates，1972；Seabright，1996）。但是，这些理论不能完全解释为什么西方发达市场经济国家中央（联邦）政府需要控制全国主要财政收入的原因。首先，如果是出于跨地区公共工程产生的外部性的考虑的话，那么很多问题通过地区间的协商机制就可以解决，不一定都非要通过中央（联邦）政府的转移支付和直接投资来解决。实际上，中央政府用国家财政来投资兴建某些跨地区的公共工程同样会产生新的外部性，因为即使不从该工程中受益的地区实际上也要为其支付税收。其次，在一些地区发展十分均衡的发达国家，中央政府照样控制着大部分财力。如果仅仅是出于地区财政均等化的需要，则中央政府似乎没有必要集中如此大的财力。财政转移支付过程要先将财政收入集中到中央然后再转移到地方，这一过程会产生额外的交易费用。既然如此，通过准确的公

式来直接将地方政府上交的税收和中央政府的转移支付相抵扣岂不更有效率？但事实是，很少有国家采用这种做法。

因此，西方国家财政制度设计背后一定还有更深层的原因。根据 DeFigueiredo and Weingast（1997），联邦制度的自我运行面临着如下两个困境：如果中央政府权力过大，它就会对地方滥用权力；如果地方权力太大而中央政府的权力太弱，则地方就会产生搭便车和欺骗，不同中央政府合作，严重时甚至影响国家的稳定。上述困境会使一个联邦（或国家）缺乏自我稳定功能。只有处理好这两个困境，一个联邦（或国家）才能够自我执行（self - enforcing)。这种中央和地方关系之间的两难处境不仅仅只在联邦国家存在，在单一制的国家也存在，它实际上是所有国家能否自我稳定面临的同样问题。推而广之，任何国家或地区的上下级政府之间都存在着这种悖论。如何解决这个悖论？这就要求通过上、下级政府之间的纵向分权建立起一种相互制衡的机制。在缺乏相互制衡时，无论是上级还是下级政府都可能会产生机会主义行为。只有建立起相互制衡的机制，一个国家或政权才能可持续和高效地运转。

那么，上下级政府之间如何实现相互制衡？根据各国的实践以及 Defigueiredo & Wingast (1997）的悖论，我们提出如下假说：上下级政府之间通过对财权和人事权的分别控制可以在上下级政府之间达至一种有效的平衡，从而实现国家自我稳定和提高经济运行效率的目的。也就是说，如果地方实现自治和民主选举，则上级政府对下级政府就无法进行直接控制。此时，上级政府控制全国主要财政资源就成为控制地方政府和稳定宏观经济的一种有效手段（亦见 Riker，1964）。无论如何，在财权和人事权的控制上，上、下级政府之间如果各居其一，则上下级之间的有效制衡关系就容易达成。如果上级政府既控制主要财政收入又控制下级政府官员的人事任免权，则强势的上级政府就不可避免地产生对下级政府的机会主义行为。根据对人事权和财政资源的控制情况，我们可以将世界上的政府间关系归为下面五种主要类型（见表 2）。这些结构分别对应好的市场经济（欧美）、坏的市场经济（拉美）、邦联、前苏联式体制、分税制前的中国，以及宗主国与殖民地的关系等各种类型的政府间关系。

表 2　　五种不同类型的政府间关系

		人事的配置	财政资源配置	例　子	结　果
结构一	I. 法治完善 With rule of law	▲	▼	欧、美、日等西方好的发达市场经济	自我执行 高效
	II. 法治不完善 Without rule of law	▲	▼	拉美等坏的市场经济	自我执行 低效 腐败
结构二		▲	▲	欧盟、邦联、联合国*	不稳定 整体效率不高
结构三		▼	▼	前苏联式体制	中央计划体制弊端
结构四		▼	▲	分税制前的中国、英国前殖民地（香港）	效率较结构三有所提高

* 国际性组织不是一种政府架构，这里仅为分析方便而将其归为上下级政府间关系范畴。

（二）模型

我们用一个简单示范性模型来说明上面的分析框架。我们将政府机会主义行为（governmental opportunist behaviors）分为两种类型。第Ⅰ类是政府间纵向机会主义行为。$(1-K_1)$为第Ⅰ类交易费用系数，K_1为交易效率且$K_1=f(D, F)$。其中，D表示民主化程度，F表明财政集中度。K_1的高低表示政府间相互制衡的程度。第Ⅱ类是政府对私人（市场）的横向机会主义行为（North，1981）。$(1-K_2)$为第Ⅱ类交易费用系数，K_2为交易效率。法治化程度越高，K_2越高。每一级政府在对待上级（或下级）政府时有两个选择：一是有机会主义行为；二是无机会主义行为，即合作。我们用H_1表示上级政府有机会主义行为，H_0表示上级政府无机会主义行为；L_1表示下级政府有机会主义行为，L_0表示下级政府无机会主义行为。由于上、下级政府在不同的结构下面临的制度约束不一样，其行为模式和结果也不一样。表3对表2中几种不同政府间关系结构产生的结果进行说明。

表3 不同结构下的均衡

结构	均衡	含　义
结构一	H_0-L_0	上、下级均无机会主义行为。由于法治化程度越高K_2的值越高，结构一（Ⅰ）的效用$U_Ⅰ$就大于结构一（Ⅱ）的效用$U_Ⅱ$。
结构二	H_0-L_1	上级无机会主义行为，下级有机会主义行为。
结构三	H_1-L_0	上级有机会主义行为，下级无机会主义行为。
结构四	H_0-L_0	上、下级均无机会主义行为，结构四效用较结构一（Ⅰ）低的条件是，结构四中代表第Ⅱ类政府机会主义行为的交易效率K_2要比结构一（Ⅰ）中的K_2低。

由于人事权相对于财政权更为根本，所以结构四更可能只是一种暂时的均衡，从长期来看并不稳固。只有结构一才是最稳固的结构。中国分税制前的财政包干制就属于结构四，但中央政府还是有能力打破结构四的均衡而推行分税制，以改变中央财政占小头的格局。

如果只是从民主的功能性而不是从所谓人权和价值观的角度来看待民主（狭义），则我们的模型可以调和长期以来关于民主与经济绩效之间关系的争论。由于世界上既有经济绩效差的民主国家，也有经济发展迅速的非民主国家，民主是否为一国经济发展之必需也就一直存有广泛的争议。而人们在提及“民主”时，往往又十分笼统，并不进行严格定义，与法治亦不加以区分，从而降低了争论的效率。我们的模型则显示，民主、法治和法制都是经济发展的决定因素，但它们在不同条件下产生的作用却不尽相同。因此，仅从经济绩效和国家稳定的角度来看，一句简单的民主化的口号并不足以解决问题。下面两种情形尤其有意思。

第一种情形：没有完全的民主，但有健全的法治和个人自由，社会稳定且经济发展良好。这种情形出现在一些城市国家（或地区），像新加坡、中国香港。在这类国家（或地区），第Ⅱ类政府机会主义行为由于良好的法治和个人权利的充分保障而被很好地扼制，政府行为规范、高效、廉洁且经济自由。由于政府层级单一，此类国家（地区）并不涉及到第Ⅰ类政府机会主义行为。但是，对于一个多层级的大国（或非城市国家）来说，比如美国，则仅有法治框架的新加坡和香港模式就不够，此时民主选举就成为必需，因为法治更多地是防范第Ⅱ类政府机会主义行为，而民主选举则可以更有效地防范第Ⅰ类政府机会主义行为。对于第Ⅰ类政府机会主义行为，必须通过民主和财政制度等的配合设计来形成上下级政府相互制衡的机制来扼制。

第二种情形：虽然有民主，但上级却没有对财政的主导支配权，从而上下级由于缺少有效制衡往往导致下级政府的机会主义行为。如果是结构二，则没有相应财政制度配合的民主选举可能会带来下级政府的机会主义行为。美国早期的邦联最终被结构一（Ⅰ）的联邦取代。自下而上的民主只有在和自上而下财政资源控制机制相配合，才能有效地扼制政府间机会主义行为。比如，美国不经联合国授权就攻打伊拉克，正是因为联合国无论在财政上还是人事上对各成员国都没有强有力的约束。伊战后有人呼吁，应该有一个强有力的国际组织来从事反恐事业。这实际上就是要建立起类似结构一和结构四的国际组织。这种想法如果要实现，就必须要彻底改变现实世界的利益格局，因此可能不太现实。

（三）对西方市场经济国家分权的再思考：分权的底线

上面的框架可以用来分析近20年来世界范围内的分权运动。的确，很多国家的分权带来了效率的提高。但是，并不是所有国家的分权都取得了积极的成效。根据现有的经验证据，既有好的分权例子，也有不好的分权例子（Martinez - Vazquez and McNab，2003；Fisman and Gatti，2002）。研究表明，一些国家的分权改革导致宏观经济的不稳定，而另一些国家则没有出现这种情况。根据 Stein（1999），在拉美国家，按地方政府在总公共开支中的份额来测度的所谓分权改革并没有带来高的地方政府赤字；而根据 Fornasari，Webb and Zou（2000）和 DeMelo（2000）的研究，分权后地方政府开支和赤字的扩大往往导致中央政府开支和赤字的扩大，从而带来宏观经济的不稳定。至于分权是否加剧腐败，也有各种不同的结论。根据 Fisman and Gatti（2000）的研究，财政支出的分权化和腐败之间存在着高度相关关系。如果只是简单地将权力从中央下放到地方的精英阶层而没有相应的制度性改革，则腐败的机会可能会大大增加。但是，Treisman（2000）的研究却显示，财政分权和腐败之间并没有必然的联系。Faguet and Jean（2004）的研究显示，分权并没有加重腐败，反而使地方政府更有责任。那么，分权为什么在一些地方有效，而在一些地方却无效呢？

我们的分析框架可以对此进行解释。分权的有效性取决于政府权力是否在法治的框架内得到有效的横向制衡，以及分权能否改进上下级政府间的纵向制衡。具体而言，分权在下列条件下有效。第一，政府必须是对辖区选民负责任的政府（democracy），且其权力在法治（rule of law）的框架内受到有效制衡。这样，当分权带来政府权力的纵向转移时，政府权力就不致于被用来向市场寻租。第二，如果是一个民主的政体，则分权不能改变中央（或上级）控制主要财政资源的格局，或者说不能改变上、下级政府在财政资源和人事上相互制衡的格局。否则，上、下级政府间的纵向制衡关系就会被打破，地方政府分权后就会出现对上级政府的机会主义行为，从而影响宏观经济稳定乃至政权的有效运转。显然，表1中的结构一（Ⅰ）就满足上述分权有效性的充分条件。也就是说，在结构一（Ⅰ）的框架内，分权程度越高，则效率就越高；而在结构一（Ⅱ）下就不一定。但是，如果结构一的框架内财政过于分权，则就会由结构一变成结构二，分权就会更多地带来下级政府的机会主义行为。国家政权和宏观经济就难以自我稳定，国家甚至会成为一个松散的自治体的联合。Thiessen（2003）的研究支持我们的结论。他对发达的 OECD 国家的研究显示，当财政分权程度从一个低水平开始提高时，经济绩效会提高，但在分权达到一定程度后如果继续分权，则就会对经济产生负面影响。用我们的分析框架来解释，就是分权如果导致结构一变成结构二则效果就会适得其反。因此，在政治民主的西方发达市场经济国家，无论财政如何分权，都不会改变中央财政在国家财政中占主体的格局，下级政府必须依赖于上级政府的财政转移支付。一般来说，分权程度越高，财政转移支付的规模也就越小。

因此，在结构一（I）的框架内，分权程度越高，往往就越有效率。对于结构一（I）的国家来说，财政分权只要不突破结构一（I）的框架就会带来效率的提高。对于结构一（II）的国家来说，由于法治不完善，即对政府权力缺乏有效的横向制衡，政府往往利用权力向市场寻租。在这种情况下，分权在带来经济效率提高的同时，还会将权力从中央政治精英转移到地方政治精英手中，从而导致更多的政府机会主义行为、腐败、宏观经济不稳定等负面作用的发生。过去处于结构三的计划经济国家有两类。第一类是像中国这样的国家，改革后通过财政联邦制度进行分权。这种分权有利于上下级政府间的制衡，从而带来了经济效率的提高。但同时，由于对政府权力缺乏有效的横向制衡，腐败也随之而生。第二类是像俄罗斯和东欧国家，它们现在处于向结构一转轨的过程之中。在转轨的过程中，这些国家实现了形式上的民主，但法治却未能完全建立，即对政府权力的制衡没有建立起来，其结果可能会从结构三转变到结构一（II），即从计划经济转向坏的市场经济。可见，简单地强调民主和市场经济并不足以保证经济发展的成功。这也是为什么世界上有好市场经济和坏市场经济之分的原因（Liu & Yang，2003；钱颖一，2000，2003）。转轨国家要走向好的市场经济还有相当长的道路。

此外，转轨国家在过去结构三下中央财政占多数的格局是靠中央计划体制取得，并不是靠规范的分税制形成，从而形成了一种扭曲的中央和地方财政关系。这也构成了体制转轨的复杂性。在这种情况下，转轨国家的分权很难取得西方发达市场经济国家的分权效果（Dabla－Norris and Wade，2002）。转轨国家面临的最大挑战是，如何在取得财政分权好处的同时防止分权负作用的出现，以取得经济增长、宏观经济稳定和防止腐败的效果。这就要求这些国家在民主化的过程中建立起真正的法治，同时中央和地方的财政分配关系要通过严格的分税制而不是行政权力来界定。这就意味着，对于转轨国家来说，民主化（democratization）、法治化（rule of law）和法制化（rule by law，比如，分税制和公式化的转移支付）必须三位一体地同时进行改革（Jin，Qian and Weingast，2004）。狭义的民主（选举）并不足以产生好的经济绩效。因此，我们的分析框架就可以用来调和有关民主与经济绩效的争论。此外，我们的框架还可以用来分析历史上的殖民地和宗主国之间的政府关系。

四、中国的财政转移支付问题

中国自改革开放至1994年实行分税制期间，实行的是包干的财政分配制度。国际学术界称之为财政联邦制度（Qian & Weingast，1997）。1994年，中国实行了分税制改革，中央和省之间的财政关系以税种的形式规范化，而省以下的财政分配关系则由各省自行决定。分税制以来，中国一直在试图建立符合国际规范的转移支付制度。下面我们运用上述分析框架分别对中央和省以及省级以下的转移支付制度进行考察和分析。

（一）中央和省之间的财政转移支付

中国改革开放后实行的是所谓财政联邦制度（fiscal federalism）。在这种财政制度下，中央的财政收入占全国总财政收入的比重只占少数。例如，1993 年，中央财政的比重只有 22%。根据 Qian and Roland（1998）、Qian and Weingast（1997）以及 Shirk（1993）研究，财政联邦制度对于中国经济的发展发挥了很大作用：第一，大大激发了各省的积极性；第二，各省之间形成相互竞争；第三，财政包干制下，各省的预算约束得以硬化。实际上，中国改革开放后实行的财政联邦制度就是表 1 中的结构四。

我们的模型表明，结构四和结构一是表 1 四种结构中最稳定和有效率的两种结构，但结构四相比结构一却有一个显著的劣势。那就是，在结构四下，由于中央不能控制全国大部分的财政资源，中央往往不能有效地发挥宏观调控、地区财政均等化的作用。比如，中国西部不发达地区的基础教育、公路、医疗卫生水平在结构四下就只能依赖当地的财政，导致西部不发达地区的公共服务和基础设施落后（参见 Raiser，1998）。在结构四下，中国中央政府没有能力通过财政转移支付来支持后来提出的西部大开发、振兴东北老工业基地、中部崛起等旨在均衡地区发展的政策。因此，中国分税制前的财政联邦制度可以视为“地区经济效率优先”的一种制度安排。但是，要克服财政联邦制度的弊端，却并不能简单地采取提高中央政府税收比重的办法。

在中国式的财政联邦制下，中央和省之间在某种程度上形成了分权制衡的机制，从而某种程度上抵消了指令性计划的弊端。但是，由于中央财政过于窘迫，从 20 世纪 80 年代末到 90 年代初，中央财政甚至两次向地方财政“借钱”，并且借而不还。80 年代中期建立的“能源交通基金”和 1989 年的“预算调节基金”，就正是为了维持中央财政正常运转而采取的非常之举（孙雷，2004）。也就是说，在 1994 年实行分税制前，中国既有中央向地方的专项财政补助，又有地方财政向中央财政的“反向转移支付”。在财政方面，中国经常是“中央依赖地方”，而不是像其他发达市场经济国家一样“地方依赖中央”。这种情况就是表 2 中的结构四。由于中央和地方分别掌握着地方的人事任免权和主要财政资源，这种结构实际上形成了中央与地方之间某种程度上的相互制衡，从而比缺乏上下级相互制衡的结构三的集权制度更有效率。但是，由于中央政府可以随时改变这种现状，这种制衡并不真正具有持久稳定的功能。因此，在经历了十余年的财政联邦制度带来的中央财政窘境后，中央终于决定要摆脱这种财政上的被动局面。1994 年实行的分税制改革，尽管用税种的形式规范中央和地方的财政关系以及政府与企业之间的关系是改革的一个根本出发点，但直接的动因却是中央财政自身难以为继[①]。

表 4　中国财政收入占 GDP 的比重（A）和中央财政收入占全部财政收入的比重（B）

年份	1993	1994	1995	1996	1997	1998	1999	2000	2001	2002	2003
A	12.6	11.2	10.7	10.9	11.6	12.6	13.9	15.0	16.8	18.0	18.6
B	22.0	55.7	52.2	49.4	48.9	49.5	51.1	52.2	52.4	55.0	54.6

资料来源：《中国统计年鉴》。

① 根据孙雷（2004）的记载，1993 年 7 月 23 日，当时正值全国财政、税务工作会议召开，时任副总理的朱镕基来到会场，对所有参加会议的人员抛出警语：“在现行体制下，中央财政十分困难。现在不改革，中央财政的日子过不下去了，（如果这种情况发展下去）到不了 2000 年（中央财政）就会垮台！”

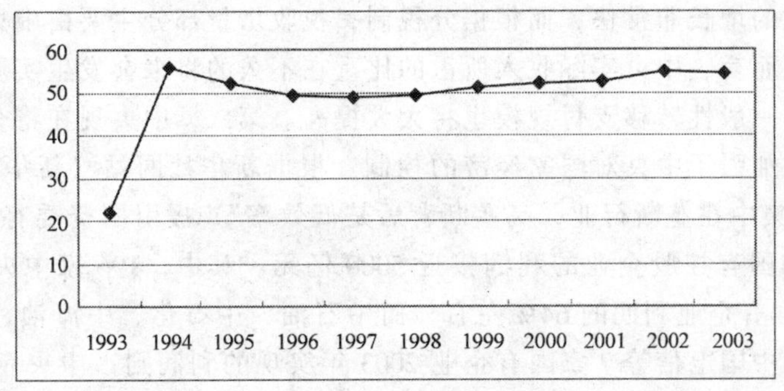

图2 中国中央财政收入占全部财政收入的比重（1993～2003年）

资料来源：历年《中国统计年鉴》。

分税制改革的主要目标有两个：一是提高中央财政收入的比重，加强中央财政的宏观调控能力；二是以税种的形式规范中央和地方的财政分配关系（中央和省级政府之间的税种划分详见附录1）。那么，分税制改革的结果如何呢？应该说取得了较好的效果，但也存在不少问题。分税制改革造成了两个假象：第一个假象是，分税制以后在表面上形成了中央财政占全国财政绝大部分比重的格局。实际上，为推行分税制改革，中央和省之间有一个协议，就是分税制不改变过去旧的利益格局。中央要按照1993年各省的财政收入基数，将分税制后名义上归中央的税收部分返还给地方。分税制后，中央收入的增加更多地体现在未来税收的增量部分，而不是对存量的重新划分上。这样，分税制后中央实际控制的财政收入就要远远小于中央的名义收入。以2002年为例，中央在按1993年基数对地方进行税收返还和体制补助后，可以控制的部分从名义上的54.9%下降到37.3%（见表5）。此外，由于现行的分税制强化中央税收而对地方缺乏应有的激励，那些主要属于中央的税种占总税收的份额有下降的趋势，而属于地方的税种则有增加的趋势。例如，增值税的收入弹性大于1，但它占总税收收入的份额却从1995年的43%下滑至1999年的37.4%，而消费税则从9.1%下降到8.4%。与此同时，营业税和地方税（银行业除外）税收收入则从12.6%上升到16.2%，而个人所得税在1994年还不是一个重要的税种，但在1998年却占到地方税收的6%以上。中央政府占总收入比重近年有所提高，同关税收入大幅度上升以及中央提高中央税收分享比例也有关系（黄佩华，2003）。

表5　　中国中央和地方财政资源分配情况（2002年）

	中央	地方
按分税制划分	54.9%	45.1%
税收返还和体制补助后	37.3%	62.7%
均衡性和专项转移支付后	16.0%	84.0%

既然中央财政实际可控制的财政收入比重并不像名义上那么高，这是不是意味着中央财政的力量还不够，从而需要采取措施进一步加大中央财政的比重呢？对这个问题不能简单地下结论。这就涉及到第二个假象。尽管从税收来看，中央实际可控的财政收入的比重并不大，但如果考虑到如下因素，则中央对国家经济的控制力并不弱。第一，随着中国经济的持

续高速增长，税收的增长非常快，而根据分税制，税收增量部分主要由中央控制。这就意味着，仅就税收收入而言，中央实际收入所占的比重在不久的将来会发生实质性的逆转，而可用于地区均等化的一般性转移支付规模也将大大提高。第二，中央现在将全部大中型国有企业收归中央，从而加强了中央对国家经济的控制。根据新华社网站（新华网，2004 年 12 月 13 日，“国企利润集中在垄断行业，高垄断背后是低效率”）援引国资委有关负责人的讲话，2004 年中国国有和国有控股企业的利润接近 5000 亿元。其中，196 家中央企业实现的利润占全国 15.9 万家国有企业利润的 64%左右，而中石油、中石化、中海油、宝钢集团、中国移动、中国联通、中国电信等 7 家国有企业 2003 年实现的利润则占中央企业的 78%。也就是说，中央通过控制大型国有企业集中了全国绝大部分最优质的国有资产，并通过高垄断获得高盈利。第三，分税制确立的地方税种很少，而且地方对地方税种和税率的设置没有决定权。这种体制加大了中央对地方的控制力，但却不利于地方积极性的发挥。

因此，单纯从税收分配方面看，中国目前还带有很多过去财政包干制的特点。随着经济的迅速增长，中央按分税制计算的实际税收将占大头。如果再加上中央对大中型国有企业的控制，则中国不仅在税收上会像西方发达市场经济国家那样形成中央占大头的格局，而且中央还通过 196 家垄断性中央国有大中型企业控制整个国家经济。这样势必会形成一个非常强势的中央政府。通过垄断维持大中型企业获利的做法，使政府很难成为维护市场公平竞争的公正的裁判者，从而不利于自由竞争。这种情况同西方市场经济国家中央财政占大头的情况有着本质的不同。

分税制改革后，尽管一般性转移支付的规模逐年扩大，地区财政均等化方面取得了很大的进步，但由于以下两个原因，这种作用的发挥受到了一定程度的限制。第一，正如前面分析，中国现阶段的分税制很大程度上还带有过去财政包干制的特点；而对于地区均等化，财政包干制的作用则十分有限。第二，分税制的设计中包含有加剧地区差异的因素。根据黄佩华（2003），中国 1994 年的分税制改革先天具有对地区间收入分配产生非均等化效应的特点，因为将收入分享原则从以前的收入再分配改变为来源地原则（derivation principle），也即将转移支付与征税挂钩，将更多的收入返还给富裕地区而不是贫困地区。正如表 5 显示的，中央现阶段在税收返还和体制补助后实际可控制的税收收入并未占大头，财政支出均等化的目标远远未能达到。根据黄佩华（2003），1998 年，最富裕的省的人均财政支出比最贫困省的人均财政支出几乎高 20 倍。同全国人均支出相比，上海是 4.5 倍，而河北省则是 0.23 倍。而且，省际财政不平衡还有加重的趋势。从 1990 年到 1998 年，贫困省的人均支出对全国支出比率，如河北省和甘肃省的比率，继续大幅度下降。为抵消这种累退效果，政府在 1995 年引入了“过渡期政府间转移支付办法”，作为走向公式化的再分配体制的第一步。总的来说，由于可用于一般性转移支付的资金不足，各省得到的一般性转移支付仅仅是由转移支付公式确定的财政需求中很小的一部分。

（二）省与地方的财政转移支付

在 1994 年分税制改革以后，中央和各省的税收关系用税种的形式进行了规范，但中央和地方之间的财政关系则基本上由各省自行决定，中央对其没有强制性的标准。下级主要依赖于上级政府的转移支付和各种专项拨款。也就是说，在中央实行税收返还和体制补助后，中国的大部分财政资源实际上都是由省级政府在支配。比如，2002 年，在一般性转移支付、专项转移和税收返还后，省级可控制财力占全国总财政资源的84%，中央为16%。在省级范围内，下级政府对上级的依赖程度非常高。根据我们2004年对四川省仁寿县的调查，2003年，仁寿县有71.1%的财政支出是依赖上级政府的转移支付。在官员的任命方面，下级地方官员均是由上级提名。也就是说，省和地方的关系是结构三的情形，下级政府无论是在财力还是在人事任免方面都依赖于上级政府，上下级之间缺少必要的相互制衡。

由于各级政府的行为目标都是自身利益最大化，在结构三上下级政府间权力配置失衡的条件下，上级政府对下级政府会产生很强的机会主义行为。由于缺乏有效的纵向制衡，上级政府有足够的权力将自身财力最大化，同时将支出责任最小化。同时，由于对政府权力缺乏有效的横向制衡，腐败问题就难以避免。下级政府官员的行为则有以下特点：第一，由于下级官员由上级任命而非选举产生，下级官员的升迁和政治生命更多地取决于上级政府的评价，地方官员没有足够的激励为当地居民提供最好的服务，即所谓的官员“对上不对下”。第二，由于下级官员无论在升迁还是在财政上都有求于上级政府，缺乏同上级政府讨价还价的能力，在与上级政府争夺财政资源的过程中，完全处于被动和弱势的地位。有时候，通过集体行贿的方式为本地从上级争取更多的财政资源往往顺理成章。但如果不具备法治的框架，则后果就会十分严重。第三，下级官员为了获得上级政府的满意，往往将有限的财政资源投入一些华而不实的政绩工程。此外，在各级政府权力缺乏有效的横向制衡的情况下，上下级政府间的机会主义行为往往又得到强化。由于结构三中政府间缺乏有效的纵向制衡，其必然结果就是财政资源向上级倾斜，政府层级越低，支配的财政资源也就相对越少。也就是说，在现行体制下，财力必然会出现向省级财政集中的趋势，而支出责任则有向下倾斜的趋势。政府层级越低，财权和事权不对称的情况就越扭曲和严重，财政也就越困难，越需要依赖于上级政府的财政转移支付。根据黄佩华（2003）分析，在中央政府收入出现集中化趋势的同时，省级财政资源也更加集中化（见表6）。同时，由于省级以下财政分配体制由各省自行决定，这种带有“联邦制”特点的体制，使各省间收入分配格局出现很大的差异。比如，2000年，河北的省级直接支出比重占全省的29.0%，甘肃占39.5%，湖南占32.8%，江苏则占46.3%（黄佩华，2003）。

表6　1995～2000年各级地方财政支出和收入的变化（%）

	支出					收入				
	全国	河北	甘肃	湖南	江苏	全国	河北	甘肃	湖南	江苏
省	+2.9	+5.7	+7.2	+6.9	+26.3	+5.3	+3.5	-0.3	+0.3	+5.1
地区	-0.7	-1.7	-4.8	+1.1	+14.9	-4.6	-1.4	-3.9	+3.1	-6.9
县*	-1.9	-3.6	-3.2	-4.1	-42.7	-16.8	+0.7	-0.7	+1.2	-22.0
乡/镇		+0.4	-12.6	-3.9	+1.4		-2.8	+4.9	-4.8	+23.8

*县级政府的数据包括乡/镇。

上下级政府间纵向不平等导致基层财政困难，进而导致下面三个后果：第一，预算外资金膨胀。预算外资金主要是指政府非税收入，包括下面十大类：行政事业性收费、政府性基金、国有资源有偿使用收入、国有资产有偿使用收入、国有资本经营收益、彩票公益金、罚没收入、以政府名义接受的捐赠收入、主管部门集中收入、政府财政资金产生的利息收入等。社会保障基金、住房公积金则不纳入政府非税收入管理范围。各地的非税收入往往相当于或超过税收收入。比如，广州市 2002 年的税收收入为 274.77 亿元，而预算外收入则为 296.80 亿元（郭锡龄，2004）。第二，地方政府大量举债。根据魏加宁（2004），目前中国地方政府所负的债务名目繁多、规模庞大，潜在的风险已经非常之高。应该指出的是，如果各级政府具备法治的框架，则地方政府因上级政府机会主义行为而导致的地方财政紧缺并不致于导致地方债务的过度膨胀和危机，也不致对中国的经济安全形成大的隐患。第三，政府公共服务缺乏。由于财政困难，基层政府往往没有能力去为当地居民提供足够的公共服务。黄佩华（2003,）也指出，上下级政府间的这种纵向不平等是导致下级政府没有足够的讨价还价能力的原因。这也就意味着，两类政府机会主义行为是相互依赖的。它们之间可能会形成恶性循环。上下级政府之间缺乏有效制衡导致的第 I 类政府机会主义行为往往会进一步加剧第 II 类政府机会主义行为。

（三）中国政府间关系和财政转移支付四种可能的演进路径

在分税制改革打破了原先结构四暂时的均衡后，中国的财政转移支付一直处于加快变革之中。随着中国经济持续高速增长、中国加入 WTO 以及经济和政治体制改革的不断深入，中国的政府间关系和财政转移支付制度的演进将有四种可能的结果。我们应尽量争取好的结果。

1. 第一种演进结果：结构三。

这种结构的特点是中央政府处于非常强势的地位。在经济方面，中央不仅控制全国主要财政收入，而且直接控制 196 家特大型国有企业从而控制整个国家经济命脉，以及控制税种和税率的决定权。在人事方面，中央控制地方领导人的任免。这种结构的好处是增强中央政府的宏观调控能力，包括大型公共工程建设、地区平衡发展、社会保障等目标的实现等。这种结构的缺点是，除了地方的积极性得不到充分调动外，还容易诱致两类政府机会主义行为。第一类是中央政府对地方政府的机会主义行为。过于强势的中央政府部门很容易以“国家利益”的名义将自己的意志强加给地方政府。第二类是政府对市场的机会主义行为。除了法治不健全导致此类机会主义行为外，国有企业过多地出现在竞争性领域也是一个重要因素。政府不宜办竞争性国有企业的根本原因不在于国有企业能否盈利，而在于政府应该是市场规则的建立者和“裁判员”。如果既当“裁判员”又当“运动员”，则公平竞争的市场规则就无法建立，中国要深化市场经济改革目标也不太可能实现[①]。在这种情况下，权力就更容易同市场结合而产生腐败。一些人看到分税制前中央财力低于西方发达国家，便认为中国的“国家能力低下”，从而主张大幅度提高中央财力的比重，并通过施行“仁政”来搞市场经济。我们的研究则表明，在缺乏地方自治的条件下，简单地强调“国家能力的提高”并不一

① 关于国有企业与建立公平市场竞争规则的关系，可以从下面的案例中窥见一斑。不要说垄断性国有企业会妨碍民营企业的成长，就连中央国有企业之间，也会动用自己的垄断权力来千方百计地阻止竞争对手。2003 年，中石化和山东省政府联合下发文件，要求关闭中石化在山东的竞争对手——蓝星石油有限公司济南分公司（也即前济南石化集团）。原因在于，山东省青岛市在向中石化争取一个年产 1000 万吨的大炼油项目，中石化则提出，将山东的地方炼油项目关闭 1000 万吨，以为其提供一个较好的“市场环境”。此外，中石化的手中还掌握有进一步的杀手锏——国家每年的原油计划由中石化和中石油两家企业代管。中石化在安排 2004 年第一季度的供油计划时，将蓝星石油有限公司济南分公司排除在外，等于断送了蓝星“粮食”。后来，此事在国家发改委等部委的调解下才得以暂时平息。

定是一件好事，因为“国家能力的提高”和地方自治的缺乏可能会鼓励中央政府的机会主义行为（比如，指令性中央计划不自觉地回归）。过多地期待中国传统儒教来约束政治人物的行为，不如更多地依靠制度来保证。此外，中国分税制前的财政联邦制度其实还具有平衡中央和地方关系的作用，而中国的国家能力也并不能简单地用中央财政收入占全部财政收入的比重来衡量。

2. 第二种演进结果：结构一（I），即好的市场经济。

从国际经验看，这种结构是迄今为止已被实践证明是最成功的一种结构。中国具备了向这种结构演进的一些有利条件。第一，分税制改革为这种转型提供了制度保障。随着中国经济的高速增长，中央和地方实际可控制的财政收入比重在不久的将来会发生实质性的逆转。这样，在中央和地方的财政结构方面，中国将很快同国际接轨。第二，为了履行 WTO 义务并寻求对中国市场经济国家地位的承认，中国在政府体制上必须逐步与国际惯例接轨。第三，建立社会主义政治文明和提高执政能力的要求将加快中国法治化、民主化和法制化的进程。中国的村级选举已经全部推开，乡镇长直选正在试点。中国的法治化和民主化进程正在持续而渐进地发展。这将为政府间财政转移支付的有效实行提供制度保证。在上下级政府有效的纵向制衡建立后，上下级政府之间能够平等地通过讨价还价确定事权和财权的划分，以及确定和执行转移支付公式。如果政府权力得到横向制衡，则公共财政的原则可以得到根本保证，财政转移支付就可以最有效率地满足辖区居民的服务需求。法制的框架，则可以保证转移支付公式得到严肃的对待。

3. 第三种演进结果：结构一（II），即坏的市场经济。

这种结构就是通常说的拉美式的市场经济。这种市场经济最大的特点就是对政府权力缺乏有效的横向制衡。政府将经济发展作为向市场寻租的人质。中国目前正由计划经济向市场经济转轨。在这个转轨过程中，由于法治未能充分建立，权力同市场结合产生的腐败现象普遍存在。因此，如果缺少法治的条件，则民主并不能有效地解决中国的腐败问题。在这种结构下，分权在带来经济效率提高的同时，还会带来腐败、宏观经济的不稳定、中央政令不通等消极后果。而且，这种条件下建立的所谓财政转移支付公式，很有可能会异化为上级政府机会主义行为的制度保障，转移支付公式的调整也不会是一个帕累托效率改进的过程。因此，结构 一（II）不是一个好的结果，中国应该尽量避免。

4. 第四种演进结果：结构三（中央—省）+ 结构一（省—县—乡）。

这种结果似乎最接近中国目前渐进式改革的现实，而且为日后的进一步改革提供了可操作的空间。在这种模式下，省级政府同时受到来自中央政府和下级政府强有力的制衡，有“虚省实县”的味道。目前，中国省以下财政资源的分配呈倒金字塔型结构，而基层的民主正由村级选举、乡镇直选向县级直选发展。如果省以下通过分税制（法制化的一种体现）、民主化、法治化发展成结构一（I）的模式，则根据现有的国际经验，这将是一种稳定而有效率的政府间关系。至为关键的是，在发展基层民主和规范省以下分税制的同时，各级政府必须建立起法治的框架，以免发展成坏的市场经济。就中央和省之间的关系而言，则无论在财政资源控制还是人事任免上，中央目前都处于强势的地位。这种结构同分税制前中央和省的财政关系正好相反，而分税制前财政联邦制度对地方政府激励则是地方经济发展的强大动力。就中央和省的关系而言，中央是否会在结构三下产生机会主义行为则更多地取决于高层政治人物的操守和信仰。比如，是否真正做到“以人为本”、“立党为公、执政为民”，等等。

五、结论及其政策含义

政府间财政关系和财政转移支付是政府间关系的一部分。研究财政转移支付必须将其置于政府间关系的整体架构之下，不能仅就转移支付来研究转移支付。本文通过国际比较揭示西方发达国家财政转移支付制度背后的基本规律，并在此基础上建立了一个研究政府间关系的分析框架。我们的研究显示，上下级政府间的纵向制衡和对政府权力的横向制衡是以分税制为基础的财政转移支付制度稳定、高效运行的制度保证。本文运用这一框架分析中国当前各种财政转移支付问题产生的体制根源，进而揭示其对中国财政转移支付制度改革的政策含义。

第一，上下级政府之间有效的纵向制衡和对政府权力的横向制衡是财政转移支付高效运行的基础。在缺乏有效制衡的框架下，第Ⅰ类政府间机会主义行为和第Ⅱ类政府机会主义行为之间往往会形成恶性循环，财政转移支付公式可能会将现有扭曲的分配关系制度化，或者转移支付公式得不到严格执行。

第二，财政是一个国家政权运转的物质基础，财政转移支付制度的设计要同各国的政治制度相适应。在借鉴西方国家财政转移支付经验时，必须区分中西方不同的政治制度。盲目地照搬西方发达国家的做法可能会产生与预期背道而驰的结果。

第三，对于中国来说，未来最优的政府间关系和财政转移支付的演进结果应该是“第二种可能性”，即与好的市场经济国家的结构一（I）趋同。但是，考虑到中国独特的历史文化背景、计划经济的传统、经济的高速增长、体制转轨的复杂性和路径依赖以及人口庞大和幅员辽阔的现实，“第四种可能性”也不失为一种次优的选择。

第四，就中央与省的关系而言，中国在财政分配结构上正与西方发达市场经济国家趋同。如果中央财政像西方发达国家一样占大头，则根据国际经验，中央政府就已经具备了充足的权威和调控能力。这样的话，中央政府是否还必需借助垄断性中央国有企业来提高中央对经济的控制能力就是一个值得重新考虑的问题。此外，如果将现有中央名义财政收入中“按1993年基数返还的税收和体制补助”的部分按规范的转移支付公式来分配的话，则中央的调控能力将会进一步提高。

第五，规范省以下的政府间关系应该是今后改革的一个重点。要在省以下建立起以分税制为基础的规范的转移支付制度，同时通过发展基层民主和建立法治来规范省以下政府间关系和政府与市场之间的关系。

第六，规范的财政转移支付必须建立在公共财政的基础之上。法治化、民主化和法制化是建立公共财政的基础。建立法治的框架就是要对政府权力进行有效的横向制衡。这种制衡是防止政府向市场寻租、过度干预市场、侵犯私人产权等第Ⅱ类政府机会主义行为的有效手段。要达到制衡，最为关键的是要对宪法赋予公民的权利进行切实保障，让政府的公共权力受到公民权利的制约。这也正是市场经济对政府的内在要求。如果政府与市场的边界不能明确界定，政府的事权就无法严格划定，公共财政就无法真正建立起来。在政府事权尚没有明确界定的条件下，各级政府间的事权划分当然也就更加困难。

第七，中国目前的很多所谓分权，比如行政审批权由中央向地方下放，实质上不是一种严格意义上的分权，而是计划手段在市场经济条件下的退出。因此，中国的很多“放权”改革，实际上是计划经济向市场经济的转轨，即还权于市场、还权于民的过程，它同西方国家的分权概念并不完全一致。

附 录

分税制改革后中央和省级政府的收入划分情况

I. 全部归中央政府的税收	1. 消费税；2. 中央企业所得税；3. 来自铁道部、商业银行总行和保险公司的税收；4. 外国和合资海洋石油企业所得税、营业税和特许权使用费；5. 能源和运输基金收入；6. 原经贸委、电力公司、中石化总公司和中国有色金属总公司所属企业营业税的70%部分；7. 所有的进口关税、进口增值税和进口消费税；8. 银行和其他金融机构的企业所得税。
II. 中央和省级政府分享的税收	1. 增值税（75%归中央、25%归省级政府）；2. 自然资源税（煤炭、天然气、石油及其他矿产资源）；3. 对计划外的用自有资金的基建项目所征的建设税；4. 盐税；5. 证券交易印花税（中央和省各50%）；6. 工商税、外资和合资企业所得税。
III. 全部归地方政府的税收	1. 地方国有、集体和私有企业所得税和调节税；2. 来自一些增值税未覆盖部门（运输、通信、基建、金融和保险、邮电通讯、文化和体育、娱乐、旅店和餐饮等）的营业税；3. 集市交易（摊位租赁）税；4. 城市维护建设税（在企业应缴纳的营业税、消费税和增值税基础上征收的附加税）；5. 城市土地使用税；6. 车船使用税；7. 来自原经贸委、电力公司、中石化总公司以及中国有色金属总公司所属企业的产品和增值税收入的30%部分；8. 个人所得税；9. 土地增值税；10. 教育附加费；11. 筵席税和屠宰税；12. 房产税；13. 对集体企业征收的附加税；14. 资源税；15. 固定资产投资方向调节税（1999年停征）；16. 补税罚款收入。

资源来源：转引自黄佩华、迪拜克：《中国：国家发展与地方财政》，中信出版社，2003年版，第96~97页。

参考文献

Arikan, G. G. 2004: "Fiscal Decentralization: A Remedy for Corruption?" International Tax and Public Finance, March, V. 11, iss 2, pp. 175-95.

Riker, William, H., 1964: Federalism: Original, Operation, and Significance, Boston: Little Brown.

Arora and Norregaard, 1997: "Intergovernmental fiscal relations: the Chinese system in perspective", a Working Paper of the International Monetary Fund.

Bardhan, Pranab, 2002: "Decentralization of Governance and Development", Journal of Economic Perspective, Fall 2002, V. 16, iss. 4, pp. 185-205.

Buchanan, James M. and Wagner, Richard E. 1987: Democracy in Deficit: The Political Legancy of Lord Keynes, Academic Press, INC.

Dabla-Norris, E. and Wade, P., 2002: "The challenge of fiscal decentralization in transition countries", International Monetary Fund working paper 103.

Dabla - Norris, E., Martinez - Vazquez, J, and Norregaard, J. 2002: "Fiscal decentralization and economic performance: the case of Russia, Ukraine, and Kazakhstan", working paper of IMF.

Defigueiredo, Rui J., & Wingast, Barry R. (1997): "Self - Enforcing Federalism: Solving the Two Fundamental Dilemmas", Mimeo, Stanford University, April, 1997.

DeMelo, L. 2000: "Fiscal decentralization and intergovernmental fiscal relations: a cross - country analysis", World Development, Vol. 28, pp. 365 - 80.

Faguet, Jean - Paul, 2004: "Does Decentralization Increase Government Responsiveness to Local Needs? Evidence from Bolivia", Journal of Public Economics, March, v. 88, iss. 3 - 4, pp. 867 - 93.

Fisman, R., and Gatti, R., 2000, "Decentralization and corruption: evidence across countries" Development Research Group (Washington: World Bank).

Fisman, Raymond and Gatti, Roberta, 2002: "Decentralization and Corruption: Evidence from U. S. Federal Transfer Programs", Public Choice, Oct, V. 113, iss. 1 - 2, pp. 25 - 35.

Fornasari, F., Webb, S. and Zou, H. "The macroeconomic impact of decentralized spending and deficits: international evidence", Annals of Economics and Science, Vol. 2, pp. 403 - 33.

Hayek, Friedrich A., 1945: "The Use of Knowledge in Society", American Economic Review, 35, pp. 519 - 30.

Hellman, J., Kaiser, Kai., Pattinasarany, D., & Pradhan, M., 2004: "First Look: Findings from the Governance and Decentralization Survey (GDS) 1 + ", presented at World Bank, Dec, 2004.

Jin, H., Qian, Y., and Weingast, B., 2004: "Regional Decentralization and Fiscal Incentives: Federalism, Chinese Style", Working Paper, Department of Economics, University of Califonia, Berkely.

Liu, W. and Yang, X., (2001) "Good capitalism versus bad capitalism : effects of political monopoly of the ruling elite on the extent of the market, income distribution, and development". Technical Report Discussion papers no. 08/01, Department of Economics, Monash University.

Musgrave, Richard, 1959: Theory of Public Finance: A Study in Public Economy, New York: McGraw.

Ma, J, 1997: "Intergovernmental fiscal transfer: a comparison of nine countries", working paper of Economic Development Institute of the World Bank.

North, Douglass C. 1981, Structure and Change in Economic History, W. W. Norton & Company, Inc., New York.

Oates, W., 1972: Fiscal Federalism, Harcourt Brace Jovanovich, New York.

Qian Y. and Weigast, B. 1997: "Federalism as a commitment to preserving market incentives", The Journal of Economic Perspectives, Vol. 11, No. 4 (Autumn), 83 - 92.

Qian Y. and Roland, G., 1998: "Federalism and the Soft Budget Constraint", American Economic Review, Vol. 88 (5).

Raiser, Martin, 1998: "Subsidising Inequality: Economic Reforms, Fiscal Transfers and Convergence across Chinese Provinces", Journal of Development Studies, February 1998, V. 34, iss. 3, pp. 1 - 26.

Martinez - Vazquez, Jorge and McNab, Robert M. 2003: "Fiscal Decentralization and Economic Growth", World Development, September 2003, v. 31, iss. 9, pp. 1597 - 1616.

Shirk, Susan, 1993: The Political Logic of Economic Reform in China. Berkeley; University of California Press.

Stein, 1999: "Fiscal decentralization and government size in Latin American", Journal of Applied Economics, Vol 2, No 2.

Thiessen, Uirich, 2003: "Fiscal Decentralization and Economic Growth in High - Income OECD Countries", Fiscal Studies, Sep 2003, V. 24, iss. 3, pp. 237 - 74.

Tiebout, C. M. 1956: "A Pure Theory of Local Expenditures", Journal of Political Economy. Vol 64 (5), pp. 412

-24.

Wetzel, D. and Dunn, J. 2001, "Decentralization in the transition economies: challenges and the road ahead", PREM (Poverty Reduction and Economic Management) Unit Europe and Central Asia (Washington: World Bank).

郭大鹏、杜亮："蓝星 Vs 中石化：两家中央企业间罕见的对抗和冲突"，《中国企业家》，2004 年 10 月。

郭锡龄："广州市本级 2003 年预算外资金收支执行情况和 2004 年预算外资金收支草案的报告"，2004 年 5 月 19 日在广州市第十二届人大常委会第八次会议报告。

黄佩华、迪帕克：《中国：国家发展与地方财政》，中信出版社，关素萍、王桂娟等译（Wong, Christine P. W. and Deepak, Bhattasali, 2003: China: National Development and Sub - National Finance）。

倪红日："中国政府间财政转移支付制度的现状及与日本的比较"，"政府间财政转移支付"国际研讨会，日本国财务省与中国国务院发展研究中心，2004 年 9 月 24 日，东京。

钱颖一："警惕滑入坏的市场经济——论法治的市场经济"，《经济社会体制比较》，2000 年第 6 期。

钱颖一："政府与法治"，《文汇报》，2003 年 6 月 30 日。

孙雷："十年回首'分税制'"，《21 世纪经济报道》，2004 年 11 月 10 日。

魏加宁："有关地方债问题的初步分析和对策思考"，中国国务院发展研究中心和日本财务省关于地方债问题研究课题报告。

政府间财政转移制度：理论·比较·现状

日本财务省财务综合政策研究所研究部

林正义　别所俊一郎　岩田由加子

一、前言

政府间财政转移是有效维持分权化财政系统不可或缺的制度。要从效率或公平的观点有效运用公共政策，常常需要从区域上细分全年支出的单位，以符合各地方居民的生活水平。但是，另一方面，由于资金的不均匀分布和不稳定，细分全年支出单位会引发很多问题。因此，要缓和这种权衡（trade off），就需要由中央统一征收财源，再分配给细分的地区单位，也就是向地方再次分配资金。而有效确保这一措施的正是本文将论述的对象——政府间财政转移。

一般来说，所谓"政府间财政转移（intergovernmental fiscal transfers）"指的是在政府间转移的资金或者政府间的资金交换。这里的"政府"指的不仅是"地方"，同时也包括"中央政府"①。在有些情况下，"政府间财政转移"也被称作"地方间财政转移（regional fiscal transfers）"，比起"中央到地方"，更偏重于强调地方"团体"之间的财政转移。因此，在不进行地方间直接性财政转移，而是中央把从"国民"征收的国税作为财政资源向地方转移财政资金的制度中，"地区间财政转移"一词未必合适。

本文的目的，是从经济理论、国际比较以及日本的制度变化过程和现状这三个观点出发，对政府间财政转移进行分析。本文的结构如下：首先，在第二节中，关于政府间财政转移的功能，从经济理论的观点展开讨论。在本文中，从"公平性"和"效率性"的观点，赋予政府间财政转移应有的意义，并且介绍关于政府间财政转移的几个具有代表性的经济理论。其次，在第三节中，研究探讨了政府间财政转移的实际进行情况，通过 OECD 主要国家之间的国际比较，将政府间财政转移制度中的决定和分配的结构进行类型化。还希望通过上述比较，明确日本地方纳税的

---

① 在本文中，"中央"这个词指"中央政府"或者"国家"，"地方"这个词指的是"地方"、"地方自治体"或者"地方团体"，也就是指日本的下级行政机构"市町村"以及"都道府县"。

定位。最后在第四节中，在概观日本的地方财政制度和政府间财政转移制度之后，特别就地方纳税的变化和现状的问题展开讨论。然后在第五节中，对本文进行了总结。

二、政府间财政转移的意义和功能

（一）财政转移的概念和类型

如果在地方团体之间不进行直接的资金转移，则政府间财政转移可以看作是中央向地方发放的“补助金（grants）”①。一般来说，从中央向地方发放的补助金按照下面三个标准进行分类。第一，就是地方在使用补助金时，中央有没有指定用途。中央不指定用途的补助金称为“一般补助金（general grants）”，指定用途的称为“特定补助金（specific or categorical grants）”。第二，就是根据地方的全年支出补助额是否变动。尤其是，作为地方全年支出的一定比例，支出根据地方全年支付额变化的补助金称为“定率补助金（matching grants）”，把交付的从地方全年支出独立出来的一定金额的补助金称为“定额补助金（lump - sum grants）”。第三，由于定率补助金依存于地方全年支出水平，理论上交付金额没有上限，所以，为交付金额设定上限。因此，为支付金额设定上限的补助金称为“有上限补助金（closed - ended grants）”；相反，交付金额不存在上限的补助金，称为“无上限补助金（open - ended grants）”。表1中对这些区分进行了整理分类。

表1　补助金的种类

	独立于地方全年支出 lump sum	对应地方全年支出 matching	
		有上限 closed ended	无上限 open ended
未指定用途 specific/categorical	一般定额补助金	一般定率补助金有上限	一般定率补助金无上限
指定用途 general	特定定额补助金	特定定率补助金有上限	特定定率补助金无上限

在经济学方面，一般定额补助金和特定定率补助金的区别非常重要。如“二（四）.1”中所示，如果地方提供的公共服务的优点和长处停留在该地方内部的话，一般定额补助金将会超过等额特定定率补助金增大地方的福利。提供多项公共服务的地方，如果就某项特定公共服务的全年支出获得定率补助，那么该公共服务的价格将会比真正的公共服务价格还要低，其结果就是地方要提供更多的公共服务。决策者（地方）面对的价格偏离了真实价格而引起的决策者的行动变化，经济学上叫做“变形”（distortion）。另一方面，由于一般定额补助金不会影响公共服务的价格，所以不会造成这种变形。因为一般定额补助金中不存在这种变形，所以如果补助额相同，则一般定额补助金会比特定定率补助金带来更高的地区福利。因此，根据这一结果，有人主张如果

① 在日本，“补助金”这个词，常常指后述“国库支出金”的一部分，而在学术上一般表示从中央向地方转移的财政资金。

交付相同金额，则比起限制补助金的用途来，还是让其自由使用比较好。

但是，仅凭这一讨论，还不能够回答为什么需要从中央向地方进行财政转移的问题。下面将从“公平性”和“效率性”的观点，就政府间财政转移的必要性进行讨论。

（二）政府间财政转移和公平性

在财政学上有“垂直公平性（vertical equity）”和“水平公平性（horizontal equity）”两个公平性概念。所谓垂直公平性，指的是应该根据收入能力负担公共服务所需费用的思路。因此，认为拥有的收入越多，累计的租税负担就应该越多。当然，不能过多依赖根据收入确定的负担程度，以致无法提前对应该达成的垂直公平性的程度作出确定的回答。

另一方面，所谓水平公平性，指的是拥有同样特性的个人应该接受相同的财政处理的思路。例如，认为有相同收入的个人必须承担相同租税的想法，或者认为如果同是日本国民，那么无论居住在什么地方都应该能够享受到相同的公共服务的想法。另外，无论反映在财政制度上的垂直公平性达到什么样的程度，都可以定义水平公平性，所以要注意水平公平性和垂直公平性的概念是独立的。

比起垂直公平性，中央向地方的财政转移与水平公平性具有更大的关联。国家决定的政策，无论是征收租税也好，还是提供公共服务也好，都必须按照一贯的规则实行。因此，为了维持水平公平性，国家的公共政策是，无论国民居住生活在什么地方，只要他们拥有相同的特性，就必须同等。例如，公共性扶持将是中央的责任。为了维持水平公平性，如果是在国内，则无论在什么地区，都必须按照一定的标准实施公共扶持。这一事业已经委任给地方，如果其实施通过地方的独立财政提供的话，当地方财政分布不均匀时，要维持共同性扶持中的水平公平性就比较困难。所以，为了维持水平公平性，必须通过政府间财政转移保障地方资金。也就是说，从水平公平性的观点来看，可以作为按照全国统一水准实施作为地方上以个人为对象的国家政策的手段，来了解政府间财政转移①。

（三）效率性和政府间财政转移

政府间财政转移也可以从效率性的观点来赋予其意义。从效率性的观点来看，可以列举出：①全年收入和全年支出的垂直调整；②地方全年收入稳定化；③外部性的内部化；④征税的福利费用的最小化。

1．全年收入和全年支出的垂直性调整。

中央利用全国统一的基准和系统征收国税。如果利用该系统和国税一起提供地方税，那么同地方根据自己独立的标准独立进行征收相比，税收所需的征税费用将会减少。换言之，

---

① 有些观点认为，从水平性的角度来看，如果可以自由选择居住地，就没有必要进行政府间财政转移。也可以说，如果转移成本为零，那么同样的个人将会享受到相同水平的福利，并将自动满足水平公正性的要求。但是，人们广泛认为自由的转移在短期内进行比较困难，这一议论中，附有叫做“长期性”的但书。但是，也存在一部分不符合“长期性”这个词的居民。例如，年龄越大的人，其转移成本在金钱方面和心理方面就越高，而且越是年龄大的人，“长期性”观点就越不符合，必须以“短期性”观点来处理。并且，也有“以尽管不方便但仍然热爱自己的故乡这种形式得利”的主张。虽然确实存在“局限性爱国主义”这样的有利因素，但是这样一来就无法达成“公平性”。出生成长在比较方便的地区的人们，没有必要牺牲对故乡的热爱去迁移。另一方面，那些出生成长在不太方便的地区的人们，要通过迁移来改善现状，就需要割舍故土情。这样，从后者为得到同等的公共服务的费用的观点来看也很不利。

关于税收，认为比起地方平衡征收，由中央统一征收更加有利。另一方面，对于全年支出的大部分，地方或许更加具有有利性。公共部门的全年支出的大部分，主要是和地区居民的生活密切相关的公共服务领域，这样的公共服务比起中央提供来，由地方直接提供能够更加有效地把握公共服务的受益者的需求。如果这一想法正确，那么从效率性的观点来看，全年收入的重点将放到中央，全年支出的重点将放到地方，从中央向地方的政府间财政转移可以作为实现这种行政事务分配的手段。也就是说，从中央向地方的财政转移，承担着调整全年收入和全年支出的垂直性不均衡的作用。

2. 地方全年收入的稳定化。

正如预测，确保全年收入对于有效的财政运营非常重要。但是，地区经济的规模越小，则个人所得、企业所得、消费等的征税标准（征税基础）的变动就越大，适当预测将来的税收就越困难。另一方面，在征税基础的变动中，如果在地区间存在独立的部分，那么通过储备并再分配各地区的税收，可以缩小地方全年收入的变动。因此，如果中央能够将原来相当于地方税的部分作为国税来征收，并将该部分收入按照特定的规则在地方间进行再分配，地方税收将会更加稳定。

3. 地方间财政外部性的内部化。

政府间财政转移也可以作为地方间发生的“外部性”的补正手段使用。这种在政府间发生的外部性，有些地方的政策会给别的地方政策和地区居民造成影响，这也会带来地区间资源分配的低效率。在地方间发生的外部性可以分为两类。一个是地方政策给别的地方居民造成影响时发生的外部性。其典型例子有“地方公共服务的地区外溢出”①。所谓这种地区外溢出，指的是特定地区提供的地方性公共服务的便利被属于其他地方的居民无偿享受。这种地方公共服务虽然同时也为其他地区的居民带来了便利，但是提供该公共服务的地区，却并没有考虑到其提供的便利能否惠及其他地区。这种情况，正如后面在“二（四）2”中所述，因为预计该公共服务的便利比原本的便利还要小，因此，从社会性（全国性）方面来看，其水平也过小。这种情况下，中央通过对该公共服务适当设定定率补助金，可以补正过小的水平。也就是说，政府间财政转移可以当作地区外溢出引起的低效率公共服务供应的补正手段使用②。

目前，一种外部性是根据政策差异居民和征税基础在地方间迁移时发生。当个人根据地方公共服务和地方税负担选择居住区域时，国内的人口分配可能会偏离最大化国家整体生产的人口分配。如后面“二（四）3”中所述，为了矫正这一人口分配的畸变，在地方间进行所得转移非常有效（e. g., Flatters et al. 1974, Boadway and Flatters 1982）。另外，有些地方的税率提高有时会使得征税基础流到地区外，增加其他地区的地方税收。如果存在这种称为“水平性租税外部性”的外部性，显然是因为地方税率被过小设定（e. g., Zodrow and Mieszkowski 1986）。作为矫正这种过小地方税率的手段，政府间财政转移非常有效（e. g., Dahlby 1996）。

4. 由于征税造成福利费用的最小化。

对有弹性的征税基础征税会产生福利损失。每1税收单位的追加性福利损失称为“公共性资

---

① 目前的一个实例是“租税输出”。所谓租税输出是指地方对属于其他地方的居民进行征税，其典型的例子就是“酒店税”。

② 在上一节中指出，如果交付额相等，则一般补助金比特定定率补助金更加会增大地区福利（也就是说，特定定率补助金效率比较低），但是如果存在地区外溢出，与其说定率补助金是低效率性的原因，不如说是达成效率性的政策道具。

金的界限费用（MCPF：marginal cost of public funds）”，但是如果地方独立进行征税，则认为地方税的 MCPF 根据地区特性有所不同。当 MCPF 随着征税额递增时，如果想使国家水准征税的福利损失最小化，就必须使各地方的 MCPF 均等。如“二（四）4”中所述，如果 MCPF 由低向高迁移，在提供财政转移的地区由于需要追加性的征税，所以 MCPF 增加；在接受财政转移的地区，由于可以降低征税基础，所以 MCPF 降低。如果这种迁移方向保持不变，那么有可能在地区间实现 MCPF 的均等，也可以最小化国家整体的福利损失。也就是说，政府间财政转移可以通过 MCPF 的均等实现福利损失的最小化，以提高效率（Dahlby and Wilson 1994）。

（四）几点经济分析

关于上述提到的补助金和效率性的命题，下面使用简单的模型加以说明。

1. 定率补助和定额补助。

首先是不存在溢出时的定率补助金和定额补助金的福利效果。以 $V = V(z, g)$ 表示地方福利，把 z 和 g 作为两个领域中的地方全年支出[①]。而且假设，如果各服务水平提高，地方福利水平也会提高（$\partial V/\partial z > 0$、$\partial V/\partial g > 0$）。地方上把固定的全年收入 R 分配到 z 和 g。这里预算限制是 $R = z + g$，并且，如果中央对 g 以补助率 s（$0 < s < 1$）进行补助，则为 $R = z + (1 - s)g$。下面将图示这一效果。首先，考虑地方全年支出为 $g = g^0$ 的情况。如果是非补助，则其他领域的全年支出 z 为 $z_0 = R - g_0$。另一方面，如果以定率 s 进行补助，则转移额为 sg_0，也就是 z 的增加额。这里转移后的 z 的全年支出为 z'，$z' = z_0 + sg_0 = R - g_0 + sg_0 = R - (1-s)g_0$，补助额 sg_0 通过线段 ab 表示。这里在点 a 和点 b，以 g_0 为垂足的垂线要注意和（a）无补助的预算线（$z = R - g$）以及（b）有补助的预算线（$z = R - (1-s)g$）相交。

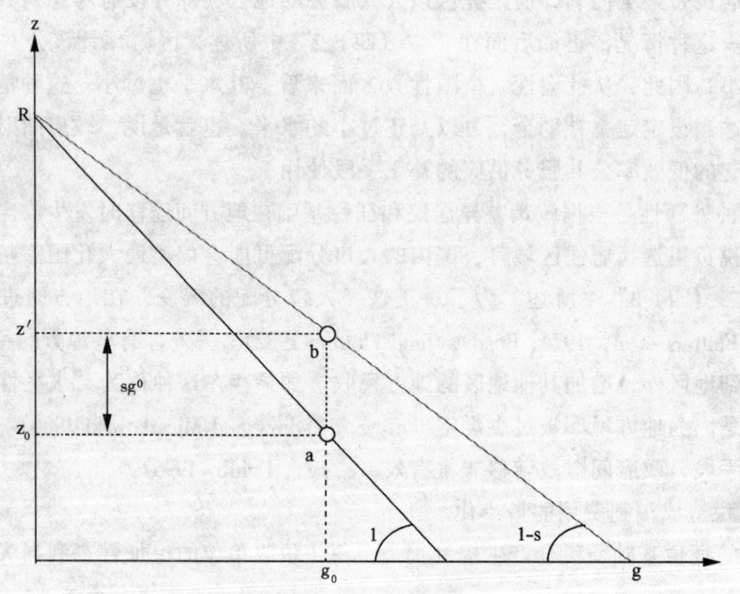

图 1　特定定率补助带来的财政转移额

① 为了简化图示效果，假定这个量和该领域中的公共服务水平相当。

图2对等额的定额补助金和定率补助金的效果进行了比较。线段RR表示的是没有补助时的预算限制，RY为有补助时的预算限制。如果存在定率补助金，则用点d表示。如果把点d上的g的值作为g^*，那么这一点接受的特定定率补助金为sg^*。如果这一转移额与一般定额补助金等额，即$M=sg^*$，那么全年收入会以定额增加，达到R+M。则预算限制RR也会垂直向上平移$M=sg^*$到QQ，其中点e表示定额补助金。这里请注意以下两点。第一，由于cd的长度等于sg*，所以点d必须位于QQ上。第二，因为RY的斜率小于1，在d点与线段RY相切的无差别曲线的斜率（边际替代率）也小于1。斜率为1的线段QQ和在d点与RY相切的无差别曲线如图2所示相交，很显然，如果通过一般定额补助时选择的点e得到的无差别曲线（等于和预算线QQ相切的无差别曲线），比通过特定定率补助时选择的点d得到的无差别曲线（等于和预算曲线RY相切的无差别曲线）更靠近右上的位置。也就是表示点e处的福利比点d处的福利更高，以致如果地方得到等额的财政转移，则不难得出一般定额补助金比特定定率补助金更能增加地方福利的命题。

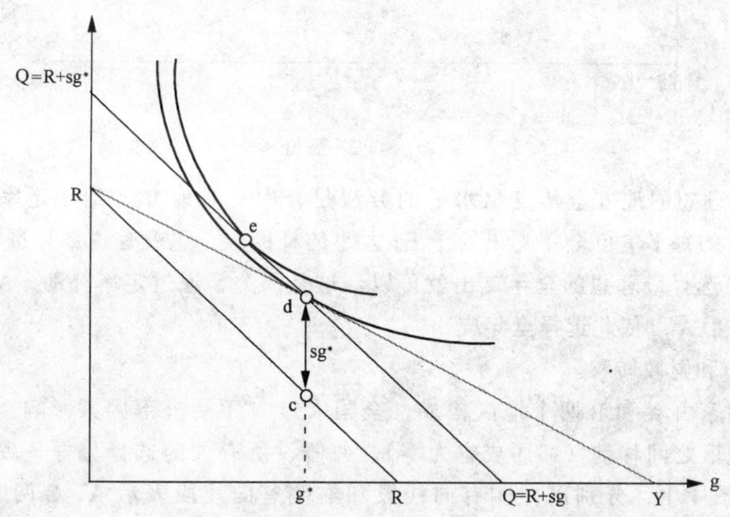

图2 特定定率补助和相同一般定额补助之间的比较

2. 地区外溢出和财政转移。

由溢出发生的地方全年支出的过小供给可以说明如下：在图3中，AA表示地方A的公共服务g的边际利益，CC表示固定的边际费用。如果地方将纯利益（=利益-费用）最大化，那么g的水平就应选在CC和AA交叉的点g^*表示。这里，这一全年支出的利益惠及邻接地方B，其边际利益以BB表示。如果将惠及地方B的边际利益考虑在内，那么供应量g^*并不是最佳。例如，地方A从g^*增加1个单位的全年支出量，那么虽然A的边际利益变化很小，但是纯利益减少，并且会增加损失。另一方面，由于B不承担该费用，那么从那里获得的纯利益则只增加边际利益（g^*F）部分。由于后者比前者大，所以在利用后者的一部分补偿前者，保持A的利益的状态下，可以增加B的利益。也就是说，在g^*中可以改善佩瑞多图，可以判断g^*全年支出水平效率低。

最理想的地方全年支出g^{**}可以通过B的边际利益（BB）和A的边际利益（AA）的合计（DD）和边际费用（CC）交叉的点H获得。这一点表示双方不可能不受损地进行补偿。例如，如果从g^{**}开始全年支出增加，那么A的追加性损失将超过B的追加性利益，所以不可能实现自己不受损形式的补偿。另外，根据同一图中 $g^{**} > g^{*}$，也就可以理解为何最理想的全年支出水平大于 A 独立选择的水准。

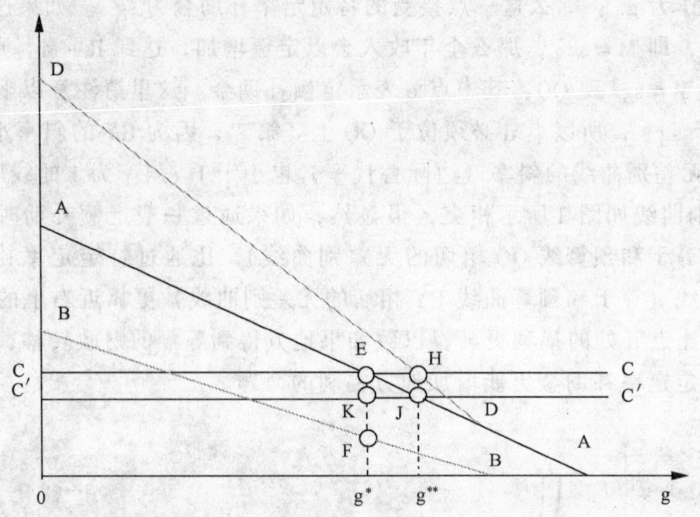

图 3　地区外溢出

这里达成最理想的地方全年支出水平的方法是，中央对地方 A 给予定率补助金。具体来说就是，对 A 的每 1 单位全年支出给予 HJ 大小的补助金，也就是说如果进行定率 HJ 的补助，那么 A 只要选择最理想的全年支出就可以。这是因为，通过定率补助，A 的边际费用从 CC 减少为 C′C′①，A 可依此选择全年支出。

3. 人口分布和财政转移。

假设一个国家由 A 和 B 两个地区构成，全国人口 N 不受外部因素影响。另外，居民可以免费在两个地区之间移动（移居成本为零），并假设所有人的选择偏好一致（假定是同一类型的个人）。图 4 中，分别以左侧有向线段和右侧有向线段表示 A、B 两个地区的人口，横轴的长度为固定的全国人口。假定居住在各地区的个人效益水平 V 对地区人口形成倒 U 字形②。由于每个人都可以向给予更高效益的地区迁移，迁移成本为零，所以，无论居住在两个地区中的哪一方，当效益都相等时，人口移动就会停止。让人口移动停止的分配叫做“移居平衡（migration equilibrium）”，它是在两地区的效益水平达到相等的点 E_0 时获得。

这里如果进行地区间的财政转移，提供转移资金的地区的倒 U 字形效益曲线向下方移动，接受转移地区的倒 U 字形效益曲线向上方移动，从而产生新的移居均衡。图中记录了从 A 向 B 进行地区转移的情况。由于通过转移自身所得减少，所以 A 地方的效益曲线向下方移动；B 地方由于收入增加，所以效益曲线向上方移动。在这里 A 地方的效益曲线向下方移动缩小，B 地方的效益曲线向上方移动扩大，结果，新的移居均衡（E^1）比以前的移居均

① 中央作为补助金转移的金额，以连接纵轴上的 C 和 C′，J、H 形成的线围成的面积表示，该项资金是可以在不给任何地方造成损失的情况下筹集到。例如，如果从 A 筹集 CC′KE 的金额，从 B 筹集 KEHJ 的金额，则 A 和在以前的 g* 得到的纯便利一样享受纯便利，B 可以享受比以前更高的纯便利。

② 人口增加意味着如果人口规模比较小，则可以通过规模经济增加个人收益，但是如果达到一定程度的人口规模，则通过混杂效果使个人收益减少。

衡（E^0）产生出更高的效益水平。

也就是说，通过财政转移所有的个人都能够获得比以前更高的效益，从而实现了佩累托改进（另外，A 的人口减少，B 的人口增加）。因此，进行财政转移之前的移居均衡的效率很低，可以看出通过财政转移能够获得有效的（佩累托改进）结果。

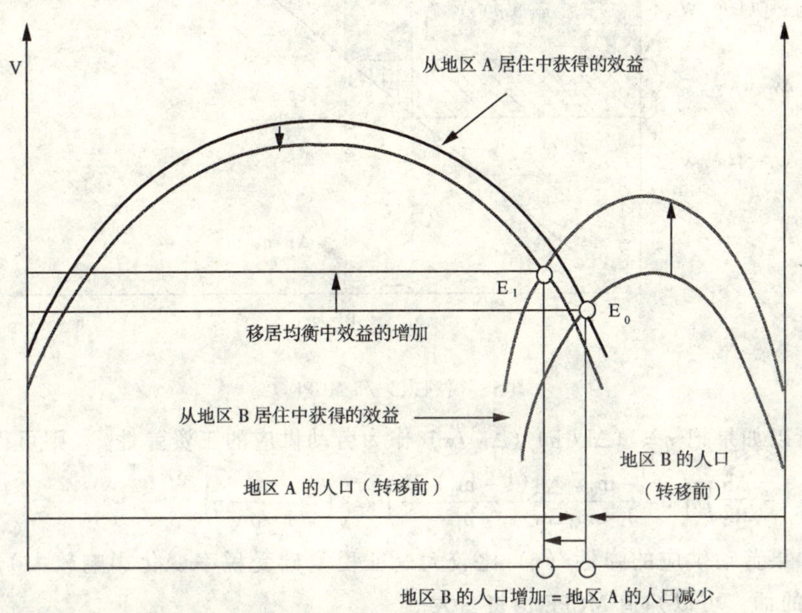

图 4　移居均衡和人口分布

4. 征税的福利费用的最小化。

上文讨论的将财政外部性内部化的财政转移方案，是以人口转移和征税基础的转移为前提的，但是当各地方自由设定税率时，即使不以人口移动为前提，从效率性的观点来看，也可以正当地进行财政转移。"公共性资金的边际费用（MCPF：marginal cost of public funds）"是指追加每 1 单位税收所产生的福利损失，但是，在各地方独立进行征税时，一般来说各地方的 MCPF 会不同。所以，如果 MCPF 相对于征税额递增，则通过使各地方的 MCPF 趋向均匀，就可以以最小的福利损失获得全年支出。可以给财政转移定位为这种 MCPF 操作的手段。

以劳动所得税为例说明 MCPF，如图 5 所示。根据工资率 W 提供劳动量 h^*，而且，如果征收税率为 m_0，那么税后工资率为 $w_0 = (1 - m_0)W$，相应提供的劳动量减少到 h_0，劳动者的剩余也减少（a + b + c）。其中（a + b）是税收，所以从整个社会来看这不是什么损失，但是（c）却不归任何人所有，是损失的利益。这部分损失的利益就是"福利损失（welfare loss）"，而每增加 1 个单位税收引起的（c）的变化大小称为"边际福利损失（marginal welfare loss）"。

MCPF 是增加 1 单位税收而产生的追加性负担额，所以，MCPF 等于名义上的边际税负（1 单位）和由此而产生的边际福利损失的和（MCPF = 1 + 边际福利损失）。MCPF 的计算公式如下：当税率增加（$m_0 \rightarrow m_1$）时，税后工资率变成（$w_0 \rightarrow w_1$），劳动提供量变成（$h_0 \rightarrow h_1$）。如果 $\Delta h \equiv h_1 - h_0$、$\Delta w \equiv w_1 - w_0$，则税收增加为 $-h_1\Delta w + m_0 W\Delta h$，福利损失增加额近似等于 $-m_0 W\Delta h + \Delta w\Delta h/2$。根据定义，MCPF 是追加性负担（税收的增加 + 福利损失的增加）和税收

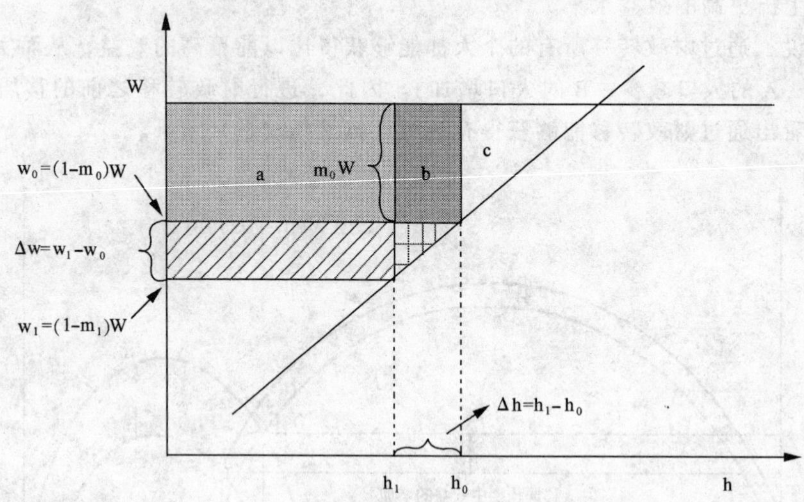

图 5 福利损失和 MCPF

增加的比，所以如果把 $\eta=(\Delta h/h)(\Delta w/w)$ 作为劳动供应的工资弹性①，则可得出：

$$MCPF=\left(1-\frac{\Delta h}{2h_1}\right)\Big/\left(1-\frac{m_0}{1-m_0}\frac{\Delta h}{\Delta w}\frac{(1-m_0)\ W}{h_1}\right)\approx\left(1-\frac{m_0}{1-m_0}\eta\right)^{-1}$$ ②

这样，如果劳动供应的弹性（η）比较大（征税基础受税率变化影响较大），另外税率（m_0）比较高的话，可以知道 MCPF 也将变大。

下面，我们来考察一下由两个地区（A 和 B）构成的经济。为了简化表示，我们假设各地方为了筹集由外部限定的统一标准 G^* 的全年支出，独立进行征税。地方 i（= A，B）的 MCPF 是税收 T_i 的函数 $MCPF=\mu_i(T_i)$，如果税收增加 MCPF 也增加〔$d\mu_i(T_i)/dT_i>0$〕。而且，MCPF 根据地区特性的不同而有所不同，关于同一税收值 T，B 的 MCPF 就比 A 高〔$\mu_A(T)<\mu_B(T)$〕。所以，如果只以地方税提供全年支出 G^*（$T_j=G^*$），则为 $\mu_A(G^*)<\mu_B(G^*)$。此时，如果使 A 的税收 T_A 增加，并把增加部分转移到 B，且只是这部分 B 的税收的话，那么 A 和 B 的福利损失总额将减少。如果继续进行这种转移，直至变为 $\mu_A=\mu_B$ 的话，那么福利损失的总额将达到最小化。也就是说，如果 $\mu_A(G^*)<\mu_B(G^*)$，那么就会像 $\mu_A(G^*+S)=\mu_B(G^*-S)$ 那样，从 A 向 B 转移资金 S 会非常有效率。

图 6 说明的正是这一原理。横轴上地方 A 的税收从左边开始测，地方 B 的税收从右边开始测，横轴的宽度对应两地区的全年支出总额 $2G^*$。由于 MCPF 随着税收递增，所以 A 的 MCPF 在途中显示为向右上增长，B 的 MCPF 显示为向右下走低。如果不进行财政转移（$T_j=G^*$），那么两地区的负担额（税收 + 福利损失）的合计为：（A 地区：0_AgfG^*）+（B 地区：0_BdbG^*），A 地区的 MCPF 为 fG^*，B 地区的 MCPF 为 bG^*。另一方面，A 按照 $T_A{}^*$、B 按照 $T_B{}^*$ 进行征税，如果把资金 S 从 A 向 B 转移，那么两地区的负担额合计为（A 地区：0_Agck）+（B 地区：0_Bdck），福利损失达到最小化。此时，和没有财政转移时相比，负担额的合计

① 这是当税后租金率变化 1% 时，劳动供应量变化的百分比。

② 在这里如果税率（税后工资）的变化极小，则分子的第 2 项（$\Delta h/2h$）也会是极小值。

只有 bcf 这么多，变小了。

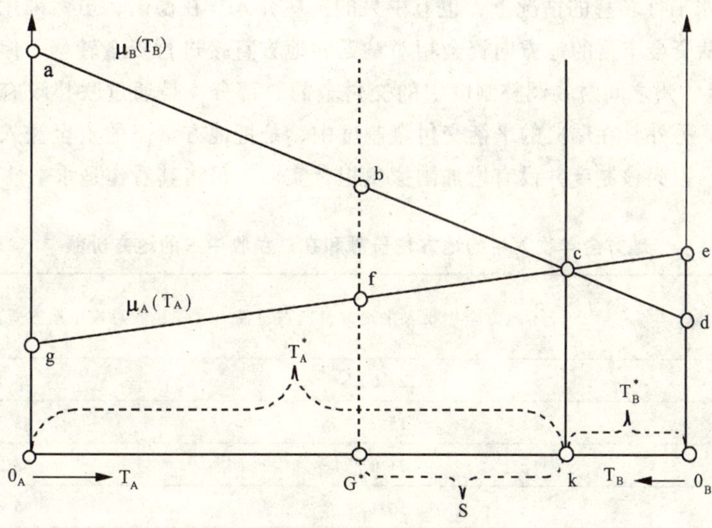

图 6 各地区的 MCPF 和财政转移

三、政府间财政转移的结构[①]

如前一节所述，虽说是可以给政府间财政转移赋予理论性意义，但实际上还需要通过和前一节的理论不同的几种实务性方法在地方之间进行分配。在前一节中，分为定率补助金和定额补助金两种。关于定率补助金，如果和如何设定补助率这个问题区别的话，就是其交付的结构比较明快。也就是说，提示交付金额的算定根据——补助率，通过实际上支出的地方全年支出乘以该补助率，确定交付金额。另一方面，关于定额补助金，需要以某种方法决定交付地方的“定额”，并分配补助金。决定并分配该定额补助金的结构各国之间各不相同。下面，通过比较具有这种多样分配结构的 OECD 主要各国之间的政府间财政转移制度，对政府间财政转移的决定和分配结构进行分类，希望通过比较各国的制度，明确日本的地方交付税的定位。

（一）垂直性财政转移和水平性财政转移

政府间财政转移可以分为从中央向地方的财政转移和地方间的财政转移。这里将简单地把前者中央向地方的转移定义为“垂直性转移”，而把后者地方之间的转移定义为“水平性转移”。

多数 OECD 国家的政府间财政转移均采用垂直性转移的形态。如果是垂直性转移，则中央的全年收入将成为财政资源，以致交付地方的金额常常受中央财政状况的制约，这一点需要留意。另一方面，采用水平性转移的国家比较少，只有德国和瑞典等几个国家。在这些国家，占地方全年收入的自主资金的比例比较高，地方占全年总收入的比例也比较高。例如，2002 年地方全年收入中的税收比例，瑞典（市町村）为 63.4%，德国（州）为 71.0%[②]，而

① 本节根据财务省财务综合政策研究所（2002）的数据进行了大幅度的扩展。

② 根据 OECD（2004a）的计算，全年收入中不包含借款。

总税收中的地方比例，瑞典为36.4%，德国48.2%，显示出比较大的值（表2）。

即使在采用水平性转移的情况下，也有中央的一些介入。在德国，虽然采用的是州之间的财政调整制度，即从资金丰富的地方向资金相对贫乏的地方直接进行资金转移，但是转移的规则由中央决定①。而且，州之间财政调整制度中的交付金的一部分，是通过联邦政府的负担——联邦补充交付金提供。另外，在瑞典的平衡交付金制度中，是把地方拿出的资金注入中央，然后再分配给地方。但是，因为该制度并没有增加国家负担，实质上可将其看作是水平性转移②。

表2　　地方全年收入中的地方税份额和在总税收中占的地方份额

国　家	地方全年收入中地方税所占份额[1]	税收总额中地方所占份额（包括州）[2]
澳大利亚	29.0**	25.1*
比利时	15.2**	43.3*
德国	71.0**	48.2*
美国	50.1*	45.8
芬兰	51.9	28.4
法国	40.4	19.3
意大利	43.4	23.2
日本	38.2#	42.1
卢森堡	39.6	8.3
荷兰	9.1	5.6
瑞典	63.4	36.4
英国	13.2	5.4

注：数值中不包括社会保障基金。*表示地方中包含州，**只是州政府的数值，#为另外计算（2004年度地方财政计划基数。参照本文中图12）。

出处1：根据OECD（2004a）制作。

出处2：根据OECD（2004b）制作。

由于水平性转移是以地方的支出金额为交付总额，所以拿出资金的地方所能够承受的负担程度就变得非常重要。另外，进行水平性转移时，拿出资金的一方和接受资金的一方对立将会非常鲜明。要缓和这种对立，就要运用垂直性转移。

例如，虽然德国的州间财政调整是依据基本法第107条2项规定的“适当调整各州不同的财政能力”的原则执行，但是，向联邦宪法法院提起的违宪诉讼也曾有过4次。最近的一次诉讼是以财政转移造成过渡平衡为争论点，由资金比较充足的3个州（拜恩州、巴登州、亥森州）发起③。如上所述，德国除了水平性转移之外，还通过联邦支出金——联邦补充交付金实现财政平衡。这样，我们就很容易理解垂直性财政为何能够缓和地方对立。

① 成员均由州政府任命的德国联邦参议院具有很大的权限，所以中央政策中也强烈体现出了州的意向。

② 有的观点认为，由地方进行直接性转移，违反了瑞典统治法第1章第7条“为执行该项事务地方可以征税”的规定（财务综合政策研究所2002）。

③ 该诉讼于1999年11月11日进行判决，结果，于2001年7月制定了关于新财政调整法的基准法（2005年施行）。

在瑞典也是一样，1993年采用的一般交付金制度，因不向财源丰富的地方交付资金，招致了强烈的反对。因此，1996年经改革修订，将水平性财政转移——平衡交付金和垂直性财政转移——一般交付金组合使用，向所有地方交付资金。

（二）政府间财政转移中的分配方法

很多的政府间财政转移制度，或是基于地方的“财政需求”，或是基于地方的“征税能力”，或者两者都纳入考虑范围，在地方之间进行财政资金的分配①。

1. 只根据财政需求进行的分配：按人口分配型。

地方的“财政需求”作为“标准化的地方全年支出”进行计算。例如，人均财政需求在地方之间均等，如果只考虑需求方面来决定转移额的话，那么政府间财政转移将根据地方人口进行分配。所以，“按人口分配型”的政府间财政转移制度，只能解释为基于假定各地方人均相等的财政需求进行分配的转移制度。

这种分配方法的例子有，英国的企业用比率、瑞典的一般交付金、德国的共同税中营业税的一部分，还有加拿大的医疗保健交付金和社会福利交付金等。按人口分配型的交付金有时也采用使用用途限制比较宽松的地区补助金形式。例如，加拿大的社会福利交付金，其使用用途涉及到高等教育、公共扶助、对人社会服务等比较大的范围，可以灵活使用②。

人口为分配标准的按人口分配型的转移简单易懂。但是，当地方上实际的人均财政需求根据地区特性有所不同时，这种方式不能满足原来的地方需要。所以，按人口分配型的转移制度有时会根据其他指标调整。例如，瑞典对地方自治体（相当于市町村）支付的一般交付金，根据年轻人人数和高龄者人数按比例进行补助。

2. 只基于征税能力的分配：征税能力平衡化型。

只考虑征税能力进行财政转移的例子有加拿大的平衡交付金。其中，地方的“征税能力”作为“标准化的地方全年收入”，通常在征税基础的推算值上乘以标准税率计算。这样算出来的各地方的征税能力，通过调整人口人均基数达到均等化 = 平衡化，进行财政转移。

征税能力平衡化的水平作为“应该保障的征税能力”另外计算。这一值并不是使用地方实际使用的税率和税目，而是使用加拿大的平衡交付金中关于各征税基础的全国平均税率计算③。另一方面，应保障的征税能力有的是使用根据人均金额推算的全国平均计算，也有的是像加拿大的平衡交付金那样，将表现出极端征税能力水平的地方排除在外进行计算。

---

① 除了财政需求和征税能力，有的还要考虑“努力”。例如，在美国从1972年到1986年实施的全年收入分配制度中，相对于地方税收总额的个人所得总额比率被认为是“征税努力”。但是，很难准确推算出“努力”。例如，如果把征税努力作为对潜在性税收的实际税收比，例如，如果税率位于拉弗曲线的右侧，那么即使提高税率，实际税收仍将缩小，所以无法正确评价这种情况下的征税努力。

② 在旧的医疗社会福利交付金（Canada Health and Social Transfer：CHST）制度下，其使用用途的范围中还包含保健医疗，但是为了提高联邦对保健医疗领域的财政支持的透明性和责任感，CHST于2004年4月重新编制了以保健医疗领域为对象的保健医疗交付金（Canada Health Transfer）和以其他社会程序为对象的社会福利交付金（Canada Social Transfer）这两项内容。另外，旧制度的CHST和后来的保健医疗交付金、社会福利交付金，原来是由通过现金转移进行的交付金和租税点转让构成。租税点转让是指对于联邦和州共享征税基础的特定税目，联邦通过降低税率以提高州的税率，完成联邦向州的财政转移。因此，在并不是所有的财政转移都伴随现金转移这一点上，这些制度与一般的交付金制度不同。

③ 加拿大1986年宪法第36条第2项中规定，“联邦议会以及政府应当交付平衡交付金，以确保足够的收入，使得州政府能够按照相等的征税标准提供相同水平的公共服务”。

这种平衡化征税能力的计算方式，使地方人均财政需求相同的假定自然失效，具有可以只根据征税方的信息计算交付金的优点。相反，当人均财政需求存在地区间差异时，会发生和按人口分配同样的问题。尤其是当存在财政需求相对较高的地区时，问题会更加明显。这种情况下，有的征税能力根据财政需求（或者与此相关联的指标）的大小进行调整。例如，即使是征税能力平衡化型的典型代表制度——德国的州间财政调整制度，相当于“应保障的地方全年收入”的“调整额测定值”也不只根据人口规模，还要根据人口密度按比例增加①。而且，还有的是根据情况而采取措施②。德国是考虑到小规模州的人均行政经费相对比较重，向9个州支付特别需要联邦补充交付金。加拿大也同样如此，规模小的3个准州（territory）没有包含在平衡交付金制度中，向它们交付的是填补征税能力和财政需求差额的准州交付金。

3. 基于财政需求和征税能力的分配方式：差额填补型。

第三种形态是将财政需求和征税能力都纳入考虑范围交付财政资金的方式。基于这种方式的财政转移制度有日本的普通交付税、英国的全年收入援助交付金、澳大利亚的GST交付金、瑞士的行政区分配税的一部分、瑞典和丹麦的平衡交付金等。特别是日本、英国、瑞典以及丹麦，均采用了通过某种方式填补以征税能力无法满足的财政需求的制度。

与根据人口相关指标简单调整财政需求的按人口分配型财政转移制度以及德国的州间财政调整不同，差额填补型财政转移制度中的财政需求计算比较严密。很多时候，需要对教育、福利、保健医疗等领域，测定其需求量和单位费用。在该计算过程中，虽然也使用人口、高龄人数、儿童数、低收入人数等人口相关变量，但是由于公共服务的单位费用依赖于社会条件和自然条件，应该以某种形式掌握面积、人口密度、城市化、地价标准、行业结构、地形、气候等地区性信息以及它们给单位费用带来的影响。

对征税能力也需要进行推测计算，计算应根据上述征税能力平衡方式中的推算方法进行。也就是说，征税能力作为“标准化的地方全年收入”，是在征税基础的推算值上乘以标准税率计算。该“标准税率”有的像加拿大的平衡交付金那样使用全国平均税率，有的像日本的普通交付税那样使用根据国家法律制定的标准税率。

明确考虑财政需求和征税能力两方面的制度，可以分为一阶段方式和二阶段方式。前者一阶段方式是计算出各地方的标准化的全年支出和全年收入，并以全额或部分填补其差额的方式。

后者二阶段方式是在征税能力（全年收入）和需求（全年支出）中独立寻求平衡的方式，瑞典和丹麦采用的就是这种方式③。也就是说，根据征税能力平衡型，另外确定应保障的资金 R^*，以每个自治体算出的资金 R 在标准资金额 R^* 中的不足部分——$R^* - R$ 的形式确定交付额。与此同时，在需求方面也算出标准化的财政需求 D^*，当各个地方的财政需求

① 当然，这是依据财政需求随着人口规模和人口密度增加的理论得出。因此，把德国的这项制度理解为只以征税能力为基础的转移制度并不正确。

② 在英国，1948年引进的国库平衡交付金是征税能力平衡型的交付金，但由于它的目的只是调整征税能力，所以无法支撑地方全年支出的增加，这就需要增加多种特定补助金，并把它们进行整理统合。所以，1958年将多数特定补助金转划入一般补助金设立了一般交付金，在这种一般交付金的分配计算中，也运用了财政需求要素。同时，国库平衡交付金被重组为比率填补交付金，延续了通过征税能力要素进行分配的特点。

③ 英国1966年以后的比率援助交付金制度为二个阶段方式。

D超过该值时，确定相当于其差额 $D-D^*$ 的交付额。所以，网络的交付额为 $R^*-R+D-D^*=(D-R)-(D^*(R^*)$，显然，二阶段方式的交付额是从一阶段方式的交付额［D(R)］中减掉标准填补额［D^*（R^*］后的剩余。如果征税能力和财政需求的标准额相等（$D^*-R^*=0$），那么二阶段方式将等于一阶段方式，如果征税能力的标准额大（小）于财政需求的标准额，那么二阶段方式的交付额将小（大）于一阶段方式的交付额。换言之，可以通过确定标准额的相对大小确定对地方的支付总额。

因为这些方式将全年收入和全年支出均纳入计算，因此，可以避免征税能力平衡型中只计入全年收入所引发的问题。但是，如果要准确推算标准化的财政需求，还存在不小的问题。第一，标准化的财政需求中包含的全年支出领域的范围和水平，难以单纯合理地确定。因为各个时代的“标准”各不相同；另外，这些“标准”要获得社会的一致认同也比较困难。

第二，如要对财政需求进行严密的计算，需要大量的信息。测定财政需求最不可或缺的就是，以人口和社会结构为代表的各地方的地区信息。要定期且正确地整理加工这样的地区信息，需要可以搜集正确信息的行政基础结构。而且，还必须正确推算出各种地区特性和供应成本的关系。这一问题在地方行政服务涉及的范围比较大时，会变得更加复杂。例如，比较同样使用一阶段差额填补方式的英国和日本，地方行政的覆盖领域比较大的日本，财政需求额的计算非常复杂；地方行政覆盖领域比较小的英国，财政需求可以通过比较简单的方法计算①。

（三）小结

如果根据本节中的讨论，对上述提及的各国的财政转移制度进行分类，可以得出表3。但是，这只是为了方便起见，根据财源分配的类型对各制度或其部分进行的分类，表中列出的制度不一定单独代表各国财政转移制度。另外，各国的财政转移制度需要结合本文中没有提到的其他政府间财政转移进行研究。

四、日本的政府间财政转移②

本节，特别着眼于地方交付税的分配机制，就日本的政府间财政转移制度展开讨论。政府间财政转移制度是日本的中央财政计划、财政运营中不可或缺的部分。中央制定的法律免费提供很多公共性服务给地方，以满足全国均等水平，但是由于地方征税能力不均衡，为了满足中央要求的水平，需要得到中央发放的补助金。另外，随着日本经济的发展，中央根据国土计划在全国范围内整备社会资本，而在该社会资本的整备中，中央以向地方提供补助金为动机，有效利用了地方全年支出。还有，日本公共部门全年支出的大部分由地方承担，所以在实施作为经济复苏对策的扩展性财政政策时，需要通过政府间财政转移“动员”地方的全年支出。

（一）垂直性财政不均衡

1. 地方财政系统。

① 关于两国的地方份额，请参照表2。英国全年收入援助交付金中的财政需求（标准支出评估额），只对7个领域进行测定得出。

② 本节中讨论部分依据 Hayashi（2004）。

表 3　各国财政转移制度的分类

<table>
<tr><th colspan="2"></th><th>垂直性转移</th><th>水平性转移</th></tr>
<tr><td colspan="2">按人口分配型</td><td>英国（企业用比率）
瑞典（一般交付金）
加拿大（保健医疗交付金、社会福利交付金）</td><td>德国（营业税的一部分*）</td></tr>
<tr><td colspan="2">征税能力平衡化型</td><td>德国（联邦补充交付金）
加拿大（平衡交付金）</td><td>德国（营业税的一部分、州间财政调整）</td></tr>
<tr><td rowspan="3">差额填补型</td><td>一阶段方式</td><td>日本（普通交付税）</td><td rowspan="2">瑞典（平衡交付金）
丹麦（水平调整制度）</td></tr>
<tr><td>二阶段方式</td><td></td></tr>
<tr><td>其他</td><td>澳大利亚（GST 交付金**）
瑞士（行政区分配税***）</td><td></td></tr>
</table>

注：*由于共有税的州取得部分被用于财政转移，此表中，德国的营业税是包含在水平性财政转移制度内。

**澳大利亚联邦并没有将 GST 交付金的财政资源——财政、服务税作为联邦税，而是作为州税进行处理，而且，在预算书中，联邦的全年收入和全年支出中也不包含财政、服务税。这样一来，虽然 GST 交付金是水平性转移，但是现实中 GST 会根据联邦议会的立法进行征税、运营，同时，联邦统计局和法务省是把它作为联邦税处理，所以，将其分类为垂直性转移。

***只涉及该分配税的一部分计算。另外，瑞士从 1990 年后半期开始，就与联邦、行政区之间事务分配的改进相结合，推进对现行财政转移制度进行重组的改革。改革中新提议的制度和现行制度一样，都是考虑财政需求型，但是它考虑的是由财政能力比较强的行政区和联邦拿出资金，分配给财政能力比较弱的行政区的结构。另外，在社会、地理条件不利的地区，联邦的交付金另外交付。宪法修订已经在 2004 年 11 月通过国民投票获得批准，正在进行相关法律修订的准备，新的制度计划在 2008 年 1 月 1 日以后实施。

日本的财政由中央政府、都道府县、市町村这 3 个政府级别构成。截至 2006 年 4 月，由 47 个都道府县（1 都 = 东京都、1 道 = 北海道、2 府 = 京都府以及大阪府、43 县 = 其他县）以及 1820 个市町村（779 市、844 町、197 村）组成①。进入 21 世纪，很多市町村进行了合并，市町村数量由以前的 3200 多个减少到 1800 个左右。在东京都除了一般的市町村以外，还有构成首都东京核心部分的 23 个特别区。东京都特别区具有和市町村大致相同的行政功能②。

作为基层，市町村提供义务教育、社会福利、公众卫生、警察、消防、上下水道、社会资本整备这些和日常生活密切相关的广泛的公共服务。作为中层，都道府县在地域上包含市町村，具有调整市町村和中央政府的功能。另外，都道府县提供的便利不是超过了市町村的界限，就是已经在都道府县内的市町村之间统一了标准的公共服务。有的情况下，都道府县也会实施对市町村而言规模过大的项目，或向市町村企业支付交付金。另外，如图 7 所示，把市町村和都道府县的全年支出作为地方全年支出，与中央的全年支出进行了分领域对比。

① 市包含 13 个政令指定城市、35 个中心城市、还有 40 个特别城市。这些城市可以自行执行都道府县所拥有的部分权限。

② 在东京都特别区，像消防这种一般城市业务是由东京都代为执行。

表 4　　日本的地方政府

中央	
地方	
都道府县	市町村
都（东京都） 道（北海道） 府（京都府、大阪府） 县（其他 43 县）	市（政令指定城市、特别市、中核市） 町 村 东京都特别区（东京都）

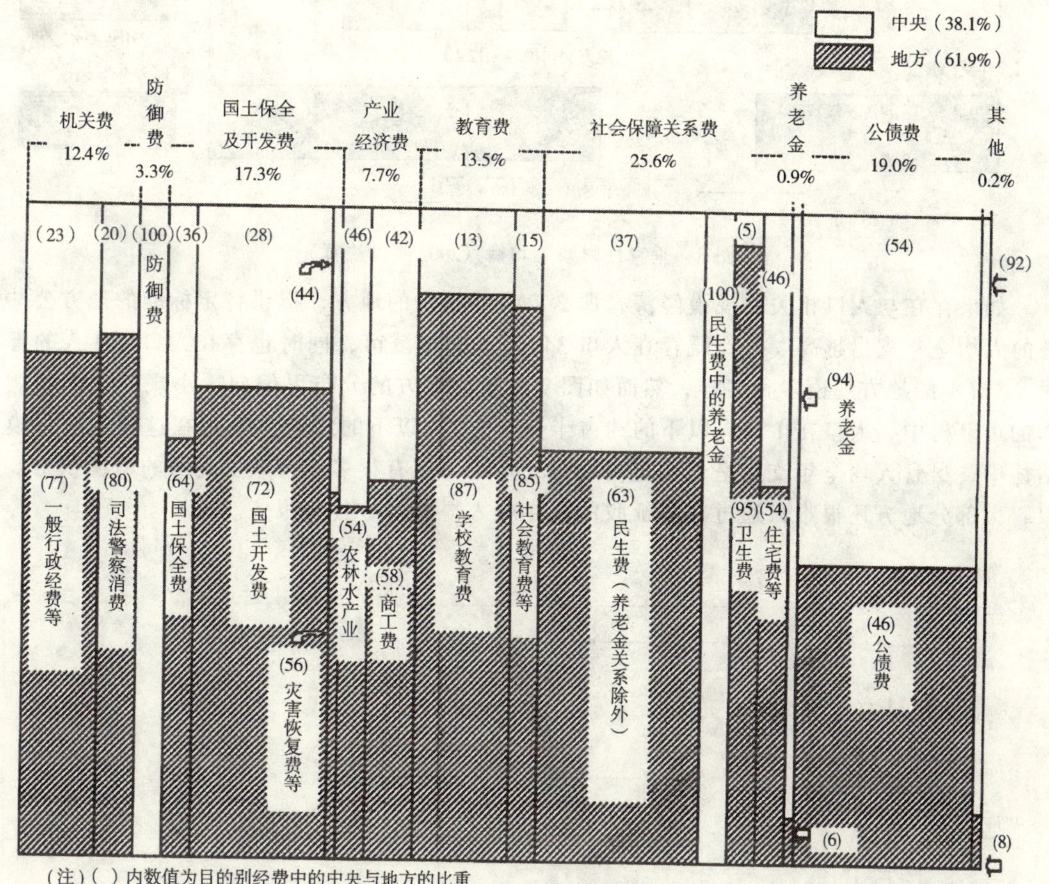

图 7　中央和地方的行政职责（2003 年度决算）

2. 资金的不均匀分布和垂直性财政不均衡。

日本地方（都道府县以及市町村）对中央的依赖度比较高，存在比较大的“垂直性财政不均衡”。如图 8 所示，地方的全年支出约为中央的 2 倍，而全年收入，地方只占中央的约 1/2。这和地方自有财源的多少无关，主要是因为它必须根据中央制定的标准提供一定的公共服务。这些义务性服务主要是和收入再分配相关的服务（公共扶持、社会福利、义务教育）以及与安全相关的服务（公众卫生、消防、警察）。此外，为了达到国家目的，中央通过定率补助金和其他方法控制地方的资本全年支出，地方上社会资本的建设费用中相当一部分依赖于从国库获得的补助金。

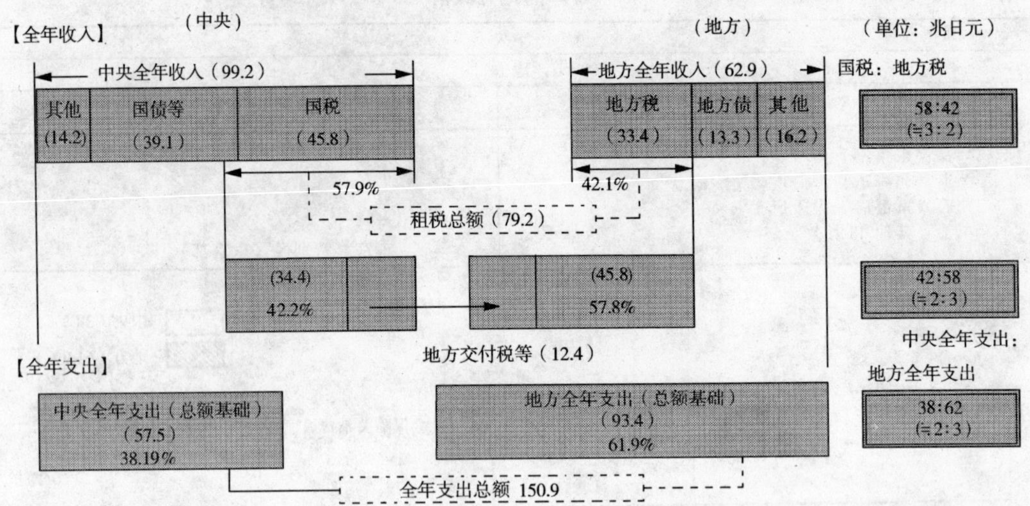

图 8　垂直性财政不均衡（2002 年度决算）

如果存在与人口相关的规模经济，那么，人口越少的地方，提供特定标准的地方公共服务的人均全年支出越高。好比既存在人口 340 万人的横滨市，同时也存在人口 203 人的青岛村①。日本的地方规模多种多样，然而如图 9 所示，地方的分布更偏向于小规模自治体。日本的市町村中，人口在 1 万人以下的约占半数，5 万人以下的约占 90%。在这样的小规模自治体中，尽管人均全年支出呈现出走高趋势，但是，还有很多地方缺少足够的财源供给。所以，大部分地方还很难只通过自身征收的全年收入提供地方公共服务。

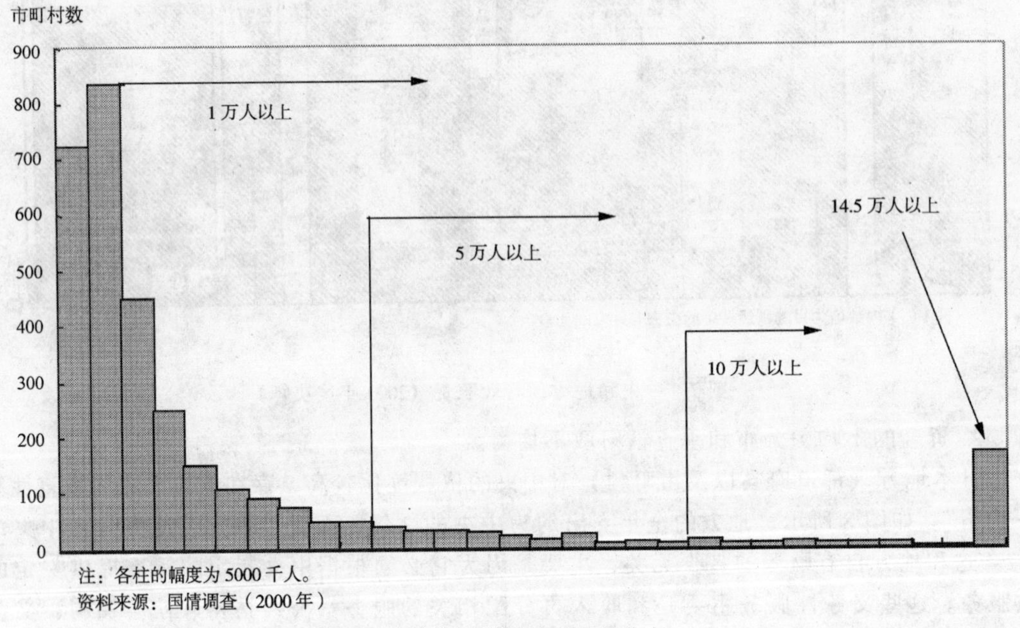

注：各柱的幅度为 5000 千人。
资料来源：国情调查（2000 年）

图 9　各种地区规模的市町村分布

① 数字是通过 2000 年国情调查获得的。请注意这一数值不是市町村数减少了近 1500 个的“平成大合并”后的数值。

实际上，能够在本地区内实现地方全年支出和全年收入平衡的地方屈指可数。图 10 显示的是市町村的财政能力指数的分布[①]。如果这个指数值为 1，那么表示地方全年支出与从自有财源征收的全年收入基本平衡，如果小（大）于 1，那么表示从自有财源征收的地方全年收入小（大）于全年支出。显然，如图 10 所示，97%以上的市町村的财政能力指数都低于 1，以致为了保障足够的地方全年支出，中央要向几乎所有的市町村进行财政转移。

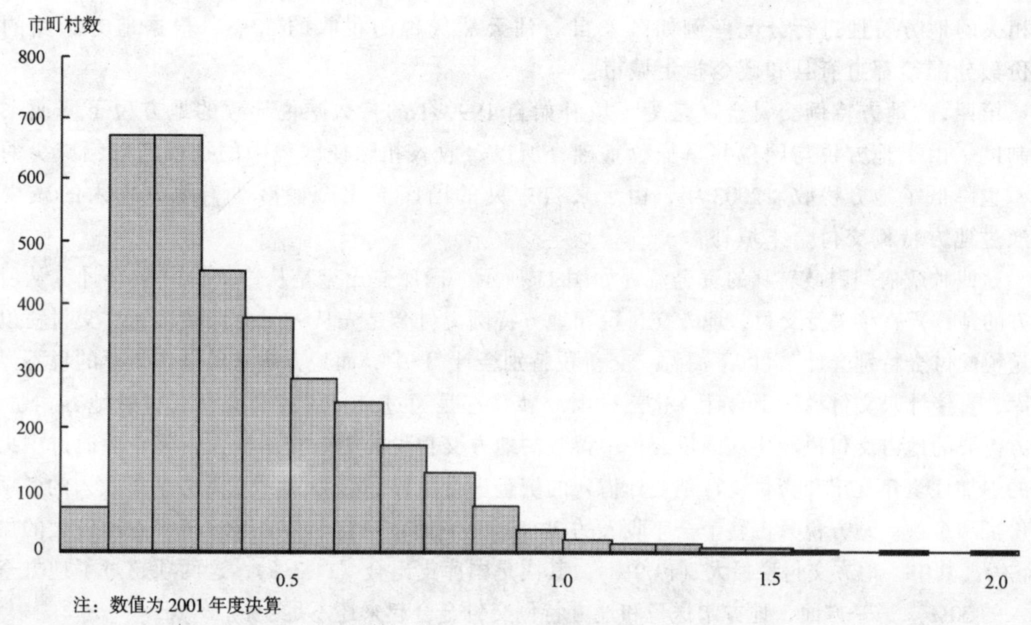

图 10　基于财政能力指数的市町村分布

3. 垂直性财政转移概观。

通常，垂直性财政不均衡是通过中央向地方的财政转移（垂直性财政转移）进行填补，日本的垂直性财政转移主要可以分为“地方交付税”、“国库支出金”、“地方赠送税”以及“地方特例交付金”四种[②]。

第一，“地方交付税”可以理解为没有指定用途的一般补助金。地方交付税的交付形式有两种。一是占交付金总额 94%的“普通交付税”，交付形式如后面所述，对地方行政需求中只靠自主财源无法保障的部分进行填补。一是占交付金总额 6%的“特别交付税”。用途在于援助自然灾害，或在因标准财政需求额的过小推测而使普通交付税不够用时进行援助，即，特别交付税是为了应付普通交付税无法预知的额外支出而准备的。

第二，“国库支出金”是中央向地方交付的特定补助金的总称。从中央的所管官方直接交付的国库支出金，在制度上有“补助金”、“交付金”、“负担金”、“补给金”等各种各样的

① 财政能力指数是以 3 年标准财政收入的平均比率来定义。标准财政收入、标准财政需求是为了分配地方交付税而计算。详情见后述。

② 注意地方交付税和地方赠送税不是“税”。把它称为“税”的根据是，这些财政转移资金源自地方的固有财源，所以应当视为地方税的一部分。确切地说，这些财政转移作为中央政府提供的补助金，应该叫做“地方交付税交付金”或“地方赠送税交付金”。

称呼，它们的功能可以说明如下：其一，中央按照中央制定的标准水平，义务给地方提供公共扶助和义务教育等行政服务；其二，为了达到中央的政策目标，将国库支出金当作引导地方全年支出的动机使用。例如，依照中央制作的开发计划，使地方进行特定的公共事业和基础整备，就是这种情况。很多情况下，这些特定补助金通过定率来利用。

第三，“地方赠送税”是以国税目的税为财政资源的财政转移。用作目的税的有地方道路税、石油天然气税、飞机燃料税、汽车重量税、特别吨税[①]。来自这些目的税的税收，根据相关的地方特性进行分配。例如，来自石油天然气税的税收的50%，根据地方道路的所占份额分配给都道府县和政令指定城市。

第四，“地方特例交付金”是为了填补始自1999年的持久减税导致的地方税下降而采用的制度。由于地方税与国税共享征税基础，所以，收入扣除使国税中的征税基础额减少的同时，也降低了地方税收。2003年，由于来自中央的国库支出金额减少，地方收入的减少也要通过地方特例交付金来填补。

这四种政府间财政转移的资金流程如图11所示。国库支出金是从中央的一般会计（从所管官方的预算）直接进行交付，地方交付税和地方特例交付金是先从一般会计转移到“交付税以及赠送税配付金特别会计”（以下简称“交付税特别会计”）中，而地方赠送税是作为目的税不经过国库，直接计入交付税特别会计。这三种财政转移都是通过交付税特别会计交付给地方。通常，地方需要的地方交付税额比从国税五税中得到的地方交付税的财政资源额大，其差额通过中央提供的追加性全年支出和交付税特别会计借入的资金进行填补。图12显示了地方全年收入的各项财源份额和金额。地方税只占整个全年收入的38%。一方面，来自中央的财政转移占比较大的份额(34%)。其中，地方交付税最大（19.9%）、其次是国库支出金（14.3%），这两项超过了地方全年收入的30%。另一方面，地方赠送税和地方特例交付金合起来还不足3%。

另外要注意，地方全年收入的大约17%是通过地方债来筹集的。中央具有这些地方债的举债许可权限，通过使用这一权限，可以统制通过公债进行的地方的资金筹集。

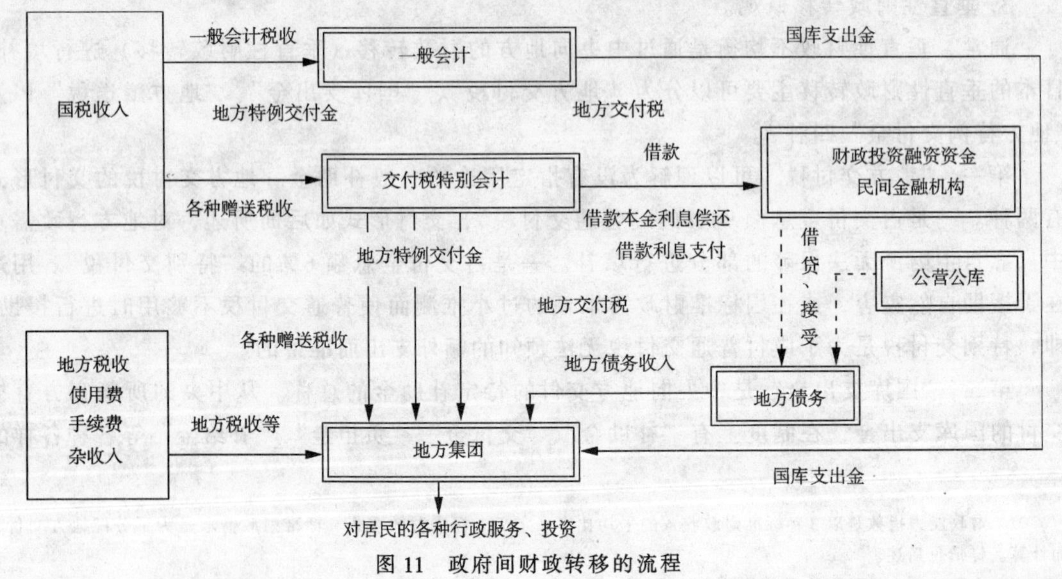

图11　政府间财政转移的流程

① 2004年追加了所得赠送税。

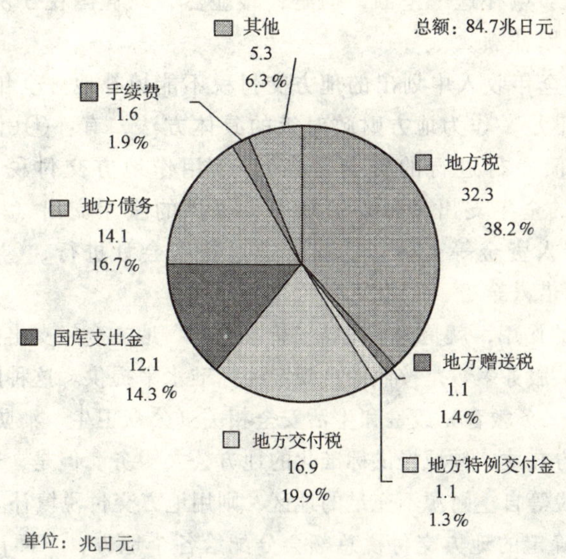

图 12 地方全年收入的结构（出自 2004 年度地方财政计划）

（二）地方财政计划和地方交付税

1. 地方财政计划。

在日本，政府间财政转移占据中央全年支出的很大一部分，所以，计算每年向地方支付的转移额，是中央预算编制中不可或缺的要素。在转移额的计算中占较大比例的是，作为中央预算编制的一环需要年年进行确定的“地方财政计划”①。

地方“标准化的”全年收入和全年支出是根据地方财政计划推算的。全年支出的推算要分为：①地方职员的工资，②经常性经费，③投资性经费，④公债费这些项目进行。再次重申，这些不是实际的地方全年支出，只不过是中央认为适当的“标准化的”全年支出。例如，工资关系费依照中央职员的工资关系费决定。而且，经常经费和投资性经费是以计入中央预算的补助额为基准，使用相应的法律和中央制定的补助率以及单位费用进行计算。公债费只是将中央指定的地方债计入在内计算。另外，这些“标准化的”全年支出中，还包括各种公共事业计划等中央裁夺的部分。

另一方面，全年收入的推算分为地方税、地方赠送税、国库支出金以及地方债进行。地方财政计划只考虑地方财政法规定的地方税，并根据该法，在规定的“标准税率”上乘以相应的征税基础的预测值，算出地方税中的全年收入，而地方赠送税则使用地方赠送税的财政资源——国税进行测算。由于国库补助部分是在中央的预算内决定，所以国库支出金的全年支出等于预算额。最后，地方债的发行额使用的是通过地方债计划另行确定的金额。

地方交付税的填补额是以上述推算出的全年支出和全年收入的差额为基础计算。因为全年收入中包含国库支出金和地方赠送税额，所以该全年支出和全年收入的差额等于地方交付税应该填补的总额。如上所述，由于地方交付税的财政资源就是上述国税 5 税的一定比例，

① 关于地方财政计划的详细记述，请参照本文中足立（2005）的观点。

所以，国税收入应该能够填补这一差额，但是，很显然，只凭国税5税的资金历来都不足以弥补地方交付税所需的填补额。

当只用国税5税的全年收入中划出的地方交付税不能填补地方全年支出时，就需要通过"地方财政对策"弥补不足。作为地方财政对策的具体方法，有：①引导地方追加借入资金（通过许可追加性地方债发行进行的资金筹集），②用作地方交付税的国税5税的比率变更[①]，③除了国税5税的全年支出，另外追加中央提供的全年支出（一般会计加法），④为了交付地方交付税而借入资金等4种。③和④通过特别会计进行，③为转入特别会计的金额，④为特别会计中的借入金额。

上述地方财政计划的作用，就是为了维持"标准化的"地方全年支出而确定必要的地方交付税总额。地方提供的公共服务多数是按照中央规定的标准水平提供。这种服务大都具有再分配性（公共扶助、社会福利、义务教育）或是和生活安全相关（公众卫生、消防、警察）。国库支出金的功能之一就是支持地方在这些领域提供标准化的地方公共服务。但是，通过国库支出金进行的补助非常有限，在地方税等自主财源不充足的地区，则用地方交付税填补。

根据地方财政计划确定的地方交付税总额会分配给各个地方，下面让我们来概观其分配方法。

2. 地方交付税的分配。

地方交付税由"普通交付税"和"特别交付税"构成。普通交付税占交付税额的94%，根据对各地方测算的标准财政需求额和标准财政收入的差额进行分配。分配给地方i的普通交付税额（$OLAT_i$）通过标准财政需求额（BFD_i）和标准财政收入（BFR_i）一定比例的差额决定。但是，如果标准财政收入的一定比例比标准财政需求额大，那么就不进行普通地方交付税的分配。即可表示为：

$OLAT_i = \max\{BFD_i - BFR_i, 0\}$。

标准财政需求额是各地方测算出的，以相等、合理且适当的水平开展事业所需的经费。地方i的标准财政需求（BFD_i）通过下面的公式得出：

$BFD_i = \sum_j a_{ij} \cdot c_j \cdot x_{ij}$。

在这个公式里，下标j表示公共服务的种类（警察、道路、公园、教育等）。上述公式中出现的三个变量如下：第一，x_{ij}是地方i中地方公共服务j的"测定单位"。测定单位是对应行政需求的变量，根据受益者人数以及为实现该项服务而提供的社会资本的多少等测定。例如，教育服务"需求"的测定中使用的测定单位是学生人数、年级数以及学校数，道路服务需求则以道路延长和道路面积作为测定单位进行测定。

第二，c_j是表示地方公共服务j的"单位费用"，是把物理性测定量——测定单位x_{ij}换算成货币价值$c_j x_{ij}$的乘数。也就是说，这一乘积是提供地方公共服务j所需的费用的基本值。单位费用c_j在地方上一律适用，根据一个具有平均人口、面积以及行政机构的"标准团体"（标准人口为都道府县170万人、市町村10万人）的数据算出。例如，关于初等教育，假定2000年都道府县的标准团体人口为170万，小学校为400个，教师为7149名，职员人数为

① 由于不能保证交付给地方的交付税的需求总额和相当于国税一定比例的交付税财政资金一致，所以，当两者不符时，或者是同时进行修正（地方交付税法第10条第2项），或者是在两者严重不符时更改交付税率（地方交付税法第6条中3第2项）。

562 人。

第三，a_{ij}是地方 i 的地方公共服务 j 的“补正系数”。这个是为获得以标准化单位费用 c_j 无法获得的单位费用扩大原因的乘数。例如，当存在规模经济和不经济时，单位费用 c_j 根据测定单位 x_{ij}的水平而变化。另外，如果租金、物价、地区规模、城市化、自然环境、行业结构等地区特性不同的话，即使测定单位 x_{ij}的水平不变，数据单位费用也可能不同。

另一方面，标准财政收入按照以下方式计算。地方 i 的标准财政收入（BFR_i）通过以下公式得出：

$BFR_i = 0.75R_i + S_i$。

在这个公式里，R 是推算出的标准化的地方税收，S 为地方赠送税。赠送税 S 和标准化的税收 R，依照地方财政计划中的全年收入推算。再重申一遍，这些推算要点如下：第一，税收的推算值没有考虑现有的全部地方税。例如，在测算标准财政收入时，地方税法中没有规定的普通税① 即被除外；例如，在不被计入的地方税中，虽然也包含城市计划税，但是其税收规模并不小。第二，测算全年收入中使用的标准税率是地方税法中规定的税率，全国范围内均统一使用这一税率。所以，这个值有时和地方实际使用的税率不一样。另外，标准化的税收中有 25%没有被计入标准财政收入。据说这是希望通过扣除一部分金额，使得地方不会忽视“培育”税源的努力。

（三）地方交付税的变迁②

1. 地方交付税的发起。

（1）地方分配税。

截至昭和初期，虽然还存在几个补助金制度③，但是和现在的地方交付税相关的真正意义上的政府间财政转移制度④，只有 1940 年的“地方分配税”。地方分配税是把作为国税由中央统一征收的税收的部分或全部再分配给地方的制度，由“返还税”和“分摊税”构成。返还税是指中央将从道府县征收的地租、房租以及营业税原封不动地返还给原征收地的制度，分摊税是指考虑到地方的征税能力和财政需求，把国税的一定比例⑤ 分配给地方的制度⑥。即，将国税的一定比例当作分摊税的财政资源使用，以及计算交付金额时，将地方的征税能力和财政需求两方面纳入考虑范围等。因此，我们可以在地方分配税制度中看到沿用到当今地方交付税制度的几个特征。另外，这项制度是根据中央征收的税额预先确定分配税的总额，再以划分总额的形式决定对地方的交付额。

---

① 使用用途没有特别规定的税称为普通税。

② 以下论述，根据需要参照了池上（1998，2003）、石原（2000，2003）、冈本（2004）、岸本（1982）、北山（2002）、北村（2000）、柴田等（1984）、高木（2002，1986）、藤田（1978，1984）、持田（2004）、汤浅等（1994）的著作。

③ 包括针对灾害恢复业务费的国库补助金制度（1899 年）以及针对市町村立小学校的教员工资费的国库负担金制度（1918 年）等。

④ 1929 年始自美国的经济危机也传播到了日本，特别是给农村地区造成了沉重的打击。虽然农村地区的市町村的地方税负担有所增加，但是还不够，以致当时市町村的最大行政业务——义务教育的运营也颇受阻碍。据此，1936 年实施了“临时町村财政补助金”。该制度虽然只是临时性的预算措施，但是金额却持续增加一直到成立地方分配税才终止。

⑤ 当初指所得税、法人税的 17.38%、入场税、娱乐餐饮税的 50%。

⑥ 征税能力与上上年度的地租、房产税以及营业税的人均份额成反比，财政需求和以人口为基础的系数成正比。另外，道府县和市町村按照一定的比率（当初 62:38）分配。

在制定地方分配税的同时，中央为了指派地方处理中央事务而实施了几项筹措资金的财政制度。例如，修订义务教育费和警察费的国库负担制度，开始实施个别补助金制度；并且，制定地方税法，创设有别于国税的市町村税。在历来以手续费和财产收入为主的市町村财政中，地方税一直是次要的收入来源，但是，经过该法的制定，地方税成了主要财源。这些一连串的制度变更意味着地方财政被划进了中央财政，通过增收地方税实现国税余额。其目的在于，一是确保军事费；一是在战时体制下，随着国政事务的增加，让地方分担战时行政。

(2) 地方财政平衡交付金。

第二次世界大战后的1947年，作为返还税的税目变为独立的地方税，返还税被废除，只保留了地方分摊税。1948年，制定“地方财政法”，开始大面积重审中央和地方的财源分配①。并且，1949年提出的夏普建议② 强烈主张建立以市町村为中心的地方财政制度，迫使日本的地方财政制度进行根本性修订。特别要求对容易受所管官厅操纵的个别补助金进行整理，并要求对容易受经济变动和中央的武断行为影响的地方分摊税进行修订。

根据这项夏普建议，对奖励性补助金除外的个别补助金进行整理统合，于1950年引入了“地方财政平衡交付金”(以下简称为“平衡交付金”)。平衡交付金的总额根据从国税收入中独立出来的各个地方的累加资金不足额决定③，当初其9成分配给“普通交付金”，剩下的1成分配给“特别交付金④”。普通交付金是对各地方算出的“标准财政需求额”和“标准财政收入”⑤ 的差额进行填补的资金。在标准财政需求额中，包括被废止的义务教育国库负担金和儿童福利费国库负担金等约110种个别补助金⑥。另一方面，作为临时性措施的特别交付金约为1952年以来的分配交付金总额的8%。

平衡交付金为了达到原来的目的，应该准确算出各个地方的标准财政需求额和标准财政收入的资金不足额，同时，有必要通过中央预算确保其总额。但是当时，由于存在超过1万的市町村，估计计算工作量本身也会增加不少，首先计算必需的地区统计没有充分准备好。除此之外，受到战后混乱期余波的影响，出现了通货膨胀等经济不稳定现象，每年的税收预测比较困难。由于受到这种制约，截至中央预算编制中的概算要求期限之前（前年8月），即使正确测算出各地方的标准财政需求额和标准财政收入，并把这些差额对各地方进行累积，实质上也不可能算出交付金总额⑦。

结果，平衡交付金的总额不是根据预想的方法测算，而是总体推算历来的“地方财政计

---

① 1949年由于财政紧缩分配税率减半，地方财政受到了很大打击。

② 夏普建议主要针对的是税制，其中谈到要建立合理的税制结构，需要重新建立中央—地方之间的财政关系，同时也提出了关于政府间财政转移制度的建议。

③ 地方财政平衡交付金法第6条。由知事会、市长会、町村长会3位会长和首相任命的2个人构成地方财政委员会，并就总额计算提出建议。

④ 特别交付金是以与现行的特别交付税几乎相同的目的设置。

⑤ 原理上，这两项可以认为是与现行的地方交付税规定的概念相等。但是，后述引导地方的制度并不在平衡交付金的标准财政需求范围内。另外，标准财政收入为地方全年收入预测值的70%。

⑥ 所管官方非常反对进行个别补助金的整理统合，由于要支付一般补助金，中央担心将个别补助金划入标准财政需求会丧失中央的控制能力。对于平衡交付金，地方制定有通过法令规定的维持一定的行政水平和与其相反时的制裁规定。另外，标准财政需求额的计算中使用的测量单位，是由所管官方确定的数值。

⑦ 20世纪50年代，担任自治省财政科长的柴田护回忆说：“这样实在不行”（柴田等1984）。

划”中存在的地方的财源不足①。这样既准确推算出了不足的财源，也导致代表地方的地方财政委员会和预算所辖官厅——大蔵省（现财务省）因计算交付金总额问题而立场对立，如何测算平衡交付金总额成了每年国家预算编制中最大的争论点。结果，交付金额每年变动巨大，不能实现稳定的交付。另外，这样很难实现以平衡交付金保障所有地方的标准化行政水平目标。

(3) 地方交付税制度的成立。

以朝鲜战争为契机，美国的对日政策发生了变化，其影响也波及到了财政制度。1951年，联合国最高司令官李奇微发表声明，要求完善独立后的财政制度以及重审占领中制定的制度，日本地方财政制度的修订也开始出现了转机。在1950年到1951年间，地方财政委员虽然提出了关于地方财政制度的三点建议②，但是，第一次提出的市町村优先主义的建议，并没有被政府采纳。1952年，地方财政委员会和全国选举管理委员会一起被统合进地方自治厅，自治厅自此建立③。另外，1953年，恢复了在平衡交付金的基础上被整理统合的义务教育和儿童福利费相关的国库负担金。

而且，在实施这些措施的同时，还进行了平衡交付金的制度修订。结果，理想的平衡交付金制度一次也没能实施，地方上要求的金额无法确保，陷入财政困境。另外，中央也普遍认识到，如果没有总额决定规则，就很难实现合理的预算编制。在李奇微声明以后的一段时间内，这些情况有所改善，并于1954年以“地方财政平衡交付金法”部分修订的形式制定了“地方交付税法”，至此，当今的地方交付税制度开始正式实施。

从平衡交付金向地方交付税的修订要点有以两点：第一，地方交付税将国税收入的一定比例当作向地方进行财政转移的财政资源。这种方式是地方分摊税中采用的方法，地方交付税的财政资源为国税中的所得税、法人税以及酒税的20%；第二，是如何计算所管官方负责的个别补助金。与平衡交付金一样，地方交付税给各地方支付的交付额由标准财政需求额和标准财政收入的差额决定。但是，在以统合个别补助金的形式实施的平衡交付金中，需要以个别补助金填补的需求被划入标准财政需求额；而在另行支付个别补助金（国库支出金）的地方交付税中，是由地方交付税对个别补助金和地方自主财源不能提供的部分进行填补。

2. 地方交付税制度的展开。

(1) 交付税制度发起时~20世纪60年代前半期（昭和30年代）。

20世纪50年代开始实施地方交付税的地方财政面临着如下课题：①在平衡交付金制度下，因财政困难而发行的地方债大量增加，尤其是在对地方债依赖性比较高的落后地区，本利偿还金等公债费的负担大幅增加。②为了恢复经济不景气而实施国税减税，这样一来地方交付税的财政资源反倒减少了。③作为国策接受社会资本整备的大规模公共投资，需要由地方财政提供。但是，当时国家通过严格控制举债许可抑制地方债的发行，却阻碍了落后地区的社会资本整备。

第一，在战争刚刚结束后的财政困难时期，对于大量发行的地方债、特别地方债偿还费

① 作为推算总体，地方财政规模是从1946年左右的“地方财政推算”开始的，但是其计算比较粗略。1948年，通货膨胀严重，地方财政制度改变很大，从这时候开始占领军就强烈要求对整个地方财政进行估算，并且直至1949年才开始真正对地方财政规模进行推算。

② 这些建议，取当时的地方财政委员会议长——神户正雄的名字，叫做“神户建议”。

③ 1960年，名称改为自治省；2000年，和邮政省统合成为现在的总务省。

被计入标准财政需求额（1957年），并在这些偿还费中，针对特定债务[①]涉及到的部分实施了“财政能力补正”（1958年）。在财政能力补正中，对应标准财政收入中的特定债务偿还费的算入比例，地方债标准财政需求额中地方债的算入比例甚至由25%上升到50%[②]。

第二，由于国税减税带来的交付税财政资源减少以及标准财政需求额增加，交付税率提高，从国税转移来的金额增加。1954年，相当于国税（所得税、法人税、酒税）20%的交付税率，从1955年开始上升，到50年代末期（1959年）变为28.5%，在交付税率曾一度稳定的1966年甚至达到32%。另外，经济高速成长的同时，该交付税率也持续增加，随着税收的大幅度增加，直至1960～1963年才进行交付税结转。

第三，为了供应扩大的公共投资需求，首先，1956年引进了以都道府县为对象的“特别态容补正”。该补正采用的是需要公共投资的地方的财政能力和社会资本整备率越低，标准财政需求额就越高的结构。这种特别形态补正，目的是缓和地方的公共投资负担，特别是缓解由于举债限制造成的落后地区的公共投资阻碍因素[③]。但是，采用特别态容补正的标准财政需求额增额是利用已有设施的折旧费计算，并没有充分反映出今后要整备的社会资本的需求。1959年，进行了测量单位的调整，使地方单独事业能够反映在标准财政需求额中[④]，并且在1962年，为了在事业费中增加标准财政需求额，对河川费和港湾费实施了“密度补正”。

这些地方交付税的调整和国家的各项计划相关联。例如，特别态容补正虽然也适用于道路投资费，不过在补正的计算中参照了国家的道路整备5年计划。进入20世纪60年代，正式制定了以全国综合开发计划（1962）为代表的各项国土计划，以动员地方全年支出的形式进一步加强了社会资本的整备。依据这些计划动员的地方全年支出中，不能以所管官方的补助金填补的地方负担部分，可以通过操纵单位费用和补正系数来保障。例如，关于新道路整备计划，通过提高单位费用，把地方负担全额算入标准财政需求额（1961），在开展第4次道路整备5年计划（1964）中，利用了密度补正。

（2）20世纪60年代后半期～70年代初期。

1965年，经济的高速增长结束，自此，中央财政政策开始从均衡财政向积极财政——扩大全年支出和减税转换。结果，与国税共享征税基础的地方税收[⑤]减少、随着全年支出扩大出现的地方负担增大，从而，国税收入的减少导致了交付税财政资源的减少[⑥]。

1966年、特别态容补正和密度补正停止使用[⑦]；1967年，特别态容补正和其他各种补正一起被整理统合在“投资补正”中，密度补正改称为“事业费补正”。这些补正总称为“投资态容补正”，但补正所需的费用计算从原来的利用已有设施折旧费算出的“折旧费方式”，变更为密度补正中采用的实际事业费的“事业费算入方式”。

1969年，对投资态容补正进行了进一步的改订。在投资态容补正的适用中，经常经费

---

① 从1946年到1955年，为了填补地方一般财源的不足而实行的举债许可，是一般公共事业债、失业对策事业债、义务教育设施整备事业债的总称。特定债务在1980年完成了本金偿还，这次补正在当年末即被废止。

② 关于道府县部分的特定债务偿还费的算入比例最高达到95%。

③ 通过人口激增补正，增加了大城市的标准财政需求额。

④ 在大小与面积成比例的前提条件下，地方单独业务费使用面积作为测量单位进行测算。

⑤ 1964年，地方税制变更，市町村的征税自主权受到限制。

⑥ 受此影响，1966年交付税率上升到了32%。

⑦ 但是，通过密度补正实现的交付税按比例增加部分通过发行地方债（特别业务债）填补。

和投资性经费被重新区分，后者是根据中央的各种计划计算的。即，在各种事业的长期计划、中央预算额以及地方财政计划等基础上，设定应作为地方当前目标的各事业的整备水平，并根据这一水平计算出标准事业费和地方负担。事业费补正对这些数值适用。

在经济增长的基础上，随着个人收入水平的不断提高，人均行政需求也出现多样化，开始追求充实生活基础型的社会资本和公共服务①。并且随着这一潮流国家进行的公共投资的重点从行业基础转向生活基础，事业费补正也开始向公共下水道费（1967）、小学校费以及中学校费（1968）、指定城市的道路费、城市计划费、清扫费（1969）等生活基础型事业费扩大。另外，标准财政需求额中的生活保障费、社会福利费以及卫生费依次增加。

在1969年制定的“新全国综合开发计划”中，除了大城市圈的环境对策以外，作为广域型行政范围设定了“广域市町村圈”，以推进社会资本的整备，20世纪70年代初期，对属于广域市町村圈的地方，实施了将道路桥梁费按比例增加算入标准财政需求额（1971年）以及提高事业费补正的算入单价的措施（1972年、1973年）。对生活基础型社会资本的需求也提高，交付税也以对应的形式进行了调整。例如，对下水道费以及清扫费新设密度补正（1970年），增加对市町村的道路、下水道、清扫设施以及公害对策等经费的单位费用（1971年），将土地开发基金费中的公共用地取得资金算入标准财政需求（1971年），对应新设的老人医疗费的公费负担制度而扩充密度补正（1972年），提高市町村部分中小学校费用的事业费补正算入率（1973年）等。而且，到了1970年初，国内的居民频繁迁移，导致农村地区的过疏问题，为了解决这一问题，对地方交付税也新设了过疏补正（1970年）。

（3）70年代～80年代前半期。

以1973年的石油危机为契机，日本经济结束了高速成长期。特别是在1973年的石油危机以后，第二年（1974年）日本经济经历了战后初期的负增长时代。在这一情势下，一方面国税和地方税减收，另一方面随之而来的是地方全年支出压力增大。对社会资本整备的需求持续增加，还需要新策划的以“新全国综合开发计划”（1969年）和“第三次全国综合开发计划”（1977年）为基础的新的公共投资。

在应成为地方交付税的财政资源的国税收入方面，没有预测到大幅度的自然增长，其中地方交付税的交付金总额增大。如果对国税中的交付税的转移和财政需求的交付税总额明显偏离，将变更交付税率（地方交付税法第6条3第2项），但是和50年代后半期不同，在这一时期没有增加交付税率。取而代之的是，地方交付税的不足额通过交付税特别会计的借款②（以下简称“特别会计借款”）以及追加发行地方债来筹集。

例如，在1975年补正预算中通过特别会计借款，在1976年当初预算中通过特别会计借款和增加发行地方债确保了交付税总额。特别会计借款，1978年规定1/2由地方负担，但是继续进行交付税特别会计借款的结果是，在1983年末，交付税特别会计的借款余额达到了大约11.5兆日元。1984年，特别会计借款从原则上被废止，余额中大约5.8兆日元被兑换成一般会计借款，1984年的资金不足通过一般会计的特别加算获得。另一方面，关于从

① 在国库支出金制度中，考虑到在校学生激增地区的需求，把市町村的义务教育设施整备相关的用地费作为国库补助的对象（1971～1981年），对人口激增地区的小中学校校舍的国库负担率从1/2上升到2/3（1973～1981年）。

② 交付税特别会计中的借款本身从1963年开始暂时执行。另外，在1972年的财源不足中，随着一般会计提供的临时地方特别交付金和地方债务的增发，通过借入交付税特别会计，筹措到了不足金额。

1976年到1981年发行的地方债（减收填补债务），以相当于地方债总额的60%为限额，按政府资金的低利息把“临时地方特别交付金（利差临特）”交给了地方。

（4）80年代后半期~90年代初期。

面临从第一次石油危机累积的财政赤字，从20世纪80年代开始才真正开始财政重建。作为其中一个环节，从1985年到1987年缩减国库支出金的补助率（参照表5）[①]。由于国库支出金是定率补助，所以补助率的削减会增加地方负担。这一地方负担增加从1986年到1989年之间每年增加额超过1兆日元，针对这些情况虽然中央进行了填补，但是这种支援在经常经费和投资性经费中并不相同。

表5　补助率的变迁

年份	1984	1985	1986	1987~88	1989~90	1991~92	1993
生活保护费负担金	0.8	0.7	0.7	0.7	0.75	0.75	0.75
儿童保护费等负担金	0.8	0.7	0.5	0.5	0.5	0.5	0.5
街路事业费补助	2/3	0.6	0.55	0.525	0.525	0.55	0.5
一般国道改修费补助	2/3	0.6	0.6	0.55	0.55	0.6	2/3

国库支出金的地方负担部分根据其义务性反映在标准财政需求额中，所以，如果是义务性比较高，那么由于补助率削减造成的资金不足就通过地方交付税来弥补。实际上，关于生活保护费和老人保护费等补助率缩减，通过单位费用和密度补正的提升来增加标准财政需求额。另外，经常经费的地方负担增加，也可以通过地方烟草税的增税和发行地方债（调整债务）来填补。由于补助率减少带来的负担增加，从1985到1988年4年之间，达到2兆日元以上，而这2兆日元财政资源分别由24%的交付税、16%的烟草税增税、60%的地方债构成，其中地方债的利用率最高。

另一方面，虽然关于投资性经费的补助率削减了，但是仍维持了国库支出金的总额[②]。这虽然意味着投资性经费总额（国库支出金+地方负担额）的增大[③]，但是为了实现它，在地方有必要增加相应投资的全年支出。另外，把地方债（“临时财政特例债”以及“调整债”）的举债许可和当地发行的临时财政特例债的本利偿还金的大部分加到了以后的标准财政需求额中。还有，地方债本利偿还金的交付税措施（=通过地方交付税进行的填补），不只是国库支出金的对象——补助事业，同时也适用于“地方单独事业”（=不从国家获得补助，只在地方进行的事业）。具体来说就是，在提高适合地方单独事业的地方债比率的基础上，通过把后来发生的该地方债的本利偿还金加到标准财政需求额中，对“单独”事业进行实质性“补助”的结构。这个方案也曾在“城镇建设特别对策事业”（1984年）、“家乡建设事业”（1988年）、“地

① 如表5所示，下降的补助率的一部分，没有达到1985年以前的水平，在20世纪90年代初期再次被提高。

② 当时日本有着巨大的贸易黑字，特别是和美国之间存在很大的政治问题。解决贸易黑字的有力政策是扩大内需，可以说通过增大利用补助率削减的投资性经费（公共事业），便可以扩大内需。实际上，受到1977年前后的火车头理论影响，在1985年的广场协议中也要求内需主导，1986年的前川报告中提出向“内需主导型经济成长”转换。无论哪一个，维持或者增大内需都是日本的国际公约，都是为了避免由于公共投资额减少而出现内需减少的情况。

③ 把m作为补助率、把T作为国库支出金（中央负担部分）、把E作为该补助事业的地方全年支出，则变为$T=mE$，如果国库支出金额T固定，就会知道补助率m的削减会伴随地方全年支出E的增加而变化。结果，即使把国库支出金T控制为固定，国家和地方的全年支出总额$E+T$仍然增大。

区建设推进事业”(1990年)、“第二次家乡建设事业”(1993年)中利用。

并且，增加地方单独事业相应的标准财政需求额的比例。在1988年的“自己思考自己进行的地区建设事业（通称‘家乡创生1亿日元事业’)”中，各地方的标准财政需求额按2年度合计均增加1亿日元。另外，在上述“家乡建设特别对策事业”中，约15%的事业费是通过事业费补编入标准财政需求。

使用这种交付税，一方面扩大了投资性经费；而另一方面，日本经济从20世纪80年代后半期到90年代初期，呈现出后来被称为“泡沫经济”的势头。泡沫经济带来了税收的大幅度自然增长。虽然紧接着出现了中央的一般会计财政赤字，但是税收的增加被用于提前偿还交付税特别会计借款和缩减地方债发行，特别是在90年代初期，交付税特别会计的借款几乎全部被偿还。而且在1991~1993年间，为了支持中央的“预算编成”还进行了交付税的特例缩减。

这样，一方面税收平稳增长，另一方面，由于“内需扩大”，公共投资也得到扩大。政府在1986年宣布向“内需主导型经济成长”转换，1989年的美日结构问题协商中也提出了内需扩大的必要性。特别强调把重点放在提高国民生活质量的公共投资，1988年实施了上述“家乡创生1亿日元事业”，1990年策划了投资规模430兆日元的“公共投资基本计划”。并且从1991年开始，如上所述，开始积极利用地方单独事业。

还有，随着1989年引入消费税，除了原有的国税3税，消费税和烟草税成为交付税的财政资源，并且交付税率也改变了。但是，这并没有使作为交付税财政资源的国税收入总额改变。

(5) 90年代~。

1991年，泡沫经济结束。第二年8月，作为恢复经济对策，策划了综合经济对策，并于同年根据补正预算投入了实施。由于经济不景气造成了税收减少，为了恢复经济，采取了减税、扩大全年支出以及随着累积增加的地方债的本利偿还金等措施，由此，1994年以后，地方财政每年都陷入资金不足困境。如前所述，从20世纪80年代后半期开始，以投资性经费的交付税措施为代表的措施，扩大了标准财政需求额；另外，今后对应急速进步的少年老龄化社会，对标准财政需求额进行修订，也将起到增大需求额的效果①。与此同时，地方税的减收使标准财政收入减少，使交付税的财政资源——国税也相应减少，并逐渐增大了地方交付税交付额②。

但是，1993年度以后，在1997年由于增加了消费税率和新设了消费赠送税，另外1999年作为由于法人税的持久性减税造成的交付税财政资源的填补，各种消费税和法人税的交付税率提高，反映出由于国税减收造成的严峻的国库状态，进行了提升使从一般会计向交付税特别会计的转移总额本身增大。这里填补地方资金不足的主要来源是地方债的增加发行以及增加交付税特别会计借款这些公共债务的增加③。特别是90年代特别会计借款的使用非常明显。如图13所示，特别会计借款余额在1991年减少到大约7000亿日元，而在90年代由于一连串的借款，在2002年末又达到了38兆日元。

---

① 举例说明的话，可以举出对应“高龄者保健福利10年计划”的地区福利基金费（1992年)、以老年人口为测量单位的高龄者保健福利费（1994年)、以引进疾病保险性护理时的设施护理对象人数和住宅护理对象人数为指标的密度补正等。

② 有时标准财政需求中也会临时设置新的项目。例如，1998年新设的紧急地区经济对策费、2000年新设的临时经济对策费。

③ 关于地方债务，和以前一样，因为对其本利偿还金实施交付税措施，所以要注意其发行和以后的标准财政需求的增加相关联。另外，除了特别会计借款和地方债务发行之外，作为地方财源的填补，使用了国家从一般会计捻出的“地方特例交付金”。

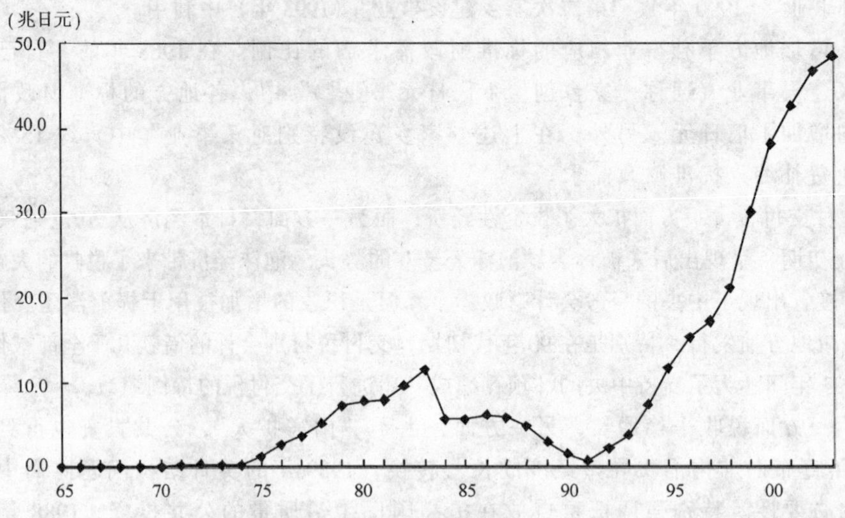

图 13　交付税特别会计借入余额的变化趋势

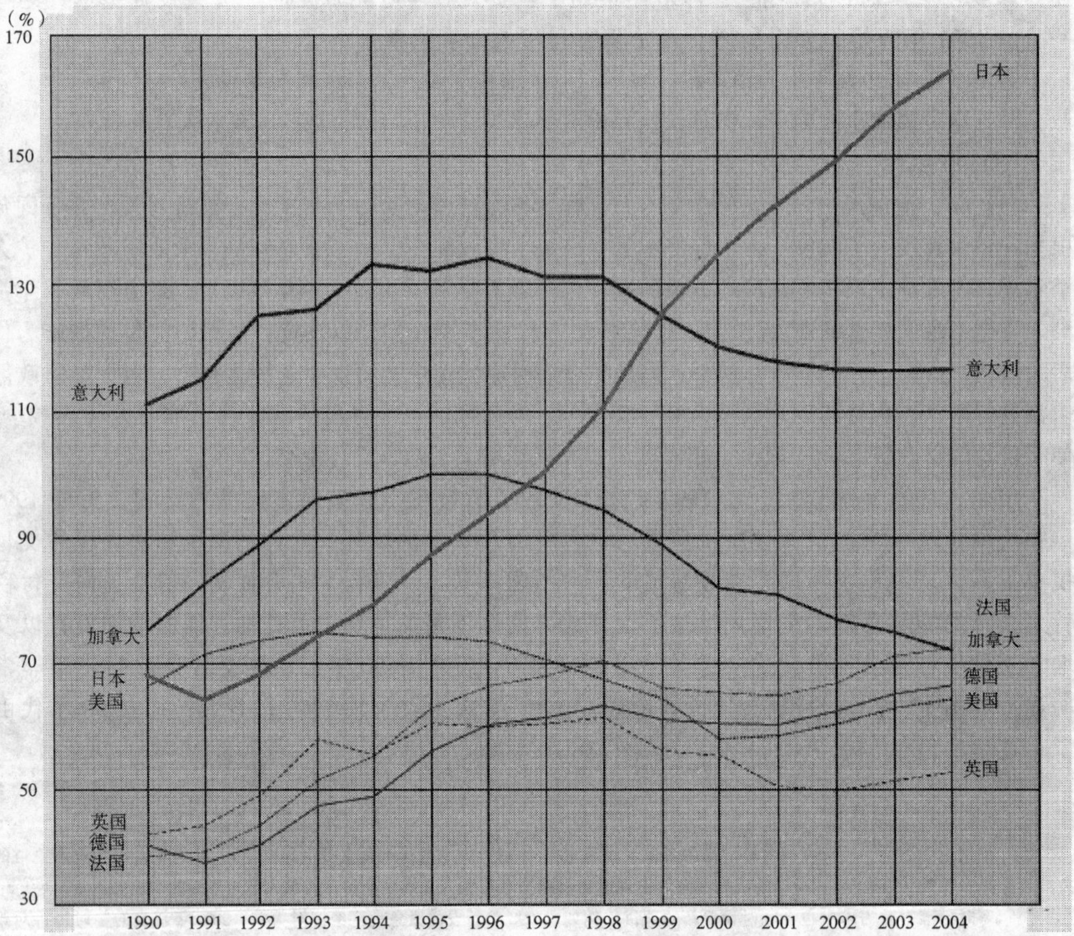

图 14　公共债务余额的国际比较

资料来源：OECD Economic Outlook. No.75, July 2004.

注：计数为 SNA 基础，一般政府数值。

(四) 地方交付税的特征和存在的问题点

1. 作为地方全年支出引导手段的地方交付税。

在形式上，地方交付税是指未指定地方全年支出用途的一般补助金。另外，和使用定率提供补助的国库支出金不同，有时会被看作是和实际的地方全年支出独立进行财政资金转移的定额补助金[①]。但是，根据前面一节的讲述可以知道，地方交付税显然被用作中央通过地方全年支出引导地方的道具，但就其运用而言，很难保证能否遵守一般性和定额性。对地方的引导是通过创设和改定测定单位和补正系数实施的，但是在交付税成立时，只是使用分类补正、阶段补正、密度补正、态容补正、寒冷补正、人口激增补正等6种比较单纯的补正系数计算，以后依次出现了新设或者被改订现象。

可能是1962年的“密度补正”以及后来的“事业费补正”使地方交付税成为了引导机制。在事业费补正中，通过操作使标准财政需求额根据事业量增大；另外，由于在其累计基础中使用了中央的长期计划和预算额，所以交付税的一部分变为“个别补助金和地方债的追加”。由于这个原因，政策负责人也从“保持地方交付税的客观性、中立性的观点出发不能坐视不管”出发，对事业费补正的引入提出了很大的疑问（柴田等，1984）。并且从20世纪80年代后半期开始，通过把为了地方单独事业的地方债的本金利息偿还金算入标准财政需求额来促进地方的公共投资的现象很多，这也是后来对使用后年度的付税增加额的地方的明示性引导政策。

根据第二节的经济分析，除非地方全年支出没有地区外溢出，否则引导地方全年支出的补助金就会影响地方的决策，造成福利损失。但是另一方面，如果地方全年支出有地区外溢出，那么中央的引导政策就未必是错误的政策。也就是说，光靠定额或是定率这样的标准，不能简单判断贯彻在交付税中的诱导政策是否正确。第一，也可以认为中央考虑到地区外溢出而引导地方全年支出。尤其是，事业费补正是与中央的国土计划相关联实施的，目的在于跨地区实施政策。第二，虽说是公共事业，但是对落后地区的大多数居民而言，反而是再分配政策的意味更重一些。所以，只通过效率性评价交付税或许并不合适。不过，事业费补正和地方债交付税措施的采用，肯定是“此前交付税的标准财政需求额的计算哲学的一次大的修订”[②]。

另一方面，正如Wildasin（1986）所指出，根据一般补助金的分配规则，有可能发生当局意想不到的“暗示性”引导。这种情况下，地方的决策就可能出现“偏差”。对于地方交付税的案例，也可以指出这样的可能性。在普通交付税的交付中，虽然考虑了各地区的标准财政需求额，但是其推算值的一部分依赖于被称为道路延长和公共设施数量这一地方上的社会资本规模。这个计算方法表明，随着公共投资的大小，将来获得的财政转移将会增加。如果当局认识不到这一点，就会出现跨地区引导政策和引导再分配政策的效果，所以，根据标准化的经济分析，标准财政需求额的计算方法就会给地方造成经常经费削减和投资性经费增

---

① 例如，关于近年来频繁进行评估的拍蝇纸效果的实证分析（e.g.，长峰1988，土居1996）也是以这样的认识作为讨论的出发点。

② 这是关于业务费补正引入的柴田等（1984，p.107）观点里面石原信雄的发言。

加这样的决策性偏差[①]。

2. 公债费的处理。

上文中指出标准财政需求额中包含公债费用，所以地方的财政需求有可能存在重复计算的现象。在标准财政需求额的计算中，经常区分中的各项费用中维持标准化公共服务水平所需的金额，以及投资区分中的各项费用中为把公共服务提高到标准水平所需的金额不被计入其中。因此，为了维持和提高标准化的公共服务而需要资金时，该费用会被这些费用覆盖，这样，也许就没有必要考虑地方债所产生的费用。

如上所述，中央政府，特别是在20世纪80年代后半期，都是利用地方交付税控制一般会计的同时扩大公共投资。这是灵活运用地方交付税填补地方自身事业产生的地方债的本利偿还金，从而扩大自身事业的对策。此外，还进行了前面说过的通过事业费补正进行的引导[②]。图15中表示的是标准财政需求额中公债费和事业费补正份额的变迁（从1965年至2002年）。由这一变化趋势明显可以看出这些手段的"魅力"。最初的高峰是在第1次石油危机后20世纪70年代上半期，后来减少到约3%；其后，随着80年代后半期第2次石油危机再次增加；最后，受到1985年国库补助率缩减的影响超过10%。这样，经过若干次减少之后，该份额虽然还在升高，但是泡沫经济崩溃后，经济不景气进一步恶化，90年代后半期持续快速上升，在2002年达到16.9%。

如上所述，扩大地方交付税是在国税减收之前由交付税特别会计的借款提供。如图13所示，交付税特别会计中的借款在整个20世纪90年代持续增加，从1991年末的7000亿日元到2003年度末达到相当于GDP的大约10%的48.5兆日元。可以说它不是通过正常的一般会计渠道，而是通过一般难以理解的交付税特别会计进行借款，从而缓和了财政当局的财政困境。

3. 标准财政需求额的客观性。

标准财政需求本身有可能存在不恰当之处。标准财政需求额由测定单位、单位费用、以及补正系数构成，单位费用和补正系数的计算如下。首先，设定应保障的标准财政需求额的标准化的公共服务水平，算出在具有标准特性的地区达到相应服务水平所需的金额。这是提供标准服务水平所需的费用，把它用测定单位分割开之后即为单位费用。但是，这些地区会因自然环境、人口结构等因素而被区别对待，以致提供该服务水平所需的费用也会各不相同[③]，针对这种情况，采用的正是调整单位费用即补正系数。这样定义的单位费用和补正系数应依据客观的数据和适当的分析慎重计算。

但是，在实际计算中，似乎存在不少和原来的标准财政需求理念相偏离的部分。首先，在补正系数的计划决定中，好像存在受负责官员裁夺影响比较大的事例。例如，20世纪60年代初期，当时对态容补正系数进行计算的花冈圭三发现，无法只通过作为基础统计的工资调查计算出准确的补正系数。据他回忆"当时拿到柴田科长那儿，科长非常简单地一下就把线给连上了。……然后指示，下面的稍微提一下，上面的也是……，这个也上提一下"（柴

① 关于伴随地方交付税出现的这种偏差的效果，请参照黑田（1986）以及Hayashi（2000）。

② 这种引导政策只以接受交付税的地方（=交付集团）为对象。通常，交付集团的经济都比较脆弱，所以经过交付税制度的经济扩大效果，可能会出现比国库支出金额中该项内容小的情况（肥后、中川2001）。

③ 关于地区特性对地方费用函数的影响，请参照林正义（2002）。

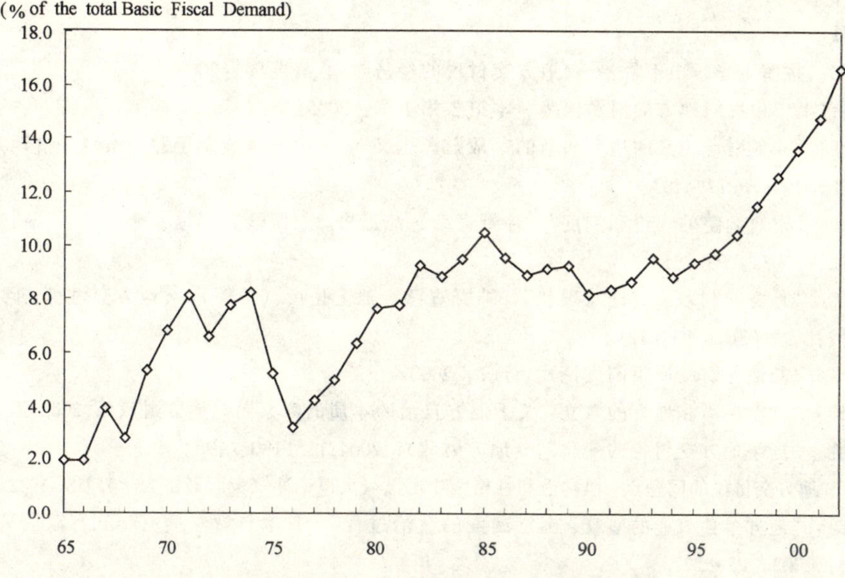

图 15　标准财政需求额中公债费和事业费补正的比例

田等，1984)。

其次，关于事业费补正的计算方法也一样。如上所述，在事业费补正的计算中，是以把公共事业的地方负担额计入标准财政需求的方式计算补正系数的。也就是说，首先确定事业总额，然后以所提供的单位费用和测定单位为基础，合计并整合确定补正系数。如果这样设定补正系数，就很难保证补正系数是否能够起到“根据对公共服务费用有影响的地区特性来调整单位费用”的根本效果。

另外，在行政需求总额是通过地方财政计划计算或通过标准财政需求额的叠加计算方面，也会存在问题。如我们所看到的，地方交付税的总额由地方财政计划和地方财政对策决定。另一方面，如果各地方是根据叠加方式计算标准财政需求额，则普通交付税份额不变(94%)，所以能够求出交付税总额。这两个过程虽然明显不同，但是由于都是地方财政计划决定地方交付税总额，所以不得不进行调查的是根据普通交付税的计算公式算出的金额。赤井等（2003）认为这样的调整通过补正系数和单位费用来执行，从这个意义上来讲，普通交付税的计算公式是比较武断的。

五、结论

本文从经济理论、国际比较以及日本的制度变迁和现状这三个观点，对政府间财政转移进行了综合性分析。在第二节中，关于政府间财政转移的功能从经济理论的观点进行了讨论，从“公平性”和“效率性”的观点，对政府间财政转移进行了定义，并且介绍了关于政府间财政转移的若干个具有代表性的经济理论。在第三节中，把政府间财政转移的实际，对OECD主要各国的政府间财政转移制度中的决定、分配结构进行了类型化，明确了第四节中论及的日本地方交付税的定位。而在第四节中，介绍了日本的地方财政制度和政府间财政转移制度，特别是就地方交付税的变迁和现状问题进行了讨论。

参考文献

赤井伸郎、佐藤主光、山下耕治：《地方交付税的经济学》，有斐阁，2003。

足立伸："关于中央对地方的财源保障" 本报告第1章，2005。

池上岳彦："一般财源主义的边际和新的一般财源主义"。神野直彦、金子胜（编）：《给地方税源》，东洋经济新报社，1998，P77～133。

池上岳彦："财政调整的理论和制度"。神野直彦、池上岳彦（编著）：《地方交付税：问题是什么"，东洋经济新报社，2003a，P3～21。

池上岳彦："地方交付税：变迁与现状"。神野直彦、池上岳彦（编著）：《地方交付税：问题是什么》，东洋经济新报社，2003b，P93～121。

石原信雄：《新地方财政调整制度论》，行政，2000。

石原信雄："财源保障和地方的自立：关于地方自治的本质的考察"，《地方财政》，2003.9，P4～10。

冈本全胜："近年地方交付税的变化"，《地方财政》，2004.1，P180～198。

岸本大："地方交付税的问题点：以功能和性格为中心"，《大樟论述（大阪经济大学）》18，1982，P37～96。

北山俊哉："地方单独事业的盛衰：围绕制度的政治过程"，日本行政学会《年刊行政研究：行政的评价和改革》6，2002，P5～22。

北村亘："财政危机中的地方财政对策：1975～1984年"。水口宪人、北原铁也、秋月谦吾（编著）：《怎么说明变化呢：地方自治篇》，木铎社，2000，P19～39。

黑田东彦："关于补助金和交付税的理论性分析"，《财政·视窗》，1986，P29～39。

财务省财务综合政策研究所：《主要国的地方税财政制度（英国、德国、法国、美国）》，2001。

财务省财务综合政策研究所：《地方财政系统的国际比较》，2002。

柴田护、山本悟、横手正、石原信夫、花冈圭三、土田荣作、远藤安彦："〈座谈会〉地方交付税30年的进展"，《地方财政》，1984.7，P84～142。

高木健二：《交付税改革》，敬文堂，2002。

高木钲作："战后体制的形成：中央政府和地方政府"，大森弥、佐藤诚三郎（编）：《日本地方政府》，1986，P47～110。

土居丈朗："日本城市财政中的捕蝇纸效果（flypaper effect）：地方交付税和国税减税的等价性验证"，《财政·视窗》September，1996，P95～119。

长峰纯一："根据地方政府模型进行的公共支出的实证分析"，《公共选择的研究》（12），1988，P65～67。

林正义："地方自治体的最小效率规模：地方公共服务供应中的规模经济与混杂效果"，《财政·视窗》（61），2002，P59～89。

肥后雅博、中川裕希子："地方单独事业和地方交付税中的诸问题"，日本银行调查统计局 Working Paper Series 2001，P1～9。

藤田武夫：《现代日本地方财政史（中卷）》，日本评论社，1978。

藤田武夫：《现代日本地方财政史（下卷）》，日本评论社，1984。

持田信树：《地方分权的财政学：从原点开始的重组》，东京大学出版会，2004。

汤浅俊夫、远藤安彦、小泷敏之、黑泽宥、谷本正宪、田村政志："〈座谈会〉地方交付税最近10年的进展与课题——地方交付税法施行40周年纪念座谈会——"，《地方财政》，1994.7，P28～84。

Boadway，R.，Flatters，F.，1982. Efficiency and equalization payments in a federal system of government：A synthesis and extension of recent results. Canadian Journal of Economics 15，613－33.

Dahlby，B.，1996. Fiscal externalities and the design of intergovernmental grants. International Tax and Public Finance 3，397－412.

Dahlby，B.，Wilson，L.S.，1994. Fiscal capacity，tax effort，and optimal equalization grants. Canadian Journal of

Economics 27 (3), 657 - 72.

Flatters, F., Henderson, V., Mieskowski, P., 1974. Public goods, efficiency and regional fiscal equalization. Journal of Public Economics 3, 99 - 112.

Hayashi, M., 2000. Distortionary effects of seemingly lump - sum intergovernmental transfers in Japan: A note. Meiji Gakuin Review: The Papers and Proceedings of Economics (118), 63 - 72.

Hayashi, M., 2004. Intergovernmetnal fiscal transfers in Japan. Intergovernmental Fiscal Transfer System: The 3rd KIPF Forum (Korea Institute of Public Finance).

Ministry of Finance, 2004. Understanding the Japanese Budget 2004 (Budget Bureau, Ministry of Finance, Tokyo).

OECD, 2004a. National Accounts of OECD Countries IV: General Government Accounts1992 - 2003 (OECD, Paris).

OECD, 2004b. Revenue Statistics 1965 - 2003 (OECD, Paris).

Pascha, W., Robaschik, R., 2001. The role of Japanese local governments in stabilisation policy. Paper presented at the Second International Convention of Asia Scholars, Berlin, August 9 - 12, 2001.

Rye, C.R., Searle, B., 1997. Expenditure needs: Institutions and data. Ahmad, E. (Ed.) Financing Decentralized Expenditures: An International Comparison of Grants (Edward Elgar, Cheltenham, UK) .

Wildasin, D., 1986. Urban Public Finance (Hardwood Academic Publishers, Chur, Switzerland).

Zodrow, R. and P. Mieszkowski, 1986, Pigou, Tiebout property taxation and the underprovision of local public goods. Journal of Urban Economics 19, 356 - 370.

附图表

附表 1 市町村数的变迁

年	月	市	町	村	合计
1883		19	12194	59284	71497
1889		39	—	—	15859
1898		48	1173	13068	14289
1908		61	1167	11220	12448
1922		91	1242	10982	12315
1930		109	1528	10292	11929
1940		178	1706	9614	11498
1945	10	205	1797	8518	10520
1948	2	217	1802	8480	10499
1949	2	228	1812	8437	10477
1950	1	235	1862	8346	10443
1951	1	252	1891	8226	10369
1952	1	269	1916	7952	10137

续表 1

年	月	市	町	村	合计
1953	4	280	1953	7808	10041
1953	10	286	1966	7616	9868
1954	4	382	1872	6674	8928
1954	10	444	1796	5878	8118
1955	4	488	1833	2885	5206
1955	10	490	1854	2468	4812
1956	4	495	1870	2303	4668
1956	9	498	1903	1574	3975
1957	4	500	1918	1448	3866
1957	10	501	1920	1365	3786
1958	4	505	1924	1260	3689
1958	10	529	1901	1232	3662
1959	4	549	1899	1136	3584
1959	10	555	1896	1095	3546
1960	4	555	1922	1049	3526
1960	10	555	1925	1030	3510
1961	4	556	1939	995	3490
1961	10	556	1946	968	3470
1962	4	556	1974	930	3460
1962	10	558	1982	913	3453
1963	4	553	1978	892	3423
1963	10	557	1964	884	3405
1964	4	559	1979	860	3398
1964	10	559	1989	850	3398
1965	4	560	2005	827	3392
1965	10	560	2000	815	3375
1966	4	560	2011	801	3372
1966	10	557	2007	788	3352
1967	4	565	1984	763	3312

续表 2

年	月	市	町	村	合计
1967	10	564	1983	756	3303
1968	4	564	1986	748	3298
1969	4	564	2015	706	3285
1969	10	564	2017	703	3284
1970	4	564	2027	689	3280
1970	10	578	2013	684	3275
1971	4	597	2004	656	3257
1971	10	600	1994	651	3245
1972	4	623	1975	639	3237
1972	10	643	1967	677	3287
1973	4	643	1973	661	3277
1973	10	643	1975	659	3277
1974	4	642	1977	652	3271
1975	4	643	1974	640	3257
1976	4	643	1978	635	3256
1977	4	644	1981	631	3256
1978	4	645	1985	626	3256
1979	4	646	1984	625	3255
1980	4	646	1991	618	3255
1981	4	649	1991	615	3255
1982	4	651	1993	611	3255
1983	4	651	1995	609	3255
1984	4	651	1997	607	3255
1985	4	651	2001	601	3253
1986	4	651	2006	596	3253
1987	4	653	2006	593	3252
1988	4	655	1999	591	3245
1989	4	655	1999	591	3245
1990	4	655	2003	587	3245
1991	4	656	1998	585	3239
1992	4	662	1993	581	3236
1993	4	663	1992	581	3236
1994	4	663	1993	579	3235
1995	4	663	1994	577	3234
1996	4	666	1990	576	3232

续表 3

年	月	市	町	村	合计
1997	4	669	1993	570	3232
1998	4	670	1993	569	3232
1999	4	671	1990	568	3229
2000	4	671	1990	568	3229
2001	4	672	1987	567	3226
2002	4	675	1981	562	3218
2003	4	677	1961	552	3190
2004	4	695	1872	533	3100

资料来源：总务省自治行政局市町村课：《全国市町村要览》，平成 16（2004）年版。

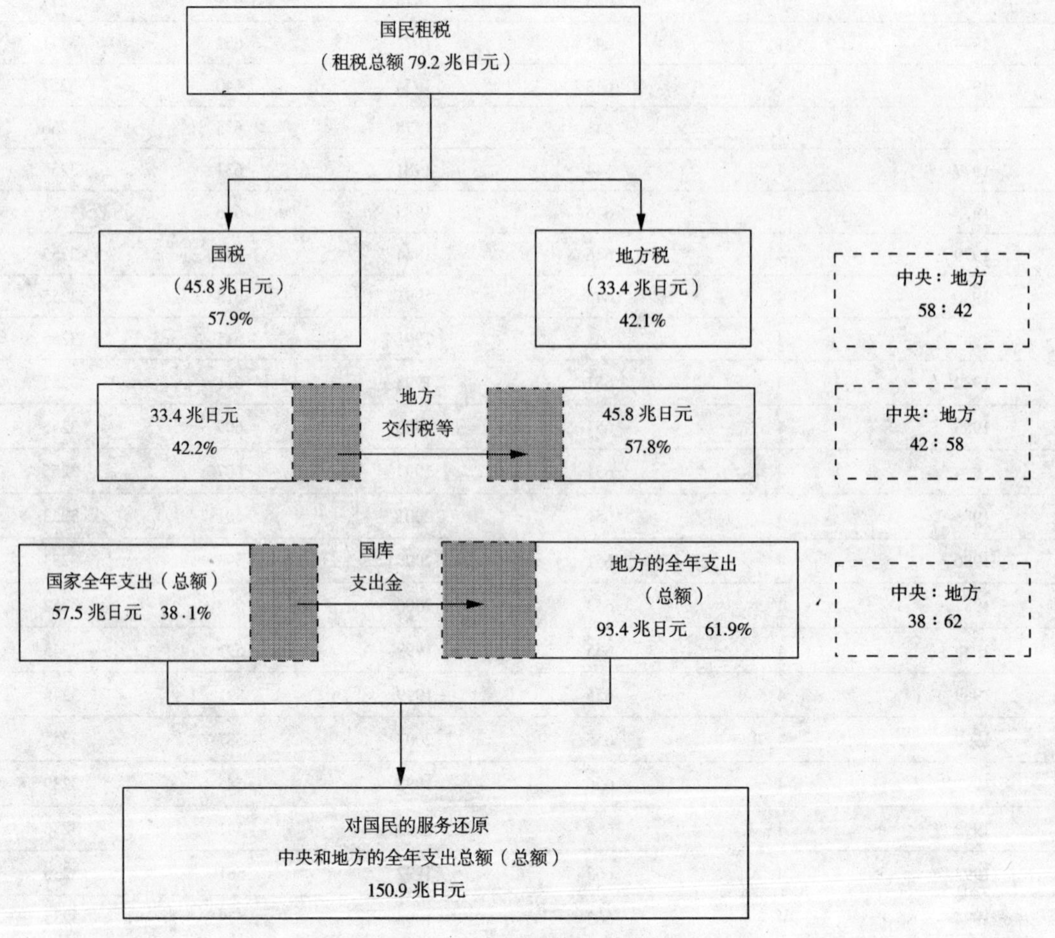

附图 1 中央和地方的财源分配

资料来源：地方财政白皮书 2004 年版。数值为 2002 年度决算。

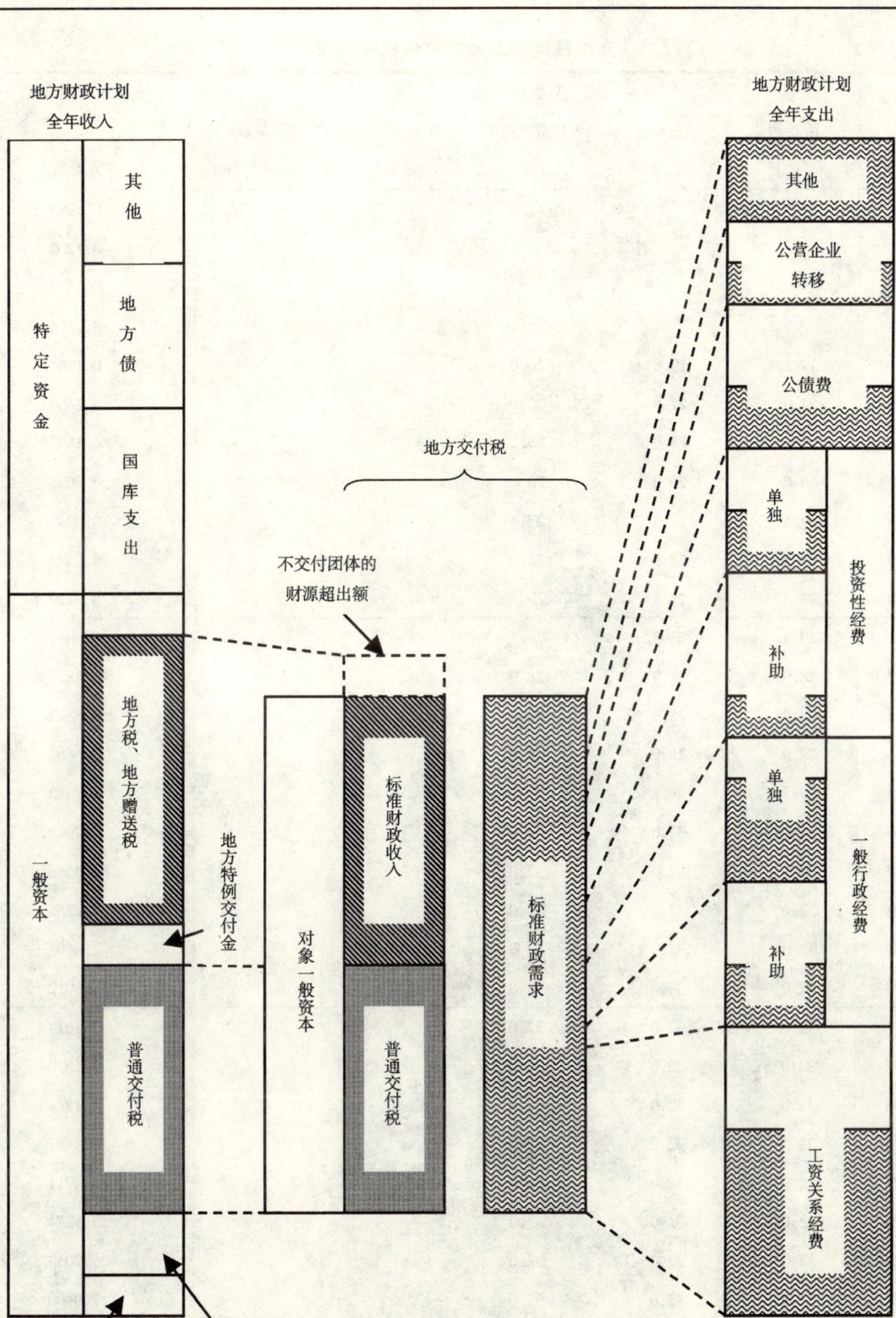

附图 2　地方财政计划和地方交付税的关系

附表 2　　交付税率以及地方交付税额的变迁

年度	交付税率					地方交付税额
	所得税（%）	法人税（%）	酒税（%）	消费税（%）	烟草税（%）	（兆日元）
1950						0.1085
1951						0.1200
1952						0.1450
1953						0.1376
1954①	19.874	19.874	20.0			0.1264
1955	22.0	22.0	22.0			0.1600
1956	25.0	25.0	25.0			0.1652
1957	26.0	26.0	26.0			0.2032
1958	27.5	27.5	27.5			0.2240
1959	28.5	28.5	28.5			0.2591
1960	28.5	28.5	28.5			0.3110
1961	28.5	28.5	28.5			0.4017
1962	28.9	28.9	28.9			0.4875
1963	28.9	28.9	28.9			0.5812
1964	28.9	28.9	28.9			0.6660
1965	29.5	29.5	29.5			0.7432
1966	32.0	32.0	32.0			0.7947
1967	32.0	32.0	32.0			0.9565
1968	32.0	32.0	32.0			1.1255
1969	32.0	32.0	32.0			1.4608
1970	32.0	32.0	32.0			1.8012
1971	32.0	32.0	32.0			2.1014
1972	32.0	32.0	32.0			2.5530
1973	32.0	32.0	32.0			3.1318
1974	32.0	32.0	32.0			4.1987
1975	32.0	32.0	32.0			4.4711
1976	32.0	32.0	32.0			5.1874
1977	32.0	32.0	32.0			5.7055
1978	32.0	32.0	32.0			7.0400
1979	32.0	32.0	32.0			7.7090
1980	32.0	32.0	32.0			8.1140
1981	32.0	32.0	32.0			8.7166
1982	32.0	32.0	32.0			9.1776
1983	32.0	32.0	32.0			8.8685

续表

年度	交付税率					地方交付税额
	所得税（%）	法人税（%）	酒税（%）	消费税（%）	烟草税（%）	（兆日元）
1984	32.0	32.0	32.0			8.5452
1985	32.0	32.0	32.0			9.4499
1986	32.0	32.0	32.0			9.8309
1987	32.0	32.0	32.0			10.5610
1988	32.0	32.0	32.0			11.2104
1989	32.0	32.0	32.0	24.0	25.0	13.4552
1990	32.0	32.0	32.0	24.0	25.0	14.3280
1991	32.0	32.0	32.0	24.0	25.0	14.8887
1992	32.0	32.0	32.0	24.0	25.0	15.6792
1993	32.0	32.0	32.0	24.0	25.0	15.4351
1994	32.0	32.0	32.0	24.0	25.0	15.5320
1995	32.0	32.0	32.0	24.0	25.0	16.1529
1996	32.0	32.0	32.0	24.0	25.0	16.8891
1997	32.0	32.0	32.0	29.5	25.0	17.1276
1998	32.0	32.0	32.0	29.5	25.0	18.0489
1999②	32.0	32.5	32.0	29.5	25.0	20.8642
2000	32.0	35.8	32.0	29.5	25.0	21.7764
2001	32.0	35.8	32.0	29.5	25.0	20.3498
2002	32.0	35.8	32.0	29.5	25.0	19.5449
2003	32.0	35.8	32.0	29.5	25.0	18.0693

资料来源：《地方财政》，2004.1。

①1954 年的比率，是依据 1954 年地方交付税总额特例有关的法律比率，在本则中规定为 22%。

②1999 年以后的法人税比率，是依据法附则（交付税总额特例）的比率，在本则中规定为 32%。

附表 3　　普通交付税的交付、不交付团体数量的变迁

	道府县			市町村①		
	交付	不交付	计	交付	不交付	计
1950	44	2	46	9995	420	10415②
1951	44	2	46	9587	532	10119
1952	44	2	46	9363	631	9994
1953	43	3	46	9459	481	9940
1954	42	4	46	8232	650	8882
1955	43	3	46	4925	280	5205
1956	43	3	46	4399	267	4666
1957	43	3	46	3653	214	3867
1958	43	3	46	3519	144	3663

续表 1

	道府县			市町村		
	交付	不交付	计	交付	不交付	计
1959	43	3	46	3411	173	3584
1960	42	4	46	3349	178	3527
1961	42	4	46	3324	167	3491
1962	42	4	46	3289	172	3461
1963	42	4	46	3264	160	3424
1964	42	4	46	3231	168	3399
1965	42	4	46	3213	180	3393
1966	42	4	46	3219	154	3373
1967	42	4	46	3173	140	3313
1968	42	4	46	3185	114	3299
1969	42	4	46	3216	70	3286
1970	44	2	46	3223	58	3281
1971	42	4	46	3204	54	3258
1972	43	4	47	3246	46	3292
1973	43	4	47	3233	45	3278
1974	43	4	47	3225	47	3272
1975	44	3	47	3176	82	3258
1976	45	2	47	3200	57	3257
1977	46	1	47	3187	70	3257
1978	46	1	47	3209	48	3257
1979	46	1	47	3200	56	3256
1980	46	1	47	3191	65	3256
1981	45	2	47	3177	79	3256
1982	44	3	47	3172	84	3256
1983	46	1	47	3141	115	3256
1984	45	2	47	3120	136	3256
1985	43	4	47	3088	166	3254
1986	43	4	47	3074	180	3254
1987	44	3	47	3084	169	3253
1988	43	4	47	3068	178	3246
1989	43	4	47	3086	170	3256
1990	43	4	47	3078	168	3246
1991	43	4	47	3069	171	3240
1992	43	4	47	3094	143	3237
1993	46	1	47	3073	164	3237

续表 2

	道府县			市町村		
	交付	不交付	计	交付	不交付	计
1994	46	1	47	3079	157	3236
1995	46	1	47	3082	153	3235
1996	46	1	47	3091	142	3233
1997	46	1	47	3111	122	3233
1998	46	1	47	3114	119	3233
1999	46	1	47	3145	85	3230
2000	46	1	47	3155	75	3230
2001	46	1	47	3131	96	3227
2002	46	1	47	3114	105	3219
2003	46	1	47	3076	115	3191

资料来源：《地方财政》，2004.1。

①东京都特别区以 1 包含在城市中。

②数值是各年度的最终（再计算时为再计算后）的团体数。

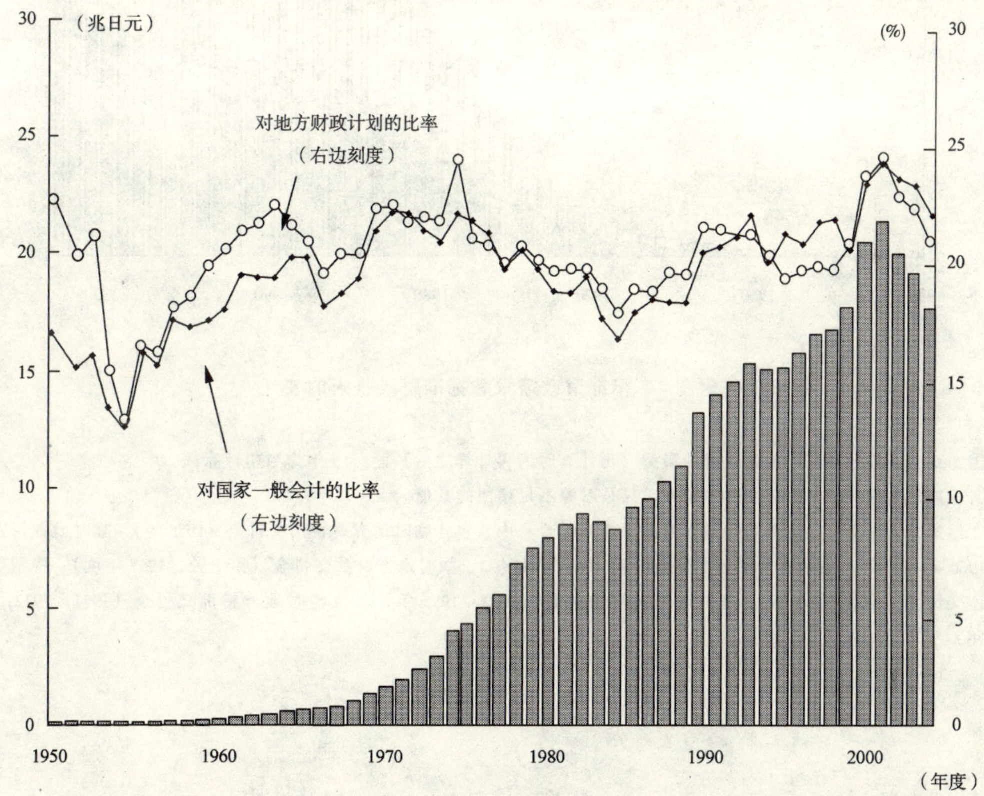

附图 3　地方交付税额的变迁

资料来源：《地方财政》，2004.1。

①2002 年以前国家的预算额以及地方交付税额为各年度的最终预算额，2003 年为当初预算额。

②地方交付税额（1954 年之前地方财政平衡交付金）中，包括临时地方财政特别交付金（1955 年）、临时地方特别交付金（1960～1963 年）、临时地方特例交付金（第 2 种）（1966 年度）、临时地方财政交付金（第 1 种，1967 年度）、特别事业债务偿还

交付金（1968，1969年）、临时冲绳特别交付金（1972~1975年）以及临时地方特例交付金（1971，1972，1975，1976年）。

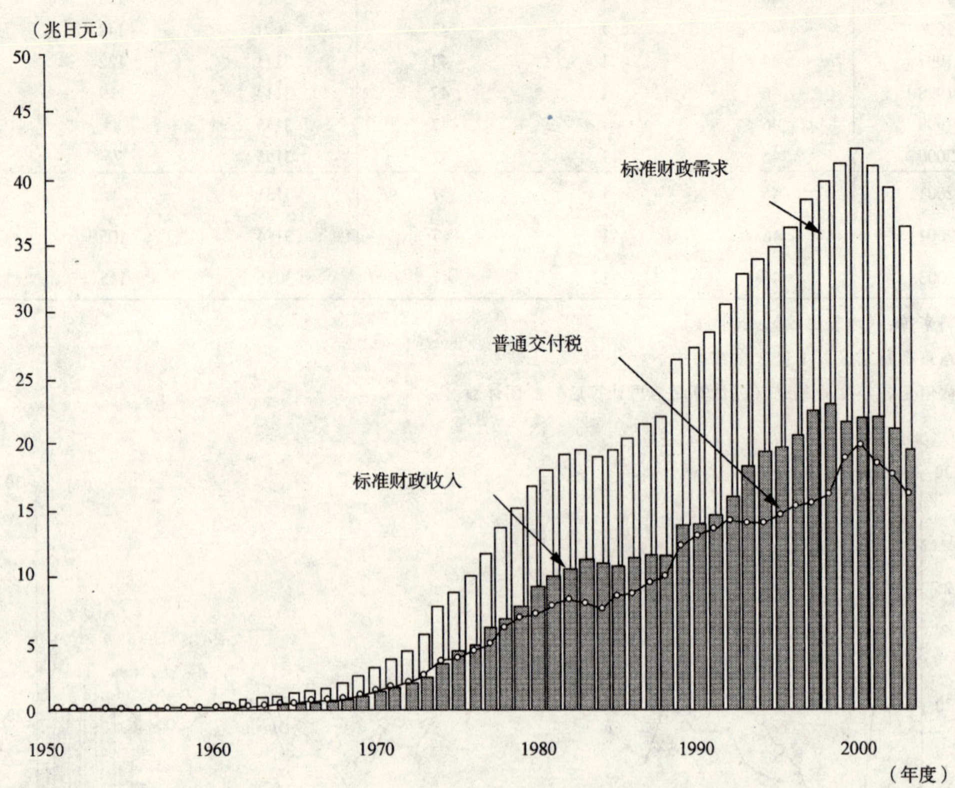

附图4 标准财政需求和标准财政收入的变迁

①2002年以前的数值，是各年度的最终（再计算时为再计算之后）额，15年为当初计算额。

②标准财政需求额以及标准财政收入，只是财源不足集团的数值。

③地方交付税额（1954年前为地方财政平衡交付金）中，包含临时地方财特别交付金（1955年）、临时地方特别交付金（1960~1963年）、临时地方特例交付金（第2种，1966年）、临时地方财政交付金（第1种，1967年度）、特别事业债务偿还交付金（1968，1969年）、临时冲绳特别交付金（1972~1975年）以及临时地方特例交付金（1971，1972，1975，1976年）。

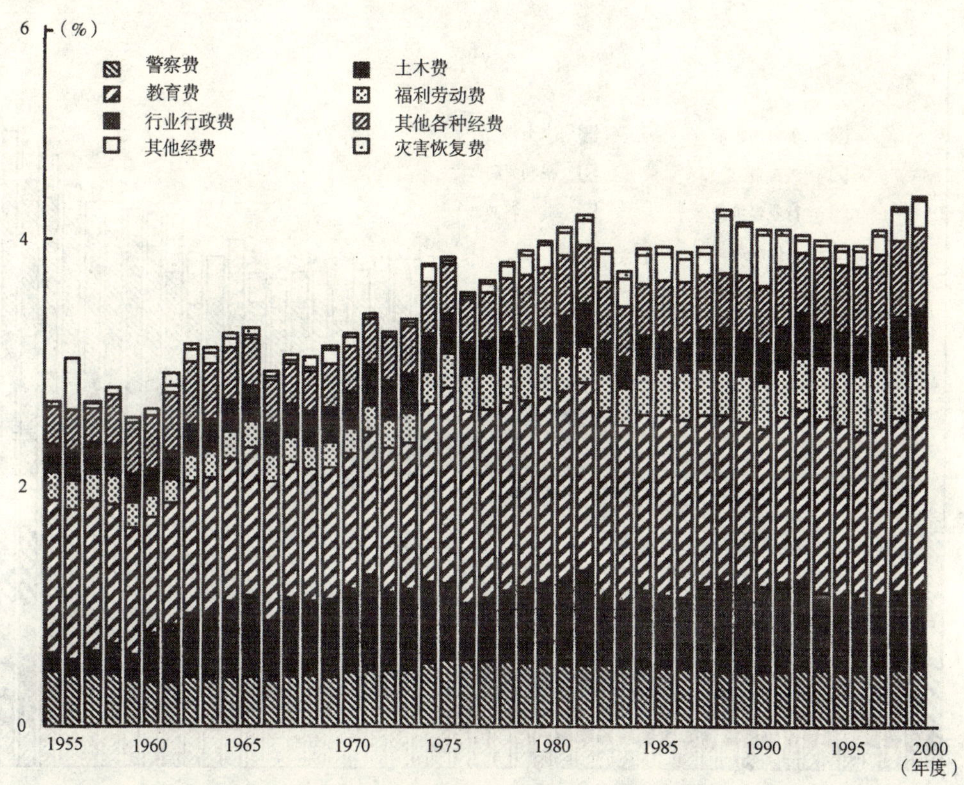

附图 5 标准财政需求（道府县、GDP 比）

①数值是各年度的最终（再计算时为再计算之后）额。

②数值为一本算定额，是“财源不足集团”以及“财源超过集团”的合计额。

③GDP 的数值为 68SNA 基础。

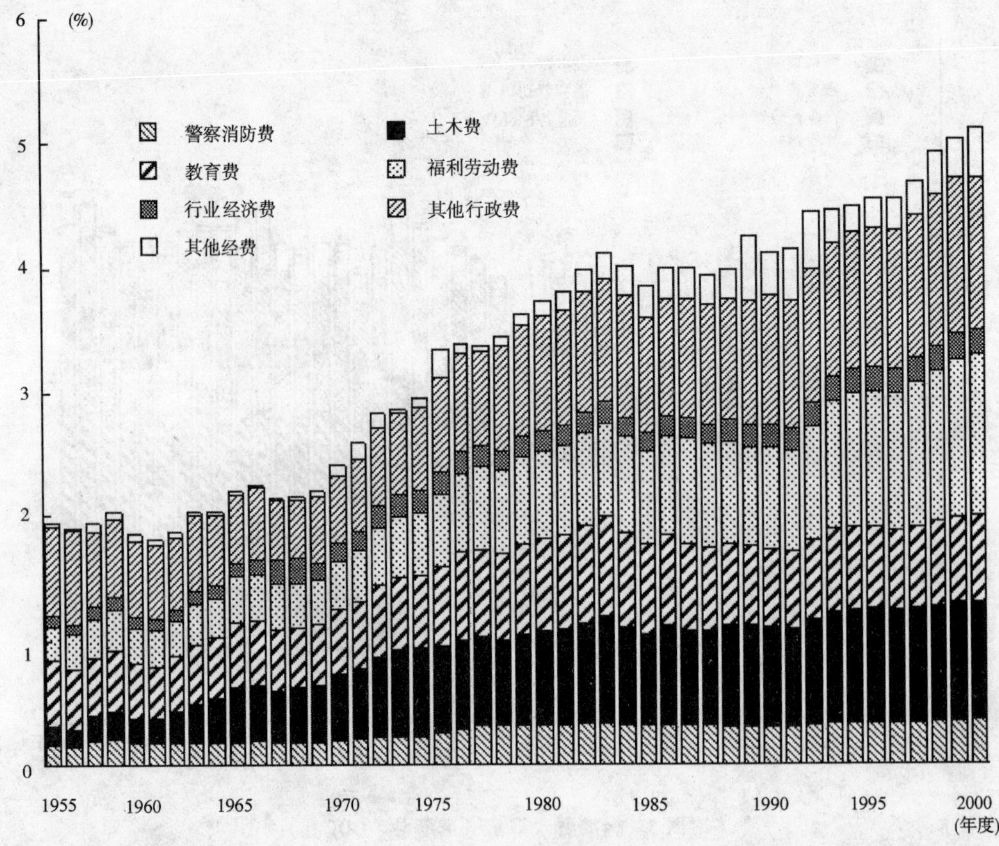

附图 6 标准财政需求（市町村、GDP 比）

①数值是各年度的最终（再计算时为再计算之后）额。

②数值为一本算定额，是“财源不足集团”以及“财源超过集团”的合计额。

③GDP 的数值为 68SNA 基础。

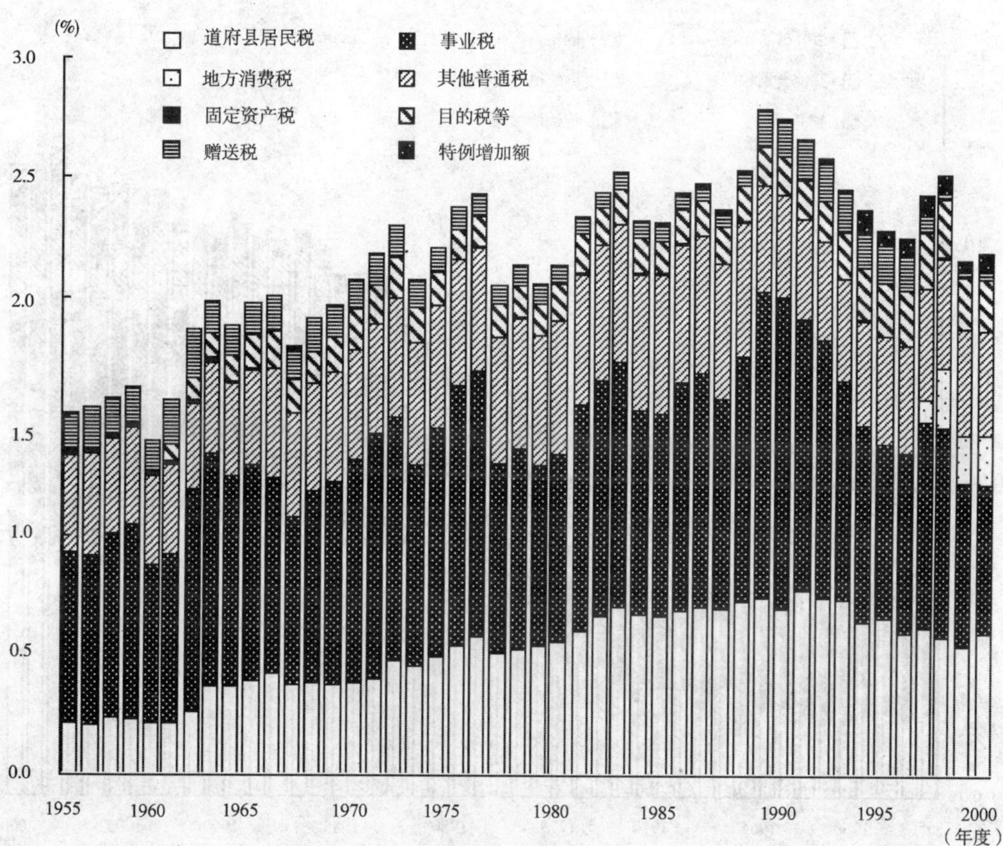

附图 7　标准财政收入（道府县、GDP 比）

㊟是各年度的最终（再计算时为再计算之后）额。GDP 的数值为 68SNA 基础。

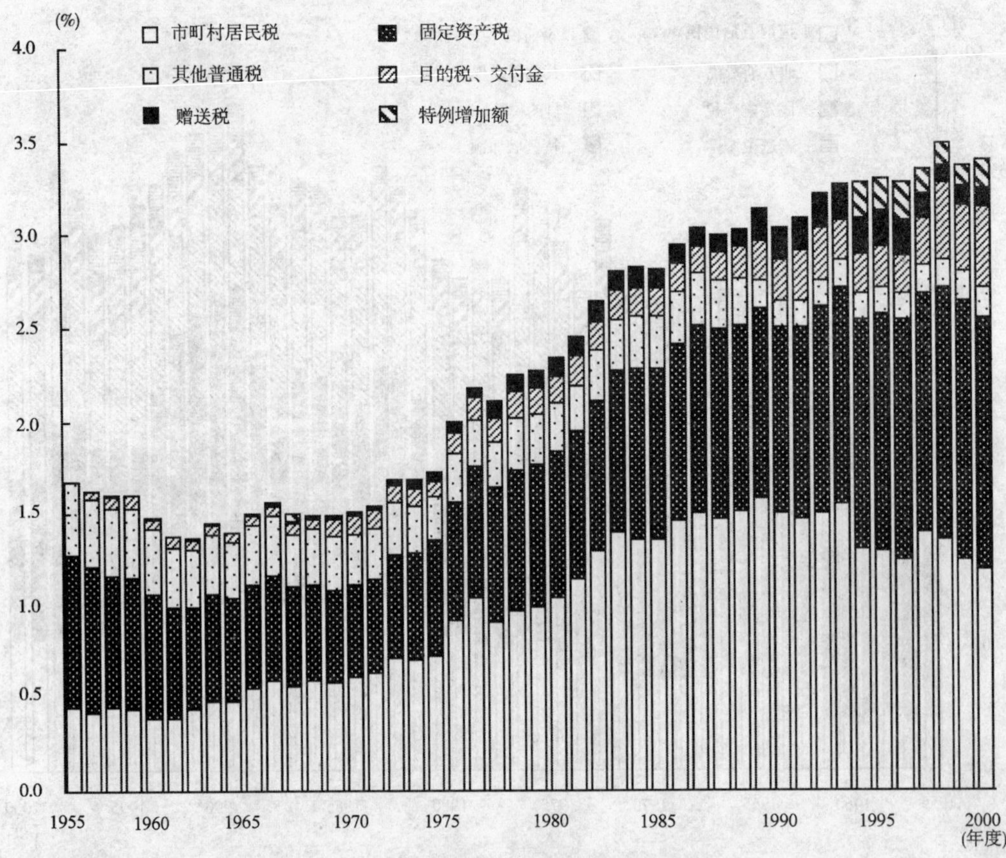

附图 8　标准财政收入（市町村、GDP 比）

㊟是各年度的最终（再计算时为再计算之后）额。GDP 的数值为 68SNA 基础。

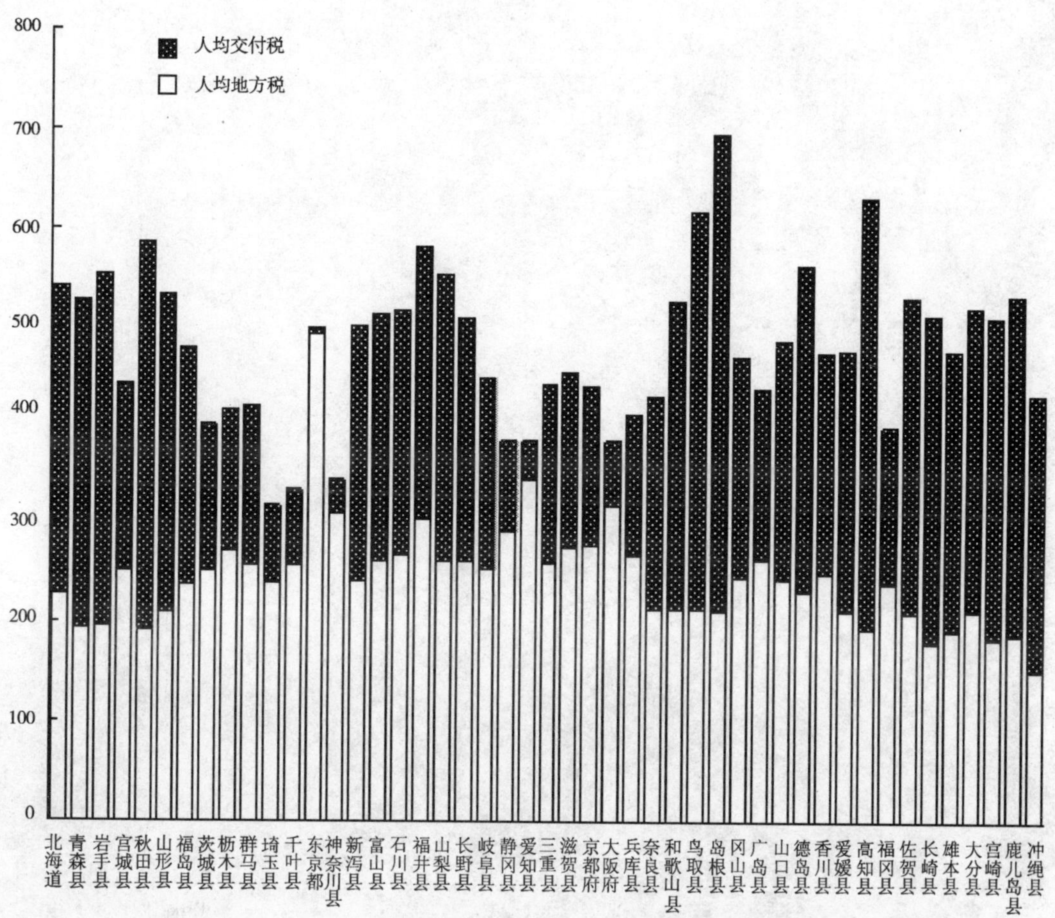

附图 9 人均地方税和交付税（2001 年度实绩）

㊟是各都道府县政府以及各都道府县中包含的市町村的合计。

第二篇

政府间事权和财权关系研究

对中国政府间公共服务职责划分的研究

国务院发展研究中心　倪红日

目前在中国关于政府间财政关系研究和讨论中，最流行的一种说法和意见是：应该达到各级政府事权和财权的匹配或统一。本报告就从讨论这一观点出发，对中国政府间公共服务职责划分问题以及与此相联系的政府间财政收支匹配关系的基本制度问题进行探讨。

一、厘清基本概念以及概念背后的制度差异

事权与财权的概念是中国财政理论中特有的概念，根据笔者的研究，国际上的财政分权理论基本上不使用这样的概念表述。下面的研究将显示，理论和概念的差异反映了政府间财政关系基本制度本身的差别。

（一）事权与财权统一的权威表述和特定含义

事权与财权以及两者统一的比较权威性表述是："财权和政权总是联系在一起的。有政权就必须有财权。没有财权的政权是无法实现它的政治经济任务的。我国1954年颁布的第一个宪法规定，全国有中央、省、县、乡四级政权，各级政权都有审查批准执行预算的权力。……财权和事权也是联系在一起，我国的社会制度决定国民经济的主体是国营企业与事业。国营企业和事业归哪一级管理，即事权放在哪一级，财权也相应放在哪一级。……地方财权的大小和中央划给地方的事权应当一致起来。……地方财权的大小，表现在事权的划分上，反映在各项支出的支配权上。"上述表述和理论来自1983年由我国老一辈经济学家许毅和陈宝森主编的《财政学》，在其他同年代的中国财政学教科书中，也采用了基本相同的表述和理论，在此不再赘述。上述表述是中国财经理论中关于政府间财政关系的权威性理论，它产生和存在于计划经济时期和中国改革开放的初期，是对我国历次政府间财政关系变革的总结和理论提炼，这一理论的基本论点是，各级政府的事权与财权应该是统一的。

我们现在很多人依然在延续使用这样的表述和理论。但是笔者发现，1994年以来的分税制改革已经突破了这样的理论，或者说，背离了这样的理论。因为各级政府的事权和财权并不是在原来理论意义上的统一了。中央政府拥有了更大的财权，省以下地方政府的财权与

其事权相比要小，这种改革后的事实成为现在争论的背景。

问题在于究竟是改革错了，还是原有的理论滞后了？最重要的是，我们应该遵循原有的理论，还是应该创新制度，创新理论？笔者的观点是赞成后者，摈弃前者。为了与新体制相一致，需要明确一些新的概念以及概念之间的关系，并试图形成新的理论。

（二）在新的经济和财政体制下事权概念需要改变

尽管在许多文件中仍然在使用政府事权的概念，但是笔者认为，这一概念的原本含义无论与现在改革后的经济、行政、社会管理体制，还是与改革后的政府间财政体制，都已经大相径庭。事权概念的特定含义是：各级政府对隶属于本级政府的国营企业与事业单位的经营和行政管理权，它反映的各级政府管理职能的划分，突出的是行政隶属关系。事实上，尽管在现行政府间财政关系中，仍保留着按照行政隶属关系来划分支出责任的做法，但是随着市场经济下政府与国有企业关系的变化，政府职能的转变以及管理型政府向服务型政府的转变，尤其是收入划分的分税制体制的形成，这些都使得原有的“事权”概念与新体制发生了明显的不协调和严重的理念上的碰撞。

另外，一些最近的研究报告（2004年国家发展改革委员会宏观经济研究院课题组：《公共服务供给中各级政府事权财权划分问题研究》），已经自觉不自觉地赋于“事权”概念以新的含义：“我们所关注的事权主要指每一级政府在公共事务和服务中应承担的任务与职责”。这样的表述尽管不完全和不准确，但是它已经偷换了“事权”概念的原有含义。这反而表明，在研究政府间财政关系时，我们需要一种更为准确和反映现实与发展的更为科学的概念，并以此区别于旧体制下的理论含义。所以，本研究报告不使用“事权”概念，而使用“公共服务职责”概念。

“公共服务职责”是指各级政府承担的由本级政府提供公共服务供给的职能和责任。这样的概念体现了以下与“事权”概念不同的几个特点：一是政府的职责主要是提供公共服务；二是政府是服务型政府，管理寓意于服务之中；各级政府的公共服务职责的划分不仅仅是依据行政隶属关系。延续这样的概念，它的使用意味着形成和“事权与财权统一”理论和体制相区别的理论和体制。大厦的重构需要基石的重建，否则就会引起一系列的认识混乱。这就是我们在研究之初，厘清概念的原因和必要性。

（三）其他相关的重要概念和范畴

目前造成认识上混乱和不统一的原因，除了原有理论与新体制的矛盾之外，还有对一些概念使用上的过于笼统，缺乏细分。主要有以下一些概念和范畴：

1. 公共服务职责与支出管理责任。

这是两个既相联系又有所不同的概念和范畴。人们常用的是支出责任这一概念。实际上支出责任所指的事务，应该细分为“职责”与“支出管理责任”两个概念。在上文中，我们已经给出了公共服务职责的定义；而支出管理责任是指对财政资金支出实行具体使用的管理。两者的联系是，在一定条件下职责就决定了相应的支出管理责任，政府的公共服务职责与具体的支出管理职责是相一致的。但是两者有时会是不一致的，上级政府不承担具体的支出管理责任，而是由下级政府承担。例如转移支付的资金支出，上级政府承担转移支付资金的分配，从这个意义上讲，上级政府承担着部分公共服务职责，下级政府承担着部分公共服务职责，即某些公共服务职责是由上级政府和下级政府共同承担。但是具体的支出管理责任则是全部由下级政府负责，这样的情况很多。所以笼统地使用支出责任的概念，很难区分上述两者的区别。

2. 财权与财力。

这也是两个既相互联系又有区别的概念。财权是指在法律允许下的各级政府负责筹集和支配收入的财政权力，主要包括税权、收费权以及发债权；财力是指各级政府在一定时期内拥有的以货币表示的财政资源，它的来源可以是本级政府的税收、上级政府的转移支付、非税收入以及各种政府债务等。财权与财力的联系与区别是，拥有财权的政府，一般来讲拥有相应的财力，但是拥有了财力的政府不一定就有财权。因为上级政府的财权往往大于它最终支配的财力，一部分财力转移到下级政府后，这部分财力使用和具体管理者不是上级政府，而是下级政府，所以下级政府的财力可能往往大于它的财权。这种财权与财力关系的框架是目前国际上经济发达国家通常使用的制度框架。所以财权与财力的概念应该加以区分。

3. 公共服务职责与财权的统一。

政府的公共服务职责应该与财权是统一的，中央政府具有调节地区间公共服务水平的职责，而地方政府只有负责本地区公共服务的职责，所以中央政府应该具有比地方政府更大的财权，这就是公共服务职责与财权的统一。

4. 支出管理责任与财力的匹配。

地方政府往往比中央政府承担更多的具体支出管理责任，这要求有相应的财力相匹配。所以，即使在地方政府财权比较小的情况下，通过中央财政或者上级财政转移支付拨款，下级政府所获得的财力应该满足他们所承担的支出管理责任的需要。公共支出管理责任与财力相匹配是正确的，但支出管理责任与财权不一定是匹配的。

综上所述，我们把以上的概念之间的关系用下面的图示勾画出来（见图 1）：

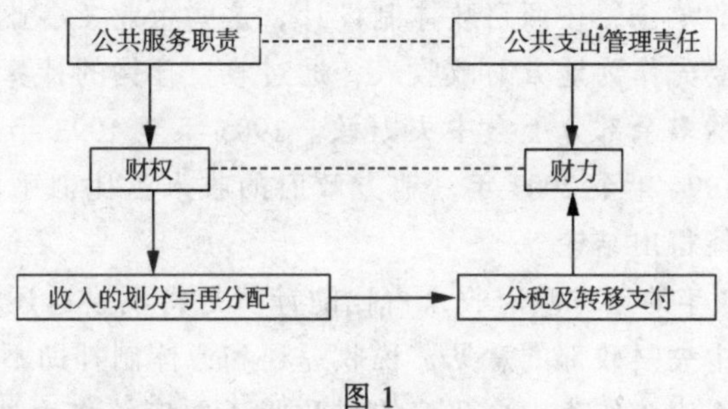

图 1

（四）各级政府的公共服务支出与收入的匹配方式

我们所使用“匹配”一词的含义：可以理解为各级政府的收入（财力）与支出（支出责任）的数量上的对等性。

无论是国际上的通行做法，还是中国 50 多年来财政体制的变化，实际上存在着直接匹配与间接匹配两种方式。直接匹配或统一是指，在财政分权体制设计上，各级政府的支出数量与本级财政的收入数量大体相当，中国在历史上存在过这样的体制；间接匹配是指，在财政分权体制设计时，收入的划分不考虑地方政府本级收入和支出的匹配问题，而是在中央集中收入后，通过转移支付实现各级政府收入和支出的匹配。目前中国的分税制体制就是一种间接匹配方式。总之，我们把事权与财权统一的财政体制，可以看作财政收入与支出的直接匹配方式；而间接匹配方式则意味着下级政府的公共服务支出管理责任与收入并不是直接匹配的。可以说，不同的匹配方式意味着财政体制的巨大变化。

我们将中华人民共和国建立后，从1953年的财政体制到2003年分税制财政体制，按照地方政府（即省以下各级政府）财政收入占全部财政收入的比重，以及地方政府财政支出占全部财政支出的比重的口径，对这两个比重的匹配状况进行历史描述，可以在一定程度上看出匹配方式和财政体制变化的轨迹（见图2）。

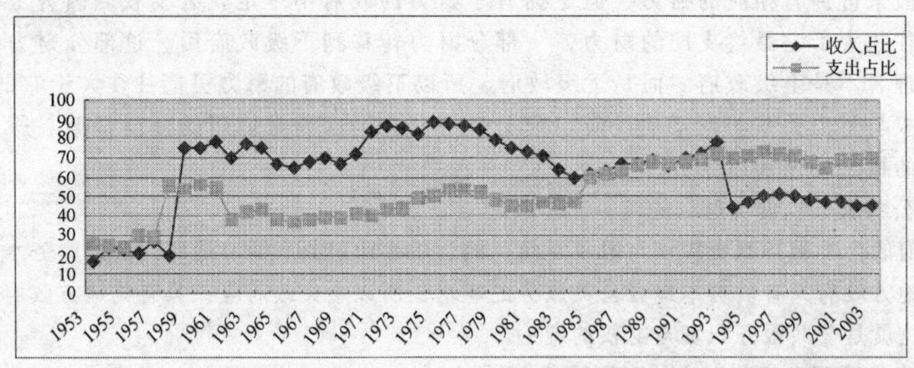

图2 地方财政收支匹配状况

资料来源：根据《中国财政年鉴》（2004年）相关数据绘制。

图2显示：1953年至1958年地方政府的收入占比低于支出占比，但是两者的差距不大。1958年至1985年三十年间，地方政府的收入占比明显高于支出占比。这种状况主要是因为地方的事权远远大于中央政府的事权，即中央企业大量下放地方后，地方政府管理了大多数的国有（营）企业和事业单位，按照财政体制设计，这些企业、事业的收入依照行政隶属关系，首先是作为或者主要先作为地方财政收入，通过收支挂钩的计算后，收入大于支出的地方政府财政将体制规定的多余部分上缴中央财政。1985年至1993年，地方政府的收入占比与支出占比大体相当。1994年至2003年，地方政府的收入占比似乎明显低于支出占比。但是，笔者认为就此还不能得出结论。

因为1994年至2003年的地方政府收入占比的计算是将税收返还和原体制补助不作为地方财政收入。如果按照中央财政部的意见，税收返还和原体制补助不作为中央财政的转移支付，那么这部分收入就不应该作为中央政府的财政收入而应该作为地方政府收入的一部分。按照这样的口径计算，1993年至2003年地方政府收入占比就需要进行相应的调整。调整后的情况见图3。

从图3可以看出，1994年到2000年期间，地方财政收入的占比与支出的占比大体是匹配的，而且多数年份收入占比还略高于支出占比，只有在2001年以后地方财政的支出占比高于收入占比。由于2003年数据不全，缺乏所得税返还和原体制补助的数量，所以收入占比与支出占比的差距似乎更大，如果数据全面，差距不应像图2中显示的那么大。

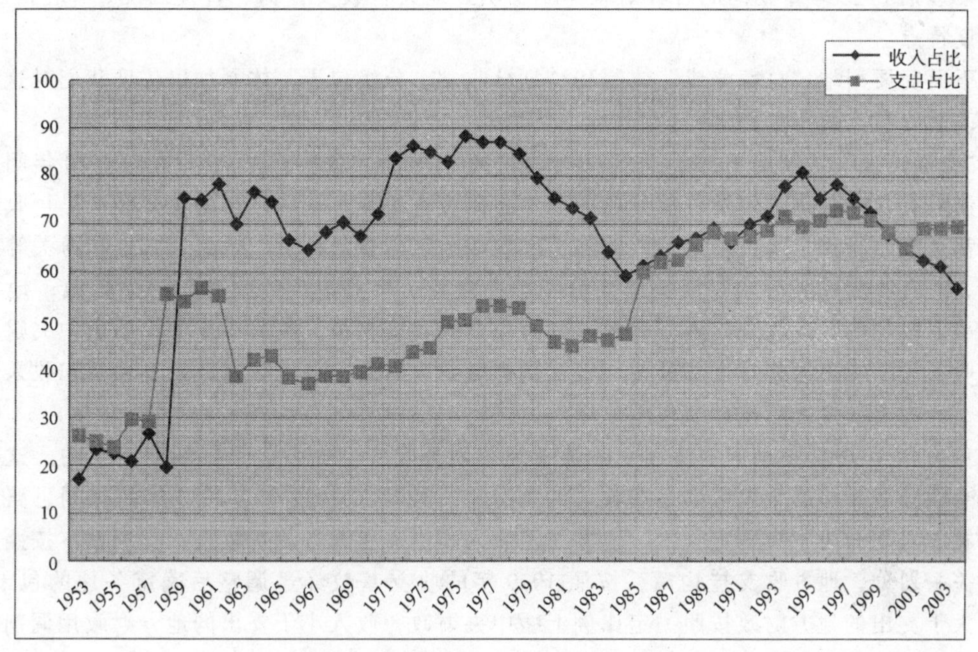

图 3 地方财政收入与支出的占比（另一口径）

资料来源：根据《中国统计摘要》和《地方财政统计资料》计算

注：2002 年和 2003 年数据口径与以前年度不同，2002 年加上所得税返还数据，2003 年只有“两税返还”数据。

通过以上分析，我们的结论是：从地方财政收支匹配的总量状况上看，1994 年分税制改革后，地方财政的收支匹配状况与 1994 年以前相比确实呈现出差异，但是地方财政收支不直接匹配的矛盾主要是在 2001 年以后出现的。

（五）1994 年分税制改革对原有理论和制度的突破

1. 计划经济时期和 1994 年分税制前中国财政体制的制度特点。

中华人民共和国建国以来，直到 1994 年分税制改革以前，财政体制历经了十多次的大小调整，由高度集权体制逐步向分权体制演变。当我们仔细总结和对比这十几种具体的财政体制做法时，发现在这五十多年的各种体制中，尽管财政集权和分权程度不同，收支划分方法有别，但是在中央与地方的财政收支划分依据上却有着共同的特点。这个特点可以通俗地概括为：按照行政隶属关系划分各级政府的事权，收入划分实行与支出直接匹配，财力实行“先下后上”。

所谓直接匹配、“先下后上”是指，这个时期的各类体制都是以地方财政收支挂钩为依据进行制度设计的。也就是“事权与财权统一”理论所描述的，根据各级政府的事权，收入与支出规模相联系进行财政资源配置，有些体制是以收定支，有些体制则是以支定收，但都是实行收支挂钩的。而“先下后上”，主要是指财政资金在中央和地方政府之间的分配流向。除了建国初期的统收统支体制外，政府间财政资源的配置在事权划分为前提下，基本上首先是以省以下地方政府财政收支挂钩优先配置为基础以后，中央财政再集中部分资金。1951 年至 1957 年的体制是由高度集权向分权体制过渡，与上述描述的体制特点略有差别外，

1958年以后到1994年期间的各种财政体制都明显地具备收支挂钩、直接匹配、“先下后上”的制度特点。

下面简要列举“总额分成”体制和“划分收支、分级包干”体制加以佐证我们对这一时期财政制度特点的概括。

“总额分成”体制是1959年开始实行的，到1979年大致实行了20年左右。20年间，财政体制虽有几次微调，但是总额分成的基本格局没有改变。这一体制的主要做法是：收入和支出都是按照行政隶属关系划分，即除了不便按地区划分的外贸、铁路、邮电和海关等收支之外，所有收支按照行政隶属关系划分。中央企业、事业单位的收支归中央财政；地方企业、事业单位的财政收支归地方财政。各省级财政收支相抵，收入小于支出的由中央财政补助，收入大于支出的将多余部分按一定比例上缴中央财政，各地的财政收支预算和收入留解比例，经中央核定之后按计划包干使用。

1980年至1993年期间的体制主要是围绕“划分收支、分级包干”制度变化的。这类体制与总额分成做法的主要区别是在收入的划分上，使用了1951年~1957年的体制思路，做法是将收入划分为中央固定收入、地方固定收入和中央与地方调剂收入；支出基本按照行政隶属关系划分，地方收支挂钩后，按照1979年的收支基数经过调整后确定各地的包干数，收入大于支出的地方财政按照一定比例上缴中央财政，收入小于支出的地方财政用调剂收入进行弥补。在这种体制下，广东、福建、北京、上海和天津市实行了更加特殊的体制，但总体的制度特点是相同的。

2．1994年分税制改革对原来制度的突破。

1994年分税制改革可以说开始打破了我们沿用50余年的体制的常规做法。这次改革的主要目的是提高中央财政收入占全部财政收入的比重，所以改革在财政支出划分上没有进行实质性的改革，也没有进行明显的调整。改革主要是对收入的划分进行了改动，通过中央与地方的分税，从实质上改变了以地方收支挂钩为基础的原有财政体制，形成了现行的政府间财政体制。这种体制的突出特点是：收入首先向中央财政集中，地方财政收支脱钩，中央财政或者说上级财政通过转移支付使下级财政的收入财力与支出需要相匹配，所以我们将现行体制的特点概括为：地方财政收支脱钩下的间接匹配、“先上后下”的体制。这样的体制框架是目前国际上市场经济国家的通行模式。

通过以上的分析，我们可以清楚地看出，目前国内持“事权与财权匹配和统一”观点的实质是否定1994年分税制改革，提倡回归旧的传统体制。

二、政府间公共服务职责划分的法律与行政规定

在中国现行的法律和行政规定中，涉及或者说应该与划分各级政府公共服务职责的相关法律和行政规定主要有五个：一是《中华人民共和国宪法修正案》（2004年3月），二是《中华人民共和国预算法》（1994年）；三是《中华人民共和国地方各级人民代表大会和地方各级人民政府组织法》（2004年10月）；四是《国务院关于实行分税制财政管理体制的决定》（1993年12月）；五是《国务院批转财政部关于完善省以下财政管理体制有关问题意见的通知》（2002年12月）。

（一）宪法对政府间公共服务职责的规定

在《中华人民共和国宪法修正案》中，第八十九条规定：国务院行使的职权包括：统一领导全国地方各级国家行政机关的工作；规定中央和省、自治区、直辖市和国家行政机关的职权的具体划分；编制和执行国民经济和社会发展计划和国家预算；领导和管理经济工作和城乡建设；领导和管理教育、科学、文化、卫生、体育和计划生育工作；领导和管理民政、公安、司法行政和监察等工作；管理对外事务，同外国缔结条约和协定；领导和管理国防建设事业。这条规定是针对中央政府公共服务职责进行的规定。

宪法修正案第一百零七条规定了省以下政府的公共服务职责：县以上地方各级人民政府依照法律规定的权限，管理本行政区域内的经济、教育、科学、文化、卫生、体育事业、城乡建设事业和财政、民政、公安、民族事务、司法行政、监察、计划生育等行政工作。乡、民族乡、镇的人民政府执行本级人民代表大会的决议和上级国家行政机关的决定和命令，管理本行政区域内的行政工作。

上述法律规定表明：中国基本上属于以集权为主的政治行政体制，实行“统一领导、分级管理”的行政制度，相应的财政管理体制也是遵循了以集权为主，统一领导、分级管理的原则。

（二）1994年分税制改革时确定的政府间公共服务职责的划分

由于中国各级政府承担的公共服务职责在1994年以前的《中华人民共和国宪法》和预算法及相关法规中没有做出明确和具体的法律规定，因此在1994年进行分税制改革时，国务院颁布了《关于实行分税制财政管理体制的决定》。其中规定：中央财政主要承担国家安全、外交和中央国家机关运转所需经费、调整国民经济结构、协调地区发展、实施宏观调控所必需的支出以及由中央直接管理的事业发展支出；地方财政主要承担本地区政权机关运转所需支出以及本地区经济、事业发展所需支出。具体的中央财政和地方财政支出划分的情况在官方的宣传资料中有了较为具体的说明（详见表1）。

表1　　分税制财政体制中央、地方财政支出划分简表

中央级支出	地方级支出
1. 国防费	1. 地方行政管理费
2. 武警经费	2. 地方各项事业费支出
3. 重点建设支出	3. 地方统筹的基本建设、技术改造支出
4. 中央级行政管理费	4. 支农支出
5. 中央本级的各项事业费支出	5. 城市维护和建设经费
6. 国内外借款的还本付息支出	6. 价格补贴支出
	7. 其他支出

资料来源：中央财经领导小组办公室编：《当前几项重大经济体制改革》，人民出版社，1994年版。

从表1可以看出，各级政府支出职责的划分在国防、外交、行政管理等方面是比较明晰的。在教育、卫生等事业支出责任方面比较笼统，主要是按照事业单位的隶属关系确定支出责任。例如高等教育机构中的大学从历史延续的结果看，大量是由政府各个部委兴办的，交由教育部管理后便主要由中央财政负担支出；而义务教育机构中的小学和初中主要由地方政府兴办，因此按照隶属关系原则划分支出责任，义务教育就成为地方政府的支出责任。

（三）预算法中的相关规定

在1994年颁布的预算法中，对政府间财政体制和调整机制做了如下规定：

——第一章第八条规定，国家实行中央和地方分税制。这是对政府间财政收入基本体制的规定。

——第三章第二十条，对预算收入划分做出规定：预算收入划分为中央预算收入、地方预算收入、中央和地方预算共享收入。

——在第二十一条中规定：中央预算与地方预算有关收入和支出项目的划分、地方向中央上解收入、中央对地方返还或者给予补助的具体办法，由国务院规定，报全国人民代表大会常务委员会备案。

从以上的法律规定可以看出，预算法没有对各级政府的公共服务职责做出明确的法律规定，而是将中央预算与地方预算支出项目划分的具体办法和调整的权力赋予了国务院。

在2002年的《国务院批转财政部关于完善省以下财政管理体制有关问题意见的通知》中，第二个大问题要求合理界定省以下各级政府的事权范围和财政支出责任。其主要内容是：各地要按照建立公共财政框架的基本要求，依法界定各级政府的事权范围，进一步明确省以下各级政府的财政支出责任。在明确划分各级政府财政支出责任的基础上，各级政府要各负其责，严格实行行政执法责任制。在上述规定中，"依法"两字比较令人费解。因为在2002年以前，宪法和预算法中都没有做出明确相应规定，那么是否省级政府可以对下级政府的公共服务职责划分做出法律规定呢？只能依据1994年分税制改革时颁布的行政法规。

从以上内容分析可以得出的结论是，在各级政府间公共服务职责的划分上，中国目前基本延续了计划经济体制和改革初期的思路框架。虽然已经清晰与明确了政府分权制度框架和原则，但是由于分税制体制调整了政府间收入的划分，改革也采取的是渐进性推进的战略，而政府间公共服务职责的划分仍然存在问题，与收入划分之间存在着一些新的矛盾和问题，因此政府间财政体制仍需要进一步的改革和完善。

三、对政府间公共服务职责的依据与逻辑前提的分析

从表象上看，我们对1994年分税制划分政府间公共服务职责的依据可以做出的判断是主要是根据行政隶属关系。即一个政府财政供养（行政单位一般是全部供养，事业单位有的是全部由财政供养，有的单位是部分由财政供养）单位，如果它隶属于中央或中央部委，它的经费就由中央财政负担；省以下各级政府负担各自所隶属的行政事业单位。在这个依据的背后，行政隶属关系又直接与中国的行政管理体制有关。

我们把各级政府的支出负担、公共服务职责的划分、行政隶属关系、行政管理体制的逻辑关系试图用下面的图示反映出来（见图4）。

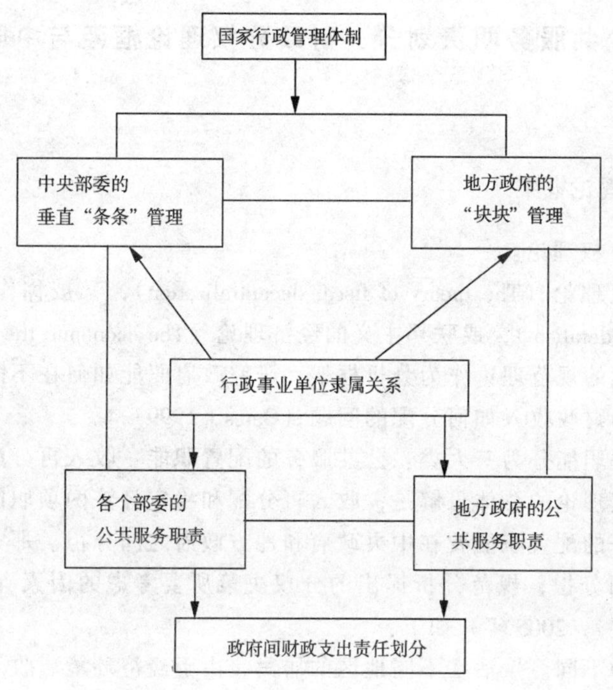

图 4

从原来或者说现存的体制看，中国政府间公共服务职责和财政支出责任划分的依据和逻辑关系大体如图 4 所示：从理论上看，各级政府的财政支出责任划分取决于各级政府的公共服务职责，而公共服务职责又取决于行政事业单位的隶属关系，隶属关系的确定是由政府的行政管理体制决定的。

在中国，行政管理体制的一个核心问题就是“条条”和“块块”的关系，即中央政府所属部委与地方政府之间的关系。在计划经济体制下，这一问题的复杂性主要来自政府还管理国营企业，所谓事权划分的核心部分是对国营企业管理权的划分，这个背后是对经济管理权限的划分和分工，同时也是对财源的划分。经过二十多年的经济体制改革，政府与企业，尤其是地方政府与企业的关系发生实质上的巨大改变。所谓事权的划分实质上转化为政府公共服务职责的划分，这一问题所涉及的内容和范围以及问题的本质都已经发生了根本性变化。沿用原有的理念、理论和说法来描述和分析现在的事实和事物，势必造成认识上的混乱，难以说清问题，也无法解决问题。所以，我们首先需要做的是，通过实证分析区别新旧体制下政府间财政关系中涉及公共服务职责和支出划分方面的区别。

问题的关键是，对于政府的公共服务来讲，它们在各级政府间的分工划分应该依据什么？或者说根据什么原则来划分？我们原来的划分依据是否科学？接下来的问题是，政府间的公共服务职责划分与财政支出划分是什么关系？承担职责是否必然全部承担支出责任？这都是我们需要研究、讨论和解释清楚的问题。下面我们先从国际比较的角度进行探讨。

四、政府间公共服务职责划分：财政分权理论框架与中国的“事权划分”理论框架之区别

（一）财政分权理论框架

1. 传统的财政分权理论。

传统的财政分权理论（The theory of fiscal decentralization），又被称作财政联邦主义理论（The theory of fiscal federalism），或联邦主义的经济理论（The economic theory of federalism）。它主要以新古典经济学的规范理论作为分析框架，研究政府职能如何在不同政府级次间进行合理配置、以及相应的财政收入如何分配的问题（Oates，1999）。

政府的公共服务职能分为三大类：公共服务的配置职能、收入再分配职能和稳定经济职能。传统的财政分权理论的总体见解是，收入再分配和稳定经济两项职能主要应该由中央政府承担，而公共服务的配置职能要在中央政府和地方政府之间分担。那么公共服务的配置职能如何在各级政府间分担，规范分析提出的分权决策所要考虑的因素（马君：《财政分权：分析框架与文献评述》，2005 年）如下：

（1）居民偏好的不同。生活在不同地区的居民，由于经济环境、收入水平、地理条件等区域差距，地区间居民对公共服务的需求存在偏好的异质性，因此对于不同地区的偏好不宜提供相同的公共服务和公共品。由于地方政府与当地居民更接近，更有条件了解当地居民对公共服务和对公共品需求偏好的信息，因而将比由中央政府按照全国统一标准供给公共品更有效率。

（2）规模经济和外部性。具有规模经济和外部效应的公共品供应相对应该由更高一级政府提供，或者说规模经济要求更为集中的供给方式。如果在辖区间公共服务和公共品供给存在外溢效果，也同样要求公共品的供给要相对集中。

（3）地区间的竞争。客观上使居民获得更好的公共产品和服务，有利于提高公共资源的配置效率。

除此之外，还有政治、地理和人口等因素。

2. 市场保护型的财政联邦主义关于政府间公共服务职责划分理论。

这个理论将企业理论和市场机制等微观经济学的最新发展引入公共财政学，他们主张好的政府结构对市场机制的良好发挥有重要意义，政府结构的设计和运转不仅要解决政府之间的职能配置问题，而且应该产生激励机制，维护市场机制的正常发挥。符合上述主张的相对具体的政府分权模式具有的特征是：能够促进全国统一、商品跨地区自由流动；各级政府在其地域范围内对地方经济发展负有主要责任；任何一级政府都不拥有绝对的制度和政策制定的垄断权，同时在自己权力范围内享有自主权；各级政府都面临着硬预算约束。

上述理论是一种规范分析，国际上一系列经验研究的综合考察表明，不能证明存在某些绝对准则可以用来指示政府间的公共服务职责的分工和划分。

3. FOCJ 模型。

这是国际上各国现实中存在的具有一定普遍意义的模型，它是指基于单一功能、但超越行政区划地理边界的公共服务提供方式，例如美国的特区（教育以及其他服务）。这种模型

不以行政区的政府为提供服务的载体，而是对特定服务所涉定的范围，由一个非政府主体的专门机构，履行提供这种公共服务的职能。

（二）中国“事权划分”的理论框架

1. 国家分配论。

国家分配论是中国社会主义财政理论中的主要理论基石，是中国计划经济条件下社会主义财政学的主流理论。它是政府间财政关系理论和体制建立的逻辑起点。国家分配论认为：社会主义财政是社会主义国家对社会产品和国民收入进行的有计划的分配和再分配，即财政是以国家为主体的分配和再分配（各种理论流派比较，主流学派是国家分配论，还有共同需要论等）。

2. 分权的目的。

调动地方政府管理经济和社会的积极性，以促进财政资金的节约使用，提高资金的使用效率。

3. 集权与分权的原则：

——中央和地方对财权要分享，但首先要维护中央的财政大权。

——在扩大地方财权的同时，必须加强综合平衡工作。

——在放权的同时，必须加强管理和监督。

4. 处理集中与分散矛盾关系的基本任务是对财权的合理划分。

原有的理论认为：财政体制中的集中和分散问题，也就是处理集权与分权的关系。处理这对矛盾关系的基本任务，是通过对财权的合理划分，最大限度地发挥各个方面的积极性和主动性，使财力的使用取得最大的效益。也有的理论认为，财政管理体制的基本任务是处理和调整财政资金分配和使用中的责、权、利关系。

（三）两种理论框架的区别

两种理论框架存在明显的差异。将这些差异简要列示如表2。

表2　　两种理论框架的区别

	依　据	目　的	机　制	主　体	类　型
事权划分理论	国家经济和行政管理体制的需要	财政资金分配和使用的效率	管理激励机制	国家为主体	管理型体制
财政分权理论	各级政府间的职能配置；公共服务的外溢性；反映居民对公共服务的偏好	公共服务的质量和效率	市场机制基础上的激励和约束	公民为主体	服务型体制

五、对中国政府间公共服务职责划分的建议

（一）需要转变旧观念和旧理论

使用事权划分以及与财权相匹配或统一的概念和理论是一种“回归”原体制的想法和理

念，与中国已经变化了的经济运行机制和体制现实有较大的差距。这些差距主要表现为：政府的职能已经由直接配置经济资源为主转向以提供公共服务为主，这使得政府间的职责划分主要是围绕公共服务的项目；政府与企业的关系发生实质性的改变，这使得政府对经济工作的行政管理方式由直接管理转变为间接管理；财政收入以利润上缴为主转变为以税收收入为主，这使得政府间的财源配置与企业的隶属关系之间的联系已经十分微弱；经过1994年分税制改革以后，逐渐形成的地方财政收支的间接匹配方式，已经背离了"事权与财权"相匹配的原有理念。这些体制和机制上的变化，原有的理论与改革后的现实之间形成的差距，使得我们现在使用这些理论时，感到十分的别扭，也难以描述和概括现在的体制和机制安排。

（二）需要创新理论

简单地将国际上的财政分权理论直接引入到中国的政府间财政关系和体制中，恐怕与中国的现实国情不十分适合，但是在社会主义市场经济条件下，借鉴国际上的先进的理论与中国的改革实践相结合，还是非常必要的。正因为如此，在不得不摈弃旧的理念和理论以后，在接受和引进国际经验的同时，需要在中国创新理论。

（三）对最新改革案例的讨论

我们欣喜地观察到，政府间财政关系的最新调整，没有再使用一些旧的概念和理论，而是坚持分税制体制的进一步完善，对政府间公共服务职责划分的制度和机制进行了创新。这一案例就是关于农村义务教育经费保障机制的改革，它在体制上的突破和创新主要有以下三点：

1. 中央和地方财政共同承担农村义务教育经费的责任。

新的机制规定，中央政府财政和地方政府财政共同承担保障农村义务教育经费供给的职责，按照分项目、按比例的分担办法，明晰了中央和地方的经费分担责任，以确保由各级政府完全承担起对农村义务教育资金供给的责任。具体规定是：对免学杂费和提高公用经费水平的资金，中央和地方的分担比例是，西部地区按照8:2的比例，中部地区为6:4，东部地区除直辖市外，按照财力状况分省确定；对校舍维修改造资金，中央和地方的分担比例是，中西部地区为5:5，东部地区主要由地方承担，中央给予适当奖励性支持；对贫困学生提供免费教科书资金，中西部地区由中央全额承担，东部地区由地方财政自行承担；对贫困寄宿学生的生活费补助，全部由地方财政负担。从上述改革的内容可以看出，这种改革和调整已经打破了按照行政隶属关系来划分公共服务职责的传统做法和制度规定。

2. 中央政府明确规定地方各级政府的资金统筹管理和经费支出管理责任。

中央将农村义务教育的资金统筹分配和管理权赋予了省级政府，具体包括：统筹安排中央财政转移支付的资金；统筹确定省级及省以下各级政府的经费分担责任；统筹制定辖区内经费保障机制的各项具体政策措施。从这项规定的内容可以看出，农村义务教育的经费筹集的职责由原来的县级政府上收到省级政府。具体的经费支出管理责任由县级政府财政负责。

3. 明确了农村义务教育主要以"块块"管理为主。

农村义务教育的资金统筹和支出管理主要由省级和县级政府负责，中央教育部不负主要责任，这种制度安排是比较科学的。

（四）细分政府间公共职能的划分

在相对集权和“统一领导、分级管理”的大原则下（宪法已经确定了的），根据改革的实践，将政府间的公共职能划分要进一步细化。初步的考虑划分为三个层次：第一层次是公共服务职责的划分，对某一项公共服务职责，可以是单独由中央政府承担，或者某一级地方政府承担，例如外交事务，公共服务的职责完全由中央政府承担；垃圾处理完全由基层政府承担。也有相当大量公共服务职责是由中央和地方各级政府共同承担，或者是由地方各级政府共同承担的公共服务项目。在这种情况下，必须进一步细分公共服务的职责，这就派生出第二层次和第三层次的公共职能划分。第二层次是管理职责的确定，这个层次的职责包括资金的统筹管理，包括在一定辖区内公共服务各种资金的配置和调剂、具体支出规则的确定。第三层次是支出管理职责的确定，即具体的资金使用管理。我们建议，对于各项政府的公共服务事务应该根据各级政府分担的具体责任进行细分和明确，摈弃笼统地划分“事权”的理念和做法。

（五）对政府间公共服务职责划分的依据进行调整

以往的根据行政隶属关系划分支出责任的做法也应该改变。根据社会主义市场经济的要求，公共服务职责在政府间的划分取决于以下因素：一是公共服务的外溢性。基本不具有分区（区域）外溢性的公共服务，应该由基层政府单独负担全部的公共服务的资金筹集和管理的责任。否则，根据公共服务外溢性程度的大小，决定由各级政府共同承担还是由上级政府单独承担。

第二个因素是公共服务管理的信息对称性。从具体管理上看，如果上级政府很难掌握某项公共服务的居民偏好反映，管理的层次过多导致效率下降，以及管理成本过高，时滞太长，这项公共服务职责应该由基层政府承担；否则，根据管理信息对称的程度以及管理的效率，公共服务的职责可以由各级政府共担，或者由中央政府单独承担。这里只是笼统地提出原则性的分析，具体划分需要系统研究。

第三个因素是政治体制。集权性的政治体制一般决定了中央政府在相当大程度上要集中财权。在财权集中的情况下，公共服务职责的划分可能出现的状况是，由中央和地方各级财政共同承担的公共服务事项比较多。中央政府通过财政转移支付，在全国范围内统一配置公共财政资源，单独由某一级政府全部承担某项公共服务职责和支出管理的事务相对比较少。

第四个因素是公共服务支出职责与财力的匹配方式。一般来讲，采取直接匹配方式时，公共服务职责与支出管理责任可能由同一级政府承担；但是采取间接匹配方式时，公共服务的职责、管理职责和支出管理职责就是分离的，由不同级政府分担。按照行政隶属关系来划分各级政府的公共服务职责，已经难以适应上述复杂的因素。

（六）处理好“条条”和“块块”提供公共服务的关系

这是一个非常重要的体制上的大问题，在实践中具有重要的意义。目前中国的现状是权力和利益分摊的行政管理体制，既兼顾“条条”管理，又兼顾“块块”管理。在财政资金的配置上，基本上是“平分秋色”、利益均摊。这种体制造成了财政资金分散，使用效率低下，政府滋生腐败，财政管理弱化等相当多的弊端。所以，我们建议对现行的这种体制要重新进行改革和整合。根据上述的第五条建议，专门组织力量研究行政管理体制改革问题，在“条条”和“块块”之间重新配置财政资源。

中国财政改革：政府层级、事权、支出与税收安排的思路

财政部科研所所长 贾 康

中国在建立社会主义市场经济新体制的过程中，已通过1994年的财税配套改革搭建了一个“以分税制为基础的分级财政”框架。但由于种种制约条件，1994年体制的过渡色彩比较浓重，需要在深化改革中对之加以改进和完善。现实生活中近年基层财政运转困难的问题，与这种困难直观相联的事权重心下移、财权重心上移使两者严重缺乏对应性的问题，等等，都和体制问题有密切的关系。各方关注的中国省以下财政体制和地方财政的种种问题，归根到底是一个现代化转轨过程中的财政制度安排问题。如能把制度安排处理好，运行的问题将一通百通。

深化财政体制改革是一项复杂的制度创新系统工程。改革必须标本兼治、贯彻“治本为上”的指导方针，为中央和地方各级财政的可持续发展和规范运行，创造一个稳定、有效，兼具激励和自律机制的制度环境。在整体的市场经济体系正在确立的新时期，地方财政改革不能再寻求建立过渡性制度模式了，而应重点推进实质意义的分税分级财政建设。深化改革不是简单缓解财政收支矛盾，而是要为收支规模的正常化和收支平衡构造长期有效的条件。

我们在研究中形成的基本认识是，深化我国财政体制改革的大思路，应考虑从1994年财税配套改革的基本制度成果出发，按照建立公共财政框架的方向，在适当简化政府层级的前提下按照“一级政权、一级事权、一级财权、一级税基、一级预算、一级产权、一级举债权”的原则构造完整的多级财政，同时改进和完善中央自上而下的财力转移支付制度。本文简要讨论在这个思路之下的层级设置、事权划分、税收安排和支出管理等方面的要点。

一、关于减少政府层级和财政层级

考察一下实行市场经济的国家，尚找不出一个五级构架的政府，比较典型的情况是三级架构或准三级架构（如联邦制的美国、澳大利亚和单一制的日本、法国）。虽然目前我国宪法规定是五级政府，但是按这样的架构，各级政府如都要求有自己稳定的税基，都能按照分税分级的框架来形成财力分配，至少基层看不到出路，乡一级已全然不可能有大宗稳定收入来源来形成分税体制。因此有必要积极推进“乡财县管”的试验，取得经验，走出减少乡镇财政层级的一条路子，进而在条件成熟时修宪减少政府层级，把乡镇政府变成县级政府的派

出机构。这样一来，乡级的人大（主席团）、政协（联络组）、政法委（书记）和其他“七站八所”等机构，都可以大大简化，把政府的职能到位、效率提高、精简机构和转变作风结合起来，做到系统化和合理化。虽然前些年我们曾做过建设乡财政的努力，但从实践情况看，乡级金库的建立在大部分地区不具备可行性，乡财政一直很不完备。而且，发展趋势是税务、金融、工商等管理系统近年已按照经济区域而非按照行政区划在基层设所，财政系统如仍坚持按乡、镇行政区划建立乡财政机构，已丧失了基本的配套环境。农村税费改革后，占乡级支出大半的乡镇教师工资由县级统一发放，加之近年又停征了农业特产税，并将停征农业税，乡财政的内容就更“虚”了，确实已称不上一级财政。在上述这种四级政府加乡镇派出机构的简化之后，进而还可以考虑在省以下实行市、县财政同级，即实行财政的“省管县”体制，把地区一级政府虚化。原来地级就是规定为省级的派出机构，近年地市合并后，已经实化了，很多地方搞了“地市合并”或“撤地设市”。但浙江等地，省和县之间的体制联系是很实的，而市是一种过渡的形式，浙江的市和县都对省政府“说话”来搭财力分配框架，即在财政体制上，市与县实际是“平级”地位。如果能把政府缩到实三级加两个半级（市与县在体制上同级、地和乡作为派出机构层级），就非常接近市场经济国家的通常情况了。这种情况下，实行分税分级体制和解决现在省以下理不清的体制难题，就有望得到一个相对好处理的方案。从中国的历史看，自秦朝行郡县制两千余年以来，不论朝代如何兴替、政府体系如何变化，县级政府始终是最稳定的一个层级，另外省级亦是相当稳定的层级，中央之下有了这两级实的，挂上一级（乡镇）或两级（地、乡镇）派出机构，并合理规定派出机构的功能和编制，当可解决好既减少层次又维护政府体系有效运转的任务。当然，实际的推行必须审时度势，允许试验和各地做因地制宜的探索，不强求一律。不少地方可以先行推动“乡镇合并”减少其数量的措施；发达地区的一些乡镇，可能不是变派出机构的问题，而是升为区级政府的问题（如在广东东莞）；市县间“行政不同级”的情况下，可先行“财政同级”方案。总之，现在的改革已牵一发动全身，处处要求通盘考虑，前后衔接，循序渐进。我们要改变过渡色彩浓重的财政体制，必须周到地考虑政府体制全局的优化设计。

二、关于一级事权

“一级事权”就是要解决政府职能合理设置的问题。这是合理设计政府财权和安排政府支出的大前提，因为财权要与事权有所呼应，支出则是履行政府职能、贯彻事权的手段。这里首先要解决的问题是如何合理界定我国中央、地方政府职能。从总体上说，地方政府的基本职能就是提供地方公共品，在市场经济条件下，特别是在社会资本积累规模已经持续扩张的条件下，我国的各级地方政府确实应该把职能收缩到提供地方公共产品上来。中央一级和省以下各级政府事权应如何划分，难点在于投资权的问题。其他的事权相对好办，比如气象预报工作部门，既向全国提供了服务，又向地方提供了服务，中央和地方在气象预报系统上，形成配合关系，财力分配如何处理，技术上相对容易。我国几十年最扯不清的事权，就是企业投资权，特别是在兴办一般竞争性投资项目方面。在1994年的体制里，这方面是“知难而退”的，体制文件里的措辞实际上是说各级政府都可以举办投资项目，没有明确一般竞争性领域政府怎样退出。我们认为，从方向上说，地方政府应该退出一般竞争性领域，使其投资收缩在公共工程、基础设施、公益性投资项目上，有别于经营性的投资；而中央对于一些大型、长周期、跨地区、对于优化生产力布局和增加国民经济发展后劲有突出意义、带有战略性质的投资项目，虽项目自身有一定竞争性也要参与（如京九、三峡、宝钢这样的大项目）。当然应该是有限参与，中央政府不宜简单沿用传统体制下把资金百分之百地拨过去的方式，而是采取控股、参股以及其他的经济手段，牵头或积极推动、引导社会资金把项目做起来。这样我国几十年政府间事权上的纠葛，可以得到理清。在政府职责按照市场经济客观规律的要求、结合中国的国情得到理清以后，公共财政中的财权就能顺理成章搭好框架。在合理界定政府职能框架分工的基础之上，进而可逐步形成详细的事权明细单，并分清哪些事权由哪级政府独立承担，哪些事权由哪几级政府共同承担以及如何共同承担。

三、关于一级财权和一级税基

“一级财权”最根本的问题，是分税制里的税基问题，即税收安排、税种切分问题。原则上，各级政府都应该有自己大宗、稳定、与事权相呼应的税源。一般看来，那些与保证中央集中财力和维护全国统一市场正常高效运行、实现全局性经济调节关系密切的税种，应划为中央税；那些有利于发挥地方信息优势和征管优势、宜于由地方调节掌握的更切合基层职能、更具多样性的税种，应划为地方税。

粗线条地说，中央政府应掌握的税种除关税外，在前景上不应排除对个人所得税的专享，或将个人所得税逐步调整为主要归中央掌握其收入的税种，配套条件之一是社会保障“统筹”的级次要提升为全社会，即实现全国统筹并取消户籍制度，使最关键的生产要素——劳动力（人力资本）可以无壁垒、无社保顾虑地在全国统一市场自由流动，而个人所得税也成为一种中央政府掌握的宏观反周期景气调节的“稳定器”。现在省以下政府的大宗收入是营业税，而从前景来看，应该发展不动产税，逐步形成省级以营业税为财源支柱、市县级以财产税为财源支柱的格局。不动产税是最适合基层地方政府掌握的税种，是非常稳定的税源，“跑得了和尚跑不了庙”，只要地方政府一心一意优化投资环境，自己地界上的不动产就会不断升值，每隔若干年重新评估一次税基，地方政府的财源就会随着投资环境的改善不断扩大，地方政府职能的重点和它财源的培养，便非常吻合了，正好适应政府职能和财政职能调整的导向。现在在我国税收盘子中间，不动产税还是一个很小的部分，不超过税收总量的5%（有些都市地区如青岛已大大高于这一水平，且增速甚高），对于外资企业征收统一的房地产税，对于内资企业是房、地分开的，而且没有充分考虑地段的因素，没有几年重新评估一次税基的规定。市场经济国家的经验我们可以借鉴，应逐渐把现行有关不动产的税、费调整为统一规范的房地产税来征收，同时考虑不同地段的因素并几年重新评估一次税基。这样，不动产税就会逐渐随着市场经济发展而成为地方政府的一个支柱性的重要税源。面积和造价差不多的一处不动产，座落于繁华闹市区或座落于边远的郊区，在税基的体现上可以相差几倍、十几倍，甚至几十倍、上百倍。在市场经济条件下，地方政府应该看重的是优化投资环境，使辖区的繁荣程度提升，房地产不断升值，同时便扩大自己的税源，从而形成稳定的大宗的财政收入来源。这是“一级税基”原则用于基层政府层次所应该探讨的一个非常重要的方面。

至于中央、地方的共享税，在中国可以预见的历史时期内，恐难以取消，比如增值税，似乎只好较长期地处理为中央地方共享税。但近些年实际上越搞越多的“共享”，总体上说属于过渡中不得已的安排，从长期看，应当创造条件尽可能使这些“共享”分解、溶合到国税和地方税之中去，以尽可能减少“讨价还价”因素，巩固分税制，形成稳定、长效的制度安排。

一级财权的另一个题中应有之义，就是地方政府从长远发展来看，势必应该具有必要的税种选择权、税基和税率调整权，甚至一定条件下的设税权。1994 年体制里，只开了一个小口子，有两个税种即筵席税和屠宰税，允许地方政府选择是否开征。在 2000 年以后，农村税费改革的方案里，屠宰税已被取消，筵席税在绝大多数地区也没有开征。这种地方政府很小的选税权，显然还不能适应今后分税分级体制的要求，所以在进一步深化财税体制改革的过程中，怎样扩大地方政府税收方面的选择权、税率调整权、一定条件下的设税权，在中央必要约束条件下通过地方的人大审议程序和立法形式来建立地方自己的税种，这也是一个值得研究的大方向。

此外，地方非税收入的合理化、规范化是一个重要的配套事项。作为正税的必要补充与辅助形式，规费、地方公共品使用者付费和为地方公共事务所需的一次性集资，都应当规范地针对不同事项各归其位，在公共财政制度中通过公共选择程序来作具体的取舍、决策和监督。

四、关于一级预算和支出管理

“一级预算”，应成为适应社会主义市场经济“间接调控为主”要求的规范化的政府收支管理形式，地方各级预算应符合公共财政框架的基本原则，体现其涵盖与反映政府资金的完整性、透明度和规范管理的制度安排，成为具有公开性、事前通过规范程序确定、以制度来保证其严格执行、并接受全程监督的政府收支计划。应当坚决推进统一预算的进程和发展现代意义的全套预算管理制度。必须认识到：地方各级财政预算的统一，是政府行为规范化的前提条件。1997 年之后，我国对预算外资金的调整和管理逐步强化，成效显著，在基本实现预算内、预算外、“制度外”三块资金“三而二”后，预算内、外资金如何归并为“二而一”，也正在向水到渠成的状态靠近。今后，通过深化财政体制改革和预算管理改革，应把全部政府收入统统纳入预算管理，以规范的公共收入形式明确政府可分配资金规模，按照政府事权要求和合理规范编制、审定支出计划，并全程监督预算运行。现在我国已经加入世贸组织，对不合理的行政审批和管制手段将加快取消，乘此东风，理应在部门预算形式下着力寻求进一步把收费和基金规范地纳入预算内，借助于单一账户体系、“金财工程”、“金税工程”的现代化信息处理技术和政府资源管理系统，像管税一样管理起来，并大力推进支出管理的改革，加强绩效考评和多重监督。如果公共财政框架下的预算支出管理初具形态了，即可考虑在加强科学化信息监控的同时，对地方逐步适度下放支出标准确定上的决策权，使人员工资和公务费标准等在各地有“因地制宜”的必要弹性。支出决策和支出经费使用中大量非规范的“潜规则”，应当向公共管理“善治”状态的“阳光规则”靠拢和归位。

中央和省级自上而下的“因素法”转移支付，需要大力地、不断地加强和完善，有效发挥公共财政所要求的调节地区间差异的作用。与此相应，非因素法的转移支付所占比重将逐渐萎缩，以后条件成熟时，可争取完全转为因素法的财力分配。

完善分税制的几点思考

国务院发展研究中心　张俊伟

以分税制取代财政包干制，是我国财政管理体制为适应建立社会主义市场经济体制而做出的重大制度创新。1994年的分税制改革主要包括以下内容：一是按照统一税法、公平税负、简化税制和合理分权的原则，改革和完善税收制度。推行以增值税为主体的流转税制度，对少数商品征收消费税，对大部分非商品经营继续征收营业税。统一（国内）企业所得税和个人所得税。二是把地方财政包干制改为在合理划分中央与地方事权基础上的分税制。将维护国家权益和实施宏观调控所必需的税种（如关税和消费税）列为中央税；同经济发展直接相关的主要税种（如增值税、证券交易印花税等）列为共享税。同时提出要充实地方税税种，增加地方税收入。建立中央税收和地方税收体系，严格税收征管，清理税收减免，堵塞税收流失。三是建立中央财政对地方的返还和转移支付制度，以调节分配结构和地区结构，特别是扶持经济不发达地区发展和老工业基地改造。

中央和地方分配关系的调整，为各级地方政府调整分配关系提供了参照。各级地方政府比照中央政府和省级政府收入的划分方法，把收入稳定、税源充足、征管容易的税种列为共享税，使之成为上级政府的主要收入来源。留给县乡基层政权的，通常是税收额少、税源分散、征收难度大的税种。在主要税种收入的分配中，基层政府所得的份额通常都很小。

在划定各级政府财权的同时，我们只是参照国际经验，粗略地明确了各级地方政府的支出责任，结果出现了不同级别政府事权大量交叉、重叠的现象。在把经济增长作为最主要业绩考核指标的情况下，上级地方政府利用其相对于下级政府的主导地位，首先要确保自己拥有足够财力，并尽量把这些公共资金用于改善本地投资环境、加快经济发展上，而不是立足于改善居民生活质量来分配公共资源。其结果，一是公共卫生、基础教育等事业的发展得不到充足的资金支持。二是支出责任被分解、下压到基层政府身上，出现了各级政府事权与财权匹配失当的尴尬局面：越到基层政府，支出责任越重，而财力却越紧张。“中央财政蒸蒸日上，省财政稳稳当当，市财政勉勉强强，县财政穷个精光，乡财政要饭逃荒”，这个顺口溜就是形象的概括。

依笔者之见，下一步完善分税制的方向，可以考虑如下：合理界定各级政府的支出责任；进一步充实地方收入；完善财政转移支付制度；提高财政资金使用效率。

一、关于合理界定各级政府的支出责任

这涉及两个层次的问题：一是明确政府活动的边界，即明确政府应该做什么，以及怎样做。世界银行 1997 年的《世界发展报告》，把政府职能划分为基本职能、中型职能和积极职能三个层次。作为市场机制尚不健全的发展中国家，中国政府既需要履行基本职能如提供法律和秩序、保护财产所有权、维护宏观经济稳定等，也要履行中型职能和积极职能，如加强金融监管，实施反垄断措施、强化市场竞争，协调市场活动、促进市场发展等，以强化市场配置资源的功能，加快经济发展和社会进步。正反两方面的经验表明：问题的关键，不在于政府规模的大小，而在于政府运作是否有效率，是否有能力因应经济和社会发展不同阶段的内在需要，在法律、制度、市场监管、人力资源投资等方面提供相应的保证，从而把"有形之手"和"看不见的手"有机结合起来。这也是第二次世界大战后东亚国家取得成功的经验。

二是不同层级间政府如何分工、相互配合，才能更好地履行政府职能。我国地域广阔，人口众多，地区差异大，政府层次多，难以清晰划定各级政府的支出责任。再加上我国正处在计划经济向市场经济、封闭社会向开放社会、传统农业社会向现代工商业社会的快速转变过程之中，各种矛盾、力量和社会思潮激荡冲撞，政府职能本身也在发生巨大变化，划分政府支出责任的工作不可能一劳永逸，而必然是充满试探、折衷和反复的试错过程。我们只能在借鉴国际成功经验的基础上，逐步摸索，探求适合国情的政府职能定位和政府分工格局。

其实，我国也正是这样做的：近几年来，我国先后把基础教育、工商管理、社会治安由乡政府负责提升为由县政府负责。土地管理等先后实现了垂直管理。当前，随着经济、社会矛盾的发展，要求将基础教育的供给责任上收到市级的呼声、要求将环境保护管理机构垂直管理的呼声日益高涨。而基层地方政府限于财力，目前已基本退出生产性投资领域，这也为地方政府职能转向公共管理和服务创造了条件。

伴随着农村税费改革的深入、逐步取消农业税以及基础教育责任上收到县级，乡级财政在地方财政体系中的地位大大下降。随着乡镇政权的不断裁撤与合并，乡级财政有可能最终演变成县级财政的一个派出机构。当前，一些省（市）正在探索"省管县"财政管理体制改革的试点。地方财政级次的减少和县级财政地位的相对上升，为下一步合理划分地方政府的支出责任和收入来源，奠定了基础。

二、关于进一步充实地方政府收入

在划定各级政府支出责任的同时，还要赋予其相应的收入。地方税，应当具有收入稳定、不扭曲市场机制配置资源的特点。财产税因为征收对象不具有流动性、征税对资源配置影响小而成为地方税收的首选。在许多市场经济国家，地方政府拥有大量土地、矿产资源的所有权，租金性收入也是地方政府的重要收入来源，地方政府更多地利用财产税、服务收费等来弥补收入。随着管辖区域的缩小，地方性公共设施和公共物品的服务对象日益确定，政府越有可能通过收费等方式弥补公共服务的成本。因此，越到基层，财产税、租金性收入和服务性收费在政府收入中所占的比重就越高。一些国家的基层政府甚至出现了非税收入大于

税收的局面。

在我国，农村土地归集体所有，城市土地归国家所有。农村土地转变用途，需要由国家征用，然后再把使用权转让或划拨给用地单位。随着工业化和城市化的推进，用于非农用途的土地会不断增加，土地使用权出让收入在地方财政收入中的重要性会不断提高。当前，虽然已明确土地使用权转让主要采取公开拍卖方式，但企业与政府“一对一”谈判土地使用权转让价格、乃至通过变更土地用途、低价从政府手中套取商业用地的现象，仍屡见不鲜。一些地方为了吸引外资，提高 GDP 增长速度，更是不惜人为压低土地出让金。我国土地资源十分贫乏，随着经济快速发展、企业和家庭实力的增加，非农用地的租金会呈上升趋势。而绝大部分地方政府在收取土地使用权出让金方面，采取的是在企业在签订协议时一次性交清的办法。这样，政府就放弃了在土地使用权出让以后，由于经济发展和基础设施进一步改善而产生的级差地租。土地相关税费的征管也很不严格。以上种种，就造成了土地收益的大量流失。应当通过完善制度、加强征管、遏制恶性土地竞争等措施，严格规范土地收入，明显提高土地收入在地方（特别是城市）财政收入中的比重。在这方面，国外有许多成功经验值得我们借鉴。

在财产税方面，我国已分别对持有存款、股票的收益征税，但还没有对居民持有房产进行征税。房产在居民财产分布中已占有相当比重，住房差距是社会差距的重要组成部分。当前，我国房地产税收存在立法层次低，税收覆盖面窄，对内、外资企业税制不统一，税收负担流通环节偏重而保有环节偏轻，调节贫富差距效果差等缺陷。有必要对我国的房地产税收体系进行调整，拓宽税基、调整结构、强化征管，切实发挥其引导消费、保护资源、缩小收入差距、为政府筹集收入的功能。遗产税和赠与税，有助于调节财产禀赋，为居民创造均等的发展机会，同时能够引导富裕阶层进行社会捐助。应创造条件，早日开征遗产税和赠与税。

发行市政债券，有助于加快基础设施建设，改善人民生活，加快城市化进程。我国现行《预算法》禁止地方政府发行债券，更没有形成一套比较完善的、覆盖地方债券审批、发行、使用、偿还全过程的监控机制和风险防范机制。在这种情况下，贸然放开发行市政债券，很可能导致地方债务规模失控，加大财政风险。在切实加强监督和控制的前提下，应当允许地方政府从用途明确、能够从项目收费中确保还款的项目入手，有步骤地发展市政债券。

三、关于完善转移支付制度

财政收入纵向和横向的高度不均衡状态，决定了转移支付在现行分税制体系中所占的重要地位。为了均衡地区财力、实现公共服务的均等化，上级政府必须集中一定的财力。当前，中央政府主要收入是关税、消费税和共享税分成。增值税、企业所得税和个人所得税是我国的主体税种，与经济发展密切相关。不可否认，在确定收入分享比例时，中央政府都承认了地方的既得利益，以减轻推行新政策的阻力。以增值税为例，1994 年在规定中央和地方分成比例为 75%:25%的同时，还确立了税收返还制度，明确规定，中央政府增值税收入增加 1%，就对地方返还 0.3%。这就使中央和地方的真实分成比例变成了 54%:46%。这样的分配比例，有助于调动地方政府发展经济的积极性，甚至对一些地方形成“GDP 挂帅”的业绩导向起了推波助澜的作用。但这样的比例却不利于地区均衡发展：沿海地区经济发达，税收分成多，可以抽出更多资金改善投资环境，而投资环境的改善反过来又加快了沿海地区的经济发展，使沿海地区经济增长速度持续高于中西部地区，地区差距进一步拉大。应逐步完善税收返还制度，降低地方分享税收的比率，调整税收返还基数，进一步增加中央政府财力，以加大对落后地区的转移支付力度。党的十六届三中全会提出，要坚持以人为本，树立全面、协调、可持续的发展观，促进经济社会和人的全面发展。党的十六届四中全会又提出了构建社会主义和谐社会的任务。可以预见，今后的政策将更加关注城乡协调发展、地区协调发展、经济社会协调发展、人与自然协调发展、国内发展和对外开放协调发展。从财政运行的角度看，这意味着国家将拿出更大的财力来支持农村地区的发展，支持落后地区的发展，注重发展社会事业，注重救助社会弱势群体，注重环境保护和资源的永续利用。

我国现行的是"市管县"行政管理体制。作为上一级政府的代表，市级财政通常会从县级财政抽取部分收入（如通过共享税收、收费分成等办法）。在区域分布上，城市是"点"的概念。借助于集聚效应，城区的生产效率比较高，城区居民的生活水平乃至社会事业的发展水平都要大大高于附近郊区和农村。县则是"面"的概念，在区域内和区域间存在着重大的地区差别。落实科学发展观、构建社会主义和谐社会，要求从农业支持工业发展转向工业反哺农业，从农村支持城市发展转为城市支持农村发展。相应的，财政资金也应由从县、乡流向市转向由市流向县、乡，由市级财政从县级财政汲取收入转为市级财政向县级财政提供转移支付。而这种转变的分界点，就是终止市级财政与县级财政共享主要税收收入的做法。作为一种体制性安排，"省管县"很可能会为推动这种转变提供制度保证。

转移支付涉及我国政权的所有层次，分配关系错综复杂，设计合理的转移支付制度面临着空前挑战。上级政府必须掌握一定的财力，以支持落后地区政府提供最低水平的公共服务。上级政府又不能把转移支付资金的支配权全部掌握在自己的手中。必须赋予地方政府一定的自主权，以适应当地千差万别的具体情况。需要在地方自主性和上级控制权之间取得平衡，一种可行选择是：在合理划分各级政府支出责任、制定科学的费用标准的基础上，以确保政权正常运转（如公务员工资和办公经费）、履行公共福利承诺（如养老金、贫困救济等）、提供最低标准的公共服务（如基础教育和公共卫生）为重点，加大财力性转移支付力度。同时，减少项目类专项转移支付的比重和数量，逐步优化转移支付结构，推动落后地区政府向公共服务型政府转型。

四、关于提高财政资金使用效率

财政资金使用的高效率，体现在以下两个层次：在不同职能或用途之间，财政资金的分配比例要适当，能够反映公众和居民的真实需要和经济发展的内在要求，最大程度地增加社会福利；在特定用途上，财政资金的运行和使用要符合技术效率原则，避免贪污和浪费。部门预算、集中国库收付制度、政府采购制度和对部门收费的"收支两条线"改革，从制度建设入手，加强了对财政资金运行的监督和控制，提高了资金使用效率。这些改革措施还为下一步制定国家公职人员的费用标准、引进中长期财政框架、对公共支出进行绩效评估、优化财政资金配置奠定了基础。

当前，土地收入规模已十分庞大。据统计，2001～2003年，全国土地出让金收入高达9100亿元，其中政府纯收入约占土地出让金的1/4。经济条件较好的地方甚至形成了"（政权）运转靠财政、（发展）建设靠土地”的局面。但土地基金收入却没有纳入预算，资金使用缺乏严格监管，透明度低，成为地方政府的“小金库”。预算项目在土地基金中列支，土地相关费用在预算中列支的现象屡见不鲜。土地基金使用不规范，降低了资金使用效率，也蕴含着财政风险，很有必要把土地基金纳入预算。考虑到土地基金、国有资本经营等收支活动的准财政收支性质，建议在我国推行复式预算，切实加强对土地基金、国有资产经营、养老保险等广义政府收支活动的监督和管理。这样做，也符合国际上防范财政风险的发展潮流。

在完善内部监控机制的同时，也要强化对预算的外部监督。应加快各级人大财经委的年轻化、专业化和职业化步伐；充实人大财经委的助手机构（预算工作委员会），提高其业务素质，不断强化人大对预算的外部监督。转移支付在地方预算中占有重要地位，转移支付数额不确定、款项下拨偏晚，导致许多地方在编制预算草案时，不得不预先排除掉转移支付部分，这样就严重破坏了预算的完整性。不完整的预算草案提交人大审议，就预留下了监督死角，不利于提高财政资金使用效率。应进一步采取措施，增加转移支付的可预测性，及时下拨转移支付额度。同时，调整各级政府的预算年度，使其和各级人大会议的会期相适应，做到预算“审批在前、实施在后”，真正落实“依法治国”的精神。舆论监督是外部监督的重要组成部分，应当鼓励舆论在加强监督、防止腐败、反映民意等方面发挥建设性作用。

我国正面临发展的黄金机遇期，这也是一个矛盾凸显期。随着所有制形式、分配方式、就业渠道和生活方式的日益多元化，居民的权利意识和参与意识不断增强。稳步增强财政透明度，有助于引导社会力量参与公共政策分析和绩效评估；有助于引导公众有序参与公共决策，提高政府决策的民主化和科学化程度；有助于加强财政监督，使资金分配更加符合民众意愿，资金使用更加有效率。

财政分权与中国县乡财政职能界定

财政部科研所研究员　阎　坤

在中国高度集权的经济与政治体制下，县乡财政基本没有权力决定自己公共品的生产与提供及融资模式，更多的是服从中央及上级政府的决定。这种情形下，县乡财政体制的选择基本来源于国家政治、经济以及财政体制模式的选择，内生原因不能解释地方财政制度和动态变化。本文主要试图分析说明县乡财政存在的必要性、合理性以及最优规模，同时根据地方分权理论和公共产品层次性对当前县乡财政职能给予界定。

一、地方财政分权：理由与限度

(一) 公共品偏好表露

公共品的严格定义是萨缪尔森在《经济学与统计学评论》1954年第11号（Review of Economics and statistics）上发表的《公共支出的纯理论》(《The pure Theory of public Expenditure》)中给出的。按照他的定义，纯粹的公共品是指这样的物品，即每个人消费这种物品不会导致别人对该种物品消费的减少。

纯粹公共品也可以由下述定义得出：$Xj = X_j^i$

也就是说对一个消费者来说，他所消费的公共品数量等于该公共品的总量，这意味纯粹公共品在一组消费者之间是不可分割的。

公共品具有两个限定性特征，第一是这类物品的消费具有非竞争性，也就是说这类物品可以联合消费，即一个消费者对该种物品的消费不会减少另外一个消费者对该种物品的消费量，第二特征是这类物品的消费具有非排他性，即任何人都可以消费该种物品，有些物品虽然从技术角度讲可以实现排他的目的，但代价却十分高昂。

公共品的非排他性和非竞争性决定了不可能存在真正意义上的公共品市场，而只能通过公共选择过程来决策，供给公共品。现代西方财政理论认为政府存在的合法性就在于能为公民提供公共物品。公共选择理论用理性人假设和中间投票人理论、官僚以及寻租等一系列制度安排来解释公共物品的生产与供给，在此过程中从公共物品的融资、经公共预算确定，到公共物品生产供给中委托——代理关系的产生，以及最后“彬彬有礼地向公民提供产品和服务”，这个流程的每个环节都存在众多的博奕群体。博奕的过程其实也是不同群体表达公共物品偏好的过程。在萨缪尔森均衡中，公共品与私人品的边际替代率之和等于公共品与私人品边际转移率。由于公共品与私人品相比不存在真正意义上的市场，对于边际效用和市场价格很难有一个真正的表达，于是就存在表露偏好的问题，但公共品偏好表露中的博奕过程，又存在无效的博奕，因此如何为公共品融资就存在表露偏好的问题。税收的无偿性、强制性以及固定性决定了它是一种很好的融资工具，但是否它又是完全有效率的工具，如果考虑到准公共物品的拥有性和俱乐部产品的排他性，那么税收在提供某些公共物品方面可能也是无效率的，因为它没有激励人们去真实表露自己的偏好，在公共物品供给过程中明显存在搭便车行为，具体融资方式及理由在第四部分将要说明，这里仅谈一下偏好表露的问题。

（二）财政分权的理由

公共品生产因偏好显示困难带来高昂的交易成本和外部强制成本这一现象，因而提出了地方财政分权的问题（谭秋成，2002）。通过税收激励兼容机制设计某种程度上可以督促人们表达其真实偏好，但也存在诸多限制性条件和实施起来的困难（阎坤等，2000）。科斯定理通过界定产权和不同产权所有者之间的谈判协商来消除公共品的外部性，从而促使人们表露其真实偏好，也存在交易成本大小和谈判双方势力众寡以及组织谈判的问题。搭便车行为及高昂的谈判成本可能本身就阻碍了公共品外部性消除，也会阻碍人们表露其真实偏好。用“手”投票和用“脚”投票放在大范围社区之中有诸多问题，维克里的“一致通过原则”以及哈耶克的消除多数人对少数人的暴政在现实政治生活中由于种种原因根本就不存在。不论是代议制民主抑或是直接民主，如果存在多峰偏好的情况下还会导致投票悖论；“积分法”会导致公共品无效供给，互投赞成票更会导致公共品过度供给；如此等等用“手”投票由于机制本身以及个人偏好加总到社会偏好过程的不可能性，使得用“手”投票不能准确表达居民偏好，特别是大范围之内更是如此；用“脚”投票的前提条件是居民流动无成本与无约束，并且存在竞争性地方政府，如果有所谓的户籍制度和流动成本，抑或是全国统一的财税制度，那么居民流动也就不再可能。所以在一个国家通过某种制度和机制设计来督促人们完全表露其真实偏好是一件十分困难的事情，但没有最优选择也存在次优选择可以真实表达居民的真实偏好，地方性财政分权就可以将以上所有偏好表露机制运用起来，最大限度供给最优公共物品数量。

为什么实行财政分权，可以用以下模型来说明（邓子基，1994）：将人们划分为两组，假定每组内人们对公共产品的需求曲线相同，但两组之间的公共产品需求却各不相同（如图1所示）。

第一组人群需求曲线用 D_1 表示，第二组需求曲线用 D_2 表示，再假定提供公共物品和劳务的人均费用不同，那么第一组人们所希望的公共产品和劳务产出就是 Q_1，第二组为 Q_2。在仅有中央政府生产公共品的条件下，不论各组人们对公共品的偏好程度怎样，它只会提供 Q 数量的公共产品。在这种情况下对 D_1 而言，因提供公共物品数量为 Q_1，因此它受到损失为 ABC；对于第二组而言，由于集权而受到的损失可用 CDE 表示，所以实行分权的财政体制显然比集权更加有效。

马斯格雷夫认为由于公共产品的受益范围不同，从而造成不同的公共产品应由不同的政府单位来提供。它由边际拥挤成本以及边际节约成本和需求曲线导出不同的劳务水平应对应

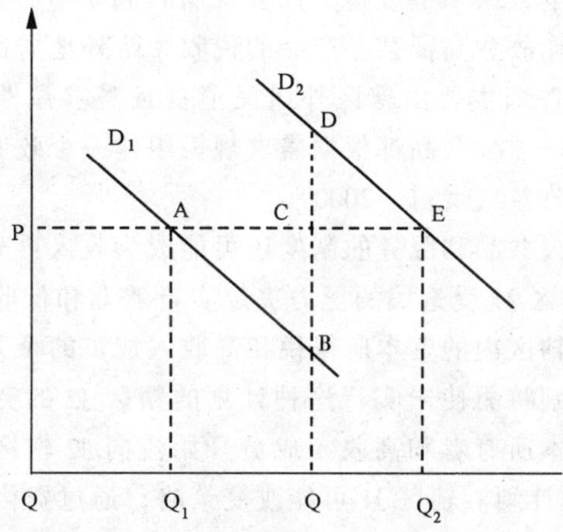

图 1　中央集权下的公共品供给

不同的社会规模。因此本着效率原则，地方财政应适当分权。施蒂格勒认为地方政府存在的合理性有两条：①与中央政府相比，地方政府更接近于自己的民众，更加了解它所管辖的选民的效用与需求；②一国国内不同的人们有权选择公共服务的种类和数量。因此按照施蒂格勒的两条原则可以得出的结论是，为了实现配置的有效性和分配的公平性，决策应尽可能在最低水平的政府部门进行。奥茨在《财政联邦主义》一书中也提出了财政分权定理："对于某种公共物品来说——关于这种公共物品的消费被定义为是遍及全部地域的所有人口子集的，并且关于该物品的每一个产出量的提供成本无论是政府将一个帕累托有效的产量提供给它们各自的选民，则总是要比中央政府向全体选民提供任何特定的并且一致的产出量有效率得多。"麦圭尔考虑到某些公共物品消费的拥挤性，设置了公共物品提供的成本函数，最后导出了最佳社区规模。与麦圭尔相比，特里西从中央政府与地方政府掌握信息数量的角度出发，论证了由于中央政府掌握信息的不充分，使得公共品供给的一阶条件不能满足，因此从实际意义上讲特里西的地方财政分权理论更能说明基层政府存在的合理性。另外，麦圭尔从迁移收益与迁移成本对比角度论证了当一个人面对蒂布特"用脚投票"问题时是否会真的迁移，同时推导了均衡条件，说明通过蒂布特"用脚投票"是不可能达到辖区财政优化的（许正中等，2002）。

（三）地方分权问题

财政分权只有基于地方政府与中央政府之间、不同辖区地方政府之间能有效地分工合作这一前提才会发挥作用。因为下述五方面原因，公共品和服务单一由地方政府供应同样会导致无效的资源配置。①规模经济。诸如国防、基础科学研究等一些公共品在生产技术上是规模报酬递增的，人数越多，每人均摊的成本越少，在单一辖区内生产显然是无效率的。②外部性。某些公共品在一个辖区内生产会出现收益或成本外溢。对于存在外部成本的公共品，地方由于没有考虑社会成本，其生产量容易过多；而存在外部收益的公共品却容易出现产量过少。设想一条流经多地区的河流，上游地区如果仅考虑本地利益，修建多座大型水库控制有限的水源，下游区居民的生产生活就将遭到严重破坏。③税制效率。为了吸引投资、扩大财源，某个地方政府可能降低资本所得的税率。根据纳什均衡条件，这一行为将诱使所有地方政府进行降低税率的竞争，结果造成整个社会税制的低效率。④税收转移。在税赋能够转嫁的情况下，地方政府可能故意高征某一产品的税收，给外地居民带来负担。假设某地生产一种味觉特别的香烟，该香烟主要由辖区外居民消费且需求弹性很少，这一现象就可能发生。⑤管理成本。如果每一项公共品都根据需求规模组建一个政府来提供，过多的行政支出将大大抵消公共品的社会收益（费雪，2000）。

单一由地方政府供应公共品和服务的制度还可能成为收入再分配的障碍，使公平问题遭到忽视（罗森，2000）。辖区 J1 受选民的压力决定实行就业和低收入者福利保障计划，执行计划的财政资源主要来自辖区内的资本所得税和高收入成员的个人所得税。如果辖区之间人口是自由流动的，利益差别将驱使未实行这种计划的辖区 J2 的穷人流入，而这将导致税率的提高。结果本辖区的资本所有者和高收入成员开始流向 J2 辖区，这种双向流动最终会迫使 J1 辖区放弃其公共福利计划。辖区 J1 可能改变策略，通过资格审查严格限制 J2 辖区穷人的流进，这样 J1 辖区的福利项目能够继续。假定所有辖区都采取类似 J1 辖区的排斥政策，富裕地区的公共福利能够得以保证，而资源禀赋差、收入水平低、财政能力弱的地区穷人的福利则完全被忽视。

（四）地方分权原则

按照罗伊·巴尔的财政分权原则，应该坚持以下几个方面：

1. 兼顾历史与传统的原则。

在坚持这一原则时应考虑地方政府分配税收和支出权力、支出责任；地方政府在设定税率、决定税基和决定预算方面的自主权；地方议会广泛选举的程度；地方议会决定、任免地方长官权力的大小；地方政府能否决定公务员数目、薪金数目；是否能够举债以及如何举债；政府间转移支付的结构等。

2. 支出责任与分享收入相适应的原则。

程序是至关重要的。如果先安排收入方的话，那么垂直方向上的收入分离是无法得到加强的；并且一旦税收体制和收入分享制度变化的话，支出的安排是无法同时与收入相一致的。这对地方政府来说并非良策，因为地方政府需要稳定性、连贯性的预算支出。转型国家内部正在进行支出责任的分配和再分配，提供社会公共服务责任的分配和再分配这一制度尚未稳定。

3. 加强中央财政监察能力的原则。

在大多数发展中国家和转型国家，无论地方政府的财政改革计划多么具有活力，都需要经过很长的集权过程才能实施。这个结果是出于宏观经济考虑的，地方财政能力的增强应由中央政府来实施并加以管理，通常财政分权的第一步是加强中央政府监督财政分权的能力。

4. 不同地区区别对待的原则。

大多数发展中国家和转型国家的一个显著特征是地区间财力和收入分配的严重分化。在较大城市和较多城市的地区能够提供更多财力，承担更多职能，广大农村地区恰恰相反，分权制度必须能够区别这种差异，对城市密集区和农村提供双轨制改革计划。如果中央政府只考虑各省之间的财源分布，就会忽略更为重要的一点：省内富裕和贫困地区的财力分布，省内财富和收入分布的不均常常要比省之间的差距大得多。

5. 地方享有自主权的原则。

为了获得财政分权的好处，地方财政必须被给予一定的自主权，并且要包括税收和支出双方。如果地方政府无权设置一些税种的话，被选举的地方政府官员也就无法对所要提供的公共产品和服务的质量负责。地方议会有必要通过公开选举产生，地方长官应由选举出的议会指定，否则地方议会和行政长官都无法对选民负责，应获取的财政分权利益无法得到。

6. 简化原则。

在大多数情况下，要求税收管理和资金拨付保持精确是不可能实现的。地方政府无须被那些复杂的转移支付公式所纠缠，这主要是因为这些公式往往不适用已有的数据，并且也不能被现有的人员所应用。此外，特殊的地方税限制（如有差别的税种和影响财源分配的税收抵免）都不应使用，因为地方税的管理水平不可能对此有效实施。

7. 预算硬约束的原则。

地方政府必须认识到其支出水平是由地方税收入和透明的转移支付体系综合决定的。中央政府必须保证“充分”的财政平衡，但不能对超支的地方政府给予方便（许正中等，2002）。

（五）地方分权的限度

地方分权应从效率的角度出发，资源配置收益如果由中央配置的居民收益高于地方就应由中央配置，反之则由地方配置，但到底有什么样一个度应该根据最佳社区规模模型确定（如图 2 所示）。

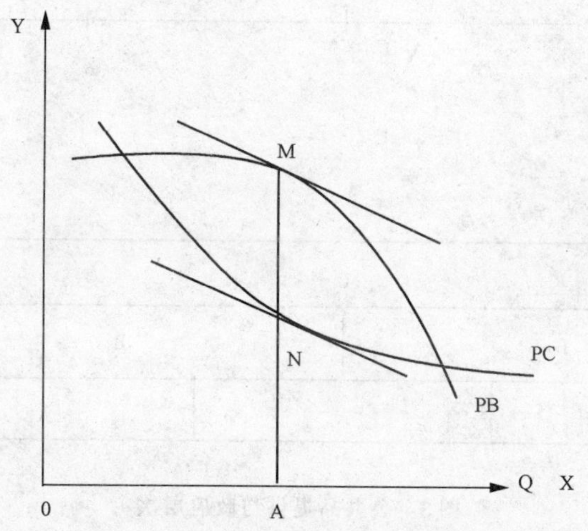

图 2　财政分权的最优规模

图 2 中，X 轴表示地区内居民人数，Y 轴则表示每位居民消费准公共物品 Q 所得到的受益或成本。曲线 PB 表示随着居民总人数的增加，每位居民受益的变动情况，PC 代表因居民人数增加而使每位居民所分担成本的变动。不难看出，当曲线 PB 上某一点 M 与曲线 PC 上的点 N 之间的垂直距离最远时，每位居民从公共产品中所获得的净效益最大，相应地该区域内消费准公共产品 Q 的最佳人数应该为 A（孙开，2002）。

效率原则给出了公共品生产规模，从而也就给出了分权限度。诸如国防外交、货币发行与管理、稳定国民经济的财政政策、实施收入再分配的失业和养老保障计划、基础科学研究等系列规模经济和外部经济显著的公共品和服务由中央政府提供是合适的；而诸如地方公共安全、城市交通、土壤治理、防洪排涝等主要是当地居民受益的公共品则应由地方政府负责组织生产。此外，居民有多种公共品和服务需求，而辖区是历史形成的，按效率原则决定的某些公共品生产规模可能与辖区划定的范围相冲突。然而，这并不意味着成立更多的政府，而是需要不同辖区之间、地方与中央政府之间、政府与私人承包商之间就提供不同性质的公共品和服务进行有效的分工合作（谭秋成，2002）。

如果公共品最优规模由个人边际收益等同于个人边际成本的那个点所决定，那么每种不同的公共品应该有不同的规模，分权也应该有不同的限度，但考虑到政府层级过多会产生的决策成本（管理成本和附属成本）被加到外部性和偏好问题中，那么不同公共品由不同层级政府来提供就不是最优的，结果可能是每层政府可能提供多种公共物品。假设政府提供 8 种不同的公共品，被标为 1、2、3，以此类推，如前所述，提供每种商品的最优政府规模，决定于不同需求的消费者集合在一起消费时，消费者福利损失和产生于外部空间所引致的福利减少之间的比较（如图 3 所示）。

商品 1 需要最小规模的政府；相反在线段末端，商品 8 需要最大的政府。又如商品 1、2、3 可能代表消防、娱乐和洪水；商品 4 和 5 分别代表教育和道路；商品 6、7、8 分别对应于收入分配，健康条例以及国防。将它们放入三级政府结构中，那么商品 8 必须由最高级政府提供，商品 1 由最基层政府提供，其他则应由各层次政府提供。

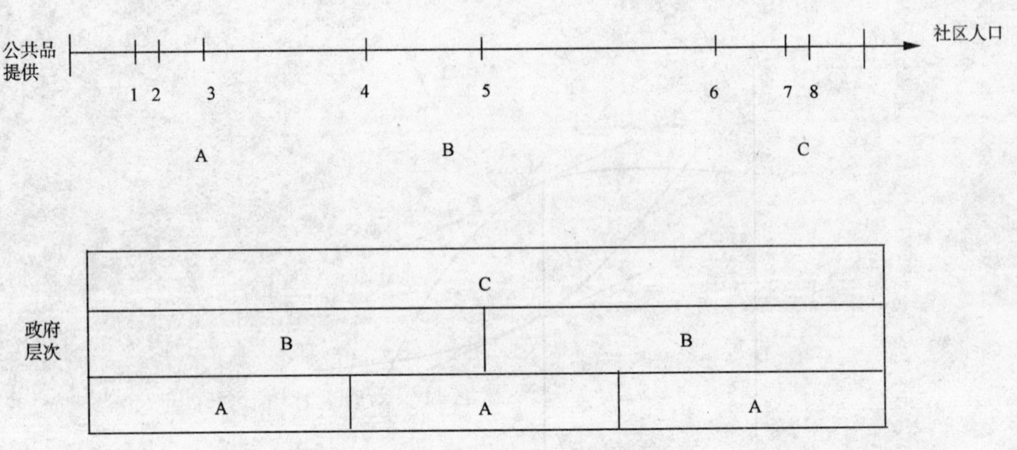

图 3　公共品提供与政府层次

奥茨（1972）指出：有可能通过将最优规模类似的商品集合成单个政府单位，并减少政府级次数和每级政府的数目，来降低决策成本。如图 3 所示，商品 1、2、3 可集合在一起由 A 级政府提供，商品 4 和 5 由较高级政府 B 提供；商品 6、7、8 则由 C 级中央政府提供，这样只有 3 级政府而不是 8 级，最低级政府也只有 3 个而不是 5 个（费雪，2000）。

最优社区规模给出了针对每种公共品所选择的最佳地方政府规模，但考虑到决策成本，成百上千种公共品不应该有成百上千层政府层级，因此每个政府层级设置时应该考虑提供尽可能多的公共品。

二、从财政分权看1994年的分税制改革

(一) 1994年的财政分权

1. 中央与地方事权和支出的划分。

根据中央政府与地方政府事权的划分，中央财政主要承担国家安全、外交和中央国家机关运转的所需经费，调整国民经济结构、协调地区发展、实施宏观调控所必须的支出以及由中央直接管理的事业发展支出。具体包括：国防费，武警经费，外交和援外支出，中央级行政管理经费，中央统管的基本建设投资，中央直属企业的技术改造和新产品试制费，地质勘探费，由中央财政安排的支农支出，中央负担的国家外债还本付息支出以及中央本级负担的公检法支出和文化、科学、教育、卫生等各项事业费支出。

地方财政主要承担本地区政权机关运转所需支出以及本地区经济、事业发展所需支出。具体包括：地方行政管理费，公检法支出，部分武警经费，民兵事业费，地方统筹的基本建设投资，地方企业的技术改造和新产品试制费，支农支出，城市维护和建设经费，地方文化、教育、卫生等各项事业经费，价格补贴支出以及其他支出。

2. 中央与地方收入的划分。

根据事权与财权相适应的原则，将维护国家权益、实施宏观调控所必须的税种划为中央税；将同经济发展直接相关的主要税种划为中央与地方共享税；将适合地方征管的税种划为地方税，并充实地方税税种，增加地方税收入。1994年分税制改革将关税、消费税等划为中央税，增值税、资源税、证券交易税等划为共享税，其他划为地方税。不过企业所得税、工农业税、城市维护建设和国有企业利润上交等仍然受到行政隶属关系的影响。

中央固定收入包括：关税、海关代征消费税和增值税，消费税，中央企业所得税，地方银行和外资银行及非银行金融企业所得税，铁道部门、各银行总行、各保险总公司等集中交纳的收入（包括营业税、所得税、利润和城乡维护建设税），中央企业上交利润等。外贸企业出口退税，除1993年地方已经负担的20%部分由地方上交中央基数外，以后发生的出口退税全部由中央财政负担。

地方固定收入包括：营业税（不含铁道部门、各银行总行、各保险总公司集中交纳的营业税），地方企业所得税（不含上述地方银行和外资银行以及银行金融企业所得税），个人所得税，城乡维护建设税（不含铁道部门、各银行总行、各保险总公司集中交纳的部分），房产税，车船使用税，印花税，屠宰税，农牧业税，对农业特产收入征收的农业税（简称农业特产税），耕地占用税，契税，遗产和赠与税，土地增值税，国有土地有偿使用收入等。

中央与地方共享收入包括：增值税、资源税、证券交易税。增值税中央分享75%，地方分享25%。资源税按不同的资源品种划分，大部分资源税作为地方收入，海洋石油资源税作为中央收入。证券交易税，中央与地方各分享50%，1997年5月证券交易印花税税率从3‰提高到5‰，提高部分全部归属中央，同时调整上海、深圳股票交易原有的3‰的印花税收入分成比例，即从中央和地方5:5分成改为中央和地方8:2分成。从1998年6月12日起证券交易印花税税率从5‰降至4‰，中央与地方对这项收入的分享比例不变，仍为中央88%，地方12%。1997年4月将金融保险业营业税作为中央地方共享税，在地方征收5%的

基础上提高了3个百分点作为中央收入。

3. 中央财政对地方税收返还数额的确定。

在分税制初期，为了保证地方既得利益，逐步达到改革的目标，中央财政增加的大部分收入都要返还给地方。从表面看这样做似乎与原来的做法没有多大差别，但其实质却发生了变化。这是因为与原有体制相比较，中央税与共享税由中央税务机构征收，可以保证中央财政的税基不受侵蚀，抑制中央财政比重不断下降的趋势。而且中央对地方的税收返还是按一定条件核定的，有利于地方政府约束财政支出。总之，实行比较规范的中央财政对于地方的税收返还和转移支付制度，有利于加强中央的调控能力。根据规定，中央财政对地方税收返还数额以1993年为基数年核定。按照1993年地方实际收入以及税制改革和中央与地方收入划分情况，核定1993年中央从地方净上划的收入数额（即消费税+75%的增值税）、1993年实际上解数，并核定一个递增率，每年递增上解。原来中央拨给地方的各项专款，该下拨的继续下拨。地方1993年承担的20%部分出口退税以及其他年度结算的上解和补助项目抵消后，确定一个数额，作为一般上解或一般补助处理，以后年度按此定额结算。

为了配合分税制改革的顺利进行，达到预期目标，国家采取了相关配套措施：改革国有企业利润分配制度，实行税利分流；取消包税，统一征收企业所得税；分设中央税务机构和地方税务机构；建立适应分税制需要的税收返还制度；改进预算编制办法，硬化预算约束；分设中央金库和地方金库，它们向各自的财政负责；逐步建立规范的国债市场；省级政府批准的减免税政策，作为过渡执行到1995年为止。

（二）对1994年税制改革的评价

1. 1994年分税制改革对中央可利用资源的影响。

1994年的税制改革，使中央财政收入占国家财政收入的比重有所提高，并有“结余”，而地方政府却陷入“赤字”的处境，并因此不得不依赖中央政府对共享收入的分配和专项补助的提供。通过1994年税制改革，中国转而实行由高层政府向下级政府进行税收分享的办法。从长期来看，有三个原因可增加财政体制中央集中化程度：①在分税制中最有收入效果的增值税完全划归中央政府，其收入增长部分归入中央政府的比例要增加。收入增长快的营业税的主要税目（批发和零售贸易）也已划入增值税税基；②目前中国的财政分享体制是自上而下的而不是自下而上的，且中央政府能容易地控制资金分配；③允许地方政府和企业就税收进行谈判的承包体制已不复存在。这意味着用税收作为稳定经济的工具更能实现其目标。

2. 1994年的改革对地方政府的影响。

在改革后的体制下，地方政府可利用资源将依赖经济增长率、政府组织收入总能力的增长程度以及中央政府在多大程度上愿意用其新增收入向地方政府转移支付。根据模拟结果表明，即使是财政收入弹性较低的所得税也能使地方政府的实际人均支出水平增长（许正中，2002）。

对中国来说，GDP实际增长率在6%和9%之间似乎是现实的假设，而且只要税收征管得到改善并且中央管理能产生积极的影响，把增值税的弹性估计为0.75将是低的。如果考虑到企业所得税管理绩效一直不佳，考虑到承包制被取消和税收结构发生了巨大的变化，地方税收收入与收入水平的弹性估计为0.6是高的。进一步说，刺激效应将提高其他地方政府税收和征收效率。有这方面的证据说明税收的整体弹性确因1994年改革而提高。1995~1996年0.92的弹性对于整个财政收入体系来说，比1985~1993年间0.75的弹性高得多。简言之，这个模拟中应用的假设可能是相对保守的（罗伊·巴尔，2000）。

现在来自财政收入弹性较高的增值税收入也与地方政府分享，但目前的分享安排似乎是过渡办法。在过渡期里，政府引入了一种“收入返还”办法，中央政府不仅与地方政府分享增值税，也通过将分享财政收入的大部分返还给地方来保证其1993年财政收入水平。从长期看，一种替代增值税整体分享的可能办法是按某种规范化的公式进行补助。不同的专项补助结构，可能导致地方政府财政收入缺乏增长力。1994年的改革确实将所有的所得税划归地方，但中国的所得税并没有像增值税那样有较强的财政收入增长潜力且在经济周期中非常不稳定。这样的结果是地方政府财政收入流量不仅变得越来越小，而且增加了不确定性（罗伊·巴尔，2000）。

3. 地方政府自主权。

1994年改革没有给地方政府增加财政自主权，确定税率和定义税基的权力都在中央政府。过去地方政府通过寻租等其他非规范行为，有一些自主权，如提供税收优惠来吸引经济活动或实施基础设施投资等，现在都已被取消。

1994年改革取消了地方政府与企业签订税收承包合同的做法。用透明的税收体系代替谈判方式，使企业处在更平等的位置上，但它确实减少了地方政府的财政自主权。中国的地方政府已将税收激励作为产业政策整体的一部分，并利用税收管理的自由处置权来平衡企业对社会性管理支出的投资。这些事情主要损害中央政府，因为这些行动减少了地方向中央政府上解的规模，且随着增值税管理权完全划归国家税务总局管理，另一个地方政府明显广泛使用的自主权的重要手段被取消了。对宏观经济控制来说，取消税收优惠和税收自由处置权是必要的，但这明显地使财政制度更加趋向中央集权化（罗伊·巴尔，2000）。

从以上分析可以看出，1994年的改革虽然初步确立了规范化的财政分权模式，但仍然存在许多制度上的缺陷，经过这几年的实践都已明显暴露。只有进一步完善分税制，才能建立科学规范的财政分权体制。

（三）1994年财政分权的制度性缺陷

巴尔认为：“中国的分税制财政体制，实际上是一个把国家流转类税收和对利润所征税收在中央、省和省以下政府之间的分享，再辅之以各级政府自上而下有条件的专项拨款的体制。最终进入地方政府预算的地方级税收收入取决于中央确定的税基、税率、税收征管、地方政府的收入任务和收入分享公式。”上述部分也分析了中国分税制改革，其实从财力上讲是加强了中央集权，但从以下三方面来说是在财政分权的道路上前进了一大步：①分税制通过税种明确了中央和地方的财政收入来源，消除了承包制这种短期合约中存在的大量讨价还价现象，使财政体制更加透明；②分税制规定地方税由地方税务机构征收，促成了税收征管系统的分权；③分税制度后，中央政府进一步减少了对地方支出的限制，使地方支出更加分权（谭秋成，2002）。

但1994年财政改革作为向财政分权方向改革的过渡性方案，也存在诸多缺陷。根据罗伊·巴尔所列举财政分权的十项特征：①公开选举地方议会；②地方指定行政长官；③不指定地方政府人员和薪金数；④地方政府可对某些收入来源水平实施控制；⑤地方有举债能力；⑥拨款体系透明化，地方政府了解如何运用此体系；⑦清晰化的支出分配；⑧地方政府有能力获得税收和提供公共服务；⑨地方政府可以进行完整记录；⑩中央政府有能力监督有效财政分权的过程（许正中，2002）。中国目前基本上没有一项完全符合要求。

有效的财政分权必须明确各级政府的职责，并有相应的预算支持。分税制虽然对中央和地方政府应承担的事务及财政收支范围作了划分，但没有界定各级地方政府之间的事权和财权。结果，地方政府之间的责任和财政收支划分常常通过谈判进行，而且多属短期合约。这种事权和财权的划分方式容易产生一系列负面后果，包括：①公共品供应上或者相互推诿，或者重复建设，生产效率低下；②上级政府凭借政治权力，或者平调下级政府的财政收入，或者摊派一些行政事务；③地方政府作财政支出决策时不是考虑如何满足辖区内居民对公共品和服务的需求，而是考虑如何显示自己政绩、迎合上级政府的喜好。

有效的财政分权还必须赋予地方政府设置税种、决定税率、发行债券的权力，这样地方政府才有能力根据居民需求来提供合适的公共品和服务数量。公共品和服务在不同地区有不同的供应价格，居民也有不同的需求水平。此外，不同的公共品和服务有不同的受益范围。这就要求各地方政府有不同的财政收入水平，并能根据排他性原则分别对受益居民进行收费或征税。目前，税收立法权完全由中央政府掌握，也不允许地方政府发行公债，这不仅削弱了地方政府的职能，而且造成其对中央财政的依赖，失去了一级财政的独立地位。有效的财政分权最关键的一点是，居民要有表达自己偏好、监督公共品生产的机制。中国目前还没有建立居民显示偏好的有效程序，地方行政官员由上级政府任命，辖区内居民约束其行为的能力非常微弱。这就不可避免地要导致这样一些低效率事件发生：①地方财政驯服于上级政府；②公共部门决策者过分追求在职消费，渎职、假公济私现象严重；③提供的公共品常常偏离居民的意愿，甚至发生大量居民的公共品需求被忽视的现象，如目前农村地区所经历的那样（谭秋成，2002）。

三、从财政分权看县乡财政职能

（一）从财政分权看当前县乡财政职能

严格地讲，政府职能的界定是财政支出体制的前提和基础，也可以说事权划分是财权划分的基础。传统研究多偏重于中央以下地方事权的划分，就像1994年分税制改革在中央与省级、政府之间划分比较清晰，但对省以下各级政府比较缺乏。根据财政分权理论，县乡财政应该提供的是县乡辖区范围内居民所需求的公共品和服务，具体来讲：

县级财政的公共品和服务包括：①具有外部性，但收益与成本不溢出本辖区的地方公共品，如公共安全、民事纠纷处理、县级道路、县级土地整治；②外部收益或成本溢出辖区，需要与上一级政府甚至中央政府或其他辖区进行合作来提供的公共品或服务，如基础教育、中等教育、卫生防疫、跨县级公路、公路建设、区域水土治理、环境保护等；③具有一定规模经济、收益可排他的俱乐部物品，如医疗、文化以及其他福利项目；④基本的行政管理。

乡镇的公共品和服务包括：①具有外部性，但收益和成本不外溢出本辖区的地方公共品，如公共安全、民事纠纷处理、乡村道路、区域内防洪、灌溉排水、土地整治等；②外部收益或成本溢出辖区，需要与上一级政府甚至中央政府或其他辖区进行合作来提供的公共品或服务，如基础教育、卫生防疫、跨乡镇的公路建设、区域水土治理、环境保护等；③具有一定规模经济、收益可排他的俱乐部物品，如医疗、文化以及其他一些社区福利项目；④基本的政府行政管理（朱钢，2002）。

（二）当前县乡财政职能的偏离

县乡财政作为政权组织最基层的一级，由于种种原因，现存许多职能已偏离了其原有职能。具体表现在：

1. 县乡财政跨越公共财政范围行事，直接组织经济或者干预农户生产，如发展乡镇企业和县级企业、调整农业生产结构。这种跨职能行事方式尽管在短时期内依靠县乡政府控制的资源和拥有的权力可获得部分财政收入，但同时也干预了市场，阻碍了私人经济的发展，引发乡镇干部与农民之间的冲突与对抗，并给乡镇财政带来了风险。目前乡村负债严重，债务风险已积累甚巨。

2. 县乡财政承担了部分该由中央政府承担的事情，如民兵训练、优抚、计划生育、部分农业生产支出。民兵训练和优抚是为了增强国防，属全国性公共产品，而计划生育以及部分农业生产支出并不反映农民的偏好。

3. 乡镇在与上一级政府或中央政府合作提供公共品和服务时，其财政承担的份额太大，如农村教育、部分公路建设等。农村教育的主体是小学和初中，与大学教育不同，这种基础教育除了开发学生心智、增强其能力外，还对提高整个社会的文化素养产生积极影响，它的部分收益是社会性的。因此，农村教育的大部分支出由乡镇财政承受是不合理的。类似的还有部分区际间公路修建项目。虽然当地农民从公路建设中受益，但城市及辖区外其他居民也是主要的受益者，也应该支付部分费用。

4. 乡镇财政对部分属于俱乐部性质的产品没有按受益原则征收使用者费，致使这些公共品和服务的财政资金不足，不能满足辖区内居民的需求。诸如医疗、文化及其他一些社会福利项目。一方面其生产具有规模经济，另一方面其消费具有排他性。对这些物品和服务，由乡镇组织生产、并征收使用者费是合适的，但完全由乡镇预算负担必将导致资金短缺，最终结果适得其反（谭秋成，2002）。

由于县乡职能偏离所导致的直接后果是县乡财政支出大幅度增加，财政收支缺口压力增大，从1996～1999年，乡镇财政收入平均每年增长6.5%，支出平均每年增长9.8%；平均收支缺口三点三个百分点；县级收支缺口1996年达50.4%，1998年47.5%；1999年为45.6%，平均收支缺口47.8%。

（三）县乡之间财政职能的重新界定

根据公共财政和地方分权理论，我们认为县乡之间财政职能必须重新界定。具体如下：从维护基层政权稳定这一前提出发，行政管理、司法管理、公安管理这三大块事权原则上应大部分划归县级政府，小部分划归乡镇政府，即县级直属行政、司法、公安机关经费全部由县级财政管理，派出机关（驻各乡镇派出所等）经费大部分（如人头经费等）由县级财政管理，小部分（如非人头经费等）由乡镇财政管理。另外，义务教育、基础卫生、基础科学、基础文化、抚恤救济等主要划归县级政府，乡镇政府主要负责协办责任。因此，义务教育费、卫生事业费、科学事业费、文化事业费、民政事业费等，其人头经费原则上由县级财政管理，非人头经费则由县级与乡镇财政按比例分摊管理。至于城乡基础设施建设、交通建设、水利基础等事权，原则上按受益范围确定管理对象，其中跨乡镇项目事权主要划归县市管理，乡镇范围内项目经费主要由乡镇财政管理。

四、结论

财政分权由于能够反映辖区居民偏好，减少偏好误识所带来的扭曲供给成本，能够按照相对较优的规模供给公共物品，所以给予县乡政府一定财政权力使得县乡政府尽可能高效配置资源和提供公共品及服务是明智之举。但由于众多公共物品所需最佳社区规模的不一致，考虑到政府层次设置的决策成本，对公共品进行层级属性划分也就显得十分必要。我国1994年分税制改革，向分权化道路上迈进了一步，但并非真正意义上的分权，只是分税、分率、分成，然而从规范化和增强透明度方面讲已稍具分权精神。

中国县乡财政体制职能界定外在动因在于国家政治体制的高度集权导致县乡支出责任与权利高度不一致所产生的职能拓延，由于地方行政长官并不代表地方居民利益，地方监督机关不能切实监督行政机关，因此本着对上级政府负责的地方政府很可能分担上级政府应承担的职能；县乡财政职能界定的内在动因在于每个地方政府也都有为本地居民谋福利和服务的愿望，特别是随着民主精神和参政议政精神深入人心，人们对公共品供给的偏好显示也越发强烈，来自辖区民众的需求和监督，使得县乡财政职能又会重新回归其固有范围。政治历史所造成的县乡财政职能偏离的惯性与分权改革推动县乡财政回归的作用，其实一直在发挥效力，最终职能定位在于哪种作用力起作用，改革加速度的大小也取决于两种作用力的净差额。因此，从这个意义上讲，推进地方财政分权，加快地方民主建设，完善地方群众反映偏好的程序和渠道，以及加强地方民众对政府的制约是增强县乡财政职能归位内在动因的推进力，也是加快县乡财政改革步伐的路径选择之一。

参考文献：

项继权：“短缺财政下的乡村政治发展”，《中国农村观察》，2002年3月。

周业安：“税费改革与乡镇财政民主建设”，《管理世界》，2001年第5期。

周业安：“县乡财政支出管理体制改革的理论与对策”，《管理世界》，2000年第5期。

徐增阳、黄辉祥：“财政压力与行政变迁”，《中国农村观察》，2002年9月。

张述松：“乡镇财政短缺的制度治理”，《经济体制比较》，2002年。

王国星、漆长华：“完善县乡财政体制的对策思考”，《财政研究》，2002年11月。

阎坤、王进杰：“公共品偏好表露与税制设计研究”，《经济研究》，2000年第10期。

阎坤、王进杰：“公共支出的绩效管理”，《经济管理》，2001年第2期。

阎坤、王进杰：“从财政分权理论看我国的税收分割”，《财经科学》，2000年第4期。

贾康、白景明：“中国政府收入来源及完善对策研究”，《经济研究》，1998年第6期。

贾康、白景明：“县乡财政解困与财政体制创新”，《经济研究》，2002年2月。

胡容邦：“关于县乡财政研究的几点思考”，《财政研究》，2002年7月。

课题组：“乡镇财政：制度框架与政策改革”，《中国农村经济》，2002年4月。

张晓冰：“乡镇财政与乡村治理”，《管理世界》，2003年5月。

朱钢：“农村税费改革与乡镇财政缺口”，《中国农村观察》，2002年。

何成军："县乡财政困难：现状、成因、出路"，《中国农村经济》，2003年2月。

张军："乡镇财政制度缺陷与农民负担"，《中国农村观察》，2002年4月。

谭秋成："地方分权与乡镇财政职能"，《中国农村观察》，2002年2月。

罗伊·巴尔、约翰尼斯·林：《发展中国家城市财政学》，中国财政经济出版社，1995年。

荣敬本：《从压力型体制向民主合作体制转变——县乡两级政治体制改革》，中央编译出版社，1998年。

孙开：《地方财政学》，经济科学出版社，2002年。

王雍君：《中国公共支出实施分析》，经济科学出版社，2000年。

樊丽明、李齐云等：《中国地方财政运行分析》，经济科学出版社，2002年。

沈沛：《地方政府财务顾问探索》，经济科学出版社，2001年。

王朝才：《地方政府融资与债务研究》，企业管理出版社，1999年。

钟晓敏：《地方财政学》，中国人民大学出版社，2002年。

苏明："中国地方税权划分研究"，张佑才主编：《财税改革纵论（五）》，经济科学出版社，2000年。

朱振民："改革和完善我国地方税体系的基本思路"，载张佑才主编：《财税改革纵论（五）》，经济科学出版社，2000年。

靳黎民等："建立民主理财机制　摆脱县乡财政困境"，《财税与会计》，2000年第4期。

费雪：《州和地方财政学》，中国人民大学出版社，2000年。

哈维·S·罗森：《财政学》，中国人民大学出版社，2000年。

布坎南：《民主财政论》，商务印书馆，1993年。

贾康、阎坤：《转轨中的财政制度变革》，上海远东出版社，1999年。

阎坤：《财政改革新论》，中国经济出版社，1999年。

黄佩华：《中国地方财政问题研究》，中国检察出版社，1997年。

刘溶沧等：《中国财政理论前沿》，社会科学文献出版社，1999年。

平新乔：《财政原理与比较财政制度》，上海三联书店、上海人民出版社，1995年。

李金胜：《中国小城镇财政》，新华出版社，2000年。

马新南、唐启岚：《分税制下乡镇财政管理》，中国财政经济出版社，1995年。

朱刚、张元红、张军等：《聚焦中国农村改革》，山西经济出版社，2000年。

麦锡尔：《经济合作与发展组织成员国的税收政策——选择与冲突》，中国财政经济出版社，1997年。

杨之刚：《公共财政学：理论与实践》，上海人民出版社，2000年。

政府教育责任和收入来源问题研究

国务院发展研究中心 张俊伟

一、新中国政府教育责任的演变

旧中国积贫积弱，国民愚昧落后。早在革命根据地时期，根据地人民政府就采取措施，发展新式教育，扫除文盲，开启民智。

（一）新中国成立初期，建立体制框架

新中国成立后，随着大规模经济建设全面铺开，对高素质劳动者的需求迅速增加。党和政府更是审时度势，把发展教育当作提高国民素质、推动社会全面进步的重要举措，予以大力推动。

新中国成立不到3个月，党和政府就召开了第一次全国教育工作会议，明确提出：我们的教育必须根据共同纲领，以原有的新教育的良好经验为基础，吸收旧教育的某些有用的经验，特别要借助苏联教育建设的先进经验，建设我们的“以提高人民文化水平，培养国家建设人才，肃清封建的、买办的、法西斯主义的思想，发展为人民服务的思想为主要任务”的新民主主义教育。这次会议还决定，创办人民大学，把它作为发展新式高等教育的起点，培养高等级建设人才。同时普遍举办工农速成中学，把工农干部培养成知识分子。在全国开展普遍的识字教育，提高全体国民的文化素质。

1953年，政务院[①] 发布《关于整顿和改进小学教育的指示》，针对当时小学教育普遍存在的突出问题，如师资质量偏低、教学设施简陋，难以充分满足人民群众文化的要求等，要求整顿和改进小学教育。自1954年1月1日起，各地应按小学的行政领导关系分别列入各级预算。城市公立小学校舍的修缮、修建费及设备费，都由各该市、县政府预算开支。乡村公立小学校舍的修缮、修建以及增添设备，由各该县人民政府统筹解决，如有不足，得在群众自愿的原则下筹款备料，或采取群众献工献料等办法加以解决。

1954年，政务院发布《关于改进和发展中学教育的指示》，针对当时中学教育存在的突出问题，如高级中学规模偏小、教师数量不足和质量低下、学生素质不够高等问题，要求切实加强对中学教育的管理。“目前省（市）教育厅（局）应以主要力量加强对中学的领导，

① 今国务院的前身，笔者注。

按统一领导、分级管理的原则，省辖市内的中学由省辖市管理，县（市）内的中学亦应逐步做到由县（市）管理。各省（市）都必须切实办好几所中学，总结和积累成功的经验，加以推广”。这两个指示奠定了建国初期中小学教育由政府分级管理的体制基础。

高等教育方面，1952～1953年进行了院系调整，大学被划分为综合性大学和专业性院校。1956年10月，国务院发布《关于改进国家行政体制的决议（草案）》，明确提出：主要为中央各业务部门或者为全国性的某些建设事业培养干部的以及少数带实验性、示范性的高等学校和中等专业学校，由中央各有关部门主管；其中综合大学、关系几个部门的多科专门学院和个别的单科专门学院，由高等教育部主管。主要为地方建设事业培养干部的高等学校（师范学院和师范专科学校、医药学院、农业学院，一部分语文学院、艺术学院和个别的综合性大学等）和中等专业学校，逐步下放，由地方主管。民族自治区的高等学校和中等专业学校的教育制度和教学大纲，由自治区主管。从而初步确立了高等教育管理以纵向部门管理为主导，中央和省分级负责的体制。

这个体制和中国当时建立计划经济的努力是基本适应的，教育事业的发展也取得了明显的成就。不幸的是，自20世纪50年代中后期到70年代中后期，中国的经济社会发展偏离了正确的方向，教育事业的发展自然也受到影响。特别是在“文化大革命”期间，教学秩序受到严重破坏，学生“停课闹革命”，教师受到揪斗，其政治地位被贬斥为“臭老九”。“文化大革命”10年，整整一代人被耽误。到1979年，新中国已经成立30年了，也未能实现普及小学教育的目标。

（二）20世纪80年代以来教育管理体制的演变

1978年，党的十一届三中全会做出了把工作重点转移到社会主义现代化建设上来的战略决策，这为教育事业的大发展创造了可能。在此之前，高考制度已经恢复。

1985年，中共中央发布《关于教育体制改革的决定》，在规划20世纪末教育发展目标的同时，还对教育管理体制改革指明了方向。那就是：基础教育要实行由地方负责、分级管理的原则。“基础教育管理权属于地方。除大政方针和宏观规划由中央决定外，具体政策、制度、计划的制定和实施以及对学校的领导、管理和检查，责任和权力都交给地方。省、市（地）、县、乡分级管理的职责如何划分，由省、自治区、直辖市决定”。

高等教育实行中央、省（自治区、直辖市）、中心城市三级办学的体制，以调动各级政府发展高等教育的积极性。高等教育的改革方向是扩大高等学校的办学自主权，国家及教育管理部门的职责则是加强对高等教育的宏观指导和管理。

1993年，党中央、国务院发布《中国教育改革和发展纲要》，进一步明确了分级办学、分级管理的教育管理体制。明确指出：中等及中等以下教育，由地方政府实行统筹和管理。县、乡两级政府要把教育纳入当地经济、社会发展的整体规划，统筹规划经济、科技、教育的发展。高等教育要逐步建立政府宏观管理、学校面向社会自主办学的体制。《中国教育改革和发展纲要》还提出，要改变政府包揽办学的格局，逐步建立以政府办学为主体、社会各界共同办学的体制：基础教育应以地方政府办学为主；高等教育要逐步形成以中央、省（自治区、直辖市）两级政府办学为主、社会各界参与办学的新格局；职业技术教育和成人教育则主要依靠行业、企业、事业单位办学和社会各方面联合办学。

2001年，针对一些地方发展义务教育面临的资金匮乏问题，国务院《关于基础教育改革与发展的决定》又明确提出：农村义务教育管理体制，实行在国务院领导下，由地方政府负责，分级管理，以县为主的管理体制（通常简称为“以县为主”）。

概括而言，当前中国教育管理体制的基本框架为：

中等和初等教育：中央政府负责研究提出中等和初等教育各类学校的设置标准、教学基本要求、教学基本文件；组织审定中等和初等学校的统编教材；指导中等及中等以下各类教育的教育教学改革；组织对普及九年义务教育、扫除青壮年文盲工作的督导与评估。省级政府、地市级政府和县级政府则在贯彻执行国家的相关法律法规的同时，结合本辖区的实际，提出各自的发展规划并贯彻实施。县级政府具体负责举办义务教育和高中阶段的教育，如，校舍建设和维修、教学仪器添置和维护、发放教职工工资和学校办公费用等。针对一些县级政府财力不足，难以履行相关责任的问题，由地市级政府、省级地方政府和中央政府通过转移支付方式提供适当的财力补助。

高等教育：按照分级管理的原则，按照隶属关系分别由中央政府、省级政府和一些中心城市政府负责举办，并分别由主办者负责提供教育经费。民办高校属于私立性质，主要靠学费来筹集经费。中央政府负责统筹管理普通高等教育、研究生教育以及其他形式的高等教育工作，研究提出高等学校设置标准，审核高等学校的设置、更名、撤销与调整；制定学科专业目录、教学基本文件，指导高等学校教育教学改革和高等教育评估工作；统筹管理各类高等学历教育的招生考试工作；制定各类高等学校招生计划；负责各类高等学历教育的学籍管理工作；归口管理高校毕业生就业制度改革，拟定高校毕业生就业政策，组织实施高校毕业生就业分配工作、负责“211工程”的实施和协调工作等。省级政府和高校所在城市的教育管理部门在贯彻执行国家的相关法律法规的同时，结合本辖区的实际，提出各自的发展规划，并贯彻实施。

（三）20世纪80年代以来教育事业的发展

正确发展路线的回归和教育体制的不断改革完善，推动了我国教育事业的发展。20世纪80年代以来，中国教育事业取得长足的进步。2000年，我国学龄儿童净入学率达到99.1%，小学升初中的升学率提高到94.5%，基本实现了普及九年制义务教育的发展目标。从1985年到2004年，小学升初中和初中升高中的升学率分别由68.4%和41.7%提高到98.1%和62.9%。2004年，全国高中招生数、毕业生数和在校生数分别达到821万人，547万人和2220万人，和1985年相比，分别增长了219%、179%和199.6%。高等教育更是取得突飞猛进的发展。1985年，中国普通高校招生61.9万人，毕业31万人，在校大学生170.3万人，到2004年，增加到447.3万人、239.1万人和1333.5万人，分别增长了6.27倍、6.71倍和6.83倍。1985年，我国研究生招生4.69万人，毕业1.7万人，在校生8.73万人，到2004年，增加到32.63万人、15.08万人和81.99万人，分别增长了5.96倍、7.87倍和8.39倍。

大量培养高素质人才、快速提高劳动者素质，为中国的改革开放事业、为工业化和城市化、为产业结构升级和社会的全面进步提供了强大的智力支持。大量新材料、新产品、新方法、新理念和新的管理技巧被迅速引进到经济社会生活当中，并快速传播开来，推动了产业结构升级和社会转型。

国内生产技术的提高，也加剧了国内竞争，迫使跨国公司把更先进的产品和技术转移到中国来。随着高素质劳动者供给的增加，一些大型跨国公司已经发现，在中国设立研发中心是有利可图的。跨国公司纷纷在中国设立研发中心的行为，反过来又会促进国内企业的研发活动，为中国产业结构升级开拓出新的增长空间，使中国的工业化和现代化获得源源不断的动力支持。

二、政府教育支出责任与收入的匹配性

（一）计划经济时期

早在建国初期，在全民发展教育的热潮中，就已经出现了落后地区发展教育事业面临资金困难的问题。1953年，政务院在《关于整顿和改进小学教育的指示》中就曾明确提出："各县在土地改革中如留有机动土地，在可能条件下，应划出一部分作为学田，由县掌握，以弥补小学经费之不足"。

此后，随着人民公社和计划经济的逐步建立，逐步形成了以下局面：在县城和城市里，由预算内资金统一安排教育支出；在农村地区，则由人民公社和生产队从集体经济的经营成果中直接扣除一部分用于发展教育事业。地区发展水平的差异，自然也就决定了不同地区扣除公用事业费的数量。在发展水平十分低下的情况下，这种制度安排较好地保证了发展教育事业的资金需要，有助于实现教育机会的平等。必须指出的是，和当时的生产水平相对应，这种保障水平也是很低的。

（二）改革开放以来

20世纪80年代以来，中国开始了由计划经济向社会主义市场经济转轨、快速推进工业化和城市化、不断融入世界经济体系的进程。这是广度和深度都史无前例的社会变革。中国教育管理体制的演变和教育事业发展所取得的巨大成就，就是这种变革的一部分。反过来，这种变革也改变了教育事业的外部环境（如政府、学校收入来源的变化），对教育管理体制产生了深刻影响。

1．1984～1993年。

市场化改革的重要特点就是"简政放权"，要赋予企业自主经营的权利，赋予地方政府一定的自主决策权力。其结果，就是导致财政收入占GDP的比重持续下降。从1984年到1993年，财政收入占GDP的比重，由22.9%下降到12.6%，教育的财政投入占GDP的比重从2.52%下降到2.18%。与此同时，教育财政投入占同期财政支出（不含债务）的比重却由10.63%逐步提高到16.26%。这种相反的变化趋势，反映政府有心加强教育但无力作为的尴尬局面。

表1　　**1984年～2003年教育财政投入**

年　份	1984	1985	1986	1987	1988	1989	1990	1991	1992	1993
占GDP比重（%）	2.52	2.53	2.69	2.46	2.39	2.44	2.49	2.46	2.33	2.18
占财政支出比重（%）	10.63	11.32	12.46	12.99	14.32	14.60	15.00	15.72	16.61	16.26
年　份	1994	1995	1996	1997	1998	1999	2000	2001	2002	2003
占GDP比重（%）	2.19	2.05	2.09	2.08	2.17	2.35	2.44	2.71	2.96	2.87
占财政支出比重（%）	17.59	17.54	17.84	16.74	15.99	14.61	13.72	13.95	14.08	13.60

资料来源：http://www.mof.gov.cn/news/uploadfile/guojia 010.xls

在农村地区，随着联产承包责任制的普遍推行，农村集体经济的集中经营让位于一家一户的分散经营。分散经营为村集体和乡政府筹集教育基金带来了困难，为了进一步加强对教育的投入，中共中央《关于教育体制改革的决定》明确提出：地方政府可以征收教育费附加，用于改善基础教育的教学设施。自此，教育费附加从无到有，迅速发展起来，逐步发展成为政府教育投入的重要补充渠道。据统计，1993 年教育附加费达到 102.87 亿元，占同年财政投入总额 13.6%。1985 年到 1993 年，农村地区共筹集教育费附加 316.77 亿元，有力地支持了农村教育事业的发展。

表 2　　教育附加费的快速增长（亿元）

年　份	1985	1986	1987	1988	1989	1990	1991	1992	1993
教育附加	1.12	11.52	21.31	28.40	37.00	52.10	47.00	81.70	102.8

资料来源：http：//www.mof.gov.cn/news/uploadfile/guojia 011.xls

在发展市场经济、知识价值日益显现的情况下，国家投入的强度相对下降，导致教师（尤其是大学教师）这一高知识群体的收入和福利待遇明显偏低。年轻老师纷纷“跳槽”、“下海”，离开教育行业进入商业领域，以谋求更高的收入。学校在吸引人才、留住人才方面面临严峻挑战。为了缓解高等教育投入的不足，我国在 20 世纪 80 年代末开始在大学尝试学费制度。

2．1994 年以来。

1994 年，根据发展社会主义市场经济的需要，中国进行了分税制改革。其主要内容就是：在合理划分中央与地方事权基础上，把维护国家权益和实施宏观调控所必需的税种列为中央税；同经济发展直接相关的主要税种列为共享税；充实地方税税种，增加地方税收入。同时实行中央财政对地方的税收返还和转移支付制度。与此同时，还进行了工商税制的改革，其主要内容是：按照统一税法、公平税负、简化税制和合理分权的原则，改革和完善税收制度。推行以增值税为主体的流转税制度，对少数商品征收消费税。在降低国有企业所得税税率，取消“两金”[①] 的基础上，统一企业所得税和个人所得税。

这次分税制改革，在规范政府和企业分配关系的基础上，重点对税收收入的归属进行划分，从而扭转了财政收入“两个比重”[②] 持续下降的局面。从 1994 年到 2004 年，财政收入占 GDP 的比重从 11.2%上升到 19.3%。如果加上预算外收入 4566 亿元，该比重上升到 22.4%，考虑到一些乱收费项目，我国财政收入占 GDP 的比重应该在 25%左右，和发展中国家的平均水平基本相当[③]。财政收入的增加为政府增加教育投入创造了可能，从 1995 年到 2003 年，教育财政投入占 GDP 的比重从 2.05%稳步提高到 2003 年的 2.87%，而其占财政支出（不含债务）的比重却由 17.54%逐步下降到 13.6%，背后的深层次原因，就是财政收入占 GDP 的比重在不断上升。

虽然中国政府对教育投入的力度不断加大，但和国际水平相比，政府投入的力度仍然偏

① 即能源交通重点建设基金和预算调节基金。

② 即国家财政收入占 GDP 的比重和中央财政收入占财政总收入的比重。

③ 发达国家财政收入占 GDP 的比重普遍高于发展中国家，是因为发达国家政府在基础教育、公民养老和医疗、社会救助等方面承担了更大的责任。

低，在提供教育服务方面，存在着严重的政府缺位现象（参见表3和表4）。由于教育投入严重不足，学校不得不转向学费、杂费乃至名义上“自愿”的各种“赞助费”等来筹集教育经费。从1993年到1997年，学费和杂费从87.15亿元增加到326.08亿元，增长2.74倍，年均增长51.7%；社会捐资和集资办学经费从70.19亿元增加到170.66亿元，增长1.43倍，年均增长22.6%。在经济相对落后的地方，为了完成到20世纪末普及九年制义务教育的发展目标，许多地方政府更是通过向群众集资、甚至从银行贷款等方式进行学校硬件（如校园、校舍、体育场等）建设，最终把负担又转嫁给了群众。

表3　　不同国家教育投入占GDP的比重

国　家	年　份	教育投入占GDP的比重	国　家	年　份	教育投入占GDP的比重
阿根廷	2002/2003	4%	加拿大	2000/2001	5.2%
巴　西	2001/2002	4.2%	澳大利亚	2002/2003	4.9%
智　利	2002/2003	4.2%	芬　兰	2002/2003	6.4%
印　度	2000/2001	4.1%	法　国	2002/2003	5.6%
伊　朗	2002/2003	4.9%	德　国	2002/2003	4.8%
马来西亚	2002/2003	8.1%	日　本	2001/2002	3.6%
墨西哥	2002/2003	5.3%	英　国	2001/2002	5.3%
菲律宾	2002/2003	3.1%	新西兰	2002/2003	6.7%
泰　国	2000/2001	5.2%	美　国	2001/2002	5.7%
新加坡	2000/2001	3.7%	瑞　典	2002/2003	7.7%
中　国	2003	2.87%			

资料来源：http：//www.uis.unesco.org/

表4　　不同国家教育投入占政府支出的比重

国　家	年　份	教育投入占政府支出的比重	国　家	年　份	教育投入占政府支出的比重
阿根廷	2002/2003	13.8%	加拿大	2000/2001	12.5%
巴　西	2001/2002	12%	澳大利亚	2000/2001	13.3%
智　利	2002/2003	18.7%	芬　兰	2001/2002	12.7%
印　度	2000/2001	12.7%	法　国	2000/2001	11.4%
伊　朗	2002/2003	17.7%	德　国	2001/2002	9.5%
马来西亚	2002/2003	20.3%	日　本	2001/2002	10.5%
墨西哥	2001/2002	24.3%	英　国	2001/2002	11.5%
菲律宾	2002/2003	17.8%	新西兰	2002/2003	15.1%
泰　国	2003/2004	27.5%	美　国	2000/2001	17.1%
中　国	2003	13.6%	瑞　典	2001/2002	12.8%

资料来源：http：//www.uis.unesco.org/

在总量投入不足的同时，还存在一系列的结构性矛盾：

（1）教育的公共产品属性越强，政府的投入就越不足，存在政府“逆向供给”的现象。

县、乡基层政府是实施法律、法规、维持社会秩序、提供社会服务（如教育、公共卫生）的直接主体，供养着财政供养人口的70%，管理着全国80%的人口，却仅支配全国约20%的财政收入。在缺乏完善转移支付制度作为补充的情况下，县乡基层政府支出责任与收入状况必然出现严重的不平衡，导致对教育投入严重不足。其实，在最严重的时期，不仅办公经费难以保障，就是教师工资也不能按时发放。据统计，在河南省会城市郑州，1998～2002年间就拖欠教师工资6817.7万元，占其拖欠财政供养人员工资总额的77.7%！郑州是中部省份——河南省经济最发达的地区，尚且出现这么大规模的拖欠教师工资的行为。其他中西部地区对教师和教育经费的保障情况也就可想而知了。大规模的工资拖欠行为影响了广大教职员工的士气。在中西部地区，甚至有许多中小学教师纷纷放弃教职，到经济较发达的沿海地区打工。

近些年来，经过各级政府的努力，拖欠教师工资的现象已经消除。但基层政府财政收入不敷支出需要的格局并没有根本改变。政府投入不足、办学条件差的现象仍然普遍存在。据调查，2001年四川全省县级财政用于中小学办公设施改建的费用不到5亿元，且主要集中在20个较发达的县，有将近一半的县和70%以上的乡镇根本没有财力来改善教学基础设施。

另一方面，中央和省级政府的财力不断增强，为其加大高等教育的投入创造了条件。据统计，自1997年到2003年，国家对高等教育的投入从305.7亿元增加到840.6亿元，增长了175%。并且，隶属关系的不同，对高等院校的财政支持力度也不一样。据统计，中央直属的普通高校，2003年生均财政投入为24079元，而在地方所属的普通高校里，这一指标为12167元，前者投入强度是后者的约两倍。

这样，就出现了教育越接近大众，举办教育的政府财力就越有限，财政投入强度就越低、投入增长速度就越慢的局面。如表5所示，20世纪90年代末到2003年，高等教育、高中教育、初中教育和小学教育财政投入的年均增长速度分别为18.42%、20.94%、13.82%和12.20%，呈现出明显的递减趋势。

表5　　不同层次教育财政投入的增长速度（%）

年　份	1998	1999	2000	2001	2002	2003	平均增长
高等教育	16.68	24.22	19.86	19.13	18.86	11.76	18.42
高中教育*	—	11.37	23.29	25.04	23.69	21.32	20.94
初中教育*	—	9.64	11.32	21.25	15.54	11.35	13.82
小学教育	9.74	10.07	10.16	20.57	13.71	8.97	12.20

资料来源：根据历年《中国统计年鉴》整理。

*这里不包括完全中学校里的高中教育经费投入。

(2) 即便是对义务教育的财政投入，也存在有明显的地区差距和城乡差距。

沿海地区经济比较发达，对义务教育投入的强度要普遍高于经济发展相对落后的中西部地区。据统计，2003年小学阶段的生均教育经费，全国平均水平为1295元。高于全国平均水平超过30%的省（市、区）共有11个。这些省（市、区）大体可分为两类：一为边远少数民族地区，包括内蒙古、西藏、新疆。其共同特点是地广人稀，自然条件差，同样的教育活动需要有更大强度的财政投入（如更高的师生比例等），国家又给了这些地区一定数量的补助。一为经济发展程度较高的省（市），包括北京、天津、上海、浙江、江苏、广东、吉林和黑龙江。其中，投入强度最大的是上海，生均教育经费达到7030元，是全国平均水平的5.43倍。低于全国平均水平超过30%的省份共有6个，分别是安徽、河南、湖北、陕西、甘肃和贵州，它们均处在中西部地区，是经济发展比较落后的地区。其中，投入力度最小的河南省，生均财政经费677元，只有全国平均水平的一半左右。2003年初中阶段的生均教育经费，全国水平为1668元。高于全国平均水平，超过30%的省（区、市）共有8个，分别是北京、上海、天津、江苏、浙江、广东、西藏和新疆，除了边疆地区（西藏和新疆）以外，都是经济发达的省市。其中最高的是上海，生均教育经费投入7798元，是全国平均水平的4.68倍。而低于全国平均水平，超过30%的省共有7个，分别是河北、安徽、江西、河南、贵州、陕西、甘肃，都是中西部经济发展比较落后的地区。

城市人口密集、经济活动活跃，政府财力相应充足；农村地区以农业生产为主，工商业活动不发达，财力自然紧张。相应的，城市对义务教育的支持力度要大于农村地区。1997年，小学阶段生均教育经费596.6元。而在农村地区（学生数量占全国的65%），生均教育经费只有532.6元。不仅如此，在1998～2003年间，农村小学生均教育经费年均增长14%，低于全国平均水平0.6个百分点。1999～2003年，农村初中教育支出年均增长11.5%，而全国平均水平则为13.7%。农村学生数占全国学生总量的一半以上，这就意味着农村初中教育投入的增长速度要低于城市和县镇教育经费增长速度约4个百分点。基数差距和增长速度的差距相互作用，使城乡义务教育投入的差距呈逐步扩大趋势①。

三、教育责任与收入匹配失衡的原因

出现匹配失衡的局面，原因主要有三个：

（一）分税制改革存在不足

1994年的分税制改革，借鉴国际经验，在初步划分中央和地方事权的基础上，着眼于提高中央政府的调控能力，重新划分中央和地方的分配关系，改变了中央财政收入占财政总收入的比重持续下滑的局面。相应地，省以下各级地方政府在确定其与下级政府收入划分方法时，参照了中央与省级政府划分收入的模式，通过共享收入丰沛、征收难度小、管理相对规范的税收收入的方式，确定本级政府的主要收入来源。在高度集中的政治体制下，这种划分方法显然是有利于上级政府的。结果，越到基层，政府的收入来源就越分散，收入额也越少，出现了财政收入层层集中的趋势。从1994年到2000年，中央财政收入占财政总收入的比重由分税制改革前的不到1/4稳步提高到52.2%，到2004年又进一步提高到54.6%；省级财政占地方财政收入的比例，也从16.8%上升到28.8%。县域经济虽然创造了全国一半以上的国民收入，但其财政收入占地方财政收入的比重仅在40%左右，占全国财政收入的比重也只有约20%。

城乡差距是地区差距的重要表现形态，省（区）内城乡之间的差距甚至要大于不同省、区平均发展水平之间的差距。在“市管县”体制下，市级政府本可以向县乡级政府提供财政支援，缩小城乡发展差距，却长期维持着农村支援城市发展的基本格局，由县乡向城市贡献

---

① 考虑到我国农村统计数据真实度相对较差的因素，这一问题会更严重。

收入。当前一些地方正在进行的“省管县”财政体制改革试点，只是停止了市级政府进一步从县级政府集中资金支持城区发展的趋势，并没有真正改变农村支援城市发展的格局。

（二）支出责任划分不合理

在高度集中的政治体制下，上级政府不仅在收入划分中占据主导地位，在事权划分方面也占据主导地位。在把经济发展作为主要业绩考核指标的情况下，各级政府纷纷把改善投资环境、促进经济发展作为自己的工作重点，甚至不惜为招商引资而在税收优惠、地价等方面开展激烈竞争。结果，政府把大量资金用在基础设施建设、塑造地区形象上，而把发展教育、公共卫生、养老等社会性事业的责任赋予下级政府，造成政府支出责任和收入逆向变动的发展趋势。具体到发展教育事业方面，“地方负责，分级管理”的体制，经过四级地方政府的层层分解，最后转化为由乡负责举办初中、村负责举办小学的格局。在工业化和城市化快速推进、经济体系由封闭的计划经济转向开放的市场经济的大背景下，城乡差距、地区差距呈现持续扩大趋势。城市和东部沿海地区发展较快，政府财力自然丰厚，能够用更多的资金投入到教育发展事业当中。而乡村经济增长乏力，居民增收困难，政府收入自然难以快速增长，更难以拿出足够的资金支持义务教育发展。“以县为主”相对于由乡村负责举办义务教育，是一种完善和进步，应该予以肯定。但也必须看到，目前的县域经济是以农村经济为主，在整个国民经济体系中处于劣势地位，如果没有完善的财政转移支付制度相配套，由乡村举办义务教育所出现的种种弊端难以彻底根除。在高等教育方面，由于分别隶属于不同的省级政府和中央政府，中央政府在划分支出责任和财权方面的优势地位，也导致高等院校在获得财政经费资助方面出现不均衡，对中央直属院校的财政支持力度要明显高于对省级政府所属的院校的支持力度。

（三）缺乏完善的转移支付制度

完善的财政转移支付制度是现代财政体制的重要组成部分。中国改革开放以来，地区差距、城乡差距、政企关系、政府间关系快速变动，在这种情况下，更需要借助于完善的财政转移支付“抽肥补瘦”，才能够平衡各地政府的财力，实现地区公共服务均等化，使全体公民得以分享经济增长的成果，实现社会全面进步。

1994年的分税制改革的一个重要目的就是提高中央财政占财政收入的比重。为了推进改革，当时设计了税收返还制度。规定：按照新的分配比例（增值税：中央得75%，地方得25%；消费税全部划归中央）确定中央和地方收入的分配方法；同时，中央“两税收入”每增长1%，就对税收来源地返还0.3%，以确保地方政府的既得利益。这一规定使中央政府丧失了对很大一部分新增收入的控制权。考虑到税收返还的目的不是为了扶危济困，也不是为了实现公共服务均等化，人们很难把税收返还当作真正意义上的财政转移支付。2003年，中央财政收入占财政收入的比重为54.6%，如果计入预算外收入部分，把税收返还列为地方收入（对共享税的分享），那么，中央财政占财政收入的真实比重约为30%。和国际水平相比，这一比例是明显偏低的，中央财力相对不足，限制了转移支付的规模。从地方政府的角度看，前面已经提到，各级地方政府都致力于改善投资环境、招商引资等事项，自然不会抽出大量资金来支持基层政府发展教育事业。

即便是真正意义上的转移支付[①]，在具体的分配形式上，也是以专项转移支付为主，有很大一部分甚至还要求地方政府提供配套资金，使地方本来就紧张的财力更加紧张。只是到近些年，随着中央政府财力不断增加，用于扶持贫困地区发展义务教育的专项转移支付才有了较大增加，如贫困地区的危旧房改造资金、为贫困学生免费提供书本、为寄宿生提供补贴等。这些转移支付着眼于解决义务教育的突出矛盾，有力地推动了贫困地区义务教育的发展。但专项转移支付也不是万能的，在强化特定方面的同时，不利于实现教育支出各部分之间的全面协调。在现阶段，要全面解决基层教育投入不足的问题，仅靠专项转移支付是不够的。况且，严重依赖中央专项转移支付来发展义务教育，也不利于发挥各级地方政府的积极性。用来补充地方财力的转移支付，大多为配合国家重大政策调整而设，如农村税费改革转移支付、调整工资转移支付。能够增加地方政府支出自由裁量权的、并最终转化为教育支出的，真是少之又少。

四、解决问题的基本思路

（一）教育投入不合理带来的负面后果

1. 财政赤字不断积累，义务教育发展水平低。

在县乡一级，教师在财政供养人口中占据主导地位，在县乡级政府收入严重不足而又缺乏有效弥补渠道的情况下，地方政府的财政赤字难以避免。据估计，分税制改革以来，中国县乡政府累积的债务规模达到上万亿元，其中，乡村债务3000亿元，县级债务7000亿元。在近些年来，虽然地方政府债务快速增长的势头得到遏制，但收支矛盾并没有完全解决，基层政府的大部分财力都用于支付财政供养人员的工资，办公经费紧张的问题仍然十分突出，教师生活待遇低、办公经费不足、教学设施年久失修等问题普遍存在。山西省沁源二中师生遭遇的重大车祸，一个深层次原因，就是学校一直没有合格的操场，学生难以在校园内进行晨练[②]。

2. 鼓励了学校和政府的“创收行为”。

为了弥补教育投入的不足，学校不得不想尽办法来“创收”。于是，学费、杂费乃至“赞助费”快速增长，教育行业一度成为“乱收费”现象最集中的领域之一，严重损害了教育事业和从业人员的形象[③]。20世纪90年代后期以来，国家对农村小学的财政支持力度明显加大，1998年到2003年，国家财政投入从413亿元增加到766亿元，年均增长13.3%。

---

① 2005年，按照通常统计口径，中国转移支付的规模达到上万亿。其中，税收返还约占40%，专项转移支付约占1/3，财力性转移支付约占1/4。这里，笔者不把税收返还看作转移支付，而视其为地方对共享税收的分享。笔者注。

② 2005年11月14日晨，山西省沁源县第二中学师生在公路上晨练时，被一辆疲劳司机驾驶的货车从后面追上，有18名师生当场死亡，还有3名学生因抢救无效死亡，从而震惊了全国。

③ “乱罚款”、“乱收费”的称谓，鲜明地表达了社会公众对许多罚款和收费项目的认知态度。罚款的目的，是减少违法行为；收费则是为了弥补政府提供相关服务向被服务对象收取的成本费。但当它们与收入指标联系在一起时，就变了味。向执法机关乃至执法人员下达罚款指标，其暗含的假设，就是不能彻底消除违法行为。罚款指标的不断增加，更是要以违法现象不断增加为前提。这显然是和设立罚款处罚的初衷完全背道而驰的。在违法行为没有大幅增长的情况下，执法人员只有通过降低违法行为判别标准、提高罚款标准来完成罚款指标。同样，对收费下达收费指标也存在相同的逻辑。因此，许多罚款、收费项目招致社会强烈不满，被公众称为“乱罚款”、“乱收费”也就可想而知了。

其中预算内资金更是从316亿元增加到737亿元，年均增长18.7%。教育财政投入的增加为集资款的逐步退出提供了可能。从1997年到2003年，农村教育集资从57.95亿元下降到11.96亿元，年均减少22.5%。教育集资款的快速下降，从另一个侧面表明教育集资是强行弥补教育投入经费缺口的手段，在很大程度上应列为“乱收费”项目，因为它并没有得到社会公众的广泛认同。

3. 不利于穷人的再分配后果。

即便是相同数额的收费（如学费等），其对不同收入阶层的影响也是不一样的。一些高收入群体（如企业主、外资企业职工），为了使孩子接受更好的教育，宁愿每年花费上万乃至数万元就读私立寄宿学校，公立学校的教育收费远在其承受范围之内。而对低收入家庭（如城市困难群体、广大农村居民）而言，由于生活费占可支配收入的比重很高，学费在很大程度上转化为对家庭可支配收入的直接扣除。特别是在20世纪90年代后期的广大农村地区，由于粮食价格下跌，生产结构调整缓慢，缺乏非农增收渠道，一些农户收入水平持续徘徊，教育收费的快速增长甚至直接影响了这些家庭的消费水平，使贫困家庭更加贫困，加剧了社会生活水平的差距①。也正是这种负担分摊的制度安排，削弱了一些贫困家庭送子女就学的积极性，为普及义务教育增添了困难②。

（二）国外解决该问题的一些经验

从国际经验看，许多国家在初始阶段都把发展教育的责任赋予基层政府，只是在基层政府面临困难且国家财力更加丰裕之后，才对举办义务教育的责任和收入保障进行调整，遂使更高层政府不断增加对基础教育的投入比重。通行的做法是，义务教育和社区紧密联系，一般由基层政府负责举办，对于举办义务教育面临资金困难的，则由上级政府予以补助；公立高等教育则通常由中央和省级政府（联邦和州级政府）负责举办。而完善的财权划分或财政转移支付制度，则是基础教育健康发展的前提条件。

在欧洲，法国的中央政府发放全国义务教育教师的工资，由于该项费用占全部经费的约70%，法国中央政府因此而承担了发展全国义务教育的最主要责任。地方政府则只负责基建和行政管理费用。为了扶持落后地区发展义务教育，法国还建立了相应的财政转移支付制度。德国是联邦制国家，各州拥有很大的权利，借助于纵向和横向转移支付制度，德国各州之间实现了人均财力的高度均等化；相应地，主要由州政府负责发展义务教育。

美国实行的是以州和地方为主、各级政府共同分担义务教育责任的管理体制。美国发展义务教育的经费主要来自财产税收。在存在独立学区的南部地区，由学区自行征收和安排用于义务教育的税款。在不存在独立学区的州，则由县、市、镇负责代为征收和管理义务教育所需要的税款。财产税不足以弥补义务教育经费支出的，由各州予以补助。联邦政府借助于

① 在许多贫困家庭，子女考上高中和大学，带给父母的不仅有欣慰，还有筹集学费的沉重压力。

② 在这方面，日本和韩国提供了正反两方面的例证。明治维新以后，日本政府一直致力于普及小学教育。但由于粮价波动导致农民收入下降，影响了农民送子女入学的积极性。1900年，日本废除小学学费，实行免费义务教育，大大减轻了社会贫困阶层子女入学的负担，小学入学率一下子就从上年的70%提高到81.5%，整整提高了11.5%，实现了小学义务教育的突破性增长。此后，日本很快就普及了小学义务教育。相反，韩国在普及义务教育方面，贫困地区和边远岛屿条件较差的地方入手，对儿童参加义务教育进行补贴，从而义务教育很快就得到了较大发展。目前在我国，义务教育阶段的学生流失，绝大部分也同家庭经济困难有关。

转移支付，也对发展落后的州给予一定补助，以支持其提高义务教育水平。

日本是以地方政府为主，各级政府共同分担义务教育支出的责任。日本义务教育的特点，就是明确划分了各级政府的相关支出责任。如教科书全部由中央政府承担；教职人员经费，则由中央政府和都道府县各承担 1/2，等等。

（三）使教育支出责任和收入相匹配的思路

解决教育支出责任和收入不匹配问题，需要同时从两方面入手：

1. 从明确教育支出责任的角度看，义务教育的学生主要来自社区，教育质量不仅关乎下一代的成长，也关乎社区形象，由基层政府负责举办基础教育，有利于倾听社区公众呼声，提高教育质量，节约资金使用。因此，由基层政府举办义务教育是普遍的做法。县、乡两级政府是中国举办义务教育的主体。目前，每个乡平均人口约 4.5 万人，每个县按 15 个乡镇计算，约有 65 万人。当前，我国的交通和通讯条件明显改善，城市化快速发展、人口流动频繁，这就使扩大管理半径和管理幅度不仅成为必要，而且成为可能。把乡教育管理机构变为县教育管理部门的外派机构，有利于跨越乡行政区划的限制，在更大范围内统筹安排教育发展事宜。反过来，如果进一步上收权利，把举办义务教育的责任赋予地市级政府，则会因为管理半径过大、委托代理关系多，信息传输渠道过长而出现效率损失。因此，在当前，明确由县级政府举办义务教育是切实可行的。

高等教育目前是以公立教育为主的格局。由于影响力、生源和就业趋向都超越了县域，根据其影响范围的不同，分别由中央、省和一些中心城市负责举办是比较切合实际的。

2. 从财权调整的角度看，应当把完善财政转移支付制度当作目前解决教育事权和财权不匹配问题的关键。

完善我国财政转移支付制度的措施，可以初步设想为：

(1) 建立多层次的横向转移支付制度。对于人均财力超过全国或全省平均水平一定程度的地区，按照统一、规范的方式，提取均等化发展基金，由中央和省级财政部门负责运作，专项资助人均财力低于全国和全省（区）平均人均财力的地方发展经济社会事业。

(2) 落实城市支持农村发展的方针。“市管县”为缩小城乡差距奠定了较好的制度基础。要科学合理地设计各级地方政府的业绩评价体系，正确引导政府行为，建立地市级政府对辖区内县乡级政府的教育转移支付制度，如市级政府发放义务教育教师的工资和福利等，使地市级政府更多地承担发展义务教育的责任。

(3) 创新转移支付方式。中央和省级政府要按照外部性和资金使用效益的要求，不断优化教育支出的结构。要增加转移支付的数量，加大对重点地区、重点人群的扶持力度，着重解决贫困人群子女的就学困难，提高全社会的受教育水平。在强化约束的前提下，要增加一般性转移支付的比例，不断提高基层政府因地制宜发展教育事业的积极性，提高资金使用效率。

中国政府间公共卫生事权划分的现状、问题与建议

国务院发展研究中心 贡 森

本文包括五个部分。首先介绍和讨论公共卫生的基本概念；接下来分析我国现行的政府间事权划分的原则性规定存在的问题；第三部分介绍了近年来在现行事权安排格局下的财力分配尝试；第四部分分析有关试验的不足。最后一部分提出完善政府间公共卫生职能划分的几点建议和需要进一步研究的问题。

一、中国公共卫生的基本概念

这一部分介绍了公共卫生的内涵和外延，并讨论了其概念的历史变动性。

（一）公共卫生服务的本质特征

理论上讲，公共卫生是以促进群体和公众健康为主要目的，以预防医学技术服务为主要特色的一揽子卫生服务内容、项目和政策法规。从预防医学和社会学的角度来看，即使服务接受者是个人，公共卫生干预的主要目的也是为了促进群体健康，并且，干预措施是标准化，而非因个体而异。从经济学观点来看，公共卫生在产品特性上应当具有公共产品或准公共产品的特点，也就是非排他性或外部性，与其他卫生服务的私人消费品性质相区别；并且，这些公共卫生服务一般具有比较高的投入产出比，较之临床医疗服务更能提高群体和社会的健康水平。总之，公共卫生服务的基本特征是费用效果比较好、惠及大众、标准化、外部性和（或者）非排他性。

（二）公共卫生服务的范围和分类

由于受经济发展条件和认知水平的限制，各国对公共卫生服务的外延的认识是不完全一致的。同时从历史发展变化的角度来看，公共卫生的边界范围也在发生变化。公共卫生服务可以按照服务机构、服务内容、医疗人员的参与程度、特征的显著性和服务对象来分类。

1. 从服务机构来看，传统意义上的公共卫生服务应包括公共卫生的政府管理部门、公共卫生服务提供机构、公共卫生研究机构等提供的服务。但是美国医学会在定义公共卫生系统时，将社区、学校、企业和雇主以及媒体，都定义为公共卫生的潜在组成部分，因为他们认为这些部分的协作和努力，将能有效地改善居民的社会经济状况、健康知识和工作环境，

这对公共卫生项目的执行和结果都会产生直接的影响，也影响到公共卫生实施的效率。我国尚处于社会主义初级阶段和转型之中，仍然是从相对狭义的角度来界定公共卫生服务。我国的公共卫生服务一般是指由政府卫生管理部门、疾病预防控制机构、妇幼保健机构、地方病和专科疾病防治机构以及城乡基层卫生服务机构（乡镇卫生院、社区卫生服务中心）等公立机构提供的服务。

2. 从服务内容来看，传统的公共卫生主要是指传染病防治和环境卫生改善。而现代意义上的公共卫生至少应包括传染病和非传染病的预防控制、影响健康的社会事件的防范（如车祸、中毒等），卫生管理（含立法、规制和监督）、食品卫生和营养、环境（空气、水等）卫生、职业和劳动卫生、妇幼和青少年卫生、放射防护卫生以及健康教育等门类。

3. 从医疗技术人员参与的程度来看，公共卫生还可分为诊疗性和非诊疗性活动。前者包括计划免疫、医生对就诊者个人的健康教育、癌症筛查项目等等；后者包括改水改厕、促进卫生习惯、提供适当的住房、除四害、食品安全，疾病模式的监测，等等。

4. 从基本特征的显著性来看，具有全部五项特征的卫生干预是最典型的、也是最小口径的公共卫生，通常称之为公共卫生职能；较广义的公共卫生具有上述前四项特征，没有非排他性，通常称之为公共卫生服务；最广义的公共卫生只具有上述前一到三项职能，通常称之为基本医疗服务。

5. 另外，按照服务受体，可将公共卫生划分为面向群体的和面向个体的两类。前者（如疾病监测）的直接接受者是群体，后者（如计划免疫）的直接接受者是个人。

二、中国政府间公共卫生事权划分的制度框架

（一）20世纪90年代初提出的政府间事权划分的制度框架

国务院《关于实行分税制财政管理体制的决定》（国发［1993］第85号文件）对中央与地方事权和财政支出的划分做了原则性规定。在社会领域，有关规定具有一些共同之处。

1. 政府间事务划分的整体框架。

中央财政主要承担国家安全、外交和中央国家机关运转所需经费，调整国民经济结构、协调地区发展、实施宏观调控所必需的支出以及由中央直接管理的事业发展支出。具体支出范围包括：国防费，武警经费，外交和援外支出，中央级行政管理费，中央统管的基本建设投资，中央直属企业的技术改造和新产品试制费，地质勘探费，由中央财政安排的支农支出，由中央负担的国内外债务的还本付息支出，以及中央本级负担的公检法支出和文化、教育、卫生、科学等各项事业费支出，等等。

地方财政主要承担本地区政权机关运转所需支出以及本地区经济、直接管理的事业发展所需支出。具体支付范围包括：地方行政管理费，公检法支出，部分武警经费，民兵事业费，地方统筹的基本建设投资，地方企业的技术改造和新产品试制经费，支农支出，城市维护和建设经费，地方文化、教育、卫生等各项事业费，价格补贴支出以及其他支出，等等。

这种事权划分是一种各级政府“养机构养人办事”和“分级自筹”的做法。对于文化、教育、卫生和科学等社会事业的政府间支出责任，实际上是按照服务提供机构及其行政隶属关系，不是按照服务内容及其特性所规定的。也就是说，支出责任是按照供方的不同级别，

而不是服务的受益范围来划分的。具体来看，中央国家机关的运转费用和中央所属的事业机构的事业费由中央财政承担；而各级地方政府所属的卫生行政和事业机构的费用由地方同级财政承担。

2. 新形势下政府间社会事务划分所面临的挑战。

20世纪90年代初出台的原则性规定是一种“养机构养人办事”加“分级自筹”的做法，其合理性取决于以下几个假定或前提条件。其一，与购买服务相比，直接举办服务是现实可行的选择。换句话说，没有比直接举办更好的替代办法；其二，服务提供机构的设置是合理的，有可能保证服务提供的充分性、效率和公平性；其三，供方与需方的利益基本上是一致的，供方愿意维护需方的利益；其四，各地各级政府的财力相差不大，能够提供均等化的基本服务；其五，各级政府愿意提供上级规定的或者老百姓所需要的公共服务。

在改革早期，文化、教育、医疗卫生和科技等领域的私营机构还不多，政府或集体举办的事业单位仍然是服务的绝对主体。并且，服务提供者和管理者的私利还不是很强。另外，各地各级政府的财力分化状况以及人口流动也不是十分明显。在这样一个大背景下，20世纪90年代初期出台的政府间支出责任的规定基本上是合理的。

但是，现实的情况是私营机构在各个领域都已经成为一个重要的组成部分，而且，公立机构的趋利化倾向十分严重，地方政府利益的多样性也很突出。另外，政府间财力差距在拉大，人口流动也在加快。在公共服务管理者和提供者成为独立的利益主体以及服务机构多元化的新形势下，政府事权或者说公共服务职责的范围应该相应扩展，包括监管“代理人”的行为、购买服务以及协调各种利益主体的关系，不能局限于分配资金和提供服务。

（二）现行规定在公共卫生中应用所遇到的问题

1. “分级自筹”导致机构间苦乐不均，进而影响公共卫生服务的均等化。

与教育、科技领域不同，卫生领域的中央直属机构很少，因此，中央政府在公共卫生上的刚性支出责任非常有限。换句话说，我国现行的卫生事权基本上属于地方政府。自20世纪90年代以来，各地各级政府的财力差距在加大，在上级转移支付有限的情况下，分级养人办事的做法导致机构间苦乐不均，特别是贫困地区基层机构的人员和工作经费严重不足。

并且，10%的全国人口是在跨地区流动的，他们与流入地政府没有行政隶属关系，很难从有关机构获得均等化服务。另外，一部分公共卫生问题（如血吸虫病）是跨流域的健康问题，各地自筹经费必然影响防控工作的协调和效果。

2. 在面向个体的公共服务的提供上，“养机构养人”不是优化方案，购买服务可能是更好的选择，并且，随着服务主体的多元化，这种选择也成为一种现实。

世界银行的一项研究表明，面向群体的公共卫生服务（如监测和监督项目）应该由专职公共卫生服务机构提供；但是，面向个体的公共服务（如计划免疫），政府可以购买，而不一定直接举办。

养机构和养人办事的做法容易滋生“管办不分”和监管不力，卫生服务机构可以最大限度地利用信息优势提供有利可图的服务，结果是，广大人民群众难以获得质优价廉的基本卫生服务。

随着社会办医政策的实施，农村原来的集体性质的诊所大部分都私有化了；在城市，私营卫生机构也有较大发展。这些私营机构与各级政府没有隶属关系，如果不能获得财政支持，各种公共卫生服务都只能由公立机构垄断提供。事实上，这些公立机构的触角难以延伸到广大农村，大多数农村地区只能依靠村医提供个人公共卫生服务。

3. “办事”的范围不确定，影响对地方政府和公共卫生服务机构的问责和考核。

现行制定框架强调“养人办事”，但是对“事”没有明确具体的界定。前文已经提到公共卫生的概念和外延在学术上的不确定性，现行制度框架没有制定实体性的条款，以具体规定现阶段各级政府在公共卫生方面的权责范围。

三、近年来在现存制度框架内的一些尝试

在《关于进一步加强农村卫生工作的决定》（中发［2002］13号）文件中，中共中央、国务院提出了农村卫生事业发展的目标：到2010年，在全国农村基本建立起适应社会主义市场经济体制要求和农村经济社会发展水平的农村卫生服务体系和农村合作医疗制度。并且，明确要求今后中央及地方政府每年增加的卫生事业经费主要用于发展农村卫生事业。“非典”之后，国家高度重视公共卫生工作，党中央、国务院决定计划用三年时间基本完成疾病预防控制体系、医疗救治体系和卫生监督执法体系建设任务，形成较为完善的公共卫生服务体系。从资金保障来看，中央政府有两条主渠道贯彻落实中央有关决定。一条是国家发展和改革委员会的基建投资，另一条是财政部对贫困地区基层卫生机构能力建设和重大疾病防治经费的补助[①]。下面分别叙述之。

（一）国家发改委的一些尝试

2002～2003年国家发改委安排86亿元国债资金，用于疾病预防控制体系和突发公共卫生事件医疗救治体系的建设。从2004年起，又安排专项资金补助农村卫生基础设施建设。在2005年，国家发改委通过了一项农村卫生基础设施建设五年规划，补助资金总额在150亿元。下面主要介绍2002～2004年有关资金的使用方向和用途。

1. 疾病预防控制体系。

2002年以来，中央和地方共安排资金108.57亿元，用于省地县三级疾病预防控制机构建设，全国共建设2425个项目。其中国债资金29.2亿元，占政府总投入的1/4，主要用于补助中西部地区疾控中心的建设。

2. 突发公共卫生事件医疗救治体系。

2003年底启动建设，主要加强省、市、县三级传染病医院和普通医院传染科（病区）以及急救中心建设。全国共建设2518个项目，总投资114亿元，其中中央国债安排57亿元，其余部分由地方承担。

3. 乡镇卫生院建设。

为了支持新型合作医疗试点县、艾滋病综合防治试点县和血吸虫病重点疫区，2004年国家发改委、卫生部安排10亿元加强乡镇卫生院建设。

4. 巡回医疗车。

---

① 需要说明的是，尽管中央补助资金是通过发改委和财政部两个渠道下拨的，但是，卫生行政主管部门在资金的使用方向和用途上至少起到同等重要的作用。

针对中西部地区一些县的偏远乡村“缺医少药”的问题，2004年国家发改委会同卫生部安排了10亿元资金，为中西部地区县级医疗机构安装配备了1771辆农村巡回医疗车，直接为农民提供方便快捷的医疗卫生服务。

5. 农村环境卫生基础设施。

2004年国家发改委会同卫生部安排了10亿元资金，用于农村沼气开发、改水改厕的建设项目。

与原有规定相比，这些投资项目包含了一些试验性成分。比如，在公共卫生领域，中央政府开始出资补助部分地区，突破了完全依靠地方各级政府自筹的规定。还比如，一部分中央补助资金直接用于办事业（改水改厕等），突破了政府资金完全用于养人养机构的既定做法。再比如，为中西部地区县级医疗机构安装配备了巡回医疗车，突破了传统公共卫生事业的范畴。当然，总体上讲，现行尝试并没有打破地方各级政府“自行筹资、养机构养人办事”的大框架。首先，发改委的补助没有触动地方自行筹资养人的体制；其次，补助主要适用于贫困地区的特定机构（传染病医院和病区及有关乡镇卫生院）的能力建设，大多数地方和机构仍然依靠自行筹集基本建设资金。

（二）中央财政的一些尝试

2003年以来，中央财政努力调整支出结构，切实加大对疾病预防控制体系、医疗救治体系、农村卫生、新型农村合作医疗试点、重点疾病预防控制、卫生执法监督等方面的经费投入。为了应对突如其来的“非典”公共卫生灾害，2003年各级财政共安排“非典”防治资金133亿元，其中中央财政安排25亿元，地方财政安排108亿元。另外，2003年中央财政安排补助地方公共卫生专项资金10亿元。2004年中央财政又安排了40亿专款。2005年中央财政计划安排的2005～2007年补助资金在300亿元以上，其中，2005年中央财政预算安排的公共卫生体系建设（含艾滋病、血吸虫病、地方病等重大疾病控制）的当年支出是42亿元。下面举例说明2004年和2005年中央专项资金补助的领域、项目和用途。

1. 2004年中央财政专项资金补助。

由表1可知，2004年中央财政专项资金补助的重点领域是疾病预防控制体系、医疗救治体系和卫生监督执法体系以及农村卫生服务体系建设，主要项目是中西部地区、县级以下卫生机构的能力建设和农村地区的重大传染病防治。

从支出责任划分来看，在能力建设方面，中央资金主要用于设备（特别是大型设备）的购置和人员培训；在重大传染病（如血吸虫病）防治方面，中央资金负责承担设备购置、专业人员的培训和基层人员（主要是非专业人员）的劳务，以及监测、环境处理、检测和早期患者的治疗，另外，对重点疫区的宣传教育和晚期患者的治疗费用提供一部分补助。

表1　　2004年中央财政专项资金补助的领域和用途

重点领域	主要项目	支出责任
医疗救治体系	中西部地区县医院和少数民族地区自治州盟医院（急诊科、检验科和感染性疾病科）应对突发公共卫生事件的应急反应和医疗救治能力建设	中央资金用于设备购置和人员培训。地方配套；没有特别要求。

续表

重点领域	主要项目	支出责任
卫生执法监督体系	中西部地区卫生监督机构能力建设	中央资金用于大型设备购置和人员培训。地方资金用于小型设备购置。
农村卫生服务体系建设	农村卫生服务能力、中西部新型农村合作医疗管理能力、降低孕产妇死亡率和消除新生儿破伤风、农村改水改厕	以农村改厕为例：中央财政主要负责地下部分建造的部分资金。地方各级机构负责运行的办公经费、人员工资和各种福利；负责筹措卫生户厕地面建设部分的资金。
重大疾病预防控制	艾滋病防治、结核病防治、血吸虫病防治、鼠疫防治、SARS及其他重点疾病防治、地方病防治、计划免疫	以血吸虫病防治为例：中央负责购买人群查病检测试剂、治疗药物、灭螺药物所需费用；动员非血防专业人员开展查螺、灭螺、查病、治病所需工作经费；承担国家流行病学调查点工作所需费用；人员培训的经费；解剖镜的购置；在重点疫区村重点人群印制健康教育宣传品所需经费；对生活贫困的晚期血吸虫病患者适当补助有关医疗费用。地方负责各级机构运转的办公经费、人员工资和福利、督导检查经费和除中央补助外的健康教育经费。
		以计划免疫为例：中央负责购置疫苗运输和冷藏设备、支付疫苗费用、专业人员培训费和基层接种人员劳务补助；地方配套无特别要求。

2．2005年中央财政专项资金补助。

由表2可知，2005年中央财政专项资金补助的重点领域与2004年相同，仍然是“四大体系”的建设。不过，与2004年相比，2005年中央资金既包括了公共卫生职能和公共卫生服务，同时，使用范围进一步扩展到基本医疗服务，即一部分费用效果比较好的、非传染病的临床诊疗服务，比如，住院分娩和几个病因清楚的癌症的早期干预。

另外，在支出责任方面，中央资金的支出范围也有所扩大，从供方的设备购置、人员培训和基层人员的劳务以及需方的诊疗服务，进一步扩展到专职机构的工作经费补助。

表2　　2005年中央财政专项资金补助的领域和用途

重点领域	主要项目	支出责任
医疗救治体系建设	突发公共卫生事件应急医疗救治、全国突发公共卫生事件应急指挥决策系统建设	以应急指挥决策系统建设为例：中央资金用于设备购置；地方资金用于场所建设。
卫生执法监督体系	卫生监督执法技术支撑能力建设、放射防护与安全和打击非法行医及非法采供血专项行动、提高医疗质量安全行动计划	
农村卫生服务体系建设	万名医师支援农村卫生工程、中西部地区乡村医生补助、国家级贫困县孕产妇免费住院分娩、防治重大出生缺陷和降低儿童死亡率、中西部地区眼科儿科妇产科“三五工程”	以孕产妇免费住院分娩为例：中央资金承担住院分娩费用，补助50%的工作经费、人员培训经费、专家蹲点费用和健康教育费用；除了分担另外一半相关费用，地方资金承担全部监督指导费用。
重大疾病预防控制	乙肝防治、糖尿病、高血压、癌症等非传染性疾病的早期诊断和治疗、健康教育和烟草控制、社区卫生能力建设	以癌症的早期诊断和治疗为例：中央资金负责选定地区有关食道癌、宫颈癌的健康检查、筛查费用；地方政府和个人分担治疗费用。

与发改委相比，中央财政在现行制度框架内的试验内容更为广泛，突破口更多。两部委试验有相似之处，都对部分地区（中西部地区）的机构能力建设进行了补助，突破了地方完全自筹的规定；并在局部项目（改水改厕、重大传染病防治）上直接补助需方（材料和药品费用等），突破了政府资金完全用于养机构办事的规定；另外，对于公共卫生的范围，两者都有所扩展，比如，发改委资助的县级医疗机构的巡回医疗车和财政部资助的几项癌症的筛查。与发改委试验不同的是，国家财政资金还突破了地方自筹养人的规定，这里既包括基层服务提供人员（如提供计划免疫服务的村医和参加查螺、灭螺的非血防专业人员）的劳务补助，也包括地方卫生管理人员的培训费用，甚至还包括个别项目（如孕产妇免费住院分娩）的工作经费。

四、新尝试的作用和不足

如前所述，在新形势下，原有的制度安排面临一系列挑战和问题。近年来，中央两部委针对贫困地区的公共卫生专项转移支付有助于解决地区财政能力不平衡和风险因素有差异等老问题；另外，对于购买服务和公共卫生事业的范围，也进行了一些探索。但是，新尝试既没有解决全部问题，同时，又带来了一些新问题。

（一）老体制遗留的问题

1. 公立机构的垄断。

在最基层服务的提供上，中央财政资金进行了购买服务的探索。比如，村医提供的计划免疫注射服务，非血防人员参与的查螺、灭螺活动。但是，在面向个体的公共卫生服务提供上，公立机构垄断的局面变动不大。这类服务包括健康教育、改水改厕和癌症筛查，等等。

2. 公共卫生服务机构的“不作为”。

在兼顾地方财政能力和健康风险因子的基础之上，中央转移支付确实有助于提高专职公共卫生机构的服务能力，进而有助于不同地区的人口享受均等化的公共卫生服务。但是，能力的提高并不等于老百姓获得服务的自然改善。公立机构“不作为”甚至“胡作为”的现象仍然广泛存在。比如，一些疾病控制中心的工作人员原来是坐在凳子上看报纸，现在是在沙发上读报，等着疾病上门。再比如，一些乡镇卫生院的设备能力改善了，更有条件进行“大检查”和过度医疗。这类现象产生的原因很多，但是，现行的中央转移支付重投入、轻产出，在一定程度上助长了这种不良作风的蔓延。

3. 各级政府仍然是“重办轻管”。

尽管卫生监督执法已经列为财政资金补助的四大重点领域之一，但是，监管对象主要是非卫生部门所属的卫生相关机构和非公共机构。对于诊疗性公共卫生活动，卫生监督机构不起作用或者没有能力监管。

（二）新出现的问题

现在试行的中央补助资金有助于实现地区财力的均等化，但是，也带来了一些新问题。

1. 中央补助资金的分配考虑了公平因素，但是基本上没有包括效率因素。

我国财政转移支付的根本目标是在全国范围内实现各地公共服务能力的均等化，近年来中央卫生专项补助资金的目标也在于此。由于这个单一目标的限制，中央卫生专项补助资金基本上是根据地方需要（各地机构能力建设和疫情）来分配的。按照需求因素的分配，有助于改善公平性。但是，现行分配没有考虑反映地方努力的效率指标，比如，地方卫生服务的提供数量（如住院分娩率、五苗接种率）和地方卫生投入及其近期的变动情况。

2. 所有的中央卫生补助资金项目都是特定目的的转移支付，不一定符合地方的优先需要。

特定目的的转移支付有利于专款专用，但不一定符合地方优先需要。比如，对于中西部地区每一所乡镇卫生院，配备一台心脏监护仪和选派几名医师支援，并不一定能够解决农村的“看病难、看病贵”问题。再比如，给每一个县疾病控制中心配一台消毒柜，近郊区县有没有必要？另外，在一些偏僻县，其他国际国内项目可能已经帮助配置了这类设备。

近年来中央卫生补助的用途主要有两类，一类是用于提高能力建设、设备购置、人才培养和医疗救助的部分，基本上限于中西部地区及老工业基地；另一类是中央补助用于重点疾病控制的部分，面向全国，但向中西部地区倾斜。比较而言，后一类采取特定目的的转移支付办法，可以鼓励地方充分提供有一定溢出效应的疾病控制服务，因而专项转移支付有一定合理性；但是，前一类项目主要是为了实现各地公共卫生服务能力的均等化，应该实行一般性的转移支付。

3. 在每个专项转移支付项目之间，协调和资源整合不够。

在加强机构设备能力方面，不同的项目分别给县疾病控制中心、卫生监督所和县医院传染病科分别配备了大型消毒设施和设备，在一个县城内的设备不能共享。在加强人员能力建设方面，几乎每一个项目都有培训内容，为数不多的基层卫生服务人员不得不在各类项目间奔波。并且，大多数项目都要对老百姓进行宣传教育，在宣传内容、途径、方式、方法和时间上，项目间很少通气。另外，还有多头监督检查和评估。

缺乏整合，不仅浪费了社会各方面的资源，而且，项目内容重复也给地方减少配套创造了条件。比如，地方可以拿甲项目配套乙项目，反正两个项目的发包人也不会同时来检查。

4. 转移支付没有规范化和公式化，拨款的透明度不高，受款的额度和时间也不可预测。

中央专项资金分配所追求的原则是：公正、合理；公开、透明；科学、规范。但是，设计分配公式至少面临两方面的挑战。一是设计公式要有政治意愿。这点通常是困难所在，因为以需求为基础的公式不照顾最有权和最富裕的群体；科学化、规范化的公式给资金分配者留下的操作空间较小。二是需要设立信息系统以提供分配公式所需的指标。

没有透明的分配办法和公式，各地没法预测上级的转移支付金额。另外，不同部门间以及同一部门内各司局、处室、科员之间的多层协商，往往导致中央下拨资金的时间严重滞后。受转移资金当年必须使用的限制，各地接到钱以后只能突击花钱。年复一年，这一问题急需解决。当然，这一问题不只是存在于中央卫生转移支付。

五、政策建议和需要进一步研究的问题

基于国际经验，结合中国国情，在这一部分对我国政府间公共卫生职能的划分提出了一些政策建议，并指出了需要进一步研究的问题。

（一）政策建议

1. 作为一个社会主义国家，我国公共卫生的范围应该扩大，并且应该尽早制定全行业

发展战略，相应调整卫生支出的结构，增加公共卫生支出。

制定广义的公共卫生发展战略的主要理由是：①近二十年来我国卫生系统实际上走了一条“治病救人”的西方技术密集型的发展道路，结果是卫生支出迅速攀升，但是人口平均寿命的改善缓慢。②在西方资本主义国家，迫于选民和医生等利益群体的现实的政治压力，政府很难调整卫生支出的结构，很难将更多卫生资源转向费用效果比较优的公共卫生领域，因为后者的受益结果一般不能在本届政府中显现出来。③作为一个社会主义国家，我国应该能够发挥“集中力量办大事”的优势，将公共卫生纳入国民经济和社会发展战略规划之中，并且予以资金和组织保证。

在起草“十一五”规划中，世界卫生组织驻华代表处曾向中国政府有关部门提供了一个有关基本健康服务包的简报（policy note），对我国公共卫生服务的范围和内容提出了具体的建议。首先，中国的公共卫生的基本职能应该包括提供计划生育和营养的信息，促进健康生活方式和习惯、增加健康知识的项目，针对禽流感以及伤害当地居民健康最严重的疾病所采取的预防性项目，规制行动、信息和公共投资，以改善病人的安全、血液安全、道路安全、职业安全、生物安全、环境安全（可接受的空气质量、安全的水、卫生设施和对意外事故及伤害的防范）以及疾病监控和报告。其次，最适合中国的基本公共卫生服务应该包括免疫〔扩大免疫规划（EPI），乙型肝炎和血吸虫病〕、以学校为基础的卫生服务、计划生育实物性服务和营养实物性服务（食品强化，通过提供铁、维生素 A 和叶酸，防治微量元素的缺乏）、肺结核的治疗和对 HIV/艾滋病的早期干预。最后，最重要的和成本效益较好的基本临床服务应该包括与怀孕有关的服务（出生前、分娩和产后保健，包括紧急产科服务的获得），幼儿常见疾病的治疗，如造成中国 5 岁以下儿童 70%死亡的呼吸性传染病、痢疾和其他传染病、寄生虫疾病。

2. 作为一个单一制国家，中央政府至少应该负责全国基本公共卫生的统一规划、立法和监督评估，并且对地方提供相关服务予以技术和资金支持。

按照成熟市场经济国家的一般经验（见附件），在实行单一制的国家中，中央政府至少应该制定基本的公共卫生服务包、委托地方政府提供相关服务并予以技术和资金支持。在新加坡、新西兰和英国等单一制国家，中央政府甚至直接提供或者参与购买公共卫生服务。

在我国，尽管各地情况不同，但是在国家层面从资金上保证中国每一个地区的每一个居民能够获得公共卫生服务和基本临床服务是非常重要的，其他的卫生服务应该由各省市按照当地的财政状况加入到服务包中。比如，上海市可以通过当地政府的卫生项目和补助并结合地方医疗保险计划，为当地居民提供了更广泛的公共卫生服务包。

由于我国的地域范围较广，中央政府直接提供和参与购买服务可能都不太现实。可行的办法是委托地方政府组织实施，中央政府提供技术和资金保障，同时加强监督和评估。当然，为了履行相关职能，中央政府也需要举办有关研究和监管机构或者向中介机构购买服务。

3. 作为一个财力差距较大的国家，中央政府应该加强转移支付，保证全体国民享受基本的公共卫生服务，并且应该兼顾使用一般目的和特定目的两种支付类型。

由于目前我国地区间财力差异仍然较大，且有不断扩大的趋势。在这种背景下，应该充分发挥国家财政的再分配职能，进一步扩大财政转移支付规模，逐步加大均衡化功能较强的一般目的的转移支付的力度，辅之以特定目的的转移支付来实现宏观调控目标。在公共卫生领域，总体上讲，中央补助资金最好占到全国筹资总额的一半以上。具体到不同省份，这个比例可以有所不同。

在公共卫生领域，也应该逐步缩小特定目的的转移支付比重，提高一般目的的转移支付比重。在现阶段，一些地区的传染病防治负担仍然较重，保留一部分特定目的的转移支付是合理的，但是，用于增强地方公共卫生服务能力的所有转移支付项目应该归并，形成单一的转移支付项目。从长远来看，用于公共卫生项目的专项支付还应该进一步归并到卫生服务乃至政府公共服务能力均等化等更加一般的科目中。

4. 地方政府应该组织实施国家确定的公共卫生服务，负责统筹和匹配资金，并且按照服务对象不同直接举办机构提供服务或者购买服务。

由于绝大多数公共卫生活动与广大老百姓的生活息息相关，地方政府处理这类事务具有较明显的职能优势。因此，大多数单一制国家委托授权地方政府负责提供公共卫生服务，几乎所有的联邦制国家宪法规定地方政府负责组织实施。

需要强调的是，地方政府负责组织实施并不等于直接举办。如前所述，世界银行的一个研究表明，面向人群的公共卫生服务应该由政府直接提供，但是，面向个体的公共卫生服务应该实行购买服务。并且，在我国，包括公立机构在内的各类社会组织的可交待性都不高，因此，有关服务的提供最好能给消费者一定的选择权，至少是“用脚投票”的权利。

5. 中央转移支付资金的分配应该兼顾公平和效率因素，早日实现公式化。

为了防止地方“等、靠、要”和有能力“不作为”的现象，中央转移支付的分配既要考虑地方的服务能力，还要考虑地方的自我努力程度。并且，应该将两类因子整合到一个分配公式中，以降低中央部门间协商的工作压力和促进地方的卫生投资规划。另外，政府应将财政转移支付计算公式、分配办法和分配标准及时向社会公开，以便接受社会监督。

（二）进一步研究的问题

对于政府间事权的划分，成熟的市场经济国家一般通过法律形式加以确定。近年来，中国政府在这方面已经进行了一些尝试，地方政府也在省以下事权划分与财政支出责任安排方面进行了探索。但是，中国仍然是一个转轨国家，明确界定政府间事权也是一个渐进过程，难以一蹴而就。在转轨过程中，以下问题需要进一步研究解决：

1. 我国卫生体制特别是公共卫生体制与政治和经济等宏观体制的关系问题。

国际经验表明，卫生体制受制于政治经济体制，另一方面，卫生体制又是国家认同的一个重要组成部分。比如，全民卫生服务是英国的国家象征。在我国，卫生系统一直处于附属和服从于经济系统的地位；在推行“以人为本”的发展战略中，卫生系统与政治经济体制的关系可能需要重新定位。

2. 地方各级政府如何分担公共卫生服务提供和筹资的责任。

如前所述，地方政府应该承担公共卫生服务提供的绝大部分职责以及筹资的部分责任。但是，我国地方政府有四级之多，改革前景又不明确。在这种情况下，我国政府间公共卫生的职能分工特别复杂。

3. 扩大政府投入和实现政府购买服务的可行性问题。

前面提到，政府应该调整卫生支出结构，加强对公共卫生方面的投入。由于政府卫生总投入并不大，在卫生系统内部调整的余地并不乐观。新增的政府投入可能主要依靠财政支出结构的调整以及新辟财源，比如，提高烟草、酒精消费的税率。在这方面，需要研究的问题包括如何设计税基和税率以及提高税率对社会经济的影响。

另外，政府已经习惯于举办机构，购买服务是一个崭新课题。在这方面，需要研究的问题包括购买什么、向谁购买、如何购买和监管。

附件：

一些市场经济国家的政治体制和公共卫生职能分工

国家	公共卫生系统			政治体制
	治　理	资　助	举　办	
新加坡	中央：集中化的、积极的公共卫生政策	中央：大量补助初级卫生服务、健康促进和疾病控制项目	中央	高度集权制
新西兰	中央：集中化的公共卫生框架	中央：一般税收	地方	单一集权制
英国	中央：框架和拨款	中央：一般税收	中央（地方分支）：向家庭医生购买服务（计划免疫、疾病筛查、健康促进和传染病项目）	单一集权制
日本	中央：对卫生行政进行全面的计划和指导，并发起健康促进运动 地方：分散管理	地方：税收 中央：中央向地方转移支付一部分经费	地区公共团体：负责传染病预防等卫生防疫工作 基层公共团体：除了供水和水处理外，还提供妇幼保健、计划免疫、营养指导、健康教育、健康筛查和40岁以上人群的体检等社区卫生服务	单一分权制
瑞典	中央：监督监测地方的工作 地方：分散管理	地方：税收	地方（健康中心）：学校卫生、个人饮食方面的健康教育、妇幼保健 中央：负责酒精、药品和事故方面的项目	单一分权制
荷兰	地方：分散决策和管理 中央：规定基本服务包，且监督卫生服务质量	地方：税收	地方：由地方自行决定和提供公共卫生服务（一般包括健康促进和教育、计划免疫和公共卫生研究，主要针对年轻人、老人和少数民族）	准联邦制，加上法团主义
德国	地方：分散决策和管理	自我管理型社会保险，和地方税收	诊所医生：健康促进和疾病预防； 地方：监督食品和饮用水质量，进行卫生统计	联邦分权制，加上法团主义
澳大利亚	地方：分散决策和管理 中央：近年来试图加强协调和增加公共卫生投入	多渠道筹资：各级政府、非政府组织、民营产业 中央：根据人口数、死亡率、偏远程度等因素设计中央资源分配公式	基本上归地方	联邦分权制
美国	地方：疾病控制以外的所有公共卫生职责； 中央：负责疾病控制的监督和决策。	地方：税收	地方：提供各项服务。	联邦分权制

资料来源：Blank，R. H. and Viola Burau（2004，pp.32～34；pp. 180～84）.

参考文献

雷海潮等："对中国公共卫生体制建设和有关改革的反思与建议"，《中国发展评论》（中文版），第7卷，增刊1期，2005年3月。

世界银行："中国卫生领域的公共支出与政府的作用"，《中国农村卫生：简报系列5》，2005年5月。

Blank, R. H. and Viola Burau, 2004. Comparative Health Policy. New York: Palgrave Macmillan.

WHO Beijing Office, 2005. 'Universal Access to Essential Health in China'. WHO Policy Note, 13 May 2005.

中日基础设施投资管理比较分析

国务院发展研究中心　张立群

一、基础设施的主要内容

基础设施内容比较复杂，概念可以分为狭义和广义两种。从狭义的角度看，基础设施主要指经济基础设施，包括能源、运输、水利等设施；从广义角度看，基础设施还包括社会事业方面的基础设施，主要有卫生、教育以及其他城市基础设施（水、电、气、热、道路、通信等）。本项研究从广义角度分析基础设施投资。

二、中日基础设施建设所处阶段分析

日本基础设施大规模建设时期已经结束，目前处于维护和改造更新状态。与此相联系，基础设施能力继续提高的速度较慢，投资规模较小，投资水平比较稳定。

中国是一个发展中国家，也是一个正在经历经济体制和经济发展模式转型的国家，从经济发展阶段看，正处于加快工业化和城市化时期，经济体制、法律法规、政府职能等都还处于不够完善的状态。由于这些原因，中国的基础设施投资管理不够严格，但基础设施投资比较活跃，规模较大，增长速度较快。

三、日本的基础设施投资管理模式

通过考察交流，对日本基础设施投资管理的总体印象是：制度和规则比较完善，管理比较严格。政府在各种基础设施投资中的责任划分比较精细，中央政府，都、道、府、县政府，市、町、村政府在基础设施建设的资金提供、项目规划、管理等方面的职责有明确而严密的规定。在此背景下，日本基础设施建设活动程序清楚，秩序良好，地区之间的差异较小，整体协调性较好。不足之处是地方政府发展本地经济的活动受到的限制较多，不利于地方自主地发展基础设施。

四、中国基础设施投资管理模式

本项研究从广义角度分析中国的基础设施投资，由于内容比较多，投资特点也不同，因此，具体划分了能源、交通、水利、城市基础设施和社会事业基础设施等五个方面，分析中国基础设施投资情况。

（一）中国的能源生产和投资情况

1. 能源生产情况。

中国是能源资源相对缺乏的国家，人均储量仅达到世界平均水平的56%。能源结构中，以煤炭为主要能源，目前在一次能源生产中的比重为76%。第九个五年计划（1996～2000年）期间，中国能源生产总量呈现不断下降的态势，年均下降3.7%。第十个五年计划期间（2001～2005年），能源生产则呈现快速增长态势，一次能源总产量由2000年时的10.7亿吨标煤，迅速增加到2004年的18.46亿吨标煤。其中煤炭生产增长最快，产量从2000年时的9.98亿吨迅速增加到2004年的19.56亿吨；石油产量稳定提高，从2000年的1.63亿吨提高到2004年的1.75亿吨。与此同时，二次能源生产能力也迅速扩大。发电量从2000年时的1.35万亿千瓦快速增加到2004年的2.19万亿千瓦。

表1　　2000～2004年中国各类能源产量增长情况

年份	煤炭		石油		天然气		电力	
	产量（亿吨）	增长率	产量（亿吨）	增长率	产量（亿 m³）	增长率	发电量（亿 kwh）	增长率
2000	9.98	-4.5	1.63	1.9	272	7.9	13556	9.4
2001	11.61	16.3	1.64	0.6	303	11.5	14808	9.2
2002	13.8	18.9	1.67	1.8	327	7.7	16540	11.7
2003	16.67	20.8	1.7	1.8	344	5.3	19052	15.2
2004	19.56	17.3	1.75	2.9	408	18.5	21780	14.8

2. 能源投资情况。

“十五”计划时期，随着能源需求的迅速扩大，能源建设投资迅速增长。2000年，中国能源投资总额为3800亿元；2004年，增加到6397亿元。年均增长率达到13.9%。其中煤炭投资年均增长34.3%，电力投资年均增长14.3%。

3. 能源投资资金来源的构成情况。

中国能源建设投资以自筹资金和银行贷款为主。2001～2004年，这两部分投资资金占全部能源投资资金的比重达到90.9%。此外国家预算内投资占4.5%，利用外资占4.6%。总体看，能源投资是以企业为主体的，当然，地方政府在项目确定和资金筹集方面也发挥着重要作用。

表2　　2001～2004年中国能源投资来源情况

年份	合计	预算内投资	国内贷款	利用外资	自筹资金
2001	100	6.3	36.9	6.5	50.3
2002	100	5.6	40.4	5.7	48.4
2003	100	4.3	36.6	4.7	54.4
2004	100	3.2	37.1	2.9	56.8
2001～2004	100	4.5	37.6	4.6	53.3

(二)中国的交通运输发展和投资情况

1. 中国交通运输发展情况。

“十五”计划时期，中国交通运输呈现迅速发展态势。到2004年底，综合运输线路长度达到416万公里，比2000年增加104万公里，增长33%。年均新增线路长度26万公里。其中，铁路营运里程达到7.4万公里，比2000年增长8%；年均增加1375公里；公路里程187万公里，比2000年增加11.7万公里，增长33.4%；民用航空航线里程205万公里，比2000年增加13.7万公里，增长36.4%。2004年底，中国铁路网密度达到7.73公里/万平方公里，公路网密度达到19.5公里/万平方公里。

表3　2001~2004年中国交通运输发展情况（万公里）

年份	线路总长度	铁路	公路	高速公路	内河	民航	管道
2001	347	7	170	2	12	155	2.8
2002	363	7.2	177	2.5	12	164	3
2003	379	7.3	181	3	12.4	175	3.3
2004	416	7.4	187	3.5	12.4	205	3.8

2. 中国交通运输投资情况。

2001~2004年，中国交通运输业投资总额为1.7万亿元人民币，年均增长15.8%。其中公路投资年均增长19.11%；水运投资年均增长31.7%；铁路、航空投资增长速度较慢。与能源投资比较，交通运输投资增长较慢，而垄断性较强的铁路、民航业投资增长更为缓慢。

3. 交通运输投资资金来源情况。

与能源投资比较，中国交通运输投资中政府所占比重较高，但仍然是以自筹资金为主。当然，这包括铁道部、民航总局等投资主体。随着国债投资增加和西部大开发的启动，政府投资和相关的银行贷款投资增长较快，成为交通运输业投资的重要来源。

表4　交通运输业投资的资金来源构成（%）

年份	财政预算内资金	国内银行贷款	外资	自筹资金
2001	15.9	40.2	5.2	38.7
2002	18	36.9	7.1	38
2003	12.1	38.7	3.5	45.7
2004	13.2	36.5	2.8	47.6

(三)中国的水利投资情况

中国目前的水利建设主要包括防洪除涝、江河治理、农田灌排骨干工程、水土保持、水资源保护、供水等方面，主要是公益性或准公益性设施。在水利投资中，以政府投资为主。但与国际比较，政府投资所占比重偏低，投资力度也不足。这些情况，导致中国水利建设相对经济发展速度比较缓慢。“十五”计划期间，水利建设的速度开始加快。

表 5　2001～2003 年水利投资资金来源构成（%）

年　份	合　计	国家投资	国内贷款	外　资	自筹资金	其　他
2001	100	54.1	5.8	4.9	31.3	3.9
2002	100	56.2	6.7	2.5	30.6	4.2
2003	100	49.8	12.3	1.4	33.2	3.3

（四）中国城市基础设施投资情况

城市基础设施作为一个整体看，具有公共产品特征。但进一步分析，还可以划分为公共产品和准公共产品。所谓准公共产品，是具有社会效益和经济效益双重特征的那些产品，例如公共交通、燃气、供水、污水处理、垃圾处理等。改革开放以来，中国的城市基础设施建设投资从政府为主向政府与市场结合的模式转变，出现了财政融资、债务融资、企业积累资金和经营资源融资等四种模式。

财政融资指政府财政投资，包括中央财政专项拨款、城市维护建设税及公用事业附加费、地方财政拨款等三个部分。1990 年以前是城市基础设施建设的主要资金来源，占城市建设资金的 40%左右。1990 年以后逐渐下降，目前仅占 20%左右。

债务融资包括债券融资和银行贷款两种方式。1986 年时，仅占城市建设资金来源的 2.4%。随着市场化改革的推进，这一融资方式在城市建设资金筹集中的作用很快增强，2001 年时，这一融资方式筹集的资金，占城市建设资金的比重已经达到 29.4%。

随着城市公共事业收费和价格改革的实施，经营城市基础设施的企业积累资金增长迅速，在城市建设资金中的比重较快提高。在城市建设资金中的比重，由 1992 年的 9%提高到 2001 年的 16.2%。

经营资源融资主要是指通过土地开发和城市基础设施建设带动土地升值，升值后的土地进行招标、拍卖，从而得到资金的融资方式。目前在城市建设融资中居于重要地位。具体数据还难以准确统计，但从观察角度看，已成为大多数城市建设的主要资金来源。

总体看，中国城市基础设施投资已经从政府为主转变到政府与市场结合的投融资方式。

（五）中国的社会事业投资情况

社会事业包括范围很广，这里重点分析教育和卫生事业的投资情况。主要是因为这两个方面兼有公益性和经济性的特点，政府参与也比较多。

1. 中国的教育事业投资情况。

改革开放以来，随着财政分权的改革，教育事业投资也由中央政府为主转变为由各级地方政府为主，多渠道筹集教育资金的模式。其主要特点是：城市中小学教育资金来源于市、区政府财政拨款、城市教育附加费和学生的学杂费；农村中小学教育资金来源于县乡财政拨款、农村教育附加费、学杂费和社会捐助、集资。在这一资金筹集方式下，学校基本建设大多采取拼盘方式，即政府拨款与多种方式的集资相结合。这种集资模式有效地调动了各方面办教育的积极性，推动了教育事业的发展，但也导致了教育资源分配不均，特别是义务教育资源分配不均。义务教育，特别是农村的义务教育存在比较突出的变相收费现象，导致了很多低收入家庭的子女“上学难”的现象。近年来，随着对义务教育，尤其是农村义务教育的重视，中央政府对这些义务教育的投资开始增加。

2. 中国的医疗卫生事业投资情况。

与教育事业相同，医疗卫生事业投资也随财政分权改变了资金筹集方式，由政府投资为主转向多方面集资为主。医疗卫生机构，主要依靠所在地的政府财政拨款和市场化运行获得的收益，形成投资资金来源。在这一资金筹集方式下，公立医疗机构的比重较快下降。到2002年底，中国的医疗机构中，国有全资占32%、集体全资占18%、私营占46%，联营、股份合作、外资等类型占4%。这一状况，导致了公共医疗卫生服务水平较低、基本医疗服务水平较低的问题。近年来，针对医疗卫生事业发展的这些问题，中国政府正在采取措施加快解决。已经投资建设了覆盖省、地、县三级的疾病预防控制体系；正在加紧建设突发公共卫生事件医疗救治体系；此外，还开展了新型农村合作医疗试点工作和城市社区医疗救助试点工作。

五、比较和借鉴

归纳中国的基础设施投资管理状况，主要特点是：制度和规则不够完善和严密，各级政府在基础设施投资方面的相关职责规定的不够清楚，基础设施投资在项目管理、资金筹集、规划安排等方面基本以企业和地方为主。积极方面是有利于发挥各地方和企业的积极性，加快基础设施建设速度。不足的方面是基础设施建设的整体协调不够，各地区之间的差异较大；由于责任安排不明确，给相关政府管理部门提供了较大的权力运用空间，易于发生权力运用不当和腐败问题。与日本的基础设施投资管理比较，区别比较明显（见表6）。

表6　　中日两国基础设施投资管理方式比较

比较项目	中国	日本
职责清楚，管理严格	否	是
整体协调情况	不够好	较好
各地区设施差异	较大	很小
权力运用	约束不够	约束较强
地方建设积极性	利用较多	利用较少

中日两国基础设施投资管理方式的区别，主要由于经济所处的发展阶段不同，经济体制和其他管理制度形成的历史轨迹不同。相对于其所处的发展阶段的要求，都有其积极方面，也都有其不足的方面。中国需要加快规范基础设施投资管理，将企业和地方多种方式的筹资，转变为规范的财政转移支付方式。这对于提高基础设施投资的整体协调性，消除地区之间基础设施建设水平的差异，规范相关政府部门的权力运用等都有积极作用，也与经济增长逐步由数量型转向质量效益型的趋势相符合。日本则需要在基础设施建设方面给予地方政府更大的运作空间，以适应民主政治发展的要求，这可能需要在财政税收制度方面作一些必要的调整。

政府间事权与财权如何划分：国际经验及其对中国的启示

国务院发展研究中心 张永生

一、引言：政府事权与财权关系

近20年来，分权化成为一个世界性趋势。但是，由于分权涉及到事权和财权两个概念，在讨论分权化时，人们往往对分权的概念缺乏明确的定义。事权通常指支出责任（Expenditure Responsibility），即哪些支出应由哪一级政府来承担；财权则包括两部分，一是自有收入，二是转移支付（这里不考虑地方债等收入）。因此，如果分权是指事权的话，那就意味着支出责任向下一级政府下放；如果分权是指财权的话，则有两种情形。一种是下级政府自有收入（即自有税收）比重增加，一种是转移支付的比重增加。我们用图1表示事权和财权之间的关系。

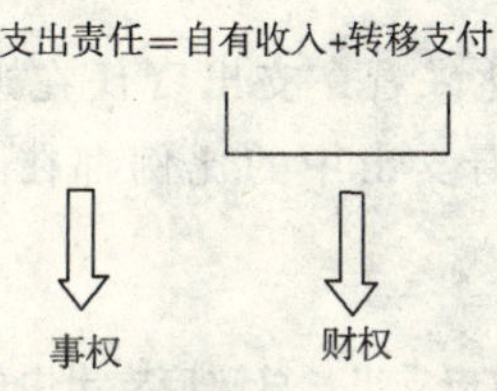

图1 事权与财权之间的关系

从图1可以看出，每一级政府的事权与财权之间的匹配，涉及到上下级政府之间支出责任和自有收入的划分以及转移支付的规模，等等。在关于政府事权与财权的研究中，有一点是没有争议的，即每一级政府的事权与财权最终均应做到相互匹配。主要的争论在于两点：第一点是政府事权与财权如何匹配的问题。从图1可以看出，每一级政府的事权与财权的匹配有三种途径：一是通过调整政府间的事权来达到匹配；二是通过调整政府的自有收入，通常是增加下级政府的税收自主权来实现匹配；三是通过转移支付来实现匹配。第二个争议是，分权如何进行？有人主张支出责任下放，有人更主张税收自主权下放，甚至主张地方要拥有完全的与其支出责任相匹配的税收自主权。

显然，每一级政府的支出责任最终要与其财力相匹配。如果一级政府的支出责任大于自有收入和转移支付之和，就会出现政府服务不足等问题；如果小于自有收入和转移支付之和，则就会出现资源浪费等问题。但是，从各国的实践来看，没有任何一个国家其下级政府具有与事权完全相对应的自有税收权。目前，世界上绝大多数国家的中央政府的收入在全国财政收入中都占绝大多数，而且中央政府的收入远远大于其支出责任；而地方政府的自有收入则远远小于其支出责任。也就是说，中央政府和地方政府在支出责任和自有收入上都存在着严重的纵向财政不平衡（Vertical Fiscal Imbalance），需要通过财政转移支付来进行弥补。政府间纵向财政不平衡和转移支付是各国政府间事权与财权关系的一个基本格局。这种格局的形成，背后有其内在的原因。

由图 1 可知，所谓的分权化实际上有几个维度：一是地方支出责任的提高；二是地方收入自主权的提高；三是地方政府在支出责任和自主收入两方面均得到提高。因此，我们在讨论分权化时，就必须对此加以明确。在接下来的第二部分，我们从支出责任与自有收入两个方面来对各国的分权化进行考察。在第三部分，我们用一个新的理论框架来解释事权与财权的划分问题，并进一步用美国和澳大利亚的案例来进行说明。在第四部分，我们主要讨论中国的政府间事权与财权关系。最后一部分是结论及其政策含义。

二、事权与财权划分的国际趋势

过去二十多年，世界性的分权化更多地表现为支出责任的下放，地方的自有税收在总财政收入中的比重并没有相应上升，在一些国家甚至出现了下降。与此同时，政府间财政转移支付则起着十分重要的作用。通过转移支付的手段，中央政府（上级）对地方政府（下级）的控制总体上有增强的趋势。

（一）政府事权划分的国际趋势

1. 支出责任划分变化趋势。

从各国地方政府支出份额的变化来看，支出责任在近二十年来分权化的趋势比较明显。大多数国家地方政府的支出在总政府支出中的比例都在上升（见表 1）。因此，支出责任的划分呈现明显的分权化趋势。

表 1　　地方政府支出占总政府支出中的比例

	1985 年	2001 年	变化趋势：增或减
联邦制国家			
奥地利	28.4	28.5	+
比利时	31.8	34.0	+
加拿大	54.5	56.5	+
德　国	37.6	36.1	–
美　国	32.6	40.0	+
单一制国家			
丹　麦	53.7	57.8	+
芬　兰	30.6	35.5	+
法　国	16.1	18.6	+

续表

	1985年	2001年	变化趋势：增或减
荷 兰	32.6	34.2	+
西班牙	25.0	32.2	+
英 国	22.2	25.9	+

资料来源：OECD National Accounts；OECD Public Sector Pay and Employment database；OECD Revenue Statistics Norway（转引自 Joumard and Kongsrud，2003）.

2. 各国事权划分遵循的一般性原则。

根据经典的财政理论，政府事权划分主要考虑三个原则，即效率原则、公平原则和经济稳定的原则（Masgrave，1959）。在效率方面，一般而言，政府层级越与服务对象接近，则效率就越高。也就是说，支出责任的划分上应贯彻属地化原则，越分权往往越有效率。在再分配方面则不一样，由于各地的经济发展状况不一致，就需要较高层级的政府统一制定分配政策。在经济稳定方面，中央政府往往具有优势。因此，在效率、公平、稳定三者之间存在着两难冲突。由于各个国家的经济状况、人口、行政设置、文化背景等约束条件不同，故而世界上不存在一种统一的最优标准。对一国是最优的支出责任划分方案，对另一国就不一定是最优。尽管如此，但各个国家的政府间事权划分也有一些共性，即全国性的事务以及教育、健康、社会福利等有关公平的项目由中央政府负责或介入，而地方性事务则由地方负责（见表2、表3）。从事权的具体划分看，各个国家则各有特色（见表4）。

表2 事权划分的一般性原则

公共服务种类	谁制定政策标准和监督	由谁提供和管理
国防、外交、国际贸易、货币政策、外汇、银行业、州际贸易、对个人的转移支付、对工商企业的补贴、移民、失业保险、航空和铁路	中央	中央
财政政策	中央、省	中央、省、地方
规制	中央	中央、省、地方
自然资源	中央	中央、省、地方
环境	中央、省、地方	中央、省、地方
工业和农业	中央、省、地方	省、地方
教育	中央、省、地方	省、地方
健康	中央、省、地方	省、地方
社会福利	中央、省、地方	省、地方
警察	省、地方	省、地方
自来水、污水和垃圾处理	地方	地方
防火	地方	地方
公园和大众娱乐	中央、省、地方	中央、省、地方
跨州公路	中央	省、地方
省级公路	省	省、地方
当地公路	地方	地方

资料来源：Anwar Shah，"The Reform of Intergovernmental Fiscal Relations in Developing & Emerging Market Economies"，Policy and Research Series No. 23，World Bank，1994.

表3　　各级政府在教育、健康、社会保险与福利等支出中承担的比重

国家	年份	总计			教育			健康			社会保险和福利		
		中央	州	地方	中央	州	地方	中央	州	地方	中央	州	地方
澳大利亚	1998	59.9	34.8	5.3	35.4	64.4	0.2	52.7	46.7	0.6	90.8	7.7	1.5
加拿大	1995	41.8	42.5	15.7	8.1	53.0	38.9	15.0	83.7	1.3	64.2	31.7	4.1
丹　麦	1995	56.3	—	43.7	52.2	—	47.8	7.9	—	92.1	48.8	—	51.2
法　国	1993	82.3		17.7	62.2		37.8	97.3		2.7	92.0		8.0
德　国	1996	59.2	24.1	16.7	2.6	69.1	28.3	71.8	12.8	15.4	78.0	11.1	10.9
荷　兰	1997	76.6		23.4	85.1		14.9	94.9		5.1	84.4		15.6
英　国	1998	78.0		22.0	33.2		66.8	100.0			79.7		20.3
美　国	1997	53.7	25.3	20.9	5.3	43.3	51.4	56.6	32.7	10.7	70.6	21.2	8.2

资料来源：International Monetary Fund，Government Finance Statistics Yearbook，Vol. 23（Washington，DC：IMF，1999）

表4　　世界11国事权的具体划分

	奥地利	比利时	丹麦	法国	德国	意大利	荷兰	挪威	瑞典	瑞士	英国
中小学	R，L	R，L	L	R，L	R，L	R，L	L	L	L	R，L	L
职业和技术培训	R	R，L	—	R，L	—	R，L	L	R，L	L	R，L	L
高等教育	—	R，L	—	—	R	R，L	—	—	—	R	L
成人教育	L	L	L	L	R，L	R	L	R，L	R，L	R，L	L
医院	R，L	R，L	R	L，D	R，L	R，L	R，L	R，L	R	R，L	L
个人健康	R，L	L	R，L	L	R，L	R，L	L	L	R	R	L
家庭福利服务	R，L	R，L	L	L，D	R，L	R，L	L	L	L	R，L	L
垃圾收集和处理	L	L	L	L	L	L	L	L	L	R，L	L
小区供暖	L	L	L	L	L	L	L	L	L	R，L	L
自来水供应	L	L	L	L	L	R，L	L	R，L	L	R，L	L

说明：R表示州或省政府，L表示当地政府，D表示法国的部

资料来源：Jorge Martinez - Vazquez，"The Assignment of Expenditure Responsibilities"，Paper presented in Intergovernmental Fiscal Relations and Local Financial Management Course，Chiang Mai，Thailand，February 2 - March 5，1999.

（二）政府间财权划分的国际趋势

如果不考虑地方债和其他收入，则一级政府的财权主要包括自有收入和转移支付两大部分。其中，自有收入是事前的收入，而转移支付后的收入则是事后收入。我们这里主要研究各级政府自有收入即事前收入的划分（税收的划分）。在政府间财权的划分上，大多数理论都倾向于财政分权，强调地方政府要有财政自主权（fiscal autonomy）、有效的问责机制（accountability）、地区之间要有税收竞争。但有趣的是，各国政府间财政收入划分的实际变化趋势与大多数的理论主张却并不一致。

国际经验表明，地方政府的自有收入并没有出现分权化的趋势。近二十年来，多数国家

地方政府的自有收入在总的政府收入中的份额基本稳定或出现下降；少数份额提高的国家，其提高的幅度也没有支出份额提高的幅度大。这样，地方政府支出和收入之间的差距越来越大，亦即支出责任与其筹资能力越来越不对称。这就导致纵向财政不平衡的问题更加严重，地方政府越来越依赖于中央政府的转移支付。因此，在支出责任表现为分权化的同时，中央政府通过转移支付的手段对地方政府的控制权则进一步加大（见表5）。

表5　地方政府收入在总政府收入中的比例

	1985	2001	变化趋势：增或减
联邦制国家			
奥地利	24.6	21.4	-3.2
比利时	11.4	11.3	-0.1
加拿大	50.4	49.9	-0.5
德　国	31.9	32.4	+0.5（-0.5）
美　国	37.6	40.4	+2.8（+7.4）
单一制国家			
丹　麦	32.3	34.6	+2.3（+4.1）
芬　兰	24.8	24.7	-0.1
法　国	11.6	13.1	+1.5（+2.5）
荷　兰	11.4	11.1	-0.3
西班牙	17.0	20.3	+3.3（+7.2）
英　国	10.5	7.6	-2.9

说明：括号中数字为支出份额的变化。

资料来源：OECD National Accounts；OECD Public Sector Pay and Employment database；OECD Revenue Statistics Norway（转引自 Joumard and Kongsrud，2003）。

三、纵向财政不平衡：一种新的理论解释及案例分析

为什么在世界性的分权化背景下，支出责任（事权）出现明显的分权化趋势，而各国收入集权化的格局以及纵向财政不平衡（Vertical Fiscal Imbalance）的格局却不仅没有缩小的趋势，而且在很多国家反而越来越严重？

（一）纵向财政不平衡的理论

目前，大致有三种理论思路来解释纵向财政不平衡。第一种是经典的财政理论（Tiebout，1956；Masgrave，1959；Oates，1972）。它们用政府的三大职能，即资源配置效率、社

会公平和经济稳定来解释中央财政占主导的现象。这种理论更多地只是提供了一个概念性的框架，不能回答为什么一定会出现纵向财政不平衡。相反，这种理论将中央政府财政存在的必要性主要归于外部性问题或规模经济的需要，本质上更强调分权的重要性。这种理论看似可以解释各种现象，但却缺乏精确的可度量性，反而降低了其解释力。

第二种理论思路同税收的可持续性和税收最大化相关，将政府间纵向财政不平衡看作是现有经济结构和税收结构下实现税收最大化的结果。一些强调激励机制、受益人原则、财政自主权、问责制、信息问题、税收流动性、税收竞争、税收成本、溢出效应等的理论，都可以归于这一理论框架下（比如，Breton，1996；King，1984，Scott，1952；Hicks，1978；Courant，Gramlich & Rubinfeld，1979；Boadway & Tremblay，2005）。这就是说，政府间纵向财政不平衡是为了最大化国家的总税收。如果改变这种状况的话，则不仅一个国家总的税收会下降，而且会出现税源在不同地区的转移，或者增加税收成本等问题。这里隐含的前提是，这种纵向财政不平衡是由一个全能的计划者为了保证税收最大化和可持续而设计的。而且，在纵向财政不平衡格局的形成上，这些理论往往相互冲突，即有些理论强调分权的好处，而有些则强调集权的好处。

第三种理论是宪政经济学的思路。从宪政经济学的角度来探讨财政问题实际上又有三种不同的分支。其中之一是强调分权。以布坎南为代表的经济学家，从内生公共产品的思路来内生政府职能，并对政府持强烈的不信任态度，认为只要是市场能够提供的公共产品，政府就不必干预（Buchanan，1965；Brennan & Buchanan，1980）。根据这种思路，他们自然对中央政府控制大部分财政收入并通过财政转移支付手段来解决地方政府财政不平衡的做法持强烈的反对态度，因而主张地方财政分权。其中之二是以汉密尔顿为代表的联邦主义者（Hamilton，Madison & Jay，1787）。他们更多地强调中央政府集权的好处。在汉密尔顿时代，美国联邦主义者的主要目标是在邦联的基础上成立全国性的联邦政府。尽管他们当时不仅没有明确要求中央财政占全国财政收入的主体，反而还信誓旦旦地声称要限制中央政府的权力，但他们的基本思想却是强调建立一个全国性的联邦政府的好处。我们可以将其主张归纳为强调中央集权的财政思路。其中之三是以温格斯特为代表的经济学家（Defigureiredo & Weingast，1997；Weingast，2005），他们强调中央与地方相互制衡对于一个联邦（或国家）自我执行的重要性。他们强调，一个联邦（或国家）如果要自我执行，就要解决所谓的联邦悖论问题，即中央政府和地方政府之间必须形成有效的制衡关系。如果中央政府过于强大，则地方政府的利益就会受到侵犯；如果地方政府过于强大，则中央政府的利益就会受到侵犯。这两种情况都有可能带来危机，从而导致联邦的解体。一个具有自我执行功能的联邦，正是在一次次的危机冲击（crisis shock）下最终形成的。这种强调中央政府和地方政府相互制衡的观点，同经济学强调一般均衡的概念相吻合。

张永生（2005）在温格斯特的联邦悖论的基础上，用一种新的分析框架对上述三种宪政经济学的思路进行了调和。他进一步将温格斯特中的政府控制权分解为两个维度，即人事控制权和财政控制权。这两个变量在上下级政府之间可以形成四种组合，它们可以涵盖世界上所有类型的政府间关系（见图 2)。在强调上、下级政府间有效的纵向制衡的同时，这种分析框架也强调对政府权力的横向制衡。它整合了布坎南和诺斯等人关于经济发展绩效取决于政府机会主义行为导致的内生交易费用高低的观点。对政府权力的横向制衡，其实质就是关于政府与市场的关系，而政府职能则是在公民权利的基础上内生出来的。

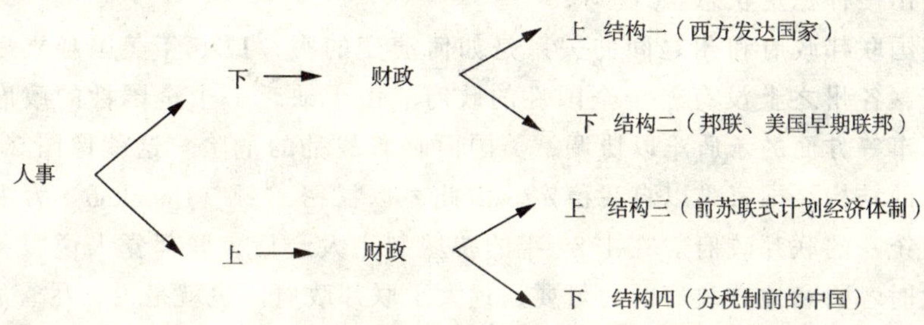

图2 政府间关系的四种结构

注："下"表示"由下至上"，"上"表示"由上至下"。比如，人事权"下"表示权力是由下至上，即各地方政府官员由选举产生，不受上级控制；"下"则表示各地方政府官员由上级控制。财政权"上"表示上级控制主要财源；"下"则表示下级控制主要财源。

我们对图2的结构进行解释。其中，结构一表示人事权是"由下至上"，而财政权则是"由上至下"，即地方官员经由选举产生而非上级任命，上级政府则控制主要财政收入。西方发达市场经济国家的政府间关系都可以归结为结构一。由于上下级政府分别通过人事权和财政权形成了有效的相互制衡关系，这种结构就是一种具有自我执行功能的结构。结构二则是一种弱中央的结构，类似美国的邦联和早期的联邦，中央既不能控制地方的人事任免，也不能控制地方的财政，因而是一种不稳定的结构。结构三则是一种强中央的结构，类似前苏联的体制，中央不仅控制地方的人事任免，而且控制地方的财政。这种结构由于中央政府太强大，很容易侵犯地方政府的利益，因而也是一种不稳定的结构。结构四是一种相对均衡的结构，类似于改革后、分税制前中国的财政联邦体制。但是，由于中央政府控制地方的人事任免，地方政府从根本上说并不真正具有同中央政府讨价还价的能力。

可见，只有结构一才真正符合温格斯特所说的具有自我执行功能的结构，结构二和结构三都不具有自我执行功能。结构四则由于在制度设计上存在内在冲突而难以长期持续。下面用我们的分析框架来解释美国和澳大利亚的政府间关系的演变。在早期，美国联邦政府和澳大利亚联邦政府都是不折不扣的弱政府，联邦政府既无法控制地方的人事，也无法控制地方的财政，而地方政府则属于强政府，呈现出"地方强、中央弱"的格局。这就是图2中的结构二。根据温格斯特和我们的理论，结构二是一种不稳定的结构。在一系列的危机冲击下，这种结构要不走向结构一的具有自我执行功能的稳定的联邦，要不就会因为地方力量太强大而导致联邦的解体。

（二）美国案例：联邦和州关系的演变（Wallin，2001；Fox，2001）

美国自1776年独立以及1787年联邦政府成立以来，联邦政府与州政府之间的关系经历了三个阶段，即"分权→集权→分权"。在大危机及"第二次世界大战"之前，联邦政府力量非常弱小（结构二）；第二次世界大战至20世纪80年代，联邦政府财政能力得到大大强化（结构一）；80年代以来，支出责任出现分权化的趋势，但这种分权仍然维持结构一的框架内。也就是说，联邦政府虽然下放了部分支出责任（事权），但仍然控制着全国的大部分财政收入，并通过转移支付来对州政府施加控制；而州政府的人事权则不由联邦政府控制，从而具有对联邦政府说"不"的能力。这样，联邦政府和州政府之间就形成了一种相互制衡的关系，呈现出一种稳定状态。

那么，美国联邦政府和州之间的关系是如何演变的呢？1776 年美国独立后，美国只是一个邦联国家，各州之上没有一个全国性的政府。由于缺乏一个全国性的政府，各州在关税、贸易、军事等方面的矛盾难以协调，美国面临着战乱的危险。这就像图 2 中的结构二，不是一种均衡的结构，国家难以自我稳定。因此，以汉密尔顿（Hamilton）为主的联邦党人极力主张建立统一的联邦政府。在 1787 年的费城制宪大会后，联邦党人说服各州成立了联邦政府，但此时各州和地方政府的力量要远远大于联邦政府。也就是说，尽管成立了联邦政府，但这个全国性的政府权力非常有限。具体表现为，联邦政府除了不能控制各州和地方的人事外，财政力量也非常弱小。根据 Article 1，Section 8 的列举权力条款（enumerated powers clause），对联邦政府的权力进行列举。而且，由于担心联邦政府日后权力扩张，又通过了宪法修正案，即权利法案（Bill of Rights），规定那些宪法未授予联邦政府也未禁止给州的权力归各州，即“剩余权归各州”。大多数的人当时都以为，这些宪法条款足以保证对联邦政府权力的限制，从而保证联邦政府维持一个小政府。

但是，根据温格斯特和我们的理论，由于联邦政府太弱小而各州力量太强大，这种政府结构不会是一个稳定和有效的结构。这种结构面临着“要不解体，要不向稳定的结构演变”的问题。美国的历史证实了我们的理论。根据温格斯特（2005），一系列的危机冲击是这种演变的驱动力。在 20 世纪，美国全国性联邦政府的权力得到了显著增长，这种增长并不是人为设计的结果，而是美国国家稳定的内在要求。导致美国联邦政府与州政府之间关系变化的标志性事件包括：

——1776 年，美国 13 州发表独立宣言（Declaration of Independence），宣布独立，形成联邦。各州具有完全的主权，各州之上没有设置一个全国性的政府。

——1819 年，美国最高法院对 McCulloch v. Maryland 案例的判决，宣布美国国会对宪法具体规定之外的事情有隐含的立法权。而且，当联邦和州法律产生冲突时，联邦的法律至上。

——1861～1865 年，南北战争。由于各州力量太强而联邦政府力量太弱，如果某些州的利益与其他州或全国的利益发生冲突，则联邦就很容易面临解体。美国南北战争就是一个例子。当时实行奴隶制的南方要分裂，整个美国联邦面临瓦解。在南北战争后，联邦政府的地位得到大大强化。根据胜利的北方的观点，合众国是全体美国人民的国家，而不再只是各州的联合体（Union was a nation of people，not a compact of states）。因此，任何州不得从合众国中分裂出去。

——20 世纪上半叶，受来自国内和国外的危机的影响，政府权力的集权化趋势大大加强。

国内：20 世纪 20 年代大危机。罗斯福总统的国家干预。社会保险、最低工资法等，使联邦政府的权力范围和责任大大加强。各州为何接受这种扩充联邦政府权力的措施？因为没有更好的解决之道。

国外：第一次和第二次世界大战，联邦政府收入筹措能力大大提高。为准备第一次世界大战，宪法第 16 次修正案授予联邦政府征收个人收入税的权力。开战后，税率提高，征收范围也扩大。战争结束后，税率下降，但再也不能回到战后的水平。第二次世界大战时，税率和税源再次提高和扩充。1927 年联邦收入只占州和地方收入的 58%，但到 1952 年，则为

170%。

——20世纪下半叶，第二次世界大战结束，美国实施国家经济振兴、士兵退伍、跨州公路、打击犯罪、削减贫困等计划，使联邦政府财政援助占据了中心的角色，从而联邦政府权力大大增强。

最终，联邦拨款演变成一种“自愿原则”。也就是说，联邦政府集中的大部分财力并不一定非得下拨给某州，而是拨给那些申请过的符合联邦政府条件的州。如果州不申请，就无法得到联邦政府的拨款。这样，联邦政府对各州的控制力就大大增强。

在过去的二十年，美国也出现了所谓的分权化趋势。表面上看起来，美国无论在支出还是收入方面都正变得越来越分权化。第一，美国各州和地方政府的支出份额在总财政支出中的比重越来越高，而州和地方政府的自有收入占总财政收入的份额也有所提高。第二，联邦政府的支出份额在总财政支出中的份额越来越低，而收入份额则有所下降（参见 Fox, 2001）。

但实际上，美国的分权化并不像看起来的那样明显，而联邦对州的控制力则反而在增强。第一，联邦税收占 GDP 的份额基本稳定；第二，联邦税收在总税收中份额的下降是因为州和地方税收在 GDP 份额的增加；第三，联邦也没有对州和地方进行大的权力下放；第四，州和地方支出的增加主要是因为联邦配套项目增加，而州和地方对此并没有控制力；第五，联邦对收入的控制权正有效地增强；第六，联邦政府的转移支付占州总收入的比重高达 26%（1998 年），且几乎全部用于具体项目拨款（specific grants）。这意味着各州必须依赖于联邦政府（Fox, 2001）。

因此，美国最初关于联邦与州之间关系的制度设计并不能形成均衡，而历史上的一系列危机则为联邦提供了一个走向稳定均衡的契机。如果说美国立国之初的宪政很大程度是人为设计的，那么现在联邦和州的关系则是一个从结构二向结构一自发演进的结果，与当初的设计已经大为不同。目前所谓的分权化，也只是在结构一的框架下进行，不可能再回到过去结构二的框架。

（三）澳大利亚的案例：纵向财政不平衡如何形成

澳大利亚的情况同美国十分相似，联邦政府的权力也是一步步由弱到强的（Dollery, 2002）。1901 年 1 月 1 日，当 6 个自治的英国殖民地组成联邦时，联邦政府只在一些国际事务，像国防、外贸和移民等方面有几项列举的权力，其财政能力也非常弱小，而州政府则控制重要的公共服务，像教育、健康、法律和秩序，而且拥有剩余权力（Watts, 1999）。在这种情况下，人们普遍认为，澳大利亚的宪法将保证各州的财政独立于联邦政府。但是，事实并不是这样。

澳大利亚联邦成立之初的状况就是图 2 中的结构二。这种结构是一种不稳定的政府间结构，不具有自我执行的功能。它同样面临着“要不就解体，要不就演进到稳定的结构一”的问题。这种演变的动力，正是温格斯特所说的“危机冲击”。

根据最初的宪法，联邦权力列举，剩余权归各州。这是一种弱中央强地方的结构二。此后，联邦政府权力一直不断提高，联邦财力不断增强，而各州权力不断削弱。1915 年，为了满足第一次世界大战的需要，联邦政府开始征收个人收入税。1942 年，为了筹措战争经费，联邦政府对征收个人收入税有垄断权，其结果导致各州不得不依靠联邦政府的转移支付，而联邦拨款的条件则取决于联邦政府认为是否妥当而定。通过转移支付，联邦政府对州的控制权大大增加。在澳大利亚，联邦政府的转移支付有45%为一般性拨款，但在过去的二十年，具体项目拨款的比重则持续提高。尽管澳大利亚各州和很多经济学家一致努力扩大各州的财政自主权，但这种努力始终收效甚微。

因此，澳大利亚联邦政府与州政府间的关系也是从不稳定的结构一向结构二演变的过程。而演变的动力，则是历史上发生的一系列危机，包括两次世界大战以及大危机等。在结构二的条件下，联邦政府和州政府间的关系成为一种具有自我执行功能的稳定关系。

四、中国政府间事权与财权的划分

（一）中国政府间关系的演变及存在的主要问题

中国中央和省级政府之间的关系以及省与地方之间的关系可以划分为几个阶段。在改革开放前，中国的政府间关系类似结构三，即上级政府不仅控制下级政府的人事任免，而且控制地方的财政。改革开放后，中国实现了“分灶吃饭”的财政包干制，被国际学术界称为财政联邦制（fiscal federalism)。这种结构就是结构四，即中央政府控制下级政府官员的任免，但不控制地方的财政，地方财政收入在全国财政收入中占多数。这种结构是一种相对有效的结构，它能够较为有效地限制上级政府的机会主义行为，从而激发下级政府的积极性。1994年中国实行分税制以来，中央政府的财政收入迅速提高，中央政府和省级政府之间的关系从结构四向结构三转变，而省级政府和地方政府之间的关系也呈现结构三的特征。在结构三中，上级政府不仅控制下级政府的官员任免，而且控制地方的财政收入，因为下级政府很大程度上依靠上级政府的转移支付。

可见，在纵向政府间关系上，就财政资源的集中程度而言，中国和发达市场经济国家正在趋同，即上级政府控制下级政府主要财政收入，下级政府很大程度上依赖上级政府的转移支付。区别主要在于，发达市场经济国家下级政府官员不受上级控制，从而使其有能力和动力代表当地居民同上级政府讨价还价。正是由于这种区别，中国的下级政府既缺乏对上级政府的谈判力，也缺乏足够的动力去同上级讨价还价。

在结构三的情况下，由于上级政府既控制下级政府的人事任免，也控制地方的财政收入，就会出现温格斯特所说的上级政府侵犯地方政府利益的情况，即将支出责任尽量推给下级政府，而尽量保留财权，从而导致基层政府出现事权过大，财权不足的情况。

第一，基层政府服务不足。由于基层政府支出责任普遍大于其财政能力（转移支付后），导致其无法向当地居民提供足够的公共服务。目前，中国基层财政困难是一个普遍存在的问题，很多地方政府的财政只能满足“吃饭财政”，即发放工资和维持基本的运转，根本无力提供更好的政府公共服务。

第二，地方政府向市场寻租。在结构三的情况下，由于上、下级政府间缺乏有效的制衡，上级政府对下级政府的机会主义行为就会导致下级政府财政困难，而在缺乏有效的横向权力制衡的情况下，下级政府就会有动力和压力去向市场寻租，不得不通过各种形式来增加收入，以缓解经费紧张的压力。比如，乱收费、摊派，等等。

第三，变相举债。根据《中华人民共和国预算法》第二十八条，地方各级预算不列赤字，除法律和国务院另有规定的外，地方政府不得发行地方政府债券。但是，现有的基层政府为了缓解经费压力、追求高 GDP 增长和政绩工程，往往以各种形式变相举债。根据魏加宁等人（2003）的报告，地方政府各种形式的负债已经到了一个非常严重的地步。也就是说，地方政府变相举债同现有纵向政府关系的失衡大有关系。

（二）相关讨论

1. 关于所谓国家能力问题。

在 1993 年前，由于中国实现财政包干制，中央政府的财政收入占全国财政收入的比重只占小头。这种情况被很多人视为中国“国家能力”不足的一个表现。因此，一些人呼吁，为了提高国家能力，中央政府有必要提高其财政收入在全国财政收入中的比重。这种观点需要进一步讨论。诚然，世界上几乎所有国家的中央（或联邦）政府的财政收入在全国财政收入中都占大头，而中央政府的支出责任都占小头；但是，这种观察只看到了问题的一面而忽略了另外一面。也就是说，这些国家的中央政府无法控制地方的人事任免，从而中央政府不太容易侵犯地方政府的利益，而地方政府也有足够大的谈判能力和激励去为当地居民争取利益。如果只是简单地提高中国中央财政的能力，而忽略西方国家制度的另外一面，则中国的政府间结构就会向结构三演变，而不是向稳定有效的结构一演变。在这种情况下，上级政府往往会对下级政府产生机会主义行为。尽管中国在 1994 年分税制前实行的财政包干制时，中央财政只占全国财政收入小头的情况为世界所仅见，但中国经济却呈现出繁荣增长的局面。因此，在所谓国家能力的背后，还有更深层的制度问题。

2. 关于地方层级问题。

在现有结构三的中国政府间关系下，由于上级政府的控制能力远远大于下级政府，上级政府往往出现对下级政府的机会主义行为。这样，政府层级越低，则其财政就会越困难。因此，根据本文的分析框架，政府层级的减少有利于缓解中国基层政府的财政困难。但是，政府层级减少到何种程度为最优，则是一个管理学上的问题，需要进一步讨论。在设计中国政府层级的改革方案时，很多人建议采用美国、日本和欧洲等国家的三级政府架构。本文无意得出中国究竟设置多少层级政府才是最优的结论，只是要指出，在设计中国的政府层级时，需要考虑到中国有别于其他任何国家的独特因素，即中国的人口高达 13 亿之巨。在三级政府的架构下，日本 47 个都（道、府、县）每个的平均人口只有 270 万，而美国 50 个州的州平均人口也只有 588 万。如果参照美国各州 588 万的平均人口规模来设置，则中国 13 亿人口要设置 221 个省级区划。从管理学的角度看，一个中央政府要同 221 个省级政府打交道，不太可能会有效率。如果按照美国的划分在中国设置 50 个省，则每个省的人口也会高达 2600 万，相当于一个中上等人口规模的国家；而根据这些国家的经验，中国 2600 万人口的省也同样需要组成三级政府架构才有效率。因此，中国最优的政府级次设置究竟是三级还是四级，以及每一级政权下面又横向设置多少区划，则不是一个可以轻易下结论的问题。中国可能要进行广泛的制度试验才能找到答案。

五、结论与政策建议

本文通过对各国支出责任（事权）与自有税收权的变化趋势进行国际比较，发现了一个非常有趣的现象，即各国的支出责任出现明显的分权化趋势，但收入却呈现明显的集权化的格局。中央政府（联邦）与省（州）级政府之间以及省（州）级政府与地方政府之间，都存在着严重的纵向财政不平衡（Vertical Fiscal Imbalance）的现象。由于下级政府严重依赖上级政府的财政转移支付，这使得上级政府可以对下级政府施加有效的控制。与此同时，由于上级政府无法控制下级政府的人事权（地方官员民选），下级政府又有足够的能力和激励代表本地居民同上级政府讨价还价。在温格斯特联邦悖论的基础上，本文运用一个新的分析框架对这些现象进行解释。我们并用此框架解释了美国以及澳大利亚的政府间关系的历史演变。

我们的研究对于中国进行政府间事权与财权划分改革具有明显的政策含义。中国省级以下政府间关系呈现出结构三的特征。在这种结构下，上级政府往往容易侵犯下级政府的利益，上级政府倾向于将支出责任下放，而将财政收入集中，其财政转移支付不足以满足基层政府的需要。因此，基层政府普遍出现财政困难。根据发达市场经济国家的经验，上级政府在不能控制下级政府的官员任免的情况下，往往控制下级政府的主要财政收入，以对下级政府施加控制。因此，从根本上说，中国基层政府的财政困难不可能主要依靠增加基层政府的税收自主权来实现，而应该改变地方官员的产生方式，以形成结构一中的上下级政府间纵向制衡关系，提高下级政府对上级政府的谈判能力。在这些制度问题解决之后，规范的财政转移支付就会有稳定运行的基础。

参考文献

Anwar Shah, "The Reform of Intergovernmental Fiscal Relations in Developing & Emerging Market Economies", *Policy and Research Series* No. 23, World Bank, 1994.

Boadway, Robin, and Tremblay, Jean - Francois, 2005: "A Theory of Vertical Fiscal Imbalance", Working Paper of Queen' s University, Canada.

Brenan, J. & Buchanan, J., 1980: *The Power to Tax*: *Analytical Foundations of a Fiscal Constitution*, New York: Cambridge University Press.

Breton, A., 1996: *Competitive Governments*: *An Economic Theory of Politics and Public Finance*, Toronto, Cambridge University Press.

Buchanan, J. 1965: "An Economic Theory of Clubs", *Econometrica*, 33, 1 - 14.

Courant, P., Gramlich, E., and Rubinfeld, D., 1979: "The Stimulative Effects of Intergovernmental Grants: Or Why Money Sticks Where It Hits", in P. Mieszkowski and W. Oakland (eds.), Fiscal *Federalism and Grants - in Aid*, Washington: The Urban Institute, pp. 79 - 95.

Defigureiredo, Rui J., & Weingast, Barry R. (1997): "Self - enforcing of Federalism: Solving the Two Fundamental Dilemmas", Mimeo, Standford University, April, 1997.

Dollery, Brian, 2002: "A Century of Vertical Fiscal Imbalance in Australian Federalism", *History of Economics Review*, 36, 26 - 43.

Fox, William F., 2001: "Decentralization in the United States: Where has the Country Headed?", Paper submitted to the International Symposium on Fiscal Imbalance, September 13 - 14, Canada.

Hamilton, A., Madison, J., & Jay, J., 1787: *The Federalist Papers*, http: //www.foundingfathers.info/federalistpapers/.

Hicks, U.K., 1984: *Federalism*: *Success or Failure*, London: Macmillan.

International Monetary Fund, Government Finance Statistics Yearbook, Vol. 23 (Washington, DC: IMF, 1999).

Jorge Martinez - Vazquez, "The Assignment of Expenditure Responsibilities", Paper presented in Intergovernmental

Fiscal Relations and Local Financial Management Course, Chiang Mai, Thailand, February 2 - March 5, 1999.

King, D. 1984: *Fiscal Tiers: The Economics of Multi - Level Government*, London: Allen and Unwin.

Kongsrud, Per & Joumard, Isabelle, 2003: "Fiscal Relations across Government Levels", *OECD Economics Department Working Papers*, *No*. 375, OECD Publishing.

Musgrave, R. 1959: *The Theory of Public Finance*, New York: McGraw Hill.

Oates, W., 1972: *Fiscal Federalism*, New York: Harcourt, Brace and Jovanovic.

OECD National Accounts; OECD Public Sector Pay and Employment database; OECD Revenue Statistics Norway.

Rattso, Jorn, 2003: "Fiscal Federalism in the European Union: Lessons from Decentralized Government", Working Paper, Department of Economics, Norwegian University of Science and Technology.

Scott, D.A., 1952: "The Evaluation of Federal Grants", *Economica*, Vol. 19 (2), pp.377 - 394.

Tiebout, C., 1956: "A Pure Theory of Local Government Expenditure", *Journal of Political Economy*, 64, 416 - 424.

Tommasi, Mariano, 2001: "Notes on Fiscal Federalism", Mimeo.

Wallin, Bruce A. 2001: "Forces Behind Centralization and Decentralization in the United States", Paper submitted to the International Symposium on Fiscal Imbalance, September 13 - 14, Canada.

Watts, R.L. (1999): Comparing Federal Systems (second Edition), Kingston: Queen' s University.

Weingast, Barry R. 2005: "The Constitutional Dilemma of Economic Liberty ", *The Journal of Economic Perspectives*, Vol 19, No 3.

张永生:"从国际经验看中国财政转移支付的改革路径",国务院发展研究中心《调查研究报告专刊》,2005年第32期(总408期)。

关于政府间事权划分的访日考察报告

国务院发展研究中心 魏加宁

2005年9月25日至10月1日，作为与日本财务省财务综合政策研究所共同研究项目的活动之一，国务院发展研究中心宏观经济研究部组团赴日本就政府间事权划分问题进行了实地考察，先后到新泻、北九州等地与各级地方政府及相关机构进行座谈，并到东京听取了中央政府有关部门官员的介绍。现将此次考察的成果初步汇总整理如下：

一、日本各级政府间关系的总体框架

欲了解日本各级政府间事权是如何划分的，首先需要对日本各级政府之间的总体框架和各种关系有一个大致的了解。

日本政府由中央政府、都道府县以及市町村三类行政组织所组成。其中，中央政府代表国家，而地方政府包括都道府县和市町村，统称为“地方公共团体”。

首先，根据日本《国家行政组织法》的有关规定，日本中央政府的机构设置如图1所示。

其次，日本的地方政府通常被称作“地方公共团体”。所谓“地方公共团体”就是指“以一定地区为基础，以该区域的居民为成员，并承认有权由居民自治来处置当地事务的自治团体”①。

日本的“地方公共团体”按照种类和性质又可以划分为：①“普通地方公共团体”和②“特别地方公共团体”两大类。

（一）普通地方公共团体

所谓“普通地方公共团体”是指在全国地方公共团体里面在组织、事务、权力职能等方面具有一般性而普遍存在的自治团体，其存在的目的在于提高当地居民的福利水平。“普通公共团体”包括都、道、府、县、市、町、村等地方政府组织。其中，市、町、村为一级，位于最基层，被称为“基础自治体”（相当于基层政府），根据2005年10月1日最新统计，日本全国的市町村总数为2216个。介于中央政府与基础自治体之间的都、道、府、县为一级，被称为“广域自治团体”，目前共有47个，其中“都”指首都东京都，“道”为北海道，

① 《大日本百科辞典》，第15卷，第12页。

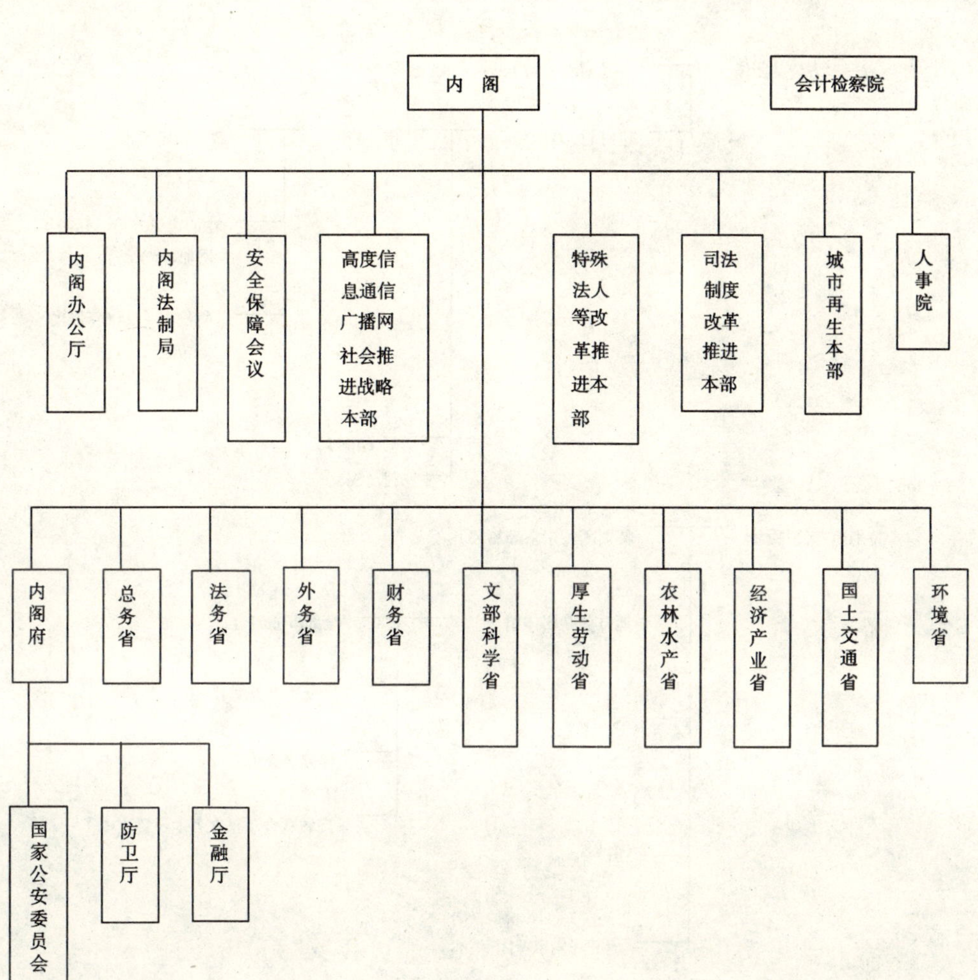

图1 日本中央政府的机构设置（2003年）

资料来源：《日本的行政，2003年》，财团法人 行政管理研究中心编辑出版，进荣社印刷，2003年。

其余为“府”或“县”。

首先，都、道、府、县属同一级政府。其名称上的差异只是由于历史沿革所致，并不具有组织上和功能上的基本差异。但是，“都”（东京都）在特别区制度以及议会议员定员等方面有一定的特殊规定。“道”（北海道）在机构设置上与府县有所区别。

其次，市、町、村属于同一级政府。其名称的不同既表示了规模的不同，也具有一定的性质上的差异。

作为“市”，其基本条件有国家统一规定①：①拥有人口在5万人以上；②在中心市街地区内的户数占全体户数的60%以上；③城市人口（指从事工商业及其他城市性业态的从业人口等）占全体人口的60%以上；④上述（1）～（3）以外，都道府县有关条例所规定

① 参见：《通过图表来理解地方自治法》，地方公务员升任考试问题研究会编，学阳书房，2003年。

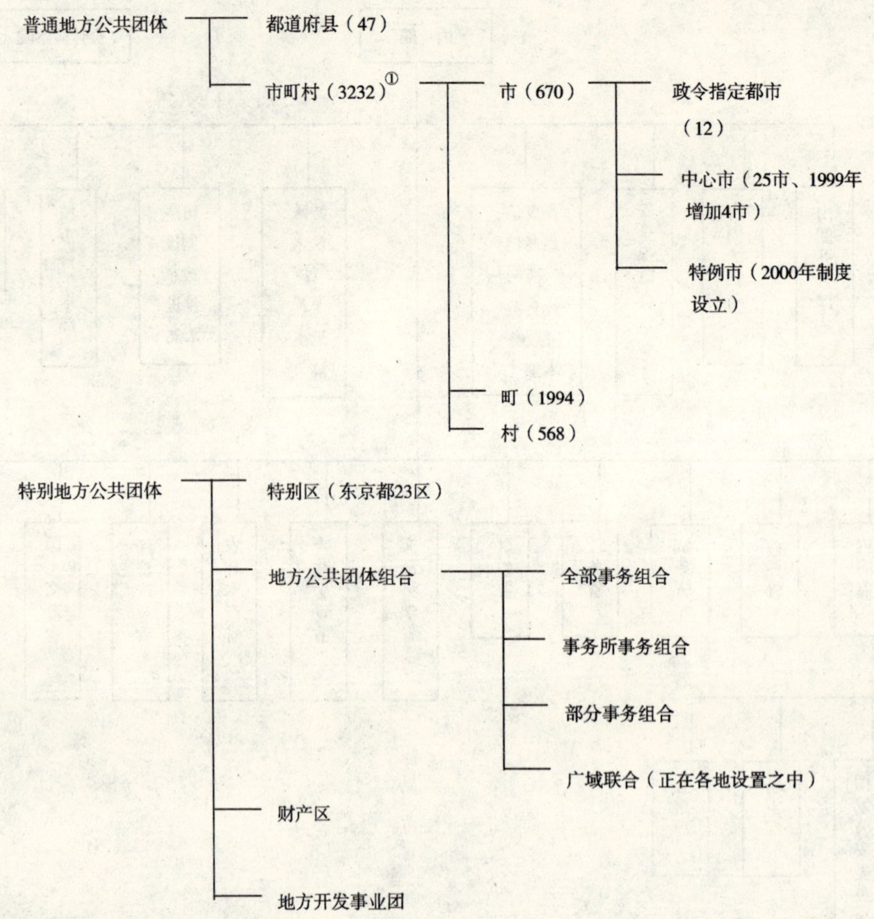

图 2 日本“地方公共团体“的种类、数量（截至 1999 年 3 月 31 日）

资料来源：《日本的行政，2003 年》，财团法人 行政管理研究中心编辑出版，进荣社印刷，2003 年第 179 页。

的城市性设施及（作为城市的）其他条件。

与町村相比，“市”的人口规模比较大，形态上也具有很强的城市性质。

而人口在 3 万左右的被称作“町”，人口在 1 万以下的被称作“村”。与村相比，町更具有相对较强的城市形态，但是在功能上町与村之间并没有太大的差异，具体称谓则由县级政府决定。

再次，在日本，大城市又有政令指定都市、中心市和特例市三种，它们在事务和权限方面都有一些特殊的制度安排。[②]

1948 年在制定《地方自治法》的时候，根据大城市的特性，确立了“特别市制度”。所谓“特别市”就是在都道府县的区域之外另行组建的地方公共团体，并兼有都道府县和市两个方面的事务和权限。但由于对这种“特别市”制度存在很多的争议，于是在 1956 年修改

① 根据 2005 年 10 月 1 日最新统计，市町村总数为 2216 个。

② 参见：《日本的行政，2003 年》，财团法人行政管理研究中心编辑出版，进荣社印刷。

《自治法》时，废弃了“特别市”制度，并创立了“政令指定都市制度”。

所谓“政令指定都市”，人口要达到50万以上，通过政令的方式（不需要通过国会）将一些与市民生活直接相关的事务和权限从都道府县一级政府转移到大城市来，以便能够综合应对各种复杂而多样的事务，并根据规模允许其设置行政区。至2002年4月1日，日本共有12座城市被批准为“政令指定都市”。

1994年，在修改《地方自治法》时，为了适应地方社会经济的变化、推进地方分权改革、提高地方公共团体的行政效率，日本又新设立了“核心市”制度。凡人口在30万以上、50万以下，面积在100平方公里以上、在当地发挥着中心作用的城市，经过自主申请并通过行政程序，赋予其与“政令指定都市”大体相同的事务和权限，但是不能够设置行政区。截至到2005年10月1日，日本全国共有37个市被指定为“核心市”①。

近年来，依据《地方分权推进一括法》，日本又创设了“特例市”制度并于2000年4月1日开始实施。所谓“特例市”，就是把授权给“中心市”的事务，减去由都道府县整体处理效率更高的一部分事务之后，授权给特例市，其条件是人口在20万以上，自主申请之后通过行政程序指定。截至到2005年10月1日，日本全国共有39个市被指定为特例市②。

（二）特别地方公共团体

所谓“特别地方公共团体”，包括特别区、地方公共团体组合、财政区和地方开发事业团。其中：

1.“特别区”是根据《地方自治法》的有关规定，在大城市设立的行政区域。目前仅在东京市设立有23个特别区。特别区的行政事务范围比一般的市略小（如消防服务由“都”一级负责，而通常是由“市”来负责的），但基本上相同。

2.“地方公共团体组合”是指由两个以上地方公共团体为共同处置某类特定事务而联合组成的合作组织。主要解决靠单个自治体难以解决或成本过高的特定事务，如垃圾处理、业务教育、农业互助和消防等。主要有以下几类：③

（1）“部分事务组合”，如学校、医院之类的设施，由市町村共同开设和管理；

（2）“广域联合”，对涉及较广区域的事务，共同进行规划以及综合地、有计划地实施；

（3）“公所事务组合”，共同处理所有的町村公司事务（执行机关处理的事务）；

（4）“全部事务组合”，共同处理町村的全部事务。

但是，目前现实中并不存在“公所事务组合”和“全部事务组合”。

3.“财产区”是为管理某项地方共有财产而设立的，其职责是管理地方上（主要是市町村之间的一部分地区）的某项共有财产或公共设施。在“财产区”所拥有的财产中，以山林最多，此外还有灌溉区、沼泽地、田地、温泉等。

4.“地方事业开发团”是指在一定的区域内，以综合开发为目的，由两个以上的普通地方公共团体共同设立的专门组织，受这些地方公共团体的委托来综合地、有计划地实施某项公共设施的建设事业，包括征用土地、建造设施等。

---

① 《日本的地方自治制度》，财团法人自治体国际化协会，2005年。

② 同上。

③ 同上。

二、日本各级政府之间的事权划分与支出责任①

(一) 日本各级政府之间的事务分担 (事权划分)

1. 中央政府负责的主要事务。

日本的中央政府主要负责"国家的事务",简要概括为以下几个主要方面②:

(1) 法律、司法、外交、国防以及货币发行等,国家(在国际社会上)存立所必须的事务;

(2) 需要全国统一处理的事务;

(3) 需要站在全国的角度制订计划和方案的事务;

(4) 需要高技术或者需要巨额财政资金的事业。

根据《地方自治法》第2条第10款的有关规定,中央政府承担的"国家的事务"具体包括以下内容:①司法;②刑罚以及国家的惩戒;③国家的运输、通信;④邮政;⑤国立教育及研究设施;⑥国立医院及疗养设施;⑦国家的航空、气象及水路设施;⑧国立博物馆及图书馆。③

日本中央政府承担的"国家的事务"分别由各个省厅来承担。根据法律规定,日本主要省厅(部委)的职能配置如表1所示。

表1　中央政府各省厅的主要任务和行政功能

名称	主要任务	主要行政功能
总务省	确保综合、有效地实施行政基本制度的管理和运营;实现地方自治的宗旨和确立民主政治的基础;形成自立的区域社会;联络协调中央政府与地方公共团体之间以及地方公共团体之间的关系;确保和增进信息以电磁方式适当而顺利地输送;确保和增进电波公平而有效率地利用;合理而有效率地经营邮政事业;促进业者之间公正而自由地竞争;迅速而适当地解决公害纠纷;采矿业、采石业、采砂业与一般公益事业或各种产业之间的调整,以及通过消防来保护国民的生命、身体及财产安全;那些不属于其他行政机关的行政事务和法律(包括以法律为基础的命令)也归属于总务省的行政事务。	计划和起草有关国家公务员的相关制度; 计划和起草一般行政制度的基本事项; 计划和起草有关地方公共团体的组织和运营制度; 计划和起草有关地方税制度; 计划和起草与符号、音响、影像以及其他以电磁方式发送、传输或接收信息所需要的有线或无线设施的设置和使用有关的规章以及促进这些设施的整治; 作为邮政事业,国家统一经营以下事业及业务:①邮政事业; ②邮政储蓄事业,邮政汇兑事业,邮政转账事业; ③简易生命保险事业; ④从①到③各项事业的附带业务、印花纸销售业务;等等。
法务省	维持和整备基本法制;维持法治秩序;维护国民权利;统一而适当地处理涉及国家利害关系的诉讼以及出入境的公正管理。	计划和起草有关民事法制;计划和起草有关刑事法制;计划和起草有关司法制度;有关人权侵犯事件的调查以及受害救助及预防;等等。

---

① 以战后体制为主,兼叙最近实行的一些改革措施。

② 参见:《日本的地方自治制度》,财团法人自治综合中心出版,1987年。

③ 参见大川政三、大森诚司、江川雅司、池田浩史、久保田昭治著:《日本的财政——国家财政与地方财政的关联分析》,创成出版社,2004年新订版。

续表 1

名称	主要任务	主要行政功能
外务省	维持国际社会的和平与安全，同时通过自主而积极的争取来谋求良好的国际环境；继续维持和发展和谐的对外关系；谋求增进日本国家及日本国民在国际社会中的利益。	外交政策；代表日本国政府，处理与外国政府的交涉与合作以及其他与外国相关的政务；签订条约以及其他国际公约；保护和增进日本国民在海外的法律上或经济上的利益以及其他利益；政府开发援助中与技术合作有关的行政机关所制订的计划和方案的调整；等等。
财务省	确保健全的财政；实现适当而公平的课税；关税业务的适当运营；国库的适当管理；维持货币的信用以及确保汇率的稳定；谋求铸币事业及印刷事业的健全运营。	国家预算、决算及会计相关制度的计划、立案及事务处置的统一；计划和起草与租税（关税等除外）有关的制度和估算租税收入；计划和起草与关税行政有关的制度；计划和起草财政投融资制度；计划和起草与汇率有关的制度；从确保健全财政、国库的适当管理、维持货币信用和确保汇率稳定的立场出发，计划和起草与金融破产处置以及金融危机管理有关的制度；等等。
文部科学省	以振兴教育及推进终生学习为中心，培养充满人性的、富于创造性的人才；振兴学术、体育、文化及科学技术；适当地实施与宗教有关的行政事务。	与振兴初等中等教育（小学、中学、高中、中等教育学校、盲人学校、聋哑人学校、保育学校及幼儿园的教育）有关的计划、立案、援助及建议；与科学技术有关的政策制订、方案制订及推进工作；与振兴体育运动有关的计划、方案制订以及援助和建议；与振兴文化有关的计划、方案制订、援助、建议；等等。
厚生劳动省	(1) 为保障和提高国民的生活水平、有利于经济的发展，提高和增进社会福利、社会保障及公共卫生，确保劳动条件及劳动环境的配备，保障就业； (2) 除前项以外，归国人员、战伤病人员、战死者遗属、未归还者留守家族等的援助，以及整理旧陆海军遗留事务。	普及和提高医疗服务水平；调整劳资关系；监督职业介绍、人才招聘、人才供给和人才派遣事业；增进老年人的福利；健康保险事业；等等。
农林水产省	确保食品的稳定供给；发展农林水产业；增进农林渔业从业人员的福利；振兴农山渔村及山间地区等；发挥农业的多方面功能；森林的养护培育和森林生产力的增进；适当保护和管理水产资源。	增进、改善和调整农畜产品及肥料、农药及其他农畜产业专用品的生产、流通及消费；改善和稳定农业经营，确保农业的应负担者；土地改良事业；造林、治水和开辟改良林区道路及其他森林维护工作；保护和管理水产资源；等等。
经济产业省	以提高民间经济活力和顺利发展对外经济关系为中心，发展经济和产业，确保矿产资源及能源的稳定有效供给。	推进经济结构改革； 各业种实行普遍的产业政策； 制定通商政策； 增进、改善和调整矿产品等的出口、进口、生产、流通和消费； 制定与矿产资源及能源有关的综合政策；等等。
国土交通省	国土（资源）的综合系统利用、开发和保护，为此而进行的社会资本的统一配置；交通政策的推进；气象业务的健康发展；确保海上的安全与治安。	国土利用计划及其他与国土利用、开发和保护有关的综合性基本政策的计划、方案设计和推进； 推进社会资本的综合有效配置（包括公共事业的投标及合同的改善）； 综合交通体系的配置；等等。

续表 2

名称	主要任务	主要行政功能
环境省	保护地球环境，防止公害，保护和整治自然环境，以及其他环境保护。	计划、起草和推进与环境保护有关的基本政策；防止公害的管制措施；自然环境优越地区的环境保护；抑制废弃物的排出和适当的处理、清扫；从环境保护的观点出发，与以下事务及事业有关的标准、指针、方针、计划等的制订以及管制： (1) 抑制温室效应气体的排出； (2) 保护臭氧层； (3) 化学物质的审查及生产等方面的管制；等等。

资料来源：《日本的行政，2003 年》，财团法人 行政管理研究中心编辑出版，进荣社印刷（李桂林译）。

2. 地方政府（地方公共团体）负责的主要事务。

除了外交、国防和司法等中央政府（国家）所应承担的事务以外，与居民日常生活紧密相关的教育、福利、保健卫生、土木建设、产业振兴、消防、警察等工作实际上都是由国家与地方（都道府县、市町村）分别承担和处理的。而且，这些事务的具体实施工作大部分是由都道府县或市町村等地方公共团体来承担的。

(1) 事权划分（事务分工）的基本原则。

日本地方自治制度的一个基本原则就是，凡直接与居民日常生活相关的行政工作都尽可能由居民身边的地方公共团体来处置。地方公共团体不能处理的问题才由中央政府（国家）来照管①。

为了强化地方自治，日本在战后初期出台的《肖普劝告》② 确立了国家（中央）与都道府县及市町村之间事务配置的基本原则，主要有三点：

①行政责任明确化原则；

②地方公共团体，尤其是市町村优先原则；

③效率原则。

但是据日本有关专家称，这些原则在后来的具体实践中并未真正得到落实③。

(2) 事务的分类。

地方公共团体的主要职责是为了增进当地居民的福利，自主地并且综合地实施区域内行政工作。其事务内容首先可以分为：自治事务与非自治事务（机关委任事务）两大类④。

①所谓"自治事务"，就是指那些属于地方公共团体自己的事务。自治事务又可分为：公共事务（固有事务）、团体委任事务、行政事务三种。"公共事务"，就是基于地方公共团体的决策或计划来实施的事务，又称"固有事务"；"团体委任事务"，是指根据法律或政令属于普通地方公共团体的事务；"行政事务"，是指在区域内那些不属于国家的其他行政事务。

②所谓"非自治事务"，则主要指的是"机关委任事务"。也就是说，这些事务本来属于国家的工作，应由中央政府来负责实施，但是考虑到这类事务与居民生活直接相关，如果委托给地方公共团体来实施的话效率会更高，于是，通过法律法规的形式将这些事务转变为地

① 参见：《日本的地方自治制度》，财团法人自治综合中心，1987 年。

② 有关"肖普劝告"(1949 年) 的解释。

③ 根据日本财务省研究所专家在 2005 年 12 月 8 日中日课题组研讨会上的发言。

④ 参见大川政三、大森诚司、江川雅司、池田浩史、久保田昭治著：《日本的财政——国家财政与地方财政的关联分析》，创成出版社，2004 年新订版。

方公共团体首长或其他执行机构所应承担的工作（与团体委任事务不同的是，“团体委任事务”的承担者是地方公共团体，而“机关委任事务”的承担者是首长个人）。

表 2　　地方公共团体的事务内容

	事务分类	计划	实施	事　务　内　容
自治事务	公共事务（固有事务）	地方	地方	(1) 学校的设置管理； (2) 条例、规则的制定； (3) 上下水道、交通事业； (4) 医院、诊疗所等的设置管理等。
	团体委任事务	中央·地方	地方	(1) 保健所的设置管理； (2) 生活保护； (3) 儿童福利； (4) 失业对策事业； (5) 国民健康保险事业； (6) 学校教育等。
	行政事务	中央·地方	地方	(1) 一般警察事务； (2) 公害防止； (3) 各种产品的检查管制； (4) 土地利用的管制等。
非自治事务	机关委任事务	中央	地方	(1) 国会议员的选举事务； (2) 户籍、居民登记事务等。

资料来源：大川政三、大森诚司、江川雅司、池田浩史、久保田昭治著：《日本的财政——国家财政与地方财政的关联分析》，创成出版社，2004 年新订版。

由地方公共团体的首长根据法律代替中央政府或其他地方公共团体管理或执行的所谓“机关委任事务”，曾经被视为日本中央集权型行政体系的核心部分。根据 1997 年 7 月制订的《地方分权一览法》，日本对《地方自治法》进行了修订。修订后的《地方自治法》，废止了“机关委任事务”，并对中央政府与地方公共团体的作用和分工重新作出了明确的规定。

废除“机关委任事务”制度以后，地方公共团体的行政事务被调整分类为“自治事务”和“法定委托事务”。

所谓“法定委托事务”，指的是法律或政令规定的自由地方公共团体依据法令执行的事务中的本应属于中央政府或都道府县政府必须确保对这些事务的正确处理（包括护照的签发、国道的管理、国家指定统计事务等等）。

所谓“自治事务”，指的是除“法定委托事务”以外的地方公共团体行政事务，具体来说，就是历来的地方公共团体行政事务以及原“机关委任事务”中被归类为地方公共团体事务的内容。

为了能够在中央政府与地方公共团体之间发生争讼纠纷时有一个专门的机构来进行公平、中立的调查和协调，日本还在总务省设置了一个新的机构——“国家地方纠纷处理委员会”。

(3) 都道府县负责的事务。

都道府县是包括市町村在内的广泛地域的地方公共团体，负责处理以下事务①：

---

① 《日本的地方自治制度》，财团法人自治综合中心，1987 年。

①“广域事务”：超越市町村行政辖区范围，涉及广泛地域（跨地区）的事务（如：制订地方综合开发计划、治山·治水事业等）；

②“统一事务”：需要统一处理的事务（如：维持义务教育以及其他教育水平、警察的管理及运用等）[①]；

③“联络调整事务”：有关中央政府与市町村之间的联络事务，以及对市町村的行政工作进行提议、指导（例如对市町村的组织及其运营的合理化提出建议、劝告、指导等）；

④“补充事务”：不适于由一般的（单个）市町村来处理的大规模事务（如：高中、医院、研究所和美术馆等）。

(4) 市町村负责的事务。

市町村是基础地方自治体，也是和居民关系最为紧密的一级政府，承担着与居民日常生活最直接相关的行政工作，负责处理除了都道府县所负责行政事务以外的所有事务。其内容主要有[②]：

①与居民生活相关的基础性事务（例如，办理户籍、居民登记、地址标示、开具各种证明等）；

②有关居民安全、保健以及环境保护等的事务（例如，消防、垃圾和粪便的处理以及上水道、下水道、公园等的修建）；

③有关街区建设的事务（例如城市计划以及道路、河川和其他公共设施的建设、管理）；

④有关各种设施的建设、管理事务（例如公民会馆、市民会馆、保育所、中小学校、图书馆的建设、管理）。

但是，对于前述都道府县所负责事务中的第④项“补充事务”，如果某个市町村的规模及能力许可的话，也可以由该市町村来负责。

(5) 都道府县与市町村之间的行政事务分工。

修订后的《地方自治法》对于都道府县和市村町之间的行政事务分工作出了如下规定：

首先，作为统管市町村的广域地方公共团体负责处理广域（跨地区）事务、与市町村相关的联络协调事务以及在规模和性质上超出一般市町村处理范围的事务。

其次，市町村负责处理都道府县政府管辖事务以外的其他事务。

“但是，实际上，中央政府、都道府县以及市町村之间的行政事务划分，并不是根据地方公共团体层级对各个事务领域进行划分，而绝大多数都是以在同一事务领域发挥各层级地方公共团体职能的形式进行分工的。”[③]

(6) 有关城市的特殊制度安排。

①关于大城市（“政令指定都市”）的特殊制度安排。在大城市，通过“政令指定都市”的特殊制度安排，将一些原本由都道府县负责的事务转移到大城市的市政府来承担。

如表3所示，一些与民生行政、保健卫生、城市规划等有关的事务，虽然原本是由都道府县负责的，但是，人口在50万以上的“政令指定都市”，可以依据《地方自治法》第252条第19款的有关规定来自行处置其全部事务或其中的一部分事务。在社会福利、公共卫生、

① 调整后的都道府县事务中取消了此条。参见《日本的地方自治制度》，财团法人 自治体国际化协分，2005年。

② 参见：《日本的地方自治制度》，财团法人 自治体国际化协会，2005年。

③ 同上。

城市规划等19个项目的事务分配上具有与府县同等的权限。同时，根据其他单项相关法律，它们在对国道的管理、义务教育等领域也具有与府县同等的权限①。

表3　　从都道府县转移给政令指定都市的事务内容

A. 儿童福利相关事务	J. 母子保健相关事务
B. 民生委员相关事务	K. 食品卫生相关事务
C. 残疾人福利相关事务	L. 墓地、埋葬等的管制事务
D. 生活保障相关事务	M. 演艺场、旅馆和公共浴场的营业管制事务
E. 旅途中病人和旅途中死亡人员的处置	N. 精神保健和精神障碍者的福利相关事务
F. 社会福利事业相关事务	O. 结核病预防相关事务
G. 智力障碍者福利事务	P. 城市规划相关事务
H. 母子家庭及寡妇的福利相关事务	Q. 土地规划治理事业相关事务
I. 老人福利相关事务	R. 户外广告的管制相关事务

资料来源：《通过图表来理解地方自治法》，地方公务员升任考试问题研究会编，学阳书房，2003年，第160页。

②关于“核心市”的特殊制度安排。作为“核心市”（日语原文为“中核市”），在经过自主申请并通过行政程序，可以获得与“政令指定都市”大体相同的事务和权限，并可以设立保健所。但是，那些涉及都道府县区域范围并由都道府县进行一体化处理更具效率的事务，以及一些与《道路法》有关的事务和“儿童心理咨询所”的设置等事项除外。

③关于“特例市”的特殊制度安排。所谓“特例市”，就是把授权给“核心市”的事务，减去那些由都道府县整体处理效率更高的事务之后，授权给“特例市”去处置。

表4　　各类城市的事务配置比较

都道府县处理的主要事务

○ 警察行政相关事务

○ 广域事务、联络调整事务、补充事务

指定都市处理的主要事务

○ 民生行政相关事务（儿童心理咨询所）

○ 城市计划等相关事务

○ 土木行政、文教行政相关事务

核心市处理的主要事务

○ 民生行政相关事务

○ 保健所的设置

○ 城市计划等相关事务

○ 环保行政、文教行政相关事务

特例市处理的主要事务

○ 城市计划等相关事务

○ 环境保护行政相关事务

资料来源：横道清孝编著：《地方制度改革》，ぎょうせい出版社，2004年。

① 参见：《日本的地方自治制度》，财团法人自治体国际化协会，2005年。

(二) 日本各级政府之间的经费分担（支出责任划分）

在考察了日本政府间工作分担（事权划分）之后，还有必要从经费负担分担（支出责任划分）的角度来进一步考察各级政府之间的事务分担（事权划分）是如何在经费负担（支出责任）方面做出具体安排（划分）的。

如前所述，有些事务虽然原本属于中央政府的工作，但是要由地方公共团体（都道府县或市町村）来实施，如某些大型基础设施建设；而另一些事务，虽然属于地方公共团体所应承担的工作，但是由于必须在全国范围内维持一定的大体相同的基本行政标准和最低公共服务水平（所谓“均等化”要求)，如义务教育等，因此对于这些领域，中央政府（国家）应当负担其中的一部分经费。

按照《地方财政法》规定的基本原则①：

1. 地方公共团体或其机关所承担事务，其经费原则上全部由地方公共团体负担。

2. 作为上述1的例外，以下（1）~（4）各项事务所需经费，由中央政府（国家）承担其全部或其中的一部分。

（1）地方公共团体或其机关基于法令必须实施的、并且关系到地方公共团体和中央政府双方利益的事务，为使其顺利运营，中央政府有必要积极负担其（部分）经费（如义务教育、生活保障、保健所、农业委员会等相关事务)。

（2）地方公共团体或其机关在执行（为适应国民经济而确立的）综合计划，在实施法律或政令所规定的土木或其他建设事业时所需要的经费（公共事业、失业对策事业等)。

（3）法律或政令所规定的与灾害事务有关的经费（灾害救助、灾害修复等）。

（4）专门从事与国家利益有关的事业时所需经费（有关国会议员的选举、外国人登记等委托事务)。

3. 中央政府在直接进行建设事业或灾害修复事业时，可以向从该事业中受益的地方公共团体要求负担其项目经费的一部分（称之为“国家直辖事业负担金”)；并且，除了上述情况以外，中央政府承认有特别的需要或地方公共团体财政上有特别的需要时，有时也对地方公共团体交付（提供）补助金。

三、主要事务在各级政府之间的配置（支出责任划分）

在市场经济条件下，政府的事务及权限主要可以分为：安全·治安、社会资本（基础设施建设)、教育、福利卫生以及产业经济等五个大的方面。如何将这些事权在各级政府间进行配置，不仅关系到社会公平的问题，同时也关系到行政效率的问题。

在日本，这五大类事务在各级政府之间的配置如表5所示：

① 《日本的地方自治制度》，财团法人自治综合中心，1987年。

表 5　日本各级政府间支出责任划分（事务分担）

	安全	社会资本	教育	福利卫生	产业经济
中央政府	外交	高速公路	大学	社会保险	货币、关税、通商
	防卫	国道（指定区间）	资助私立大学	医师执照等	邮政通讯
	司法	一级河流（指定区间）		医药品等许可证	经济政策
	刑罚				国有林
都道府县	警察	国道（其他）	高中	生活保护(町、村)	地区经济振兴
		县道、一级河流（指定区间）、二级河流	特殊学校	儿童福利	中小企业诊断与指导
			中小学教员工资与人事	老人福利保健	
		港湾、公营住宅			
		决定都市计划	资助私立大学（幼～高）	保健院	
市町村	消防	城市计划事业	中小学校	生活保护（市）	地区经济振兴
	户籍	市町村道	幼儿园	老人福利保健	农田利用整理
	居民基本台账	准用河川		儿童福利	
		港湾		国民健康保险	
		公营住宅		上水道	
		下水道		垃圾处理	
				保健院	

注：居民基本台账包括如下内容：

(1) 国民健康保险、国民年金被保险资格、儿童津贴资格等；

(2) 选举人有关资料；

(3) 有关课税纪录；

(4) 学龄簿、生活保护、预防接种、印鉴证明等其他资料。

资料来源：《地方财政问题研究》，贾康主持，经济科学出版社，2004 年。

下面，择要介绍一下日本的中央政府（国家）与地方政府（地方公共团体）在与国民日常生活密切相关的主要行政事务方面的事权配置情况①。

（一）安全·治安（警察·消防）

国家安全通常属于中央政府的事务及职权范围，而社会治安则主要属于地方政府的事务。社会治安方面的事务主要包括警察及消防行政。

1. 警务行政。

第二次世界大战以前，日本的警察工作一直是由中央政府直接掌管的，但是在战后，警察工作几乎全部由都道府县政府来承担。目前，日本在中央政府仅设有“国家公安委员会”，主要负责掌管国家公安有关的警务运营事务。在“国家公安委员会”的管理下，警察厅负责有关警察制

① 此部分内容主要摘译自自治省财政局编：《地方财政のしくみとその运营の实态》，财团法人地方财务协会出版发行，1996 年。

度的全盘计划和调整、警察培训、警务通信、犯罪鉴定、案件统计、警务装备和与警察行政有关的协调事务。

与居民日常生活密切相关的警察工作，则完全由都道府县负责。在都道府县一级政府，通常在都道府县公安委员会的管理下设有都道府县警察本部，负责辖区内的警务行政事务，为调动警力和应对突发事件而向警察厅长官请示的警务行政事务。

此外，在都道府县警察中，“警视正”以上等级的警官（所谓“地方警官”）为一般职的国家公务员，其任免权限在国家公安委员会。

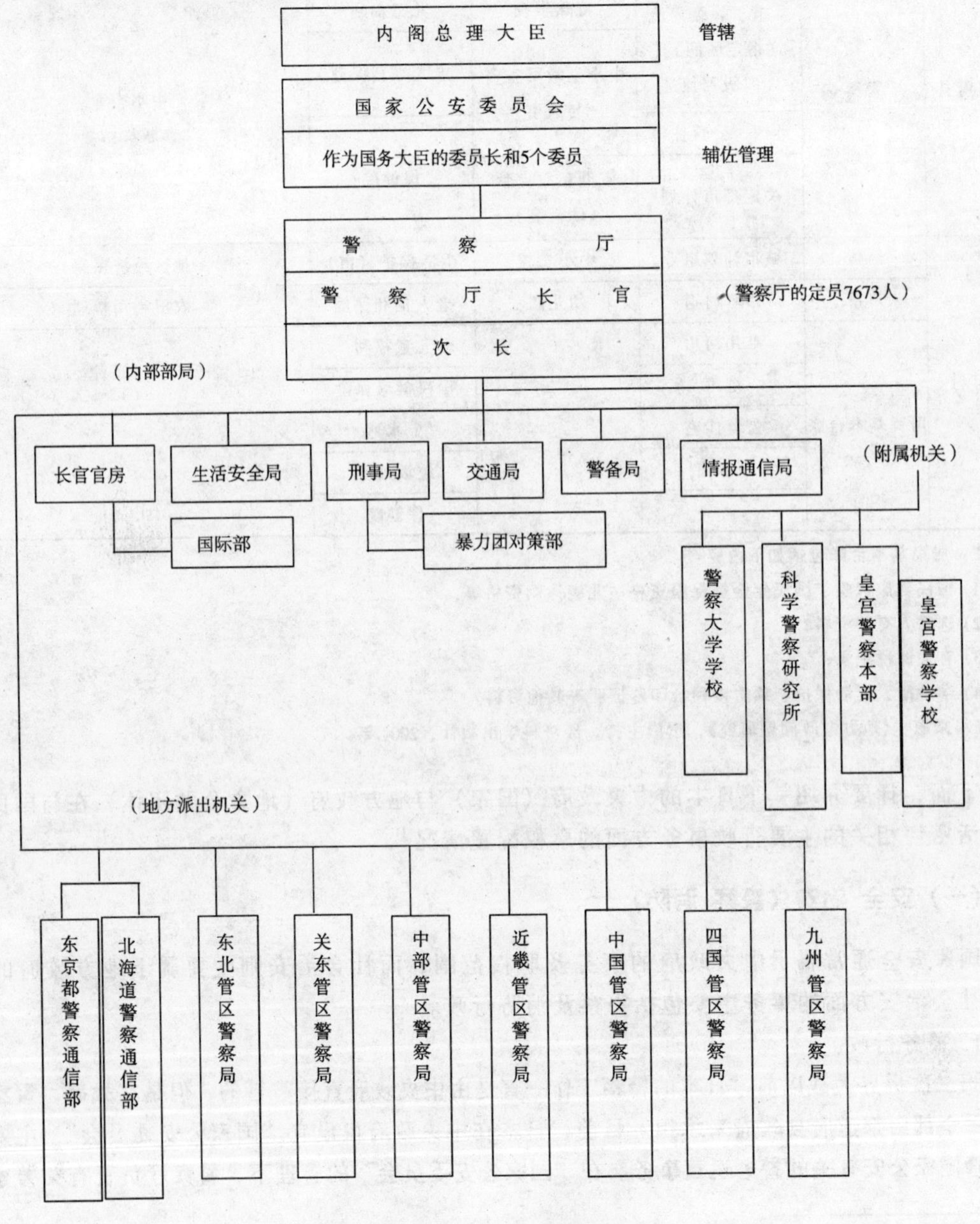

图3　中央警察机构图

资料来源：自治省财政局编：《地方财政のしくみとその运营の实态》，财团法人地方财务协会出版发行，1996年。

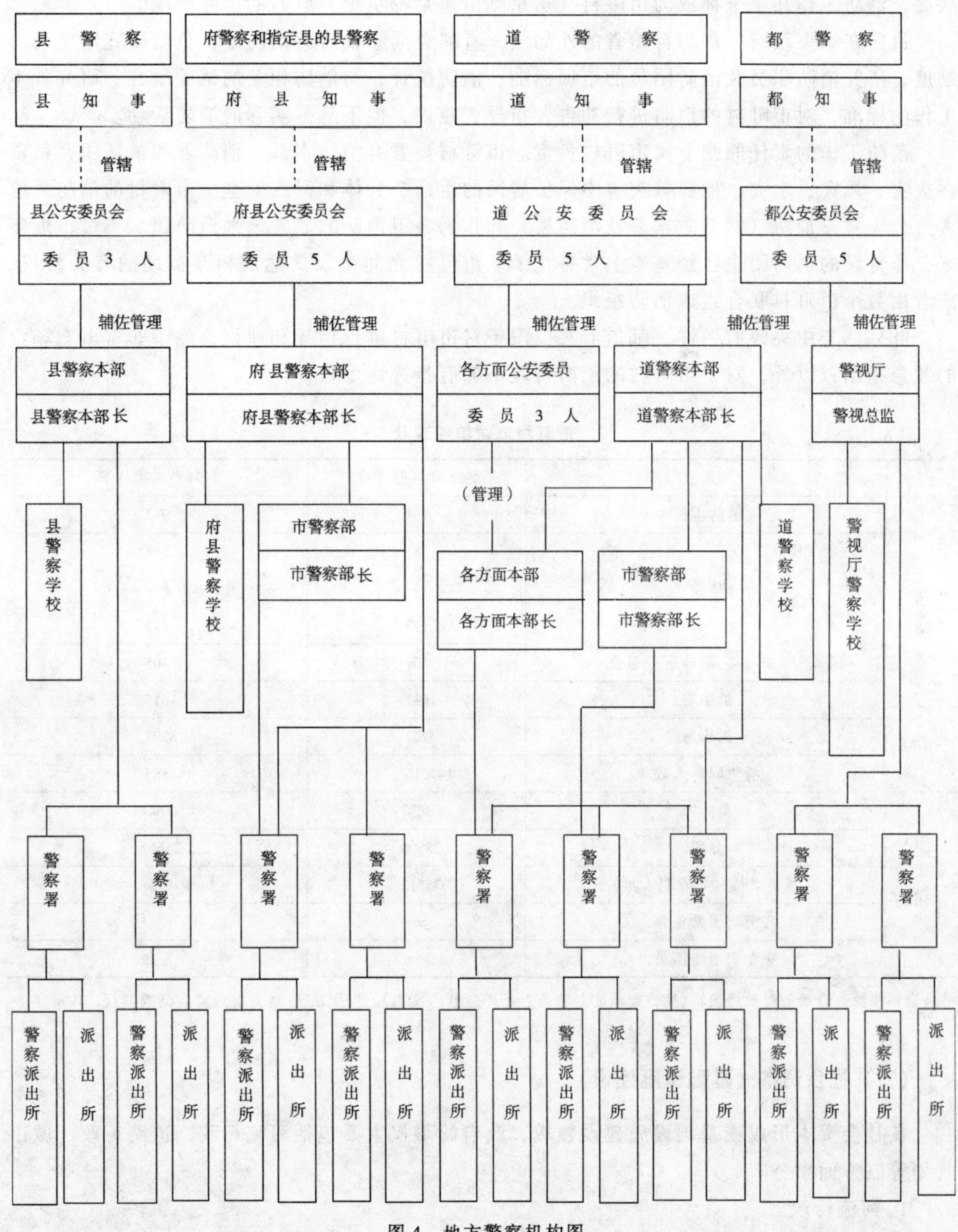

图 4　地方警察机构图

资料来源：自治省财政局编：《地方财政のしくみとその运营の实态》，财团法人地方财务协会出版发行，1996 年。

2. 消防行政。

第二次世界大战以前，日本的消防工作是作为“国家消防”而由警察来承担的。但是在战后，消防工作几乎全都成为市町村（东京则由东京都负责）政府的事务范围。

目前在中央政府，作为自治省的外局（=直属总局）设置有消防厅，负责研究制定消防制度，研究消防职员及消防团员的培训标准，消防统计，与消防相关的试验研究，研究救生工作的标准，对市町村的消防进行劝告、指导、建议，但不从事实际的消防活动。

消防工作的责任原则上属市町村负责。市町村设置有消防本部、消防署和消防团，负责在火灾、风灾、水灾、地震等灾害中保护居民的生命、身体和财产安全。市町村的消防系统大致分为常设消防（即消防本署及消防署）和作为自卫消防的非常设性消防团。不过，近年来，非常设的消防团也已经基本上常备化了。市町村之间可以共达成相互援助的有关协议，或者由数个市町村联合组成消防组织。

此外，与中央政府一样，都道府县仅限于对市町村进行指导和建议，除了非常事态场合的紧急指示权以外，对于市町村的消防行政不拥有指挥命令权。

表 6　　市町村消防组织现状

			1995 年 4 月 1 日	1994 年 4 月 1 日
消防本部	消防本部		931	931
	其中：单独	市	351	354
		町·村	113	112
	部分事务组合		467	465
	消防署		1631	1615
	派出所		3207	3207
	消防职员人数		147016	144885
消防团	消防团		3637	3641
	分团		25506	25561
	消防团员（非专职人员）		975512	979718
	消防团常备部		—	1
	专职消防团员		—	19

资料来源：自治省财政局编：《地方财政のしくみとその运营の实态》，财团法人 地方财务协会出版发行，1996 年。

（二）社会资本（基础设施建设）

在社会资本形成或基础设施建设领域，政府的事权主要包括河流行政、道路行政、城市规划等三方面事务。

1. 河流行政。

河流可以分为一级河流、二级河流、准用河流以及其他河川等。根据《河流法》，所谓“一级河流”是指在国土保护或国民经济方面具有特殊重要地位的水系，并通过政令指定的河流。日本现共有 109 条这样的水系（13831 条河流，全长 87225 千米）。一级河流由中央政府的建设大臣负责进行管理；在建设大臣指定的区间（现有 76723 千米）内，由都道府县知事负责管理。

所谓“二级河流”，是指一级河流以外的、对公共利益有着重要关系的、都道府县知事指定的河流。“二级河流”由都道府县知事负责管理（共有2696条水系，全长35738千米）。

所谓“准用河流”由市町村首长负责依据《河流法》第100条的有关规定进行管理。

关于下水道，通常被分为公共下水道、城市下水路以及流域下水道三类。按照规定，公共下水道以及城市下水路的设置、维修管理原则上由市町村负责，而流域下水道的设置、维修管理原则上由都道府县负责。

2. 道路行政。

依据《道路法》的有关规定，道路可以分为高速国道、一般国道、都道府县道、市町村道4种。截至到1994年（平成5年），日本的所有道路实际长度为1130778公里（其中，都道府县道190945公里，市町村道953600公里）。

国道的新建和改建工作原则上由中央政府的建设大臣负责管理，其中规模较小的工程等由都道府县知事负责。有关维修、灾后修复及其他管理工作，在指定区间内的由建设大臣负责，其他部分则由都道府县知事负责。此外，都道府县道的管理由都道府县负责，市町村道的管理由市町村负责。

另外，在大城市区域内的国道的管理工作，原属于都道府县知事管理的事务转移至该大城市的市长负责；大城市区域内的都道府县道的管理工作，转由该大城市负责。

3. 城市规划行政。

根据《城市规划法》的有关规定，城市规划区域的指定和城市规划工作的决策原则上属于都道府县知事的权限。此外，街道事业、土地区域规划整治事业、下水道事业、公园事业等城市规划事业的实施，大部分属于地方公共团体的职责，原则上由市町村负责实施。

如果从资金在项目类别的分配来看，道路建设所占比重最大，通常要占到30%左右；而从资金在省厅（部委）之间的分配比率来看，建设省占了大头，通常要占到68%左右。

表7　按项目类别划分的资金分配比率（%）

	1982年	1985年	1990年	1997年
治山·治水	17.4	17.4	17.9	16.3
道路	29.7	29.4	29.5	28.6
港湾·机场	8.2	8.2	8.2	7.6
住宅对策	12.1	12.2	11.4	12.7
下水·环境	15.5	15.6	16.3	17.9
农业·农村	14.1	14.2	13.9	12.6
林道·工业	2.8	2.7	2.6	4.0
调整费等	0.2	0.2	0.2	0.4
全体	100	100	100	100

资料来源：宫胁淳著：《图解财政的架构》，日本东洋经济新报社，1997年出版，1999年第5次印刷。

表 8　　按省厅（部委）划分的资金分配比率（%）

	1982 年	1985 年	1990 年	1997 年
建设省	68.3	68.2	68.6	68.9
农林省	21.9	22.0	21.7	20.1
运输省	6.2	6.3	6.2	6.8
通产省	0.3	0.3	0.3	0.2
厚生省	3.1	3.1	3.1	3.7
环境厅	–	–	–	0.2
国土厅等	0.2	0.2	0.2	0.2
全体	100	100	100	100

资料来源：宫胁淳著：《图解　财政的架构》，日本东洋经济新报社，1997 年出版，1999 年第 5 次印刷。

（三）教育（文化）

1. 小学、初中教育。

小学、初中属于义务教育，其学校设置是市町村的义务。

小学和初中的学校设置、综合管理、设施维修由市町村负责，而教职员工的任命、工资的负担和支付则由都道府县负责。但是，教职员工工资所需经费中有 1/2 是由中央政府通过转移支付交付给都道府县的。

因此，从小学和初中的学校数量、儿童和学生数量来看，小学、初中几乎全部是公立学校（小学为 99%，中学为 94.3%），儿童和学生数也大都集中在公立学校（为 97.6%），国立学校和私立学校只不过是极为特殊的例外而已（1995 年）。

2. 高中（高等学校）教育。

高等中学也要按照文部大臣所规定的《设置标准》来设置。目前日本的高中数量中，由地方公共团体设立的共有 4164 所、私立学校 1320 所、国立学校 17 所（1995 年）。在地方公共团体中，都道府县占绝大多数，而学生数量所占比例也大都集中在都道府县所办高中学校。

对于高中学校，公立学校由教育委员会负责管理，私立学校由都道府县知事行使一般监管权，中央政府并不拥有直接的管理权限。

表 9　　高等学校（高中）设置状况　　（单位：所）

区　分		都道府县设立	市町村设立	合计
本校	全日制	3026	174	3200
	定时制	72	49	121
	并设（双制）	668	34	702
	合　计	3766	257	4023
分　校		131	10	141

注：此项调查来源于 1996 年 5 月 1 日的《学校基本调查》，市町村设立包含组合设立。

资料来源：自治省财政局编，《地方财政のしくみとその运营の实态》，财团法人地方财务协会出版，1996 年。

另外，按照 2005 年 5 月 1 日最新统计，小学、中学、高中的国、公、私立比例为：小学国立为 0.3%，公立为 98.8%，私立为 0.8%；中学国立为 0.7%，公立为 92.8%，私立为 6.5%；高中国立为 0.3%，公立为 75.3%，私立为 24.4%。其中，公立高中中，由都道府县设置的学校最多。

表 10　　中小学公私立比例（%）

	国　立	公　立	私　立
小学	0.3	98.8	0.8
中学	0.7	92.8	6.5
高中	0.3	75.3	24.4

资料来源：《日本的地方自治制度》，财团法人　自治体国际化协会，2005 年。

3. 大学教育。

日本的大学教育是在国立大学、公立大学和私立大学中进行的。从设置数量上看，私立大学最多，占到 73.3%；其次是国立大学，占到 18.7%；由地方公共团体兴办的公立大学仅为 7.8%。此外，学生数量所占比例也大致相同（1992 年）。

但是不论公立大学还是私立大学，都必须遵守《大学设置标准》，而这一标准是由中央政府的文部省所颁布的。并且，中央政府还拥有有关设立公立大学和私立大学的批准权以及对私立大学法人代表的监管权，但是无权对教育内容、教职员工人事等进行干涉。

表 11　　设置者类别、大学和学生数的状况

区分	大学		短期大学（大专）		合计		
	学校数	学生数	学校数	学生数	学校数	学生数	
						学生数	构成比%
公立	52	83812	60	24134	112	107946	3.6
国立	98	598723	36	13735	134	612458	20.1
私立	415	1864114	500	460647	915	2324761	76.3
合计	565	2546649	596	498516	1161	3045165	100.0

注：(1) 此项调查于 1995 年 5 月 1 日。

(2) 本表来源于《1995 年度学校基本调查》。

资料来源：自治省财政局编：《地方财政のしくみとその运营の实态》，财团法人 地方财务协会出版发行，1996 年。

4. 其他（社会）教育。

有关盲人学校、聋哑学校、养护学校的小学部、初中学校，由于都道府县有设置的义务，所以这些学校大部分（98.3%）是公立的。

表 12　　特殊教育诸学校的设置和在学者数的状况

区分		学校数	在校生人数					
			幼儿部	小学部	初中部	高中部	合计	构成比%
盲人学校	国立	1	13	23	31	158	225	4.9
	公立	67	201	766	546	2763	4276	92.7
	私立	2	—	12	8	90	110	2.4
	合计	70	214	801	585	3011	4611	100.0
聋哑学校	国立	1	34	76	56	135	301	4.2
	公立	105	1237	2300	1264	2096	6897	95.0
	私立	1	15	30	14	—	59	0.8
	合计	107	1286	2406	1334	2223	7257	100.0

续表

区分		学校数	在校生人数					
			幼儿部	小学部	初中部	高中部	合计	构成比%
教养学校	国立	43	19	786	774	1293	2872	3.8
	公立	733	114	24779	17808	28667	71368	95.2
	私立	14	6	143	128	449	726	1.0
	合计	790	139	25708	18710	30409	74966	100.0

注：(1) 此项调查时间为 1995 年 5 月 1 日。

(2) 本表来源于《1995 年学校基本调查》。

(3) 本表所示是本校和分校的合计数。

资料来源：自治省财政局编：《地方财政のしくみとその运营の实态》，财团法人 地方财务协会出版发行，1996 年。

此外，幼儿园中 58.2% 是私立的、41.5% 是公立的，因此私立的相对较多（1995 年）。

表 13　设置者类别、幼儿园数和在园幼儿数的状况

区分	园数		园儿数	
	园数	比率（%）	园儿数	比率（%）
国立	49	0.3	6778	0.4
公立	6618	41.5	361662	20.0
私立	8639	58.2	1439992	79.6
合计	14856	100.0	1808432	100.0

注：(1) 此项调查为 1995 年 5 月 1 日。

(2) 本表来源于《1995 年度（平成 7 年度）学校基本调查》。

(3) 幼儿园数为本校和分校的合计数。

资料来源：自治省财政局编：《地方财政のしくみとその运营の实态》，财团法人地方财务协会出版发行，1996 年。

关于社会教育，目前，县民会馆、市民会馆以及公会馆共设有 2536 座（其中市町村办的有 2404 座）。除此之外，1995 年，地方公共团体设置的图书馆共有 2223 家（其中，县办 65 家，市町村办 2158 家）、博物馆共有 522 家（其中，县办 119 家，市町村办 403 家）、棒球场 3991 个（县办 146 个，市町村办 3845 个）。

表 14　博物馆设置状况

设置者＼分类	综合博物馆	科学博物馆	历史博物馆	美术博物馆	野外博物馆	动物园	植物园	动植物园	水族馆	合计
国立	3	8	4	2	1	—	7	—	3	28
公立	85	45	152	103	3	18	4	4	9	423
私立	21	36	118	176	5	13	11	5	25	410
合计	109	89	274	281	9	31	22	9	37	861

注：(1) 此项调查于 1993 年 10 月 1 日。

(2) 本表来源于《1993 年度社会教育调查》。

资料来源：自治省财政局编：《地方财政のしくみとその运营の实态》，财团法人 地方财务协会出版发行，1996 年。

表 15 **图书馆等设置状况** (单位：所、个)

分类 设置者	图书馆	公民馆	儿童文化中心	青年之家	少年自然之家
都道府县	66	—	3	112	100
市（区）	1392	7818	59	205	136
町 村	678	9727	9	82	52
组合	2	1	—	—	—
其他法人	34	16	—	—	—
合计	2172	17562	71	411	294

注：(1) 此项调查于 1993 年 10 月 1 日。

(2) 本表来源于《1993 年度社会教育调查》。

(3) 本表的图书馆、公民馆包括分馆。

资料来源：自治省财政局编：《地方财政のしくみとその运营の实态》，财团法人地方财务协会出版发行，1996 年。

(四) 福利卫生

1. 社会福利。

在社会福利行政中，中央政府掌管部分健康保险、临时工（日工工人）健康保险、雇用保险、国民年金等；还负责社会福利设施标准的设定、民生委员的委托、聋哑人康复设施的设置等社会福利行政的一部分；此外，对社会福利行政进行全面的计划与指导。所有与居民生活直接密切相关的行政统统属于地方公共团体的事务。

与生活保护、儿童福利、母子福利、老年人福利、身心障碍者福利有关的援助、教育、康复等事务由都道府县、市、特别区以及法律法规所规定的町村所设立的福利事务来负责（主要承担社会福利、身心障碍者福利等事务）。

关于其他社会福利行政，如妇女心理咨询所的设置、母子福利资金的放款等由都道府县负责，国民健康保险事业、公益当铺的经营等由市町村负责。

表 16 **中央政府与地方在生活保护行政方面的主要事务分担**

中央政府 （厚生大臣）	知事（实施机关的权限除外）	实施机关（知事、市长和管理福利事务所的町村长）	町村长（管理福利事务所的町村长除外）
保护基准的设定，级别地域的指定； 知事和市町村长的指挥、监督、监查； 保护设施最低基准的决定； 都道府县保护设施有关的改善命令等； 医疗机关的指定（仅限于中央政府开设的机关）	市町村长的指导、监督、监查； 保护设施的认可、改善命令等； 医疗机关的指定（中央政府开设的机关除外）	对申请保护者的是否保护、程度和方法的检定； 保护的实施	对在特殊紧急状态申请保护者实施必要的保护； 在发现需要保护者的场合向实施机关发出通知； 町村长经手保护的开始和变更申请场合下的受理和向实施机关的寄送（扶养义务者的有无、资产状况等有关的参考书面的资料）； 协助实施机关，对被保护者等进行的保护物品的交付和申请保护者的调查

资料来源：自治省财政局编：《地方财政のしくみとその运营の实态》，财团法人地方财务协会出版发行，1996 年。

表 17 关于儿童福利行政中央政府与地方的主要事务的分担新旧比较表

区分		旧制度	新制度
中央政府（厚生大臣）		儿童福利设施的设备运营基准的决定	同左（比旧制度简单合理化）
作为中央政府机关的地方公共团体	知事	助产设施、母子宿舍的入住措施； 对身体残疾儿童补装具的交付等； 市町村设立儿童福利设施的设置认可	中央政府、都道府县和市町村以外的儿童福利设施的设置认可
	市町村长	助产设施、母子宿舍的入住措施（仅限于福利事务所的管理者）； 保育所的入所措施	
都道府县		儿童心理咨询所的设置（必须设置）； 儿童福利设施的设置	同左； 同左； 助产设施、母子宿舍的入住措施； 对身体残疾儿童补装具的交付等
市町村		儿童福利设施的设置	同左； 助产设施、母子宿舍的入住措施（仅限于福利事务所的管理者）； 保育所的入所措施
费用负担		工资生活者部分 事业主：7/10，中央：2/10，地方：1/10	同左
		自主经营者部分 中央：2/3，地方：1/3	同左
		特殊支付部分 事业主：10/10	同左

资料来源：自治省财政局编：《地方财政のしくみとその运营の实态》，财团法人地方财务协会出版发行，1996年。

表 18 中央与地方在老人福利行政方面的主要事务分担

中央政府（厚生大臣）		护养老人家庭的设备，运营基准的决定； 护养老人家庭入所等措施基准的决定
作为国家机关的地方公共团体	知事	护养老人家庭等的改善命令等； 社会福利老人设立的护养老人家庭等的设置认可
都道府县		老人福利设施的设置； 老人福利增进事业的实施
市町村		养护老人家庭的入所等措施； 在住宅进行护养等的措施； 老人福利设施的设置； 老人福利增进事业的实施

资料来源：自治省财政局编：《地方财政のしくみとその运营の实态》，财团法人地方财务协会出版发行，1996年。

表 19　　中央与地方在身体残疾者福利行政方面的主要事务分担

中央政府（厚生大臣）	知事	实施机关（福利事务所管理知事、市町村长）	都道府县	市町村
身体残疾者更生护养设施的设备运营基准的决定	身体残疾者手册的交付	护养的实施； 诊察、更生咨询的实施； 康复医疗的付给	身体残疾者更生心理所的设置(必须设置)； 身体残疾者更生护养设施的设置	(没有设置福利事务所的町村）协助知事等事务； 身体残疾者更生护养设施的设置； 身体残疾者家庭服务员的派遣

资料来源：自治省财政局编：《地方财政のしくみとその运营の实态》，财团法人地方财务协会出版发行，1996 年。

表 20　　中央与地方在智障者福利行政方面的主要事务分担

中央政府（厚生大臣）	实施机关（福利事务所管理知事、市町村长）	都道府县	市町村
智障者护养设施的运营基准决定	智障者等的指导和护养措施	智障者福利司的设置； 智障者护养设施的设置； 智障者更生心理所的设置	(没有设置福利事务所的町村）协助知事等事务； 智障者护养设施的设置

资料来源：自治省财政局编：《地方财政のしくみとその运营の实态》，财团法人地方财务协会出版发行，1996 年。

2. 医疗卫生。

卫生行政的内容极其复杂，其中，中央政府负责与医生、牙科医生、保健士、助产士、护士等有关的国家考试、执照发放，以及麻风病疗养所设置、医药品、兴奋剂、有毒物品、麻药生产等特殊事务的许可。

除了上述部分与医药有关的行政以外，中央政府只不过是对卫生行政进行全面的计划和指导，那些直接与国民生活相关的卫生行政、尤其是与公共卫生有关的事务则几乎全部由地方公共团体来负责。尤其是最近，因公害行政、环保行政日益重要，其实施几乎都是由地方公共团体来负责，中央政府只负责环境标准的设定、公害防止计划的批准、指导和财政援助。

作为卫生行政的核心机关，在都道府县和政令指定的市，共设置了保健所 848 个，从事着内容极为广泛的公共卫生工作。此外，都道府县与市町村的卫生行政所负责的领域有着大致的分工，前者负责结核病预防、传染病预防等卫生防疫工作，后者则负责粪便处理、灰尘处理等环境卫生。

从公共医疗设施状况来看，在医院中，有中央政府所办的国立医院 392 家、地方公共团体所办的公立医院 1375 家；在一般诊疗所中，有中央政府所办的国立医院 583 家、地方公共团体所办的公立医院 4000 家，由地方政府办的公立医院要比中央政府办的国立医院多得多（1995 年）。

（五）产业经济

与产业经济有关的行政事务以振兴产业、稳定经济为主要内容，涉及农业、森林、水产、工商等诸多方面，中央政府从全国的角度出发，进行计划、调整、指导、研究以及资金供给，地方公共团体则负责实施中央政府（国家）的政策，负责振兴适合当地经济实际的个别产业，并为此进行相应的扶持、指导和研究等。

（六）防灾救灾

在灾害频繁的日本，灾害对策也是地方公共团体的重要工作之一。灾害对策依据其实施的时点，大致分为灾害发生前的“灾害预防”、灾害发生时的“紧急应急对策”、防止灾害扩大可能性的“灾害修复”。

在防灾方面，在灾害发生地区或有可能发生灾害的地区内，对不适合居民居住的区域范围以内的居民区进行整体搬迁的“整体搬迁事业”，设立了国库补助制度。

在灾害救助方面，救助工作属于中央政府的责任，负责实施的是作为“中央政府机关”的知事。救助所需要的费用原则上是由都道府县来支付，当都道府县支付的金额超过100万日元时，中央政府根据该项灾害救助费用额度，依据表21所表示的超额累进费率由国库负担。

表21　　都道府县救灾补助标准

都道府县支付额/标准税收入	负担率
2/100以下部分	50/100
2/100～4/100部分	80/100
4/100以上部分	90/100

资料来源：自治省财政局编：《地方财政のしくみとその运营の实态》，财团法人 地方财务协会出版发行，1996年。

作为救济援助措施，对因自然灾害遭受灾的个人（或遗属）有灾害慰问金、灾害障碍探视金的发放、灾害救助资金贷款（灾害慰问金的发放等相关法律）、家庭重建资金贷款、母子（孤儿寡母）福利资金贷款、灾害修复住宅资金贷款等。

其中，灾害慰问金以市町村的条例为基础，因灾死亡者是户主的为500万日元，其他以250万日元为最高限度，其发放所需经费为中央政府1/2、都道府县1/4、市町村1/4。

四、日本经验对中国的启示

（一）关于政府治理理念的现代化

从日本的经验来看，要实现现代化，要实现经济的现代化，首先需要实现政府自身现代化。这里，所谓“政府的现代化”，并不是指现代化的办公大楼和现代化的办公设备[①]，而是指“政府治理理念的现代化”。

具体在政府间事权划分方面，“政府治理理念的现代化”主要体现在“三个基本原则”上：

1. 凡是市场能够做的事情，就应当尽量让市场去做。只有那些市场做不了，或者做不好的事情，才应当由政府来负责。当然，也有理论认为，有一些公共事务即使是由政府负责也不一定要由政府亲自去做，而应让第三部门，让中介组织去做，政府只负责监督管理，负

① 在日本考察时，考察组成员曾亲眼看到作为发达国家的日本，其一些中央政府派出机构的办公大楼十分的简陋和陈旧，这令我们十分的惊讶。

责保证公共服务的质量。相比之下，计划经济时期我们的做法却恰好相反：那时的普遍认识是："市场是对政府（计划）的补充"。

2. 凡是基层政府能够做的事情，就应当尽量让基层政府去做。只有基层政府做不了，或者做不好的事情，才应当由上一级政府或中央政府来做。相比之下，计划经济时期我们的做法却恰好相反：那时的做法通常是中央政府做不好了的事情才让地方政府去做。

3. 对于投资者来说，凡是法律没有禁止的事情，就应当允许进入，即所谓"非禁即入"原则；而对于政府部门来说，只有法律授权的事情政府才能够去做，即所谓"有限授权"原则。相比之下，计划经济时期我们的做法却恰好相反：对于投资者来说，只有法律规定的事情才能够去做；而政府部门则只要法律没有禁止的就都可以去做。

（二）关于财政功能的政府间职能分担

从日本的经验来看，在财政的资源配置、收入分配和稳定经济这三大功能中，在各级政府之间职能分担的原则主要有三：①资源配置功能，应以基层政府为主；②收入分配功能，应以上级政府为主；③稳定经济功能，应以中央政府为主。

这主要是因为，首先，地方政府尤其是基层的地方政府，与人民群众的日常生活关系最为直接、最为密切，最了解当地人民群众的各种不同需求，从消费者主权的角度来看，基层政府在提供和保证公共产品和公共服务方面的效率会更高；其次，收入分配的调整，尤其是在缩小收入差距方面，上级政府处于更加有利的地位，能够在更大范围内实现相对公平；最后，至于稳定经济的功能，则只有中央政府才能够真正做到"总量控制"，即所谓的"宏观调控"，而地方政府是搞不了"宏观调控"的，因为它不拥有相应的调控手段。

将中国的现状与日本的做法相比较，首先，在日本，各级政府之间更多的是强调分工；但是在中国，各级政府之间则存在着严重的"同构化"现象。也就是说中央政府有什么样的职能和部门，下面各级政府都要具有相对应的职能和部门。这在招商引资和宏观调控方面显得尤为突出。一方面，各级政府从上到下都在搞招商引资；而另一方面，各级政府从上到下又都在搞"宏观调控"，从而将各级政府的精力和资源大量消耗在相互之间的博弈之中。

其次，在日本，在政府间事权划分方面比较强调的是责任而不是利益。但是在中国，由于各级政府不仅在做同样的事情，尤其在有利益的领域甚至存在着一定程度的竞争，存在着政府与民间"争利"、政府之间"争利"的现象，比如在招商引资方面；在另外一些领域，尤其是责任大、利益小的领域，比如说医疗卫生和教育领域，各级政府又都不大愿意多管事，有些部门甚至存在着互相推诿的现象。

最后，在市场经济条件下，日本的各地地方政府所追求的是基本公共服务的均等化；但是在中国，各地地方政府追求的却是经济增长目标上的一致性，是 GDP 增长速度的相互攀比。

目前，中国各级政府正在加快推进政府职能的转变。从日本的经验来看，改革的方向应当首先是加强各级政府之间必要而合理的分工。

（三）关于基础设施建设方面的经验与教训

在基础设施建设方面，一方面，我们注意到日本的成功经验，由于日本各级政府在事权划分的基础上分别对基础设施建设进行了大量的投入，从而使得日本在基础设施建设方面取得了巨大的成就，目前日本在基础设施建设方面已经相当的完善。

但是与此同时我们也注意到，正如有专家所指出的那样，日本在基础设施建设方面存在着过度投资、重复建设、效率低下、浪费严重等弊端，而这一切又都与日本在土木行政方面的“官—商利益机制”存在着某种必然的联系。在这种机制的作用下，日本政府相关省厅（部委）的行政目标实际上发生了“转移”，使得追求本省厅“补助经费”的最大化和确保稳定的经费来源变成了各省厅的首要目标①。

有人甚至认为，日本的建筑业市场已经完全脱离了正常轨道，被人为地随意加以扩大。“不是因为基础设施建设的实际需要，而是为了肥大政府的补助金”，从而导致日本经济患上了土木工程“中毒症”，不仅浪费了大量的人力、物力和财力，甚至还严重破坏了生态环境②。

当然，也有专家认为，这种现象在日本经济起飞阶段是难以避免的，同时对于当年日本经济的高速增长也是功不可没的。

对于目前的中国来说，一方面我们要看到，中国的基础设施建设总体水平还不高，还需要进一步加大对基础设施建设的投资力度；而另一方面我们也应当注意的是，理清各级政府间的事权划分，改进各级政府的管理水平，提高基础设施的建设效率，对于加快基础设施建设同样具有十分重要的意义。

（四）关于教育领域的事权划分

在日本，首先，在义务教育阶段，政府的主要职责是为国民提供平等的受教育机会，都道府县政府负责中小学校的教职工任免，为的是追求各地中小学校教学质量的均等化；中央政府通过转移支付为中小学教职工工资提供大约50%的财政补贴也是为了将各地教职工的工资福利水平基本拉平。

但是在中国，我们过去在义务教育阶段却在盲目地搞实验小学、重点中学，实际上是在搞差别化教育，“特殊化教育”，结果导致中小学学生就近上学的问题一直难以解决，并带来了择校成风、校园腐败、交通拥挤等一系列社会问题。目前，这个问题在中国已经被越来越多的专家学者、政府官员和平民百姓所认识，这种现象正在得到改变。

其次，在日本，在义务教育阶段已经基本实现免费，而在高等教育阶段，75%以上是私立大学，只有25%是公立学校。私立大学的费用虽高，但是，一方面中央政府会对私立大学给予一定的补助金；另一方面，日本的大学生一边读书、一边打工的勤工俭学现象相当普遍，从而在一定程度上减轻了学费和生活费用方面的压力。

但是在中国，由于财政体制等方面的原因，一方面，国家将大量资金投入到高等教育方面，大学基本上是以公立为主；而另一方面，广大学生在接受中小学义务教育的时候却不得不支付各种各样的学杂费用，从而加重了学生和家长的经济负担。

最后，在日本，我们注意到政府在教育领域中一项非常重要的事权就是要尽可能充分保证残疾人、智障者等弱势群体享受教育的权利。

在中国，有关教育问题的文章中很少有人论及这类“特殊教育”的情况，教育专家们也

---

① 参见宫胁淳著：《图解财政的架构》，日本东洋经济新报社，1997年出版，1999年第5次印刷。

② 参见阿列克斯·科尔：“日本：大兴土木的国家”，载《比较》杂志，中信出版社，2005年第20期。

很少将这一议题纳入研究视线之中——尽管中国在这方面实际上做得相当不错，各地均设有聋哑学校等专门为残疾人设立的专门学校。

（五）关于灾害救助领域的政府事权划分

在日本，灾害救助工作本属于中央政府的职责，但是负责实施的则是作为“中央政府代表”的地方政府长官（知事）。

灾害救助在相关事权的法律规定上往往要由基层地方政府提出申请之后，上级政府乃至中央政府再予以相应的救助和适当的补助。但是当重大灾害发生时，实际情况往往是中央政府主动启动“危机管理机制”，灾害救助所需费用原则上由都道府县（=省级政府）负责支付，当都道府县所支付金额超过一定规模以后，中央政府再依据一定的比率予以补助。

从日本的经验教训来看，当灾害发生时，上一级政府，尤其是中央政府在什么时候、什么条件下、以何种方式向地方政府提供救援，是被动地等待地方政府的求救申请，还是主动出手及时实施救援？这在判断上存在着相当大的难度。上一级政府，尤其是中央政府出手过早、过于主动，有可能导致基层政府的“道德风险”，刺激基层政府对上级政府、对中央政府的“等、靠、要”思想；但是，如果自然灾害过于严重，下一级政府，尤其是基层政府自身也陷入瘫痪状态时，上一级政府，包括中央政府如果不能够及时提供救援，就有可能导致十分严重的政治经济后果。

为此，建立畅通的信息通道和有效的预警系统，以及专家学者参与的科学决策体制就显得尤为重要。

参考文献

1. 大川政三、大森诚司、江川雅司、池田浩史、久保田昭治著：《日本的财政——国家财政与地方财政的关联分析》，创成出版社，2004 年新订版。

2.《日本的行政，2003 年》，财团法人行政管理研究中心编辑出版，进荣社印刷。

3.《大日本百科辞典》，第 15 卷。

4. 横道清孝编著：《地方制度改革》，ぎょうせい出版社，2004 年版。

5.《日本的地方自治制度》，财团法人自治综合中心 ，1987 年版。

6. 地方公务员升任考试问题研究会编：《用图表来理解地方自治法》，学阳书房，2003 年版。

7. 今井照著：《图解地方自治的架构》，学阳书房，2000 年版。

8. 自治省财政局编：《地方财政のしくみとその运营の实态》，财团法人 地方财务协会出版发行，1996 年版。

9. 贾康主持：《地方财政问题研究》，经济科学出版社，2004 年版。

10. 宫胁淳著：《图解 财政的架构》，日本东洋经济新报社，1997 年版；1999 年第 5 次印刷。

11.《日本的地方自治制度》，财团法人自治体国际化协会，2005 年版。

中国对地方的事权分配与财政分配

日本一桥大学国际及公共政策大学院　田近荣治

以提交的报告论文为基础，针对在这个共同研究课题中最重要的课题之一的“中国对地方的事权分配与财政分配”，叙述一下笔者的感想。这里“事权”这个词汇，是在论述中国的中央政府和地方政府的文献中必然出现的词汇。但是在日语中是指工作的权限，用来规定以怎样的责任进行怎样的工作。问题是，分配给地方政府的事权和财源是否协调，成为中国财政非常重要的课题。

下面分两点思考这个问题。第一点，与日本财务省和财务综合政策研究所的森信所长提出的土地问题有关，中国的收入差距与土地利益有根深蒂固的关系，因此强烈需求机会平等。而机会平等是指，所有的人都能接受教育，能够得到保健、医疗等基础服务。笔者首先要指出完善这种服务体制的重要性。第二点，与这个中日共同研究的主题深有关系，为了实现机会均等，研究该如何看待中国的地方财源。

一、差距的产生与过渡经济

为什么会发生收入差距？当然，一般性的发生机制是，源于土地和各种财产的所有权集中或被独占。不仅仅是大片土地，还有很多自然资源被一部分人独占。除此以外，这种差距虽然有可能是各种各样的原因一起导致的，不过也可以说起因于地域和产业发展的不均衡。另外，在个人水平上，因能力的差异有可能得到不同的结果。

产生差距的原因有很多，譬如在第二次世界大战前的日本由于土地所有制产生了极大的不平等。是地主和佃耕的问题，在企业方面有大财阀独占产业。第二次世界大战后针对这些问题进行了改革，开放农业用地，打破产业集中。

这样，各种情况导致了差距的产生。但是在过渡经济中，为什么会产生收入差距呢？针对该问题进行讨论的话，笔者认为甚至可以联系到森信所长报告的土地征税问题。提起过渡经济，在这里关注的是中国和越南等东亚的过渡经济，特别是这两个国家的经济发展非常快。在这种情况下，任何人都会认识到，产生地域和产业发展的不均衡。

中国的东部和西部，越南的南部和北部存在着增长差距的问题。在产业方面，发展的是制造业，最近一段时期其中的信息相关行业发展迅速；另一方面，农业领域的发展极其滞后。落后的产业还会因为加盟 WTO 后进一步开放经济，而导致经济压力的加重。如此会存在经济发展极其迅猛的国家经历过的不均衡现象。

另一方面，许多人有共识的在过渡经济中无论如何也不可避免的问题是，社会主义市场经济下的土地所有制制度衍生的诸问题及其结果导致的不平等。在中国和越南，土地是全民所有，个人和企业不能拥有土地，只能向国家购买土地使用权或租用土地。总之，个人并没有土地所有权，而只能由国家把使用权发放到市场。

但是，虽说是全民所有，其实是只有某些人拥有土地，在现实中是中央和地方政府代表全民拥有土地。所谓拥有土地是指，政府可以出卖或出租土地使用权。这个意义上的拥有，其结果是，获得了土地使用权的企业进行各种各样的经济活动，从中支付的地租成为政府宝贵的财源。恐怕由此引发了贾先生指出的，围绕中国政府的权限长期未解决的问题——投资权问题。因为土地的所有权归属中国政府特别是地方政府，那么地方政府，不仅仅向企业出卖土地使用权，自己也可能想开展事业。这就是投资权，它的行使行为在市场经济中持续存在着。

在阎先生的报告中也指出，县和乡的财政的管辖范围超越了教育、保健和公安等所谓公共财政的范围，直接覆盖了以企业为媒介的经济活动和农业生产。因此基本问题是由以下原因产生的：土地为全民所有，而实际上它的所有权握在中央政府和地方政府手中，它们可以出卖土地使用权，同时自己也在进行着商业活动。

由此也产生了各种各样的所得分配上的问题。围绕土地的征用等问题媒体报道过，农民多次发动了反对运动的事实，而在处于过渡经济下的中国和越南，这应该是不可避免地会发生的问题。

二、容许差距和机会平等

进一步说，正如上面所述，差距发生的机制因国家和经济发展阶段的不同而不同，但是不管什么样的经济其结果产生差距是不可避免的。但是如果把视野稍微放远一点看的话，全体变得富足则大家也跟着变富足，容许差距的程度也会扩大。仅靠零和分配（zero－sum）很难解决问题。在变得富足的过程中，即经济发展过程中，某种程度的差距也可以容许。

笔者认为，应追溯发生差距的起因，并讨论怎样去改正，但是如果从现实考虑的话，即使出现了某种程度的差距，在机会平等的条件下，差距是能够得到容许的。在这个意义上，作为机会平等的表现，保障全民的教育和基础性保健卫生和医疗服务是非常重要的。这一点不仅对于中国，对所有的国家都很重要。不过，尤其处在过渡经济中的中国和越南，其经济改观的程度和速度极大，实现这种机会平等也就非常重要。并且，在这个过程中不必过度强调地方政府发挥的作用。

三、对地方的财政分配

在这里作为第二个论点，应思考干涉地方政府的财政。在中国，对地方的财政分配，产生了什么样的问题？在这个共同研究的大部分报告中一致指出的是，改革开放后，经过许多曲折过程，1994 年实施了分税制，其结果虽然强化了中央和省级政府的财政，但是省级以下政府的财政状况仍然持续不足。

根据阎先生的报告，省级以下各政府部门之间几乎没进行分权。并且，县乡财政承担着中央政府应该承担的一部分事务。乡、镇与上一级政府或中央共同提供公共财产和服务时，乡、镇的财政负担比例过大。总之应指出的是，分税制虽然是重要的改革，但是从事权和财政来看，地方分权并不彻底。

那么在中国的地方财政分配上，具体应该分配什么，有什么样的问题？我认为这一点上，作为中国最重要的税源的附加价值税，依然不完备且问题过多。

在中国，附加价值税叫做增值税。其特征为所得型，而且没有与服务挂钩。它的主要对象是制造业，税基狭窄，已不是本来意义上的附加价值税。这种狭义的附加价值税——增值税，国家和地方以3比1的比例分配，然后，根据“基数”还要向地方返还税收。即，与1994年改革时（基数）对比，增收的一部分，分配给了地方。但是，因为地方上依然保留了作为固有税源的营业税，因此在地方上相对于附加价值税（增值税），更加关注征收可以直接收益的营业税。因此，如何向地方分配税源的具体问题解决之前，作为税制的整体问题，应通过改革附加价值税达到税制与税收的稳定。中国也认识到这个问题的重要性，在一部分省市也全力进行了试验，而我们有必要对其结果做一下深入研究。

作为给地方分配的税源，如何考虑农业税的问题？最近废除了这个税种，但原本向农民征税就非常困难。从农村征的税，在中国倒不如称之为“费”，税之外还必须解决道路和电等的使用费、灌溉管理费、学校教育费等各种各样的名义收取的各种附加税的问题。因为如果从税收方面看，即使农业税被废除了，如果附加价值税能够完整地征收，农业税就能由此补足，对税收影响不太大。

阐明了以上实际状态和指出了应抓紧改革进程之后，从这里又回到有关土地的诸问题。作为地方政府的税源，比农业税更理想的是，把总括性以及系统性的土地税作为目标，从取得阶段、保有阶段、转让阶段完好地收税。此外，作为地方行政的稳定财源，保有税和固定资产税最为理想，这本身不过是财政学的基础知识。问题是，为什么在中国和越南的过渡经济中不能征收这样的土地税。其原因在于，因为地方政府自己所有土地，无法对自己所有的土地征收固定资产税，或启动向自己征税的这种鼓励制度。所以与其这样还不如通过买卖使用权或土地租赁等由税制外的结构得到快捷收入。由于这个根源很难完全引进保有土地的税种——固定资产税制度。同时，在经济高速发展中，可预见税收的土地转让税也一直很难实现。

但是，为了在有差距的情况下发展经济并维持追求富足的人们的热情，机会均等变得越发重要起来。虽然贫穷但是给予了变富的机会，为了给国民这种实实在在的感觉，就需要税收特别是地方财源的支持。为此首先第一，彻底地改革附加价值税及其附带的问题，确保稳定的财源；第二，必须认真考虑土地税。这个改革会与过渡经济中的中国所具有的根本问题发生冲突。

除此以外，中央政府和地方政府共同相关的重要税目有所得税。这个问题在本次共同研究中，应该更加深入地讨论。因为在经济高速增长中，它不仅可以预期大的收入，而且是与中央政府和地方政府深有关系的税种。个人所得税作为稳定的税源，对中央政府和地方政府来说是很重要的税。在中国个人所得税是国家和地方共有的税，但是对于包括税基在内的其共有形态，有必要做进一步的讨论。

对法人所得和个人事业主的征税还很混乱。问题的渊源与土地情况相同，地方政府自己拥有企业，并对这样的企业特殊照顾，或为了招揽企业采取地方独特的减轻租税的措施。另一方面，农业里的“费”问题，并非与企业部门无关，对企业来说优惠税制的另一方面，就是被要求承担税外各种各样的负担。

针对有这么多的问题的个人所得税和法人所得税，必须进行彻底的改革。在这里笔者有个想法，不知是否成熟：更改至今为止实行的，中央百分之几，地方百分之几的中央政府和地方政府分配税源的做法，由中央政府的征税组织先统一征税，然后按照一定的规则，将这个税收分配给地方政府。即，对于税的分配比重，中央政府和地方政府应更多地转移到税收的分配上而不是税源的分配上。这个做法能提高所得税的透明度。

此外，在此次共同研究中虽然不作为议题，但是在财政分配上有地方债务的问题。这里还潜藏着，地方政府对自己旗下的企业做债务保证，实际上是自己来承担债务的问题。还有一个问题在此次研究中也没有更多的触及，就是除了税源强化，中央政府和地方政府之间的财政转移也很重要。

以上考证了差距和它的矫正。每个国家都存在种种收入差距。中国作为过渡经济具有独特的收入差距问题。正因为如此需要机会平等，并为了机会平等，必须在交给地方事权的同时还要交付财源。笔者认为这时要首先加快附加价值税的改革，但是土地税也应该放入到改革的日程中。与此同时应该进行改革，提高个人所得税和法人所得税征收的透明度。

中央与地方财政分权的原委与现状：以全国综合开发计划为例

日本财务省财务综合政策研究所 别所俊一郎*

一、前言

本文纵览一贯以“国土的均衡发展”为主题制定的“全国综合开发计划（全综）”，并对计划实效性的依据进行了讨论。“全综”是公共部门为了综合性地管理、开发有限的国土资源而制定的计划，以国土审议会的报告为基础，由内阁决定。制定过程中采纳了许多专家的建议，讨论范围广，制定时间长，投入人力多。作为“全综”的制定依据，《国土综合开发法》规定了全国、都府县、地方、特定区域4级综合开发计划，且“全综”是制定都府县、地方、特定地区综合开发计划的基础。

虽然“全综”是最高层次的国土计划，但也只是纸上谈兵式的计划，内容过于抽象，几乎不具有对国土有限资源利用分配有效的控制手段，也不具备法律的强制执行能力（北原1994）。之所以这样评价“全综”，是因为在国土利用分配问题上行政部门和民间部门在竞争，就连在行政内部中央政府和地方政府也在竞争。虽然计划多是以公共投资的方式执行，但是，事业的执行主体却是地方政府而不是作为计划制定主体的中央政府。国土计划的实现还需要满足民间资本的布局和国民的迁移两个条件。但是，地方政府是独立的行为主体，民间主体也有布局和迁移的自由。因此中央政府对地方政府和民间主体无法起到“引导”作用，“全综”的实效性能否令人期待也是个未知数（西尾1990）。

本文着重探讨纸上谈兵式的“全综”的实效性能够得以确保的可能性，一是通过“全综”的具体规划中规定的补助金或地方交付税制度保障财源；二是在“全综”的制定过程中对有牵扯的多个经济主体进行调整，在制定过程中进行调整并达成协议。从这一点看来，尽管“全综”自身无法保障必要的预算、人员、组织、立法措施等，但在长期计划或预算编制方面却能作为通用起点发挥功效。

---

* 本文的所有内容皆属于笔者的个人观点，不代表财务省或财务综合政策研究所的正式观点。如有错误，概由个人负责。

本文的内容构成如下：第二节概述从《国土综合开发法》的制定到正在制定的国土形成计划为止的“全综”历史；第三节简单介绍5次“全综”的制定过程，尤其是着重描述第三次全国综合开发以后制定过程变得复杂、地方政府和民间主体的参与机会增多等现象；第四节中讨论“全综”的实效性问题。其中，重点叙述“全综”的具体规划中规定的补助金和交付税制度应有的状态，并说明“计划中的调整”是如何实施的；第五节是总结。

二、“全综”的简介

“国土的均衡发展”是象征第二次世界大战后国土计划的语言，是从事国土计划制定的有关人员提出的冠冕堂皇的借口（御厨贵2005），每一次全国综合开发计划（全综）的开发方式都各有不同。本节将概述先后制定5次的“全综”[①]。关于“全综”的归纳也可以参照表1。

表1 全国综合开发计划的变迁

	第1次	第2次	第3次	第4次	第5次
名称	全国综合开发计划（一全综）	新全国综合开发计划（新全综）	第三次全国综合开发计划（三全综）	第四次全国综合开发计划（四全综）	21世纪国土的宏伟蓝图
内阁决定	1962年10月5日 池田内阁	1969年5月30日 佐藤内阁	1977年11月4日 福田内阁	1987年6月30日 中曾根内阁	1998年3月31日 桥本内阁
背景	1. 进入经济高速增长； 2. 过大城市问题，地区间收入差距扩大； 3. 收入倍增计划（太平洋工业地带构想）；	1. 经济高速增长 2. 人口、产业的大城市集中 3. 信息化、国际化、技术革新进展	1. 经济低速增长 2. 人口、产业向地方分散的前兆 3. 国土资源、能源等的有限性的表面化	1. 人口，各种职能的东京一极集中 2. 产业结构的迅速变化，地方圈就业问题的深刻化 3. 国际化的进展	1. 全球化时代（地球环境问题，大竞争，与亚洲各国的交流） 2. 人口减少、老龄化时代 3. 高度信息化时代
目标年份	1970年	1985年	从1977年开始约10年	约2000年	2010年～2015年
基本目标	区域间的均衡发展 立足于国民经济视点，谋求综合性地解决城市过大化引起的生产方面、生活方面的诸问题以及地区的生产力差距。	创造丰富的环境 在与基本课题相协调的同时，以高福利社会为目标创造适合人居的丰富环境。	充实人们居住的综合环境 以有限的国土资源为前提，尊重地区特点和历史传统文化，以人和自然的和谐为目标，构筑稳定、健康、文化的综合人居环境	多极分散型国土的构筑 在安全润泽的国土上形成各有特色、各有职能的多极，而人口、经济职能、行政等各种职能不向特定地区集中，形成地区间、国际间互相补充，互相激发交流的国土	形成多轴型国土结构的基础建设 构筑以形成多轴型国土结构为目标的“21世纪国土的宏伟蓝图”的实现基础 重视以区域选择和责任为基础的区域建设

① 本节内容得到了海外经济协作基金（1995）、濑田（2002）、下河边（1994）的大力帮助。

续表

	第1次	第2次	第3次	第4次	第5次
名称	全国综合开发计划（一全综）	新全国综合开发计划（新全综）	第三次全国综合开发计划（三全综）	第四次全国综合开发计划（四全综）	21世纪国土的宏伟蓝图
基本课题	1. 防止城市的过大化和缩小地区间差距 2. 自然资源的有效利用 3. 资本、劳动、技术等资源的适当的地区分配	1. 人与自然的长期和谐，自然的永久保护、保存 2. 通过开发基础条件的充实，促进整个国土的均衡发展 3. 通过发挥各地区特色的开发，提高国土利用效率 4. 充实保全安全、舒适、文化的环境条件	1. 居住环境的综合性整备 2. 国土的保全与利用 3. 对应经济社会的新变化	1. 通过定居和交流带动区域的活力 2. 国际化与世界城市职能的重新组织 3. 安全、高质量的国土环境的整备	1. 促进自立，创造具有自豪感的区域 2. 确保国土的安全和生活的安心 3. 享受继承丰富的自然 4. 构筑有活力的经济社会 5. 形成面向世界开放的国土
开发方式	据点开发构想 为了实现目标，就有必要将工业向地方分散，配置与东京等既成大工业地区密切联系的开发据点，通过交通通讯设备的集中整备实现地区间的有机联络，相互促进的同时进行带动周边地区发展的连锁反应式的开发，最终实现区域间的均衡发展	大规模项目构想 充实新干线、高速公路等交通网络，通过推进大规模项目取消国土利用的不均衡、过密过疏、地区差距等	定居构想 抑制人口和产业向大城市集中，在解决过密过疏问题，实现全国国土的均衡发展，振兴地方经济的同时，构筑人居综合环境	交流网络构想 为了构筑多极分散型国土 ①振兴区域经济的同时，通过创意和设计推进区域整备 ②根据中央或中央的指导方针，在全国范围内推进基干交通、信息、通讯体系的整备工作 ③通过中央、地方、民间诸团体的协作，形成多种多样的交流机会	参与和协作 ——通过各种主体参与和区域联合进行国土建设（4个战略） ①创造多自然居住地区（小城市、农山渔村、中山区等） ②大城市的革新（大城市空间的修复、更新、有效利用） ③发展区域协作轴（完成轴状联结的区域协作） ④形成广域国际交流圈（具有全球交流功能的圈域）

资料来源：国土交通省．网址（http://www.mlit.go.jp/kokudokeikaku/zs5/hikaku.html）

（一）全国综合开发计划制定之前

作为“全综”制定依据的《国土综合开发法》于1950年制定。虽然经1952年的修订，规定了全国、都府县、地方、特定区域等4级综合开发计划，且“全综”是制定全国之外其他3级综合开发计划的基础（第7条2），然而在实际上，最早推行的是特定地区开发计划。特定地区开发计划由经济稳定总部等起草，打算效仿美国的田纳西河流域管理局（TVA）采取的经济危机对策，对只见川和北上川进行综合开发（下河边，1994），主要目的是缓解战败之后的紧急事态。在指定特别地区时，从51个自荐地区选出了19个（1957年追加3个地区，成为22个）。此次计划的对象大部分是河川流域，目的是防治灾害与资源开发，尤其是水资源的有效利用。率先推行特定地区开发计划，是因为随着日本向现代化迈进，人口和生产资料急速集中到冲积平原（吉田2000），政府没有实行国土综合开发计划的余力，河流问题成了当务之急（町田2003）。本次计划在执行中逐步加强利益均沾式的全地区开发，1967年达成开发目标，事业结束。

由于《国土综合开发法》已出台却迟迟不制定“全综”，政府为此倍受“政治上不负责任”的指责（下河边，1994），于是，经济审议厅计划部终于在1954年发表了“综合开发设想（方案）”。这是跨视13年的长期综合性的经济展望，也可能是因为不讨首相吉田茂的欢心，最终没能通过内阁审议。1958年制定的“全综”草案也是相同的结局。这是因为“全综”的制定需要满足很多条件，比如，第二次世界大战后的经济复兴渐上轨道、形成经济自主发展的基础、可以确实展望10年左右的前景、人口与经济等统计数据的整备和预测手法的进一步发展等。

当时因供应朝鲜军需等导致未来难以预测，统计数据也不完备，以致“全综”的制定被推迟，只是制定了作为“全综”框架结构的其他开发计划。比如，1957年制定以《东北开发促进法》为首的地区法，以及以地区法为基础制定的地区开发促进计划。地区开发计划也将开发中心锁定在河川流域，目的是进行以综合性水库为中心的电源开发、治山治水、农产物增产和农村工业化等河川综合开发。另外，1956年地方自治法的修订将“地方综合开发计划的制定”义务化，此举进一步推进了都道府县计划的制定（新川1995）。20世纪50年代，多个地方公共团体陷入财政难，为了引进工业和增加将来的税收收入，各地都制定了吸引工厂条例，引发了工业振兴高潮。50年代后半期，担负既成工业基地的大城市圈的府县自治体，开始以战争时期接办填海造地事业的联合企业为中心推进地区开发，四大工业基地复苏，地域间的所得差距也逐渐拉大。

（二）全国综合开发计划

1960年，经济审议会产业布局小委员会发表“太平洋工业地带的构想”，池田内阁发表“国民收入倍增计划”。“国民收入倍增计划”提出了为期10年的经济规划，“国民收入倍增计划的构想”强调了“为了促进落后地区的开发和缩小收入差距，需要马上制定国土综合开发计划，进行该地区的资源开发”的必要性。在这样的背景下，开始以经济规划厅为中心推进“全综”的制定工作，1961年7月出台草案，1962年10月，内阁会议通过了全国综合开发计划（一全综）。

“一全综”是以国民收入倍增计划为契机制定的，因此，应该说“一全综”是国民收入倍增计划的物质、空间计划版。在产业和人口向四大工业基地集中、密集的弊病超过集中带来的利益的情况下，“一全综”被赋予了防止过密地区城市规模的扩充，以及通过诸资源的恰当分配解决地区间差距的重任。即，“一全综”依据收入倍增计划的制定，内容上明确了地区的分工关系，目标是实现地区间的均衡发展。

为了以重化学工业为基础产业实现经济的高速增长，“一全综”的主课题是充实、强化产业基础，实现产业的现代化和合理化。为此采取的开发战略就是“据点开发方式”。据点开发方式的定义是“在过密地区之外的区域设立几个据点作为开发的中心，考虑到这些开发据点之间的联络关系以及周边存在的农林渔业，通过交通通讯设备的集中整备实现开发中心地区的网络化，相互促进的同时带动周边的农林渔业发展的连锁反应式开发方式”。即，为了解决既成工业基地的大城市过密问题，以及缩小与过疏地区之间的差距，试图通过据点城市吸引大城市的钢铁、炼油等沿海自动化企业，进而带动相关产业的发展。为此，日本将全国分为过密地区、整备地区、开发地区三种类型，并在整备地区和开发地区设立了工业开发据点和地方开发据点。

通过先后制定《低开发地区工业开发促进法》（1961年）、《新产业城市建设促进法》（1962年）、《工业整备特别区域整备促进法》（1964年）、《为新产业城市建设及工业整备特别区域整备制定的财政上的特别措施法》（1964年）等，据点开发方式在法律上实现了具体化。《低开发地区工业开发促进法》也试图通过指定一个开发效果好且带动作用强的地区吸引工业，为此，财政上也制定特例措施予以支持，但是，大幅受惠的还是新产业城市（新产）和工业特别整备区域（工特）。新产以未开发地区为优先考虑，工特以太平洋工业地带为优先考虑。全国认为有必要的新的开发区域有2、3处，而全国有44个地区申请成为指定区域。这些地区围绕区域指定展开了“历史上最大的请愿交战”，结果，指定新产地区15处，工特地区6处（图1）。这些指定的新产与工特地区能够享受财政优惠措施，即地方债的贴息、补助金的提高、进出口企业的征税减免与地方交付税补助等。各地区也都试图利用这些措施吸引钢铁、炼油等工业进驻。

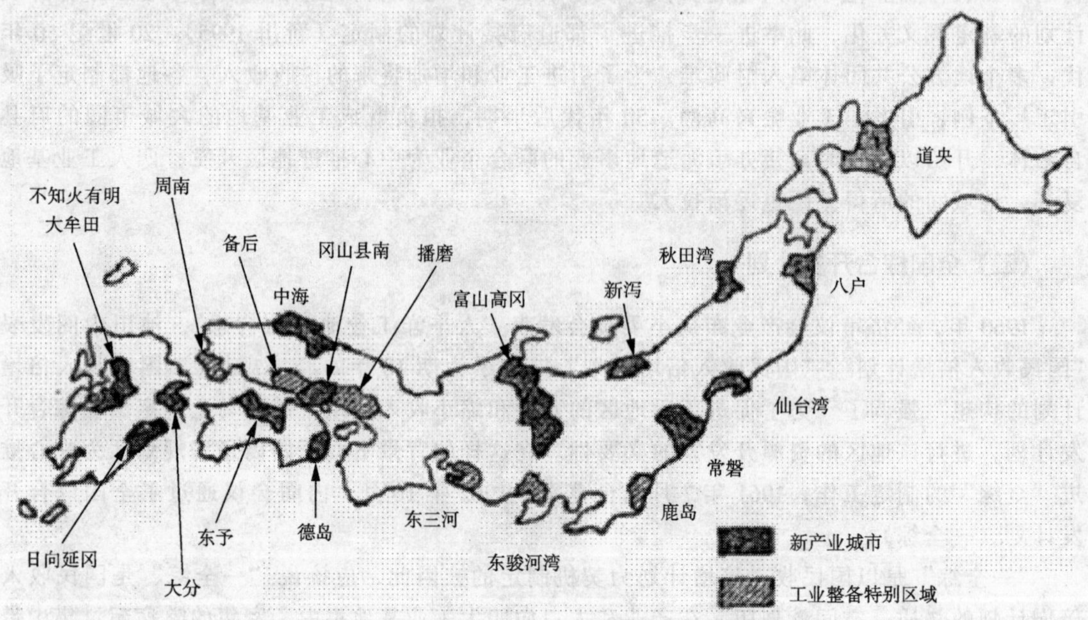

图1　新产业城市与工业整备特别区域

资料来源：海外经济协作基金（1995）。

在“历史上最大的请愿交战”中胜出的新产与工特地区中，除了既存联合企业以外，成功吸引重化学工业的地区只有鹿岛、水岛（冈山县南）、大分等太平洋工业地带（辻一人等1995）。其他地区不仅吸引工业失败，因预先投入的产业基础投资等负担，反而陷入了财政困境（濑田 2000）。在成功吸引联合企业的地区，也逐渐显现出了大气污染、水质污染等属于公害与环境问题的社会弊病①（远藤 2003）。

“一全综”虽然在道路、铁路、港湾等交通基础的整备上取得了成功，但是，仍然没有解决人口和产业向东京或县厅所在地等地方据点城市、中枢管理职能城市的集中，反而加重了地方的过疏现象。当然，假如没有“一全综”，可能过疏过密问题会变得更加严重，其中，生活环境等基础整备没能跟上也是因为经济发展超过了当初的预想（下河边 1994）。然而，现实中过疏过密问题确实没有得到解决，因此，不得不对“一全综”进行修订。

（三）新全国综合开发计划

20 世纪 60 年代，在经济高速成长的反面，大气污染、水质污染等公害问题逐渐显露，过疏过密问题越加严重，地区间的生活差距也在逐渐扩大，生活基础设施整备也不完善。以此为背景，国土综合开发审议会于 1966 年向内阁总理大臣提出制定“新全综”的强烈要求。1968 年政府决定制定“新全综”，并于 1969 年 5 月内阁会议通过了新全国综合开发计划（新全综）。“新全综”的制定主体是经济规划厅，但是，大方向的制定却是通过处于构想阶段的 3 个研究会以及自民党城市政策调查会的讨论决定（下河边 1994）。

“新全综”将 1985 年定为完成目标年度，1965 年至 1985 年的 20 年作为规划完成期限，试图在景气的前景下发展经济，实现如下目标：①人与自然的长期和谐，自然的永久保护保存；②通过开发基础条件的完善，使开发可能性的全国均衡化；③通过各地独自开发整备，使国土利用、重组效率化；④逐步创造具备安全舒适的文化条件的丰富的社会环境；⑤消除开发中的过密过疏问题和地区差距。“新全综”的政策包括大型开发项目和广域生活圈构想。大型开发项目方式指的是在各地区进行大型开发，通过全国的巨大通讯交通网络促进地区发展，“逐渐将效果波及日本列岛全域”。即：以苫小牧东部、陆奥小川原、志布志湾等地区为代表，开展搞活各地区特性的自主、有效的产业开发和环境保护项目；同时，利用信息通讯网、交通网、新干线铁路网、高速公路网、港湾等形成的新网络推进各地区的发展。产业开发方式是在高度加工部门成长并成为主导、电子与原子能等新的产业也逐步发展、重化学工业的规模利益也非常大的前提下，建立以钢铁、石油、石油化工等基础产业为核心的巨大工业基地。而后，高速通讯、交通网络的构想也逐渐壮大，本次计划也成了此后制定国土政策的基础（远藤 2003）。

与“一全综”的全国规模开发方式不同，广域生活圈构想作为区域整备的基础单位，目的是促进区域独立性的开发。在这样的构想下，自治省将生活在同一生活圈的人口约 10 万人的区域设定为“广域市镇村圈”，在圈域内的相关市町村设立工会进行计划的制定与实施②。

当时，除了“新全综”提出的大型开发项目和广域生活圈构想以外，还出台了《首都圈整备法》、《北海道冲绳开发法》、《工业等限制法》、《工厂等限制法》等许多使产业向地方分散的对策，试图解决太平洋工业地带等既成大工业基地的过密开发和产业不均衡问题。但

① 另外，“一全综”以后，才开始以区域开发为契机，在区域内出现利害对立、居民和自治团体对立等现象（町田 2003）。

② 另一方面，由建设省设定“地方生活圈”。

是，在严重的环境问题使居民运动激化、1971年的美元冲击（dollar shock)、1973年的石油危机等经济、社会环境的大动荡中，“新全综”被迫重新制定，并于1972年开始了“新全综”的检查工作。虽然“新全综”实施不到一半就被第3次全国综合开发计划（三全综）取代，但是，“三全综”以后的基础设施整备工作都是根据“新全综”规定的交通通讯基础等计划推进（见图2)。

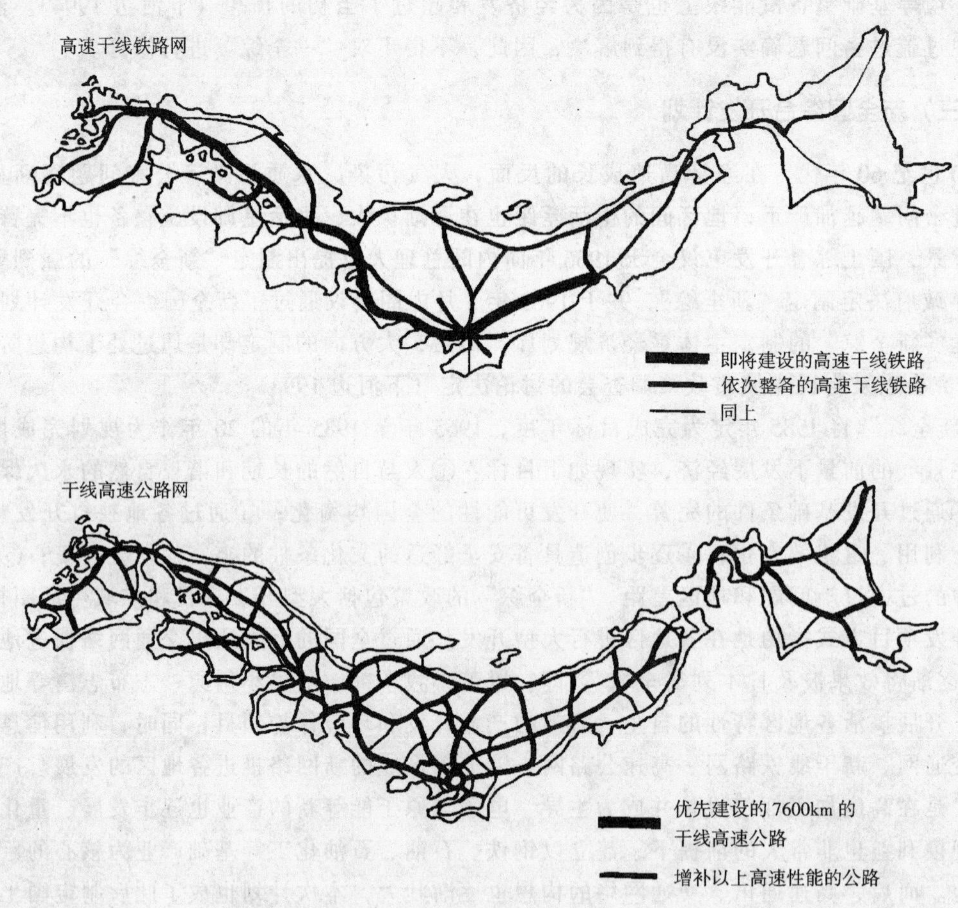

图2　新全综的高速干线铁路网与干线高速公路网

资料来源：海外经济协作基金（1995)。

（原资料）新全国综合开发计划概述。

（四）第3次全国综合开发计划

作为推进“新全综”的政策论，田中角荣的《日本列岛改造论》提出后，不仅掀起了土地开发高潮，还导致地价高涨。因为地价太高，使得人们难以在大城市圈购置住宅，因此，与垃圾处理、下水道整备推迟、上下班高峰时刻等大城市问题一起被列入了社会问题。大城市问题的提出是在罗马俱乐部发表《成长的极限》为代表的经济极限论、变曲点论之后。另外，1973年最高法院就四日市哮喘事件做出中央和企业应付责任的裁决。在这种“价值观和欲望变得越来越多样化、多元化，人们越来越追求安全、稳定的生活质量和丰足的生活环境（摘自三全综正文）”的背景下，国土厅开始推进“全综”的制定工作，并于 1977 年 11 月在内阁会议通过了第 3 次全国综合开发计划（三全综）。

本文认为“三全综”的基本目标是“以有限的国土资源为前提，有效利用区域特性，建立和完善植根于历史、传统文化，而且自然环境、生活环境和生产环境相和谐的人居综合环境”。与上文说明的“一全综”、“新全综”提出的在全国范围内推广“开发可能性”的主张相比，高速经济发展结束后制定的“三全综”虽然也重视经济的稳定增长，但立足于土地和水资源等国土资源的有限性，将目标转向了进一步改善人们的生活环境方面。因为经济的高速增长虽然使日本的经济环境发生了很大变化，但“过疏过密”没有得到解决，而公害问题又突出起来。因此，“三全综”试图在经济的稳定增长中确保基础整备的财源，以弥补经济高速增长时期基础整备的不完善。如果计划重点从经济开发转向综合性生活环境的整备，相关的团体和人员就会增加，而如何调整这种转变就变得非常重要。为此，“三全综”强调“在认识计划自身局限的前提下实施计划并弥补不足”。

“三全综”的开发方式是“定居构想”。这与大平总理的“田园城市构想”相近，“抑制人口和产业向大城市集中，另外，在解决过密过疏问题、实现全国国土的均衡发展、振兴地方经济的同时，构筑人居综合环境”。以河川流域为中心进行适合人居的复合开发，“三全综”更加强调地方自治与重视人们的生活。但是，有的观点认为定居需要就业渠道，需要当地进驻更多的企业，因此，当务之急还是将集中于大城市的工业吸引到地方安家落户（濑田 2002）。作为定居构想的具体措施，日本实施了“样板居住圈”计划。样板居住圈计划是为了人们能够在跨市町村构成的“广域生活圈”定居而实施，在全国不同区域确定了 44 个“样板居住圈”，并规定优先给圈内的公共事业提供国库补助金（见图 3）。样板居住圈计划是为了发挥区域特性而实施的，希望不是作为中央的项目而是能够从地方的自主性和自主财源得到保障。但是，国库补助金的优先发放制度还是没有改变，作为个别事例还是没能摆脱原有的框架。比如，本间（1992）以两磐样板居住圈为例指出，“在三个特别事业中，最为重要的是扩大就业特别事业和治水对策特别事业，具体来说就是吸引工厂事业和游泳池建设事业。为此，进行了工业用地整备和土木工程”，“这与以前的区域开发方法完全没有两样”。

“三全综”的开发方式是“定居圈构想”，当时，政府内部同样也存在分散产业布局、抑制人口集中、振兴地方经济、消除地区差距等构想。这种构想是对将各种工业开发制度汇总的《工业再配置促进法》（1972 年）和《尖端技术工业密集地区开发促进法》（technopolis 法，1983 年）的继承。《工业再配置促进法》的目的在于抑制东京圈、大阪圈的工业开发，促进北海道、东北、九州地区的工业开发，在培育地方城市的同时解决大城市圈的公害、交通堵塞、水问题。将全国分为“迁移促进地区（东京和横滨、中京、阪神市中心部）”、“未开发地区”、“诱导地区”三种类型，并在迁移促进地区实施迁移优惠措施，在诱导地区实施吸引工业的优惠措施。特别指定为应该推进开发的地区包括苫小牧东部地区、陆奥小川原地区、秋田湾地区、志布志湾地区。在诱导地区充实核心工业用地的事业主体是工业再配置、产炭地区整备事业团，然而，对该地区产业分散效果的评价却是众说纷纭。

根据《尖端技术工业密集地区开发促进法》，对中央认为需要集中尖端技术进行开发和吸引企业布局的地区实施财政上的优惠措施。如果想成为指定地区，需要满足如下条件：即，应该是工业过度集中地区以外的区域，应该有发源城市，应该有自然科学系的大学，应该有尖端技术开发企业等相应的密集型企业，应该便于利用高速运输等。当初的指定地区只

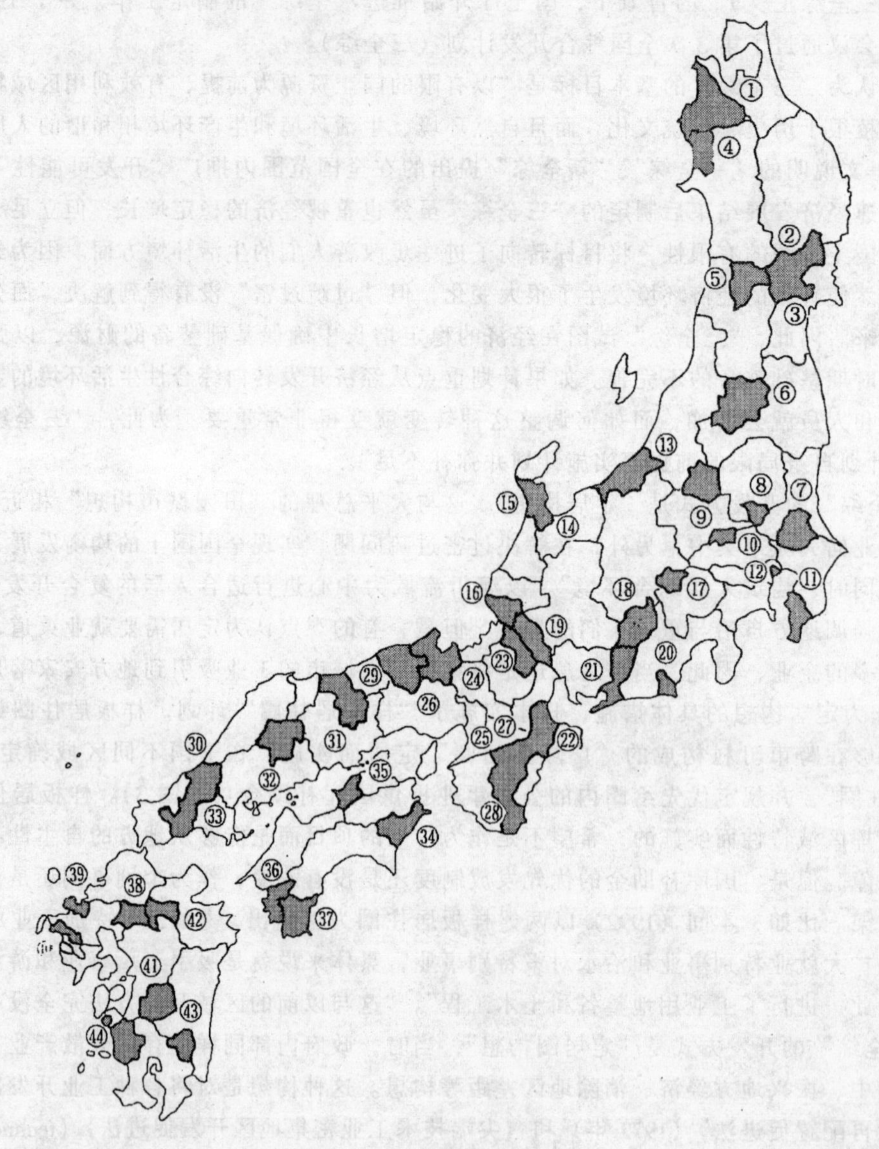

图 3 样板定居圈设定图

资料来源：平成 11（1999）年版《国土统计手册》。

有 1 处，然而，为了企业和地方公共团体能够享受税制上、财政上、金融上的特别措施，发起了 38 个区域据点城市的申请竞争（techno·fever），当初选定的区域是 18 个，最终指定为 26 个区域。因为存在“高新技术有利于大城市”的选择对象问题和“指定地区太多”的选择方法问题，《尖端技术工业密集地区开发促进法》在历次颁布的国土政策中被认为是最失败的政策（濑田 2002）。

作为“三全综”的主题，“资源有限”问题并没有激化，在一定程度上，产业向地方分散的进程也得以加快。同时，汽车的普及化和增加业余时间方面大致都达成了目标。但是，信息和金融业务、服务项目却更集中于东京，大阪、名古屋两大城市的地位则有些下降。在“三全综”的后半期，东京一极集中的问题变得更加严重。

（五）第 4 次全国综合开发计划

20 世纪 80 年代，东京一极集中问题进一步深化，随着地方圈中的产业结构的转换，原材料型产业和依赖出口型产业变得不景气，就业问题也变得越来越严重。在这样的背景下，1987 年 6 月内阁会议通过了第 4 次全国综合开发计划（四全综）。“四全综”消除地区差距的立场和决心与之前的计划并没有多大的不同。并且在只要地方圈的开发整备进一步推进就能消除东京一极集中的认识下，提出了“多极分散型国土构想”和“交流网络构想”。同时，中曾根总理回应国际金融机构密集东京，要求东京面向世界城市发展的请求，在东京沿海部进行了综合性整备（waterfront 开发），由此引发了“总理说四全综是承认一极集中结构的计划”的骚动（下河边 1994）。由于中曾根总理历来都十分重视东京问题，也有人驳斥说“总理不可能这么说（下河边 1994）”。无论中曾根总理的“天声”与地方反对的“地声”如何的僵持不下，“四全综”还是制定并通过了内阁审议。

“四全综”的开发方式是“多极分散型国土构想”和“交流网络构想”。即：将有一定规模集中产业的地方中枢核心城市作为区域发展的中心，整备连接城市与城市、城市与周边地区的交流网络，培养新产业的同时在边缘地区建设大规模的度假村。所谓多极分散型国土，是指“在安全丰足的国土上建立有特色的多极，防止人口和经济、行政等诸职能过度集中在特定区域，地区间、国际间的交流要互为补充互相促进”，以继承“三全综”定居圈构想；所谓“交流网络”是指利用尖端技术铺成的基础设施网络，基本目的是通过网络交流加强各地区之间的分工与合作关系。交流网络的一个基本课题是构筑“全国 1 日交通圈”。所谓全国 1 日交通圈构想是指，通过将全国主要城市之间的往返时间定在 3 小时以内，从地方城市到各高速公路的取数时间定在 1 小时以内等规定，全国主要城市之间实现当天往返的构想。为此，就需要完善高标准干线公路等交通基础设施。根本目的是通过构筑“全国 1 日交通圈”以及完善数字通讯网，促进高度信息产业向地方发展，解决东京一极集中的问题。

“四全综”又提出了“推进特点突出的地区建设构想”，在带动度假村开发潮（见图 4）的同时，也招致了泡沫经济。这一构想是在《充分利用民间业者能力以促进特定设施建设的临时措施法》（民活法，1986 年）、《关于推进民间城市开发的特别措施法》（民都法，1987 年）、《综合休养地整备法》（休养胜地法，1987 年）、《多极分散法》（1988 年）等一连串的立法和“家乡创生”事业的基础上提出的，并且在第三部门的渗透经营下城市再开发和度假村开发得以进一步发展。第三部门方式之所以能够在这个时期有所进展，是因为在中央的财政危机和“行政改革”的进程中，中央向地方公共团体提供的区域开发的支援措施有了变化（远藤 2003）。即，以地方公共团体为对象的税制上的优惠措施变成直接以民间开发者为对象的企业资助措施，在“区域主动型开发”和“放松管制”的呼声中，地方公共团体亲自进行开发的方式也悄然消失。当然，政策上也采取地方交付税“补助金化”或提高地方债的举债比例等措施支持“区域主动”的开发。这些对策在扩大建筑业、房地产业或关联服务业的同时，也更加依赖于公共事业，以致在 20 世纪 90 年代的不景气时代，导致第三部门的经营失败及地方财政危机。

当然，除了度假村开发政策之外，历来的分散政策也都以工业重新配置计划、工业城市构想的形式推进，在采取地方产业和新区域产业振兴策略的同时，还进一步强调了与相关的

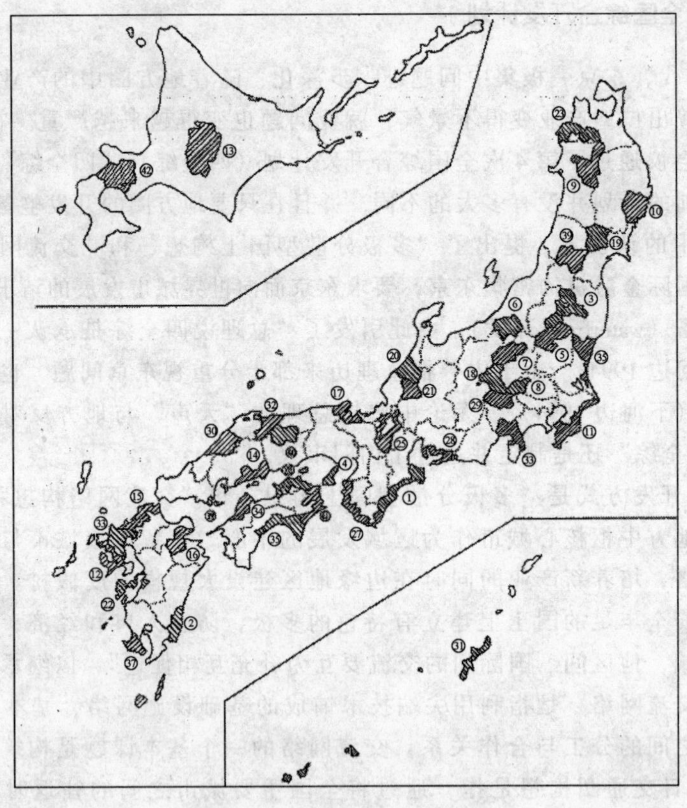

图 4　度假村构想的分布

既存长期计划（北海道综合开发计划等）密切合作与协调的必要性。从“四全综”起，为了在不妨碍东京向世界城市发展的前提下解决东京一极集中问题而采取的“首都职能转移”构想也成了具体研究对象，并延续到了“五全综”。

（六）新的全国综合开发计划“21 世纪国土的宏伟蓝图”

自 1993 年国土厅发表“四全综综合检查中间报告”之后，开始了新的国土综合开发计划的制定工作，1998 年 3 月内阁会议通过了“新的全国综合开发计划——21 世纪国土的宏伟蓝图（五全综）”。这次的全国综合开发计划之所以没有冠上“第 5 次全国综合开发计划”之名，是因为与“四全综”的制定时期相比，泡沫经济的崩溃使社会、经济环境有了很大的变化，因此需要与前四次的国土开发计划有所区别。“五全综”以“围绕国土的诸状况的大转变”为名，提出了国民意识的大转变、全球化时代、人口减少和老龄化时代、高度信息化时代等 4 点变化。所谓国民意识的大转变是指，价值观和生活方式多样化的同时重视内心休养、质重于量、自由选择和自身责任、重新认识自然、渴望不受性别限制的多样的生活方式和男女平等地参与社会活动等意识已经深入人心；所谓全球化时代，是指在地球环境有可能继续恶化的前提下，人们认识到有必要将地球资源作为共有资产进行保护，同时，进一步加强与亚洲各国的临近地区之间的直接交流；而人口减少和老龄化时代则强调劳动力人口的减少影响区域社会的发展，并导致城市的土地需求降低；所谓高度信息化时代是指，信息通讯的进一步发达消除了时间和距离的限制，使地区间的互相访问再无差别，不仅是相互交流，而是指向全球化发展，构筑全世界为一体的信息空间。

意识在大转变，泡沫经济崩溃后产业空洞化和不景气在长期持续，与此相伴的是对未来的消极预测，而“五全综”就是在这样的背景下制定的。当时存在的问题是，长期以来因官民的集中投资形成了以东京为中心、产业密集在太平洋工业地带一轴的国土结构，从而导致地方生活缺乏活力、大城市生活没有闲暇、自然环境恶化、美景失色、灾害频繁的国土形态。为了解决上述问题，“五全综”提出了“多轴型国土结构”的构想（见图5）。内容是“以东北、日本海、西日本、太平洋新国土轴各自形成轴状圈，四个国土轴相互促进，将日本列岛建设成富有特色而美丽的‘庭园之岛’”，开发方式是“参与和协作”。与前四次“全综”相比，这种开发形式更加强调地区间的主动配合与合作，在呼吁居民、自愿者组织和民间企业踊跃参加区域建设这一点上更见新颖。

图5 21世纪宏伟蓝图中提倡的国土轴

资料来源：http：//www2.mie－net.ne.jp/isewanko/home/what/4ac.html

具体地说就是将重点放在构筑有活力的区域产业，提高国际间的竞争力。原因在于随着国际竞争的激化，批量生产型加工装配产业、地方产业和企业所属的小工商业集中区形成的工业密集现象有可能导致产业空洞化。对于如何搞活区域产业，课题就是如何创出新产业和促进既存产业向新领域开拓事业。新领域指的就是软件、策划设计、广告宣传、研究等知识性产业。另外，以提高国际间竞争力为目的，在地方圈建立地方中枢核心城市。进一步完善作为既存区域产业政策推进的新产业城市、工业整备特别区域、工业城市等措施，并继续推进苫小牧东部和陆奥小川原的开发。

另一方面，城市不是以小规模集中一处，而是与环境负荷较少的交通信息通讯基础相连，形成3个新的国土轴，以谋求扩大东京大城市圈以及解决东京一极集中问题。因此，以三大城市圈和地方的中枢核心城市之间的职能分工与协作为基础形成的多层次网络倍受好评。这样的职能分工通过将职能选择性地分配给其他城市，或对城市和临海部未利用地进行开发，解决了职能过度集中在大城市的现象。

直到“四全综”的制定，关于产业和经济的现状确认或目标年度的计划均用数字写明，然而，“五全综”并没有这种数字记录。这是因为“五全综”是在对未来消极预测的背景下制定的，就如本节的开头叙述，也是因为制定主体认识到需要对前四次国土计划进行反省。实际上，“五全综”指出“有必要要求国土计划理念的明确化以及对地方分权、行政改革等采取相应措施”，计划中明确了以确立新的国土计划体系为目标的方针。并根据此方针进行了随后的修订。

（七）国土形成计划

立足于“五全综”提出的“以确立新的国土计划体系为目标”的方针，2002 年国土审议会基本政策部会对“国土的未来展望与理想的新国土计划制度”报告进行了总结。报告就新的国土计划体系，指明了向国土利用、开发、保全的综合性计划转换，充实计划的方针性，明确划分中央和地方职能等方向。以此报告为基础，国土研究持续进行，2005 年 7 月，以法律形式将《国土综合开发法》更名为《国土形成计划法》，国土综合开发计划更名为“国土形成计划”。通过这次修订，计划事项得到扩充，新制定了都道府县为主体的建议制度，创设了广域地方计划。目前，国土形成计划正在制定中。

本节概述了“一全综”到“五全综”制定的时代背景和主要开发方式。本文的主要目的不是评价“全综”带来的结果，而是要研究计划的制定和实施进程到了何种程度。因此，下一节是对各“全综”的制定过程进行总结归纳。

三、“全综”的制定过程

本节概述各“全综”的制定过程，尤其是以与地方政府的关系为主，讨论采纳中央政府之外其他意见的方法。即，制定“一全综”时，地方政府的参与意识是从低到高，而“三全综”以后，制定主体听取地方政府和其他关系主体意见的制度结构开始逐步完善。

（一）全国综合开发计划

“一全综”的制定主体是经济规划厅。自发表“国民收入倍增计划”后，才开始正式着手制定“全综”，通过 1960 年 12 月到 1961 年 7 月间进行的 7 次国土审议会全国开发部会，最终由经济规划厅综合开发局制定出计划。审议会的成员还包括了关系省厅和地方公共团体有关人员，而且，对作为负责人的关系省厅也进行了深入调整。当时地方政府对“全综”的制定并不热衷，因此，在制定阶段对地方政府进行调整与否并不是那么必要。如前所述，只是在新产与工特的区域指定等具体实施阶段，围绕财政支援地方政府才开始采取主动（“历史上最大的请愿交战”）。

“一全综”就是在这种对关系省厅进行深入调整，而地方政府不太关心的前提下制定的。因此，带着强烈的官僚色彩，可将其归结为官僚制定的合理计划或官僚作文。当然，依靠经济开发实现国土均衡发展的明确方针和稳定的自民党政权做后盾也是“一全综”制定的有利条件（北原 1994）。

（二）新全国综合开发计划

“新全综”的制定主体也是经济规划厅，但是，从国土审议会提出（1966年10月）“新全综”的制定要求开始到政府决定正式制定为止的期间，大方向是通过3个研究会——大规模开发项目委员会、长期构想比较研究委员会、信息网络委员会以及执政党——自民党内设立的城市政策调查会讨论决定（海外经济协作基金1995）。自1968年4月审议会设立特别部会正式启动制定工作开始，经济规划厅的草案拟定和特别部会的审议反复进行。在此反复期间正式开设了面向地方政府和关系省厅的意见听取会，给知事会代表提供了一次表明意见的机会。并且，每一个区域均设立了审议会，主要对各县进行调整。由经济规划厅出台的附有审查意见的原案和5次试行方案均已公布，然而，试行方案的修订过程平均只用了一个月，从这样的短时间不难推断，试行方案的修订工作也仅止于小规模办公。当然，还有一个原因可能是因为经济规划厅职员和审议会委员参加了上述3个研究会，在审议阶段就已经拟定了大致的结构。

（三）第3次全国综合开发计划

自1972年10月国土开发审议会批准“新全综”总检查的基本方针开始，对于“新全综”的总检查和“三全综”讨论就已启动。从“三全综”开始，制定过程就逐渐成了政治色彩浓厚的竞技场。

在“新全综”的检查过程中，除了作为办事处的经济规划厅内部以外，与农林水产省、运输省、建设省、环境厅等也都进行了意见交换。在对“新全综”进行检查的1974年，“一全综”、“新全综”的制定主体经济规划厅综合开发局被移交给新设立的国土厅管理。1975年4月，审议会设立计划部会，以国土厅为制定主体开始了计划制定工作。“三全综”的制定与“一全综”、“新全综”一样，采用的仍然是作为办事处的国土厅进行基础性的调查工作并制定草案，最后在计划部会进行审议的方式。在1977年8月国土厅发表“三全综试行方案”之前，计划部会在两年间召开7次，在此期间，国土厅将除法务省之外的所有省厅当作关系行政机构进行了正式的调整。由于都道府县和市町村的综合计划全部出齐，地方政府方面就以事前调查的方式处理都道府县的基础——目标人口和课题整理等。另外，在国土厅试行方案发表前，实施了对全国市町村长的意向调查（1976年12月）以及对全国都道府县知事的意向调查（1977年2月），形式上将地方政府的想法也纳入了“全综”。国土厅试行方案发表后，审议会在4个月内召开4次，并最终决定了“三全综”的原案（1977年11月通过内阁会议）。

通过上述流程，“三全综”将对关系省厅和地方政府的调整进一步制度化。这种规定虽然使调整工作进行的更加顺利，但是，计划内容却成了利益均沾式的。这是因为作为办事处的国土厅没有独立的预算实现手段，与计划对应的各项事业只能通过关系省厅实现。因此，有人评价说自“三全综”开始，“全综”的制定从原来的“官僚作文”变成了现在的“政治产物”（北原1994）。一方面，对关系省厅和地方政府的调整逐渐被制度化；另一方面，对民间部门的调整以及与计划对应的大规模开发的协议达成过程，则如同成田机场土地征用过程般，至今还是强制执行。虽然也对协议达成问题涉及的居民参加和评定方法进行了讨论，这一阶段却还没能实现制度化。

（四）第4次全国综合开发计划

“四全综”的制定主体是国土厅。1983年10月，国土审议会发表了“三全综”的跟踪工作报告，并设立计划部会开始了“四全综”的制定工作。“四全综”的制定过程比“三全综”复杂得多，意见交换和问卷调查等关系团体的调整次数也增加了。但是，国土厅制作试行方案并在计划部会进行讨论，然后将讨论后的试行方案发送给审议会和政府的执行结构还是没有改变。

自1983年11月第一次设立到1987年6月，计划部会已经召开20次，次数是“三全综”制定时候的两倍以上。首先，对有学识的人进行问卷调查以及与普通人进行意见交换，并于1984年11月公布“四全综长期展望工作总结”。此后，又与经济团体、地方政府（47个都道府县、10个政令指定城市和市长会等）进行意见交换，对全国市町村长、区域内有学识的人进行问卷调查，对关系省厅进行访问调查，并于1985年6月在国土审议会发表“四全综”的制定工作情况。计划部会的讨论继续进行，并于1986年2月在区域会议上召开了国土厅与各都道府县之间的意见交换会。

在这样的制定过程中，中曾根康弘总理大臣对“四全综”事务级的原案发出了3个指示。第一，“四全综”要制定成具实效性的计划，一定要摆脱官僚作文定义；第二，国土计划的基本问题是东京、大阪等大城市圈问题，尤其是要把明确国际城市东京的地位和职能作为课题来抓；第三，应该听取多方面的意见。受此影响，国土厅成立了长官们的私人恳谈会——国土政策恳谈会，经过6次讨论，计划部会决定设立关于大城市问题的工作小组。经过恳谈会和工作小组的讨论，1986年12月向国土审议会提出了“四全综调查审议过程报告”。这份报告得到了中曾根总理的授意，内容上只是重视作为世界中心城市之一的东京的作用以及强调东京圈的环境整备。因此，人们认为这份中间报告是同意东京一极化，以致1987年1月开始，地方政府就在各地召开的“四全综”区域会议和地方振兴恳谈会中掀起了一阵反对之风。通过这些会议、对全国市町村长进行的第二次问卷调查以及与经济团体的意见交换，1987年6月国土厅确定了“四全综”试行方案，并通过了内阁会议。在地方极力排斥中间报告的前提下制定的最终计划，收起了重视东京的设想，提出了多极分散型国土构想。因此，有人戏说“四全综”是在中曾根总理的“天声”和地方政府的“地声”的僵持中制定的。

（五）新的全国综合开发计划“21世纪国土的宏伟蓝图”

自1993年国土厅发表“四全综综合检查中间报告”，“五全综”的制定工作就已经开始。1994年11月国土审议会以“关于全国综合开发计划的制定”为议题进行审议，并设立了计划部会，以国土厅为制定主体开始了“五全综”的制定工作。“五全综”的制定过程比“四全综”要复杂得多。比如，在计划部会进行讨论并制定试行方案的程序并没有改变，但是，另设立了几个恳谈会和小委员会，同时，在各地召开“一日国土审议会”等。

1995年1月开始的计划部会在早期阶段就对有学识的人进行过一次访问调查，直到同年10月发表“关于新的全综计划的基本构思纲要（方案）”，在此期间专业委员会恳谈会召开20次，专业委员会全体集会5次，而地方政府在计划部会进行访问调查之前就已经对专业委员会全体集会进行了访问调查。同年12月，继国土审议会提出“关于21世纪国土的宏伟蓝图——新的全国综合开发计划的基本构思”后，审议会从次日开始到第二年3月末的期间，通过邮寄、FAX、电脑通讯等手段设定了听取国民各阶层意见的受理期间。在与受理期间相同的时期，一日国土审议会在全国的12处地点召开，并将全国分为8个区域召开了与都道府县、政令指定城市的意见交换会。1996年4月，面向国民或地方政府的意见听取活动结束，同时，计划部会对各省厅进行了访问调查，并设立3个小委员会就个别题目进行讨论。所谓3个小委员会是指基础制定小委员会（召开5次）、区域经济小委员会（召开5次）、文化和生活方式小委员会（召开8次）。1996年7月各小委员会的审议及对省厅的访问调查结束，直到同年10月中旬，又与47个都道府县和12个政令指定城市进行了意见交换，甚至与中国、韩国也进行了意见交换。以此为基础，同年12月计划部会发表“计划部会调查讨论报告”。报告公布后，与都道府县、政令指定城市的意见交换会第三次召开，又举办了6次工作小组聚会，进而与泰国、马来西亚进行了意见交换，1997年10月发表计划部会审议过程报告。直到1998年3月，国土审议会才对“关于新的全综计划的基本构思纲要(方案)”进行了答复。

如上所述，“五全综”的制定过程中，与都道府县、政令指定城市的意见交换共进行了3次；此外，包括一日国土审议会和3个小委员会等，以地方政府为首的关联团体的意见交换和调整也进行了多次。以上这些都是“全综”成为“政治产物”的有力证据。多次对地方政府进行调整，这在某种程度上反映了在泡沫经济崩溃后的不景气中，地方政府要求大型公共事业进驻地方的强烈呼声。

四、计划的实效性

“全综”是公共部门为了综合性地管理、开发作为维持经济、社会基础条件的有限的国土资源而制定的计划。全国综合开发法中规定，“全综”是制定都府县、地方、特定地区综合开发计划的基础（见图6）。因此，乍一看“全综”是非常有影响力的计划，但是，在国土利用分配问题上行政部门和民间部门在竞争，就连在行政内部中央政府和地方政府也在竞争，而且，因为地方政府是独立的行为主体，中央政府对地方政府无法起到“引导”作用。从以上几点归纳，“全综”的实效性能否令人期待确实是个未知数（西尾1990）。因此，本节想对“全综”的实效性是如何得以确保，以及中央政府是如何引导地方政府的诸问题进行探讨[①]。简单概括本节内容，“全综”之所以具有实效性是因为其制定过程“不是合乎逻辑地演绎目标和手段的过程，而是在多目的之间、手段之间进行多次调整，类似于积累的过程(西尾1990)”。

(一) 计划制定主体的法律权限

首先，我们来看看计划制定主体持有的实施计划事业的权限。西谷（1971）将计划制定主体对事业主体（其他行政机构）持有的权限分为六种。第一是计划主体对事业主体的建议

① 就如过一人等（1995）所指出，战后日本并不具备经济发展和国土开发的基础性条件，但是，这些不属于本文的讨论范围。另外，过一人等所说的基础性条件是指，明治时期以来的振兴实业政策与运输、通讯、铁路、港湾等公共基础设施的整备、初等教育的义务化和高等教育的整备、战后的土地解放和自耕农创出。

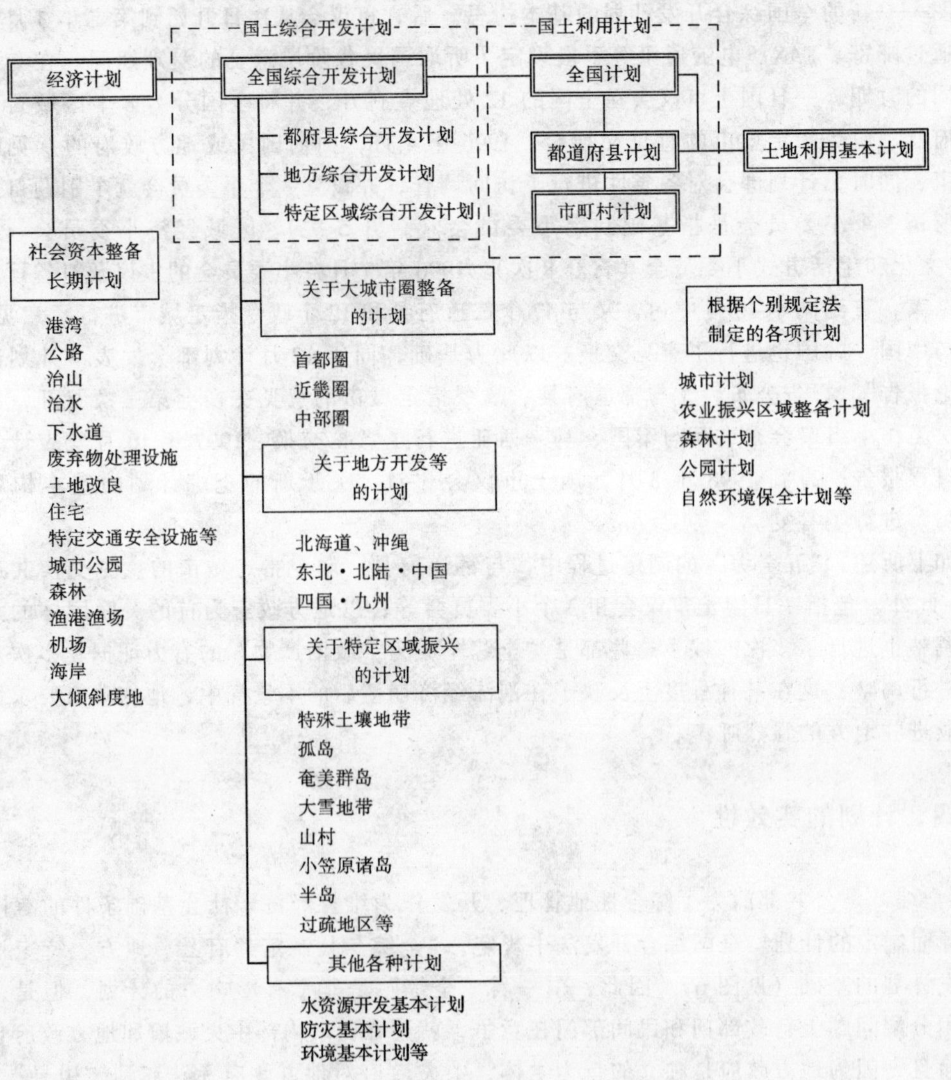

图 6 国土相关的各项计划体系

资料来源：国土交通省，网址（http://www.mlit.go.jp/kokudokeikaku/taikei.pdf）.

权；第二是要求事业主体提出事业计划，并对其进行调整的权限；第三是连事业计划都由计划主体制定的权限；第四是计划主体和事业主体属于同一个团体的情况；第五是根本不尝试有组织性解决的情况；第六其他特殊的权限。本文中对“全综”的讨论适用于第一、第二、第六种情况。关于第一种权限，《国土综合开发法》第13条第3项规定，“如果国土厅长官认为有必要对综合开发计划的实施进行调整，则可以对各关系行政机构首脑提必要的建议”。关于第二种权限，《国土综合开发法》第12条规定“各关系行政机构的首脑每年必须向国土厅长官提出针对特定地区综合开发计划的实施中所管事项制定的第二年的事业计划”；同条第3项规定“国土厅长官应该对根据前两项规定提出的事业计划进行必要的调整”；同条第4项规定“国土厅长官每年必须要求各关系行政机构的首脑提出有关综合开发计划的公共事业关系资金计划文件，并为了顺利实施根据前项规定调整的事业计划，进行必要的调整”。

关于第六种权限，《国土综合开发法》第 11 条第 4 项规定，“国土厅长官应该对各行政关系机构的首脑就综合开发计划问题的调查进行必要的调整，并可以要求该行政机构的首脑提交调查结果报告”。如上所述，在“全综”的制定方面，原则上作为计划制定主体的国土厅（到“新全综”的制定为止是经济规划厅）能够对实施主体的地方政府行使建议权或调整权。

然而，就如西谷（1971）所指出，“这些权限几乎没有实际运用”却也是实情。究其原因，西谷（1971）指出了以下几项，“计划自身极其抽象又是利益均沾式的”，“原则上确保计划实效性的财源并没有与计划同步”，“计划制定程序执行不充分，没能有效提高计划的实效性”。实现计划必须要有财源保障，然而，“《国土综合开发法》中并没有明确规定如何确保财源”。当然，这是因为“预算和法律在制度上相异的缘故（西谷 1971）”。虽然如此，也不能说在财政上完全没有采取实现“全综”计划的措施。在探讨“既抽象又利益均沾式的”计划的实效性是如何得以确保之前，我们先确认一下财政上的措施。

（二）税制上的特别措施

虽然《国土综合开发法》并没有多少关于税制上的特别措施和财源确保的明确规定，但是，在制定“全综”具体事业的法律中却有几项特别措施。除此之外，财政方面也采取了许多引导措施。在此就这些措施说明一二。

《国土综合开发法》第 13 条有个笼统的规定，“政府必须致力于确保实施特定地区综合开发计划必要的资金，同时，每年在中央财政允许的范围内努力将这些资金纳入预算”。同条第 2 项还规定，“可以对中央政府支付的补助金采取必要的措施”，并如前所述，同法第 12 条第 4 项规定了资金计划应向国土厅长官提出。这些规定都是税制上采取确保计划实施的特别措施的根据，但是，很难说它是对财源问题的明确规定。

制定“全综”具体事业的法律上也规定有税制上的特别措施。具体地说，在规定“中央在采取必要的财政措施以及其他措施的同时，也要努力确保必要的资金”的宗旨之外，还规定了①中央负担金、补助金；②地方债；③地方交付税等特例措施。

1. 所谓的补助金特例措施是指，要特别提高中央政府对法律规定事业的负担、补助比率。比如，为了实施“一全综”的具体化事业——新产与工特，法律[①] 第 3、第 4 条中规定了财政上的特别措施，即提高中央对特定事业的负担比例。此外，按照地方政府的财政情况还规定了“必须采取补助或其他必要措施”的法律（西谷 1971）。

2. 所谓的地方债特例措施是指，或为了实施法律规定的事业而特别准许地方债的发行，或给地方债的本利偿还给予国库补助的规定。“有关财政上特别措施的法律”第 2 条明确规定给新产与工特提供地方债的贴息。而且，具体化“新全综”、“三全综”的《工业再配置促进法》（1972 年）第 9 条规定，“中央……关于地方债，在法令的范围内……应采取适当的措施”。在《尖端技术工业密集地区开发促进法》（technopolis 法，1983 年）第 9 条第 2 项中也有相同的规定。

3. 所谓的地方交付税特例措施是指，以地方交付税补助金填补地方税减免带来的税收减少的措施。而且，在《新产业城市建设促进法》第 22 条、《工业整备特别区域整备促进法》第 11 条、《工业再配置促进法》第 7 条中也有同样的规定。即，为了引进企业而采取

---

① 名称是《为新产业城市建设及工业整备特别区域整备制定的财政上的特别措施法》。

减免固定资产税等措施时，作为地方交付税补助金额计算基础的标准财政收入额应扣除税收减少部分后算出。而且，交付地方政府的地方交付税补助金是从标准财政需求扣除标准财政收入额得出的，因此，只要标准财政收入减少补助金就会相应增加。对交付团体的财政补助就是以这样的方式执行。但是，与标准财政收入规模相比，交付额只是极小的数额(见表2)。

表2　　标准财政收入额扣除金额的变迁　　(单位：亿日元、%)

	1965	1970	1975	1980	1985	1990	1995	2000	2003
根据法①									
低工法	11	40	83	58	126	143	171	149	168
产炭法	1	3	13	8	11	16	27	12	7
新产法	2	9	9	1	3	12	13	14	12
工特法	0	3	8	0	0	0	1	0	
首都圈法		0	0	0					
近畿圈法		1	1	0	3	2	0	1	0
中部圈法		0	1	0	0	1	1	1	1
过疏法			12	7	18	32	54	40	31
农工法			8	16	56	60	62	67	72
冲振法					0	7	8	7	8
工配法			0	0	1	0	0		
科学技术法						0	0		
半岛法						6	17	19	10
休养胜地法						0	9		
关西学研法						0	1	1	
头脑立地法							0		
多级分散法								1	1
山村法							0		
商业集中法							0	0	
地方据点法								0	
孤岛法							0	0	0
FAZ法								6	0
中心市街地法									0
奄振法									0
原发区域振兴法									0
合计	15	56	134	91	217	279	365	318	311
标准财政收入									
都道府县	6760	16424	37059	57368	79066	120873	111955	107427	93467
市町村	5262	11604	33225	60221	95278	133117	161578	166364	157118

续表

	1965	1970	1975	1980	1985	1990	1995	2000	2003
占标准财政收入的比重									
都道府县	0.08	0.19	0.21	0.10	0.17	0.12	0.14	0.12	0.14
事业税	0.11	0.28	0.29	0.20	0.34	0.17	0.22	0.21	0.29
固定资产税	0.64		27.67			0.30			
市町村	0.17	0.22	0.16	0.06	0.09	0.10	0.13	0.12	0.11
固定资产税	0.47	0.67	0.51	0.19	0.28	0.31	0.34	0.29	0.28

（资料）《地方财政》2004 年 9 月号

① 根据法是略称。具体地说，低工法是《低开发地区工业开发促进法》、产炭法是《产炭地区振兴临时措施法》、新产法是《新产业城市建设促进法》、工特法是《工业整备特别区域整备促进法》、首都圈法是《关于首都圈的近郊整备地带及城市开发区域整备的法律》、近畿圈法是《关于近畿圈的近郊整备区域及城市开发区域整备及开发的法律》、中部圈法是《关于中部圈的城市整备区域、城市开发区域及保全区域整备的法律》、过疏法是《过疏地区自立促进特别措施法》、农工法是《农村地区工业等引进促进法》、冲振法是《冲绳振兴特别措施法》、工配法是《工业再配置促进法》、科学技术法是《尖端技术工业密集地区开发促进法》、半岛法是《半岛振兴法》、修养胜地法是《综合休养地区整备法》、关西学研法是《关西文化学术研究城市建设促进法》、头脑立地法是《关于为提高地区产业促进地区特定事业集结的法律》、多级分散法是《多极分散型国土形成促进法》、山村法是《山村振兴法》、商业集中法是《有关特定商业集中整备促进的特别措施法》、地方据点法是《有关促进地方据点城市地区整备及产业业务设施重新配置的法律》、孤岛法是《孤岛振兴法》、FAZ 法是《有关促进进口及对内投资事业顺利开展的临时措施法》、中心市街地法是《有关一体化促进中心市街地的市街地整备改善及商业等活性化的法律》、奄振法是《奄美群岛振兴开发特别措施法》、原发地区振兴法是《有关振兴原子能发电设施等布局地区的特别措施法》的略称。

公共事业的实施大部分都需要依靠地方政府执行，因此，如何“引导”地方政府，尤其是引导需要进行区域开发的财政能力薄弱的地方政府进行区域开发和公共投资，是摆在中央政府面前的重要课题。中央政府为了实施“全综”规定的具体事业以及整备其他的社会资本而屡次采取的“必要的财政措施”中，并不只是包括上述的补助金和地方债措施。地方交付税制度也是解决上述问题的一项措施。以下就其结构进行大略说明。

（三）通过地方交付税制度进行的事业费的分配

中央政府利用地方交付税制度向地方政府的特定事业分配财源的结构如下：如前所述，分配各地方政府的地方交付税补助金额是“标准全年支出规模”——标准财政需求额扣除“标准的税收”——标准财政收入得出。如果，其中的“标准全年支出规模”中还包括中央政府推行的事业总数，则在标准财政收入极少的时候，地方政府可以按需求增加补助金额。因为标准财政需求额根据单位费用、测量单位、补正预算决定，所以，如果以政策性意图操纵这些数值，则各地方政府就能够得到地方交付税补助金形式分配的资金。

利用地方交付税制度确保地方政府财源的变迁过程如下①：当中央政府向地方政府分配必要的事业费时，地方交付税制度中最为关键的要素之一就是“事业费补正”。这项制度起始于 1956 年启用的道路费计算中的特别补正条件。特别补正条件指财政能力和公共设施的整备水平低的地方政府，其标准财政需求额中包括地方政府应该负担的公共事业费。此后，

① 关于以下叙述内容，也请参照林正义等（2005）。

对特别补正条件进行了几次修订，直到1969年在标准财政需求中的投资经费[①]计算方法中导入了有计划的事业费计入方式。所谓有计划的事业费计入方式是按照各种事业的长期计划、中央政府的预算额、地方财政计划等，设定作为当前目标的各事业的整备水平应是短期还是中期，并为此计算必要的事业费和地方负担部分，以标准团体的测量费用除去地方负担部分求得单位费用（藤田1984）。以上述方式求得的标准事业费加上事业费补正得出的就是调整事业费。经过上述程序，地方实际支出额就列入了标准财政需求的投资经费里。总之，通过有计划的事业费计入方式，作为标准财政需求累计基础的单位费用和补正系数，是根据中央政府希望的标准财政需求额进行逆运算得出[②]。而且，事业费计入方式是通过以第5次道路整备5年计划为首的中央政府各种长期计划的扩充得以推进。事业费的累计基础中包括中央政府的长期计划和预算额，因此，地方交付税与补助金、地方债一起成了各省厅补助事业的财源确保制度[③]。

“一全综”被制定的60年代，为了完善产业基础进行了道路、港湾等社会资本的整备。同样是通过地方交付税确保财源，但是，采取的措施却不是事业费补正。比如，为了将新道路整备计划的地方负担部分全额计入标准财政需求而提高单位费用（1961），或为了第4次道路整备5年计划（1964）而有效利用密度补正等。

为了以地方交付税补助金形式分配地方政府的负担额而操纵单位费用和补正系数的手法，在将对象从产业基础整备向生活基础整备或广域市町村圈整备转移的过程中持续被采用。这种手法原来只用于补助事业，但是在20世纪80年代中期，地方交付税补助金作为行政改革的一环被削减，同时，在“扩大内需”的要求中增加公共投资的呼声强烈，以致地方政府应该独立采取措施的单独事业中也开始采用同样的手法。采用契机是1984年的“城镇建设特别对策事业”。这个事业是单独事业，为此发行的区域综合整备事业债的本利偿还金却被计入了后一年的标准财政需求额。通过地方交付税制度确保单独事业财源的手法也沿用到区域综合整备事业债的“家乡建设特别对策事业”（1988）。同样是1988年，地方政府一律将两年标准财政需求的合计额提升1亿日元，开始实施“自己思考自己进行的地区建设事业”即所谓的“家乡创生1亿日元事业”。“家乡创生”几乎明示性地引导应作为一般财源的交付税的用途，并将其当作已经得到的交付金（不交付团体也得不到1亿日元）支出（高木2002）。20世纪90年代以后，每当实行景气刺激对策时，中央政府每年都要采取单位费用提升、各种补正的修订以及事业费计入等措施，通过地方交付税制度将事业费分配给地方政府。

如上所述，税制上制定了各种引导措施实现以“全综”为首的社会资本的整备计划。而这些措施在中央政府引导地方政府，实现行政计划方面起到了很大的作用。但是，中央政府的补助金和负担金比率并不高（河中1967），且地方交付税补助金是当作不限制用途的一般财源交付，因此，地方政府即使得到交付金也未必会按照计划使用。另外，“全综”自身并

---

① 直到现在，计算标准财政需求时并没有区分“经常经费”和“投资经费”。

② 然而，足立（2006）断言“交付税的总额给人以错觉，认为是标准财政需求和标准财政收入的累积决定总额”；还指出，不仅仅是投资经费，从前“对单位费用和补正系数的调整，就是为了使根据地方财政计划决定的地方交付税补助金总额中的普通交付税相当额与地方自治体的财源不足额的总计相符而进行的”。

③ 因为违反了当初谋求的交付税制度的中立性和客观性原则，交付税制度的这种变化成了讨论对象。座谈会（1984）中石原信雄就1962年引进的密度补正措施发言，说“国会方面也进行了非常讨论，地方团体之间也进行了讨论”。

没有关于财源的叙述，《国土综合计划法》中的规定也不明确，所以，也不清楚究竟有没有明确规定引导措施。因此，日本的行政计划具实效性的理由肯定在上述税制上的引导措施之外的其他方面。在下一小节中就对其理由进行探讨。

（四）计划的调整过程和实效性

为什么以“全综”为首的各种计划会具有实效性，并可以引导作为独立行为主体的地方政府的行为呢？的确，即使“全综”的具体事业计划如前所述般在税制上采取了引导措施，以“全综”为首的计划自身也不能够确保实现计划必要的预算、人员、组织、特定立法措施等政策资源的提供（山崎 2003）。尽管如此，“全综”制定却给各部门的专家提供了从相互协作相互交流的观点讨论国家未来的惟一机会（森地 2005），并成为事业计划采取财源措施的根据又是为什么呢？本小节就其理由，引用西尾（1990）的观点进行讨论。

为了实现以“全综”为首的中央政府制定的行政计划，就要确保地方政府和民间部门的行为不偏离中央政府的意图。尤其是在“全综”的制定方面，有关国土利用分配问题行政部门和民间部门在竞争，就连在行政内部中央政府和地方政府也在竞争。因此，对计划制定者——中央政府来说，如何控制地方政府和民间部门的行为就成了重要的课题。总的来说，中央政府控制这些主体行为的手段如下：①根据强制权执行的直接或间接的行为强制；②通过有利的等价交换交易进行控制；③通过提供动机进行引导；④劝导等。任何一个方法都是有利有弊的，虽然惯例上最好是将这些方法搭配使用，但是，为了实现“计划”就有必要选出能够在某种程度上预测地方政府和民间部门行为的方法使用。对应这种情况，中央政府可以使用强制权执行。但是，中央政府行使强制权的时候，可能会单方面的给某些主体强加损失，因此，这种情况下就有必要证明采取的措施有助于“公共目的”。另外，即使通过有利的等价交换交易进行控制，也同样存在给某些主体强加损失的可能性。因此，中央政府“试图最大限度的带动计划的控制或引导对象——当事者自发性的合作。其中最普遍的方法就是让当事者参与计划的制定过程，并反映他们的利益（西尾 1990）”。

在计划的制定过程中反映利益也就是意味着在此期间进行某种交易。当然，这些交易中也包括前一小节有述的与税制上的优惠措施相符的个别具体的交易。但是，其中也包括了更加无形的利益交换，而且，这些交易可能都不属于等价交易。然而，中央政府之所以能够按照计划控制地方政府的行为，也就是因为有这些交易的存在。

为了使“全综”和位居其次的各种计划具有实效性，中央政府让关系主体参与计划制定过程，其理由之一就是“全综”是一项综合性的计划，目的多、需要的手段也多。如果设定的计划目标如“四全综”那样是能够测定的量，比如按照住宅户数和高规格干线道路网的长度、发电能力、区域人口等进行设定，计划的成败判定可能就会容易得多。但是，计划的成果评价并不是单纯的数字累加，反而是根据有无达成目标数值设定前的目的测定。然而，“全综”必须达成的目的多，甚至作为测定可能的量化目标也有许多。为了实现这些目标，就应该在实行计划的时候事先确定哪一个目的实现到何种程度，但是，现实中并不存在这种事先排好顺序的单纯的价值观。因此，“全综”这种计划的制定过程“不是合乎逻辑地演绎目标和手段的过程，而是在多目的之间、手段之间进行多次调整，类似于积累的过程（西尾 1990）”。

根据这种理由，武藤（1994）概括说“因为越是综合性的计划就越有必要与其他办事处进行事前调整，因此，必然具有调整功能”。“全综”是公共部门综合性地管理、开发国土的计划，关系主体多、目的多、手段也多，所以制定过程必然会成为许多当事者参加的调整过程[①]。因此，最终制定的计划可以说是调整过程的结晶。正因为如此，“全综”才能成为各省厅最高的正当理由，成为此后制定各领域长期计划和每年预算编制的共同出发点以及预算分配强有力的根据（北原 1994，辻一人等 1995）。同时，调整的结果使“全综”成了“有关领域性、地域性公共投资分配的公共事业登记簿（北原 1994）”。

那么，作为达成协议的结果，计划周围存在制定过程中产生的无数了解事项。从而，具有实际意义的不是计划书本身，而是周围存在的了解事项，“‘计划’的效果取决于关系机关对计划书的理解有多深（西尾 1990）”。“全综”本身既抽象又利益均沾式（西谷 1971）的特点难免来自于计划书的这种特点。如果从预测困难的“全综”计划期间的长度、计划期间内的经济、社会状态考虑，计划书是抽象的。然而，在制定过程中采用预先获得关系主体同意的手法，在计划制定后不仅能够督促地方政府等关系主体的行为，还“易于筹措开发事业必需的政策资源（山崎 2003）”。换句话说，“全综”是抽象的，几乎不具备国土利用分配的控制手段，但是，从计划制定投入的时间和人力，以及成为关系主体最高的正当理由这一点来看，可以说“全综”是关系主体达成协议的结晶。

具有这种特性的“全综”前后制定五次是当时所处的时代背景决定的（北原 1994）。第一是因为存在自由民主党的长期独立的政权。如果不是在长期稳定的政权下可以采取一贯的政策，制定长期计划是没有意义的；第二是“全综”的目标一贯是“国土的均衡发展”，且实现手段基本只有公共事业。如果目的和手段有大的变化，则长期计划的制定将会更加困难；第三是中央对作为手段的公共投资拥有极大的权限。只有中央政府自始至终保有重要的权限，以中央政府为制定主体的计划才有意义，以至“全综”制定的舞台成了“达成一致意见的剧场”（北原 1994）。当然，中央政府拥有的权限中，除了许可权限以外还包括“一全综”的新产与工特以来的补助金或地方交付税等税制上的权限[②]。

“全综”作为协议达成的结果，其特性是随着时代变迁而变化的。就如北原（1994）所述，在依靠经济开发实现国土均衡发展的明确方针下，“一全综”带有较强的“官僚作文”特性。但是，在围绕新产与工特的区域指定事件引发“历史上最大的请愿交战”之后，政治的影响力逐渐强大起来。就在这个时期，即 20 世纪 60 年代中叶以后，陆续采取的积极的财政政策以及制定的各种长期计划也是政治影响力上升的一个原因。还有一点就是借鉴新产与工特的区域指定经验，地方政府认识到“如果地方部长是国家委派，与中央的关系就会更加密切”（下河边 1994）。总之，70 年代的国土计划极富政治色彩，在野党、地方政府以及各团体在制定过程中都起到了推动作用。就如前一小节所述，“三全综”以后在制定过程中听取各关系团体意见的结构就逐渐完善。但是，到了 90 年代，自民党长期的独立政权崩溃、呼吁地方分权[③] 等前述的“全综”制定的前提条件一一瓦解，对“全综”的修订要求也开

① 审议会作为“全综”的制定场所，成了利益集体之间直接进行调整的场所。

② 西尾（1990）指出，因为日本的国库补助率不高，连中央的直辖事业也被强加了不少“本地负担”，因此，只将补助金作为中央政府引导地方政府的手段刻意强调可能不够合理。然而，就如前一小节中的讨论，“本地负担”在某种程度上是通过交付税制度得以确保的。

③ 中央政府控制地方政府的手段有很多，但是，除了政治性推动作用外地方政府几乎不具有影响中央政府的任何手段。

始提到了议事日程。而且，“全综”作为政治产物不得不回应“国土计划理念的明确化”以及“方针性充实”的请求，以致“五全综”最终转变成了国土形成计划。

在本小节的最后，就“全综”的实效性提出两点重要建议。第一是关于引导地方政府的实效性。就如本小节中的讨论，“全综”是各关系团体进行调整的结果，因此，以“全综”为出发点进行着各种各样的公共资本整备工作。即使可以在计划制定过程中进行调整并达成协议，但没有法律上强制手段的计划能否具有实效性也是个疑问。（西尾 1990）的观点是，只有中央的各省厅和县厅各部的日常接触、交流更加密切，中央政府和地方政府高度融合才能确保计划的实效性①。第二是因为“全综”是调整的结果，作为特定地区开发计划的力度还不够。“一全综”以来，作为“全综”的具体化事业实施了大量的区域指定事业。如果想给特定区域引入投资，就有必要尽量减少对象区域，并采取充实公共投资或征税减免等吸引对策。但是，从新产与工特的区域指定就不难看出，开发据点的指定数过多，据点以外的区域也进行吸引投资活动，以致特定区域吸引投资的成功率并不高。比如，如前所述，在新产与工特地区中，吸引重化学工业成功的地区只有鹿岛、水岛（冈山县南）、大分等太平洋工业地带（辻一人等 1995）。即，中央政府在计划制定过程中对关系团体进行的引导措施不够彻底，布局选定的主导权也从中央政府转移到了民间资本（西尾 1990）。

五、结论

本文概述了一贯以“国土的均衡发展”为主题制定的全国综合开发计划（全综），并对计划的实效性依据进行了讨论。“全综”是公共部门为了综合性地管理、开发有限的国土资源而制定的计划，制定过程中投入了许多的时间和人力。虽然计划多是以公共投资的方式执行，但是，事业的执行主体却是地方政府而不是作为计划制定主体的中央政府。而且，因为几乎不具有国土利用分配的控制手段，“全综”被称为无法律强制力的纸上计划。本文着重探讨纸上谈兵式的“全综”的实效性能够得以确保的可能性，即，一是通过“全综”的具体规划中规定的补助金或地方交付税制度保障财源，二是在“全综”的制定过程中对有牵扯的多个经济主体进行调整。也就是所谓的“计划中的调整”。在制定过程中进行调整并达成协议，从这一点来看，尽管“全综”自身无法保障必要的预算、人员、组织、立法措施等，但在长期计划或预算编制方面却能作为通用起点发挥功效。而且，其实效性需要中央政府和地方政府进行密切的日常接触、交流予以补充。

就如本间（1992）指出的那样，“全综”一贯的主题就是解决日本列岛过密过疏问题，但是，现在的国土还保持产业和人口集中在东京、太平洋工业地带这一轴区域的结构。而今后的“国土形成计划”将如何解决这些问题，当然也是今后的课题了。

参考文献

秋月谦吾：“计划的制定”，西尾胜、村松岐夫编：《讲座行政学第 4 卷：政策与管理》，有斐阁。

足立伸：“关于地方交付税法的运用实情——对于地方交付税的误解及其背景”，PRI Discussion Paper Se-

① 研究中央政府和地方政府的指挥监督关系，最重要的要素是机关委任制度。关于这一点，请参照本报告书中砂原的论文。

ries No.06A－07（财务省财务综合政策研究所）。

浅沼信尔："关于东亚基础设施整备的政策制定及调整的作用"，《开发金融研究所报》25号，94～109。

大西隆："广域地方计划的展开与课题"，《城市问题》2005年7月号。

海外经济协作基金开发援助研究所："发展中国家的理想的国土综合开发"，*OECF Discussion Papers*.

河中二讲："'区域政策'与地方行政"，日本政治学会编《现代日本的政党与官僚：日本政治学会年报》，岩波书店。

北原铁也："国土计划"，西尾胜、村松岐夫编《讲座行政学第3卷：政策与行政》，有斐阁。

下河边淳：《对战后国土计划的证词》，日本经济评论社。

新川达郎："自治团体计划的制定"，西尾胜、村松岐夫编《讲座行政学第4卷：政策与管理》，有斐阁。

濑田史彦："地区差距取消政策与伴随全球化的政策修订过程——关于日本、泰国、马来西亚的比较研究"，博士论文（东京大学）。

高木钲作："战后体制的形成：中央政府与地方政府"，大森弥、佐藤诚三郎《日本的地方政府》，P47～110。

竹内卓朗："地方分权：对东亚各国基础设施整备的影响"，《开发金融研究所报》25号。

辻一人、山岸良一、上野洋："发展中国家的理想的国土综合开发——根据'全综'经验向发展中国家提出建议"，《开发援助研究》2（3）。

辻山幸宣编：《分权化时代的行政计划》，行政管理研究中心。

西尾胜："行政与计划"，西尾胜《行政学的基础概念》，东京大学出版会。

西谷刚："计划行政的课题与展望：行政计划与法律"，第一法规。

林正义、别所俊一郎、岩田由加子："政府间财政转移制度——理论、比较、现状"，《财务省财务综合政策研究所与中国国务院发展研究中心关于"地方财政转移"的共同研究最终报告书》。

原昭夫："重视小区域及其整体的发展"，《城市问题》，2005年7月号。

福田悟："陆奥小川原开发计划的虚实"，《城市问题》，2005年7月号。

藤田武夫：《现代日本地方财政史（中卷）》，日本评论社。

藤田武夫：《现代日本地方财政史（下卷）》，日本评论社。

保母武彦："受挫的中海排水造地事业和全综"，《城市问题》，2005年7月号。

本间义人：《国土计划的思想：全国综合开发计划之30年》，日本经济评论社。

本间义人：《对国土计划的思索：开发路线的前景》，中公新书。

本间义人："全综计划与战后的国家社会：作为计划论的资产负债表"，《城市问题》，2005年7月号。

御厨贵："国土建设派系"，森地茂编著：《国土的未来》，日本经济新闻社，序章。

持田信树："区域经济和国土开发计划"，林健久编：《地方财政读本（第5版）》，东洋经济新报社。

武藤博己："公共事业"，西尾胜、村松岐夫编：《讲座行政学第3卷：政策与行政》，有斐阁。

村上弘："中央对自治团体的统制、引导"，西尾胜、村松岐夫编：《讲座行政学第5卷：业务的执行》，有斐阁。

山崎干根："大规模开发事业推进过程中的行政计划的作用：以苫东开发为例"，《审查研究》（28），P33～49。

吉冈健次：《战后日本地方财政史》，东京大学出版会。

吉田恒昭："日本基础设施整备的经验与开发合作"，《开发金融研究所报》11月增刊号。

座谈会："地方交付税30年的进展"，《地方财政》，1984年7月号。

座谈会："地方交付税最近10年的进展与课题——地方交付税法实施40周年纪念座谈会"，《地方财政》1994年7月号。

Asanuma, Shinji. 2004. The role of policy planning and coordination in East Asia's Infrastructure Development. A background paper of“Connecting East Asia：A New Framework for Infrastructure”．Asian Development Bank，Japan Bank for International Cooperation，and World Bank．

UTCE and ALMEC．2004．Infrastructure development and service provision in the process of decentralization．A background paper of“Connecting East Asia：A New Framework for Infrastructure”．Asian Development Bank，Japan Bank for International Cooperation，and World Bank．

中央与地方的权限划分之论点整理

日本财务省综合政策研究所研究员　砂原庸介

前言

根据1999年制定的《地方分权总括法》，日本废除了在战后的中央地方关系中占据重要位置的“机关委任事务”。其结果，作为中央和地方公共团体关系对等的政府，制定了处理两者纠纷的法律原则，构筑了新的政府间关系。即，至今为止在机关委任事务制度下，本应由中央完成的事务，由“作为中央机关的”地方公共团体的首脑或行政委员会来执行，但是现在是由与中央对等的地方公共团体，在中央的干预下执行事务。

普遍认为，机关委任事务这个制度，对中央来说，比成立许多派驻机关要成本低廉，同时，能够以全国统一的水准提供行政服务。因此在日本既保持全国各地的均衡、又同时取得经济高速发展的阶段，发挥了重要的作用。可是，由于中央剥夺了地方公共团体的自由裁量权，也由于是产生僵化性行政管理的根源，这个制度屡遭批评。所以，在20世纪90年代后半期开始真正进行的重塑中央和地方公共团体关系的地方分权改革运动中，根据2000年生效的地方分权总括法而废除。

地方分权改革就是所谓的“三位一体改革”，作为围绕中央和地方公共团体间的税财源分配问题至今仍在继续研讨。但是，在讨论这个问题时，要求与持续至今的改革保持一贯性，也要求与持续至今的制度和新产生的制度之间保持逻辑协调性。在考虑今后的制度设计时，作为准备工作，本文以“机关委任事务”为中心，概括了战后日本的中央地方关系的历史之后，研究了地方分权改革的结果，最后整理了今后地方制度改革的论点。

一、什么是机关委任事务

（一）地方公共团体处理的事务的种类

该怎样理解经常被认为是“讲学概念”，在法律上也没有明确定义的机关委任事务这个概念呢？首先必须整理这个问题。

采用机关委任事务概念的时候，重要的前提是，地方公共团体的职员实际执行的事务分三个种类。即区分为：①固有事务，②团体委任事务，③机关委任事务。固有事务是指不受中央统治地方团体独立进行的事务，还包含关乎公民馆和医院、墓地、上下水道等服务性事务，甚至包括诸如以青少年保护条例为基础的各种措施等有关规章政策的事务；其次，团体委任事务是指本来是其他团体（含中央的）的事务，但是委任给实际执行事务的团体并当作该团体的事务看待，事务执行者也是该团体职员；最后，机关委任事务是中央或其他团体将自己的事务委托给地方团体的首脑或行政委员会等特定机关，而不是委托给（地方公共团体这样的）“团体”。这时，该机关在法律上可以看作是隶属于委任事务的团体的一个机关。

有关这三个事务的法律意义应注意下面几点（盐野 1990）：首先，固有事务的执行权限、责任，甚至事务的成果基本上都属于该地方团体自己；其次，团体委任事务，委托机关对受托机关是否下达指示，或是否能进行监督，甚至如何发生法律上的约束力等这些问题，不能用委托这个一般性概念一概而论。如果根据《地方分权总括法》之前的《地方自治法》，只要将事务委托给了地方公共团体，若没有特别的法律根据，委托机关（中央）未必具有指挥监督权。同时，执行事务所产生的法律上的约束，也属于接受委托的公共团体；与此相反，机关委任事务的法律上的结构是，执行受委任的事务时，执行事务的机关变成委任事务的团体（基本上是中央）的（内部）机关。执行事务的权限和责任掌握在委任事务的团体（基本上是中央）手中，执行事务产生的法律结果也属于委任事务的团体（基本上是中央）。

固有事务的权限和责任全部属于地方公共团体。因此事务上与中央没有关系。成为问题的是具有委任这个形式的剩下的两个事务。一般认为团体委任事务，在接受委任事务后至少在原则上看作是完全等同于受委托的地方公共团体的固有事务，关于财源的补贴也不会有意跟固有事务寻求差异。另一方面，机关委任事务与团体委任事务不同，权限、责任和有关法律效果都属于委任方（基本上是中央），虽然都使用相同的“委任”一词，但权限的落实点存在差异。因此，本来同样是“国家事务”，但在地方公共团体委任的过程中，产生了两种类型。即，基本上当作地方公共团体本身的事务看待的团体委任事务和仍旧作为中央的责任执行的机关委任事务这两个类型。进一步导致混乱的问题是，不能在法律上明确区分机关委任事务和团体委任事务。为此，地方公共团体不能区分哪个事务（实质上看作与固有事务相同）是团体委任事务，哪个事务是机关委任事务，基本上只能通过中央通知或行政实例下判断①。

（二）机关委任事务的特征

机关委任事务与团体委任事务不同，保留中央的权限和责任，让地方公共团体行使“国家事务”②。中央不设置自己的派驻机关来执行事务，而是采用机关委任这种方式，其理由列举如下：在经济高速发展的同时，需要保证全国的公平性和统一性以及能够对应跨越多个地方公共团体的广域行政事务。中央为了负责执行以上事务，很多事务都采用机关委任的形式。此外一些负面理由使中央采取机关委任的方式，就是中央省厅对地方公共团体的不信任感和领地意识以及中央打算将实施业务和处理居民运动等事务都委任给地方公共团体（村上

① 机关委任事务定义的意义一览表，记载在《旧地方自治法》的附表 3、4 上，但是，实际上，记载在附表的事务也在，“研究该法令整体宗旨、规定的办法、该事务的性质、该事务最终责任的归属、经费负担等问题后”辻山（1983）作为机关委任事务来处理。白藤（1997）没有这样下定义，他认为有问题的是，将“广义的”机关委任事务与《旧地方自治法》146 条规定可代执行的“狭义的”机关委任事务等同看待。

② 不一定只有中央，其他的公共团体也有机关委任的做法，但是，在这里基本上限定在中央的范围进行讨论。

1994)。另外，中央不直接执行而委任给地方公共团体的理由还有如下因素：地方公共团体能够进行考虑到地域实情的行政事务，远比中央重新设立派驻机关要经济实惠。

那么，对于作为“国家事务”且中央握有权限和责任的机关委任事务，中央是如何保证其权限和责任的？首先重要的是，主务大臣对地方公共团体的首脑有一般性的指挥监督权，在旧《地方自治法》(以下简称旧地自法) 150条，有如下规定：

“一般地方公共团体的首脑作为中央机关处理行政事务时，都道府县的首脑受主务大臣的指挥监督，市町村的首脑接受都道府县知事及主务大臣的指挥监督。”

从这个规定来看，中央能够对地方公共团体行使指挥监督权，但是，与其说行使个别具体性的指挥监督权，实际上是通过下达事务处理基准的通知和纲要，来监控地方公共团体执行事务（村上，1994)。可是比通过通知和纲要控制地方公共团体这种具体方法论重要的是，“作为中央机关”执行事务的方法，从《行政法》之行政官厅理论① 来讲，将主务大臣和都道府县知事的关系，直接看成是上下级政府机关之间的上命下服关系（盐野 1990)。一方面，宪法 92 条中有“地方自治宗旨”一词，这具有团体自治和居民自治两个意义。并且从团体自治的观点来看，地方公共团体不是中央的从属，应该是与中央对等的独立存在。因此，机关委任事务这个概念的存在，使地方公共团体存在“两重性格”，即既独立于中央存在，又作为中央机关接受指挥监督，以追求“完全”团体自治的地方公共团体的有关人士为中心，将此视为问题，并在战后多次发动运动要废除它②。

（三）机关委任事务的经费负担

如前所述，机关委任事务基本上是由地方公共团体的首脑或行政委员会，在主务大臣的指挥监督下“作为中央机关”执行。为此，接受委任的机关在确实执行事务时，其财源便成为问题。如后文所述，在战前的日本，地方公共团体未得到充分的财源保障，却以国家立法为根据，承担了执行事务的义务（特别是义务教育）。其结果，有些地域的地方税负担变得非常沉重，因此产生了不能充分执行事务的问题。为了解决这个问题，20 世纪 40 年代初期，引进了特定补助金制度以保障财源。在战后的机关委任事务制度中也同样出现了这样的问题，所以地方公共团体首脑或行政委员会，为了“以中央机关的名义”执行事务，实施了经费负担政策。

机关委任事务经费负担的法规依据，是 1952 年制定的《地方财政法》。《地方财政法》规定，地方公共团体行使的事务原则上是该团体自己的事务，须用自己的财源来执行，此外还规定了例外情况，例外情况可举出以下 4 个：①与中央和地方公共团体利害相关的事务；②为了适合于国民经济，必须按照定立的综合计划行使的事务；③关涉灾害的事务；④只与中央利害相关的事务。

其中，最后一条“只与中央利害相关的事务”中，作为“国库委托金”花费在事务上的费用，中央给予 100%的保障。至于其他例外情况，“利害相关”的事务，由中央提供“国

① 所谓行政官厅理论是，重视以谁的名义，谁的责任实施行政，而且把决定行政主体意思且握有对外发表权限的行政机关，称为“行政厅”，并以“行政厅”为中心分析行政活动。通常，各省厅的大臣和长官，地方公共团体首脑，委员会等都看作是“行政厅”。在这个理论的基础上，前提必须是，在各行政厅内部创建阶层性组织［山下、小幡、桥本(2001)］。

② 关于地方公共团体的“两重性格”，进行过不少讨论，目前有效的汇总请参照白藤（1997)。

库负担金”来执行。至于什么样的事务属于例外，在地方财政法中仅止于概括例示，并没有个别具体的基准来明确规定中央和地方的负担比例及分担基准。具体来讲，决定负担比例和基准的是个别法律，因此可以预期，根据个别法律用国库负担金来减轻经费负担①。

但是，就像以上叙述的一样，没有明确定义机关委任事务本身是个大问题。当然，已经用个别法律明确了负担比例和基准的事务，作为机关委任事务可得到一定的经费负担，但是，在战后的日本，很多这种情况之外的事务也当作了机关委任事务。同时存在的问题是，在地方公共团体中，职员执行事务时，不区分固有事务和委任事务，所以不能准确地算出机关委任事务花费的费用。因此，以法律未规定负担比例和基准的机关委任事为中心，甚至包括依个别法律规定了负担比例的事务，实际上都未充分给予经费负担。所以，中央委托地方公共团体执行的机关委任事务，由于中央给的经费负担少而产生了地方公共团体的超负，引发了地方政府控告中央的诉讼事件（摄津诉讼②）。

综上所述，让地方公共团体首脑和行政委员会“以中央机关的名义”执行事务的机关委任事务制度，是以国会制定的立法为基础，接受委托的机关在主务大臣的指导下行使实际事务的制度。在财源方面，根据《地方财政法》，“只与中央利害相关的事务”由中央全额保障财源，“中央和地方公共团体利害相关的事务”按照个别法规决定负担比例，采取了制度上规定财源保障的资助（funded mandate）委任形式。然而，机关委任事务制度对“什么是机关委任事务”这一疑问缺乏明确的定义③，而且还存在的问题是，应该与中央立场对等的地方公共团体被赋予了中央内部机关这个性质。因此，各级政府面对某个事务时，不清楚该对谁负责，且经常强加给地方公共团体超额负担。

二、历史

（一）战前的地方制度

现在看来，战前的地方制度最大的不同点是，府县在内务省的指挥监督下执行行政事务的时候，有很大的权限指挥监督市町村（天川 1991、市川 1997）。根据明治 32 年全面修订的府县制，府县不仅是基于地方官官制、隶属中央的地方综合派驻机关（普通地方官厅），还作为自治团体具有法人资格，但是知事是由内务大臣任命的官选官吏，这是一个不完全的自治团体。中央省厅针对地方事务，不设立个别派驻机关（特别地方官厅），而是通过知事执行该地方的事务，知事的第一任务也是执行这种国政事务（市川 1997）。与此相对，市町村可通过间接选举选出独任制的市町村长，是具有独立法人资格的自治团体。

---

① 在日本的地方财政制度中，除了由国库负担金负担经费以外，针对显示地方公共团体标准财政支出规模的基准财政需求，存在地方交付税制度，当显示标准收入大小的基准财政收入不充足的时候保障补足其差额。因此，即使国库负担金的经费负担减少，也可以通过地方交付税的补助金保障它的财源。

② 大阪府摄津市，根据儿童福利法实施令的规定，声称中央有义务承担一半的保育所建设费用，为了保护居民的社会保障权，地方公共团体主动追究中央的财政责任而提起诉讼。一审判原告方败诉。此后上诉东京高等法院判决如下：中央虽然有义务支付市町村保育所建设费的 1/2，但是以欠缺交付决定手续为由支持一审判决，原告最终放弃了诉讼。

③ 提出极端论点的话，以下论点也未必不能成立：如果事务没有被明确定义，那么依据国会制定的法律执行的事务，全部是机关委任事务。

县作为中央的地方综合派驻机关由中央来掌控知事和公务员的人事安排，与此相反，目前通过公选选出（作为地方公务员的）首脑的市町村，尽管没有使用所谓的“机关委任”一词，但与战后的机关委任事务制度同样，还是存在把市町村长当作中央机关执行国家事务的制度[①]。对这个概念最初立法是明治21年的市制（74条）、町村制（69条），在“市制、町村制理由”中可见采用它的理由[②]。虽然稍微长一点，引用如下：

“中央可以让町村参与国政事务，并有两种参与方式。将国政事务委任给町村，利用其自治权处理事务；或者，将事务委任给町村，然后直接指挥町村长及其他町村官员执行。这两个重点区别在于，如果依照第一例，相关事件的决议也属于町村会的职权，町村长或有关官员也对町村会负责，并且时时受其监督。如果依照第二例，町村长直接遵照命令处理事务，与町村会无关，直接从所属官厅接受指挥命令，并特别对这个官厅负责。比较甲乙两例的话，虽然互有得失，但若对照现今状况实施事务，更适宜执行乙法，所以本法规采用乙法并将此列入第六十九条。”（引用自龟卦川［1960］，原文为片假名记载，另外在市制第74条中有相同的规定）。

从以上说明可知，存在两种方式。第一种方式是，将国政事务委任给町村后在市町村会[③]的监督下，由市町村长对市町村会负责；第二种方式是直接将事务委任给市町村长或它的官员，接受所属官厅的命令而与市町村会无关，并直接对所属政府机关负责。经研究后采用后者。其费用基本上由市町村全额负担，并在明治44年根据市町村制大修改而法定化，“法令中特别规定的不在此限之内”的部分例外以外，执行事务所需要的费用由市町村承担（市制93条·町村制77条）。再者，承担这个费用的有关规定一直持续到昭和18年的修改案。然而，为了使战时“总动员体制”更有实效，事务需要全国统一的实施方案，因此，废除了一直实施的市町村全额负担的做法，转变为由中央拨给地方财源使之实施国政事务的方式（市川1997）。

如此可见，在战前的市町村也存在过近似于战后机关委任事务的制度，不过，有一个很大的差异，那就是内务省和府县对市町村加强了一般性指挥监督权。根据市制170条和町村制150条，市町村长对职务义务懈怠及有其他事由的时候，府县知事可以对该市町村长动用惩戒权。需要说明的是，在这个惩戒处分的理由中也包括违反机关委任事务的执行义务，因此从来没有出现过战后那种“两重性格”引发的问题。

（二）战后改革对机关委任事务的定位

由占领军总司令部进行的战后改革对地方制度带来的最大冲击是，引进了知事的直接公选制。在日本宪法实施前，1946年进行的东京都制、府县制、市制町村制的改革中，虽然引进了知事的直接公选制，但是仍维持战前的制度，知事的身份还是官吏，中央保留对市町村长的惩戒处分等权限。不过，最终在占领军总司令部（特别是民政局）的指示下彻底地进行了改革，于1947年3月制定了《地方自治法》。

---

① 但关于这一点白藤（1997：36～38）认为，市町村长是市町村的机关同时也是中央机关，它的这种两属性没有被否定，至少现在这种成为惯例的“机关委任事务”概念，在法理上没有必要，也不应该存在。

② 关于三新法以后至战前为止的机关委任事务制度的变迁，请参照龟卦川（1960）。

③ 根据在明治宪法实施之前制定的市制町村制，在市町村设置了经选举选出的议员组成的议会（＝市町村会），同时，内务大臣在市议会推荐的候选人当中任命市长，町村长经町村会选举后须得到府县知事的认可。

在制定地方自治法时有一个课题是，直接公选出的地方公务员——知事，率领作为完全自治团体的府县，如何处理以往知事以中央官吏身份处理过的国政事务。此外，将历来的府县拆分成作为完全自治团体的府县和只处理国政事务的以往府县（其性质是综合派驻机关，即，像道州厅一样的中央机关），试图以此为手段实现知事公选的方案，因民政局和内务省的反对而遭实质性的封杀。1946 年 10 月设置的地方制度调查会上，就这个课题进行了咨询并提出了以下提案（高木，1974）：①国政事务在原则上转让给府县，因事务的性质上难以转让的事务，则委任给府县或府县知事。②即使把府县知事的身份当作地方行政机关职员，现在由府县知事处理的国政事务，在原则上还是以府县知事的身份处理。③中央若要统制委托给府县的国政事务，须遵守各法令的规定。④府县互相间的调整乃至控制，是根据各种法令执行的。⑤特别地方官卫（笔者注：指地方派驻机关），应极力将此并入府县。

《地方自治法》以这个答复方针为基础，将公选制和地方公务员知事制度化，修订制度使地方公务员知事能够以后来的机关委任形式处理国政事务。当初地方公务员知事处理国政事务的方式，是由知事来管理执行以往的地方官官制规定的“内部行政事务”。知事根据法令握有权限，可以总括性地管理和执行国家事务，这意味着在法律上承认地方公务员知事具有一般地方官厅的性质。此外，在旧《地方自治法》150 条规定了主务大臣的指挥监督权，其具体的监督方式是，内务大臣认定知事明显不胜任的时候，可向弹劾法院起诉。

可是，关于“内部行政事务”的规定，最终因 1947 年修正《地方自治法》而发生变化，它的结构是，知事并非总括性地处理行政，而是原则上依据个别法律或条例来处理各个行政。规定这项的是旧《地方自治法》148 条，在 1947 年的修正案中，都道府县知事和市町村长应处理的事务，录入附表 3、4 中。同时修改了旧《地方自治法》146 条，指挥监督的方式改变了原来向弹劾法院起诉的方法，引进了以英美法的曼德马斯诉讼程序（Mandamus Mandemas Proceeding）为范本的《职务执行命令诉讼制度》。到此，基本完成了战后的机关委任事务形式。

在地方执行国政事务的时候，对公选知事进行机关委任以外，还有一个方法是中央各省也亲自设立派驻机关来执行事务。如前所述，战前的中央省厅原则上不在地方设立个别派驻机关（特别地方官厅），而是通过知事执行事务，一直只在例外情况下才设立派驻机关。但是，随着昭和时期进入战时行政阶段，行政职能不断扩大，行政的专业分化增强，使内务省的管辖范围缩小，内务省以外的各省专业化事务的比重增加。对应这个变化，各省为了强有力地推进所属事务，设立了例外情况下采用的能够直接指挥监督的派驻机关来行使事务。因此，对于在知事官吏处理事务的时期还打算设立派驻机关直接处理事务的中央各省来说，在执行上述答复中所示的，将事务转让给府县及合并或废除派驻机关一事时，持强烈的反对态度，反过来致力于新设和扩充派驻机关。结果，向都道府县移交固有事务的进程停滞不前。

对于中央各省的这种动态，民政局和内务省试图将地方上的国政事务移交给府县，同时整顿派驻机关，但是，因内务省之外的中央各省的反对，及占领军总司令部反对民政局以外的部署而没有进展，结果派驻机关未能把事务移交给都道府县。最后根据 1947 年 12 月的《地方自治法修改案》，各省设置派驻机关须经国会的同意，并法律规定中央承担经费。通过这个修正案，虽然抑制了派驻机关的滥设，但是，派驻机关向都道府县移交事务和整顿派驻机关几乎没有发展。

战后改革的中心目标是用知事公选制实现府县完全自治团体化。通过这项改革，地方上处理国政事务的方式，形成两大方法。即：一个是对地方公共团体进行机关委任来处理事务的方法，另一个是中央各省各自设立派驻机关处理事务的方法。总之，这是在中央各省的一般性指挥监督下，通过个别立法来执行国政事务的方式。其结果，战前的内务省—府县的一元性中央统治虽然消失了，但是通过机关委任事务和派驻机关处理的中央各省多元性中央统治（高木 1974、市川 1997）成为制度①。

（三）事务再分配时代——夏普建议和神户建议

1. 夏普建议的原则。

决定战前中央地方关系的内务省—府县形式的一元性中央统制，随着 1948 年 1 月内务省的解体也在形式上终结了。随着内务省的解体，一直以来作为统制地方主体的地方局也被废除，这个职能由随后设置的地方财政委员会和总理厅官房自治课执掌。内阁总理大臣任命的五人委员组成地方财政委员会，作为临时性中央机关，用来研究不需中央支持的地方财政制度，1948 年 7 月制定了《地方财政法》。《地方财政法》将国政事务分类为中央应该实施的事务、地方公共团体应该实施的事务、中央和地方应共同实施的事务，然后经费的负担形式各采用国家经费、地方经费、国库补助负担三种，共同负担的部分，由法律或政令明示负担比例和经费范围等。通过该措施试图缓和从前因专断的中央财政导致的地方财政的过重负担，解除因国家事务增多而向地方财政施加的压力②。可是，这个时候由于受到所谓道奇方针的影响，紧缩财政，使地方财政已经极其匮乏，虽然制定地方财政法的同时一同修改了地方税法，但是根本性的地方税财政制度改革，由于牵涉到中央财政不能立即实施，因此这项改革一开始就成了应付财政匮乏的方案。

恰在此时，1949 年哥伦比亚大学的夏普博士为团长的一行学者提交了夏普建议，在地方财政危机表面化的背景下决心彻底变革中央—地方关系，进而否定战后不久形成的中央各省对地方公共团体的多元性统制。这个建议不仅针对地方财政，也是针对整个租税政策做的总括性报告，特别值得一提的是给地方财政带来的影响。正如这个建议指出的，结合财源对各级地方政府应进行的行政事务进行再分配，并明确行政责任，这样的主张后来成为研究地方制度的潮流之一。

建议中首先指出了地方财政的五个“重大弱点”：①不必要地使中央—地方间的事务分配及责任分担变得复杂和重复；②在三个等级的统治机构之间，财源分配不恰当，中央政府对地方财政过度统治；③地方团体的财源不足以维持地方的重要经费；④国库补助金及交付金多为独断性地决定，不考虑各地方间的必要金额有差异，而专断地分配给地方财源；⑤地方团体的发行债券的权限受到极为严格的限制。

此外，建议强调了以下原则：应明确区分行政事务，给某一级行政机关分配一个特定事务（行政责任明确化），各个事务根据规模、能力、财源委任给准备就绪的行政机关（效率原则）；为实现地方自治，各自的事务委任给恰当的最低一级的行政机关（地方公共团体优

---

① 对于增加派驻机关一事，当初地方公共团体就要求废除和权限转让。当时的文件有地方四团体（全国知事会、县议会议长会、全国市长会、全国町村会）通过的“中央派驻机关整理及关于确立地方税财政制度的决议”（1948 年 5 月 24 日）。

② 关于治安及地方制度委员会，参照野沟国务大臣的提案理由说明。

先及市町村优先)。夏普建议的目标是，通过遵守这样的原则，明确了税金由哪个行政机关用哪种方式使用的责任，确保日本的地方自治（佐久间，1963)。根据这个建议，为确保地方公共团体的财源充足，大幅度地修改地方税法，如采取措施重新评估居民税、创立固定资产税和附加价值税。同时，很多补助金重组为“地方财政平衡交付金”（以下简称平衡交付金)[①]。但是，因为夏普本人是税制专家，对行政事务的分配只提出了一般性的原则，具体的事务再分配问题委托给了后述的地方行政调查委员会议。

在夏普建议前后，隶属中央省厅管辖地方行政财政的官厅，也显示着瞬息万变的动向。在这里要首先确认的是，夏普使节团来日本时，主管地方财政的是前文所述的地方财政委员会，然而从1949年6月1日起地方自治厅开始办公，废除了地方财政委员会。地方自治厅作为总理府的中央直属局，由总理长官房自治课和地方财政委员会合并而成。这个组织的管辖事务尽管包括“辅佐内阁总理大臣行使关涉地方财政的权限”，但是跟针对地方财政提出重要建议的夏普使节团接触不太密切。不仅如此，夏普建议中包括废除地方自治厅及重新设立地方财政委员会，等于架空了像地方自治厅这种统领地方行政的中央机关。因此，刚诞生不久的地方自治厅，马上接受建议着手自身的机构改革。其结果，正如夏普建议所示，于1950年5月30日建立了以发放平衡交付金为中心职责的独立行政委员会——地方财政委员会（第二次)[②]，该委员会是处理中央地方间财政关系的执行机关，与“内阁管辖”的人事院相似，同时地方自治厅继续存在，为地方财政制度企划立案。

2. 神户建议的挫折。

根据夏普建议积极研究行政事务再分配这个课题的，不是地方自治厅，而是1949年12月设置的地方行政调查委员会议（神户委员会)。这个会议根据《地方行政调查委员会议设置法》，针对地方自治为基础的市町村、都道府县及中央之间调整事务分配等计划，进行立案调查，把这个结果提交给内阁并经由内阁提供给国会，按照上述夏普建议的三个原则，整理出中央事务后提出了事务再分配议案。在这个神户建议中，主张中央干预方式应在原则上废除权力性干预，直接明确指出除一部分事务之外，应极力避免机关委任事务。除此之外，针对中央派驻机关，还主张已作为地方事务转让的部分应该予以废除或缩小。此外确定，在处理事务的责任所在和经费负担方面，原则上必须保持一致，而且最好是通过国库补助金的处理和有效利用平衡交付金制度来实现[③]。

神户建议按照这样的理念，在各个分论中针对教育、民生、卫生、劳动、农业、林业、水产、工商、运输、土木等各个领域提出了事务再分配的具体方案，不过，现实中这些方案没来得及回顾考察就搁浅了。其原因在于，朝鲜战争的爆发使占领军总司令部的占领政策发生变化，进入所谓的“逆时代”；中央省厅对公选知事不信任；再加上有平衡交付金问题等。

---

① 在修改税制时，虽然广为欢迎实施当初被道奇方针严格控制的减税方案，但是在设定具体税目的阶段，由于围绕税务分配，地方公共团体之间产生对立，以及附加价值税遭到产业界的反对等原因，被参议院否决，使国会审议难以进展。最终在第八次国会中虽然通过了修正案，但是附加价值税决定延期实施（以前的事业税和特别消费税继续存在)，从明治27年1月1日开始才引入。然而，附加价值税的引进多次延期，最后未经实施就由1953年11月的税制调查会的报告废除。这个经过在自治大学（1975：145～362）中介绍得非常详细。

② 与前文所述的第一次地方财政委员会进行比较，究其差异，第一次是为地方财政制度规划立案的有期限的组织；与此相对，第二次是负责分配平衡交付金的执行机关。二者的差异就在这里。再者，第二次地方财政委员会延续了两年多，直至1952年8月1日重新设置了自治厅才解散。

③ 关于行政事务再分配的建议见晴山（包括室井)。

平衡交付金是，每个地方公共团体算出“基准财政需求额”和“基准财政收入额”，积累前者与后者的不足额来决定。然而这个过程存在各种问题，比如当时的地域统计不充分，因经济变动激烈难以预测每年的税收等，因此，实际上不可能准确地算出各个财源的不足额然后再算出总额。为此，地方财政委员会和管辖预算的官厅大藏省（现财务省），围绕总额产生对立，在每年度制定国家预算时，平衡交付金总额成为最大的争论点。结果，总额每年都有很大的变动，不能稳定地分配[①]。地方公共团体为了明确自己的行政责任而作为前提的平衡交付金不能恰当且稳定地分配，使推行夏普建议及更进一步的神户建议的理念，变得非常困难。

最终结果是，没有实现像神户建议提议的，将行政事务以市町村优先分配的形式划分给各级政府，从而使行政责任明确的方案，很多事务仍当作是国政事务，而且其中大部分机关委任给地方公共团体，对派驻机关的整顿实际上也几乎没有进展。1952年根据神户建议修订的《地方自治法修改案》，“法律或基于此制定的政令规定”必须由地方公共团体执行的机关委任事务，已个别记载于地方自治法的附表3、4中。但是正如一（一）部分所述，在机关委任事务没有定义的状态下，最终未能阻止其后来的膨胀。受到夏普建议批判的国库负担金制度，也借助夏普使节团来日本以前制定的《地方财政法》继续存在，利用个别法律规定了负担的必要条件和中央、地方的负担比率，夏普改革所废除的主要负担金得以恢复[②]。

综上所述，虽然经过战后改革，但是从战争末期开始存在的通过机关委任事务和派驻机关实行的中央各省多元性中央统制体制继续存在。然而，提倡行政责任明确化和市町村优先，建议事务再分配的夏普建议和神户建议，对于推进地方分权的势力来说，作为“应经常回顾的“重要法典””仍具有意义。

（四）（战略性）职能分担论的登场

1. 再次集权化和“地方”草案。

夏普建议和神户建议中的事务再分配的尝试受到挫折时，占领军总司令部在战后不久就已经推行了的警察及义务教育分权化的分权意向（特别是对市町村级别）销声匿迹，开始了中央各省在各政策领域中推行全国统一事业的集权化进程。这不是单纯的，即所谓“逆时代”时代中的“反动性”的集权化，而是像市川（1997）主张的那样，是战后国家福利化过程中的“职能性集权化”。即，以战后不久的“民主化”名义下扩大的社会福利行政为中心，增加了根据行政专项处理要求形成的个别职能的中央统治手段，具体表现为中央各省地方派驻机关的新设、扩充，增加机关委任事务、个别补助金及规定必设期间、必设职员等。推行这种“职能性集权化”的过程中，虽然以地方制度调查会为中心反复参照夏普建议、神户建议中的事务再分配理念，但却一直认为其实现的可能性非常小。因此，在“职能集权化”的条件下，诞生了要规定中央和地方关系的新议题。这就是本节要阐述的“职能分担论”。

首先简单确认一下神户建议以后的情况。神户建议后不久的情况是，集权化的趋势超越了“职能性集权化”。1952年成立的地方制度调查会，当时是以“全面研讨现行地方制度”

---

① 关于地方财政平衡交付金的详细内容见财务综合政策研究所（2005）。

② 在地方财政法中关于国库负担金原来规定（9~11条），根据《地方财政平衡交付金法》，仅在1950年和1951年时不适用于该年度。但是，1952年的地方财政法修改案制定了以现在这种形式区分国家经费和地方经费负担的规定。

为目的，并作为自治厅长官（后叫自治大臣）的咨询机关设置的①，其作用是修改占领军总司令部在占领统治时期推行的分权改革。很快在第一次地方制度调查会中，对警察、教育等在占领统治期被誉为分权改革的“眼珠”事务，提出更加集权化的改革。最初提出报告是站在推行集权化的立场上，为基本实现行政的简单化、合理化而进行的。

这种模式达到极限是在1957年的第四次地方制度调查会的报告上。第四次地方制度调查会上，针对府县制度及府县的合并问题，特别是改革中的道州制度诸问题进行了研讨，并做了“地方”草案的报告，提议废除府县制度把全国重新编制为7~9个“地方”，设置作为国家公务员的“地方长官”，“地方长官”须经“地方”议会同意后由内阁总理大臣任命。并且，报告中还一并记载了代表少数人意见的，合并约3~4个现行府县的完全自治体性质的府县，并重新编制府县区域的“县”草案。但是，随着两个草案难以实施，又因为“地方”草案以极其微弱的优势在地方制度调查会上通过②，更因为政治抵抗强烈等原因，结果没有成为法律草案。

根据市川（1997）的评价，“地方”草案在某种程度上体现了当时地方自治厅的改革构想。即，合并多区域的中央各省的派驻机关，把知事作为和战前一样的综合性地方机关，其本质在于，中央派遣的知事官吏会斟酌地方实情，利用府县会审议征收的地方负担来执行中央各省的国政事务③。对于错综复杂的中央和地方事务再分配问题（再加上地方财政的缺乏），这个“地方”草案是解决方法之一。它基于以下模式：集约原来都道府县承担的国家事务，同时通过合并各省厅的派驻机关，整顿及合理化行政机关，用类似于战前内务省—府县的一元化统制形式综合调整“地方”。虽然这个“地方”草案几乎没有规定补贴市町村的财源，也没有规定“地方”和市町村的关系，但至少对府县级别来说，合并了因专门分化膨胀起来的机关，明确了广域事务的内容，意图通过综合调整“地方”来减少成本。

最终，“地方”草案没有确定为法律草案，以战前的府县制度为蓝本的改革方案失败了。直至近几年的地方分权改革前，没有提出过像“地方”草案这种激进的改革方案，而通过机关委任事务和补助金制度，中央各省继续着多元化中央统制。尤其是，1960年自治厅合并国家消防厅成为“自治省”后，到90年代的地方分权改革前，制度的实施很稳定。下面阐述的“职能分担论”，以逐渐稳固的多元化中央统治为条件，采用与夏普建议、神户建议中事务再分配原则不同的形式说明中央—地方关系。

2. 职能分担论。

在稳固中央各省多元化的中央统治中，特别是进入经济高速增长期后，理解中央—地方关系时受到重视的是“要求广域行政”的问题。这是意识到下列问题而制定的：①解决单一的府县、市町村级别无法处理时的行政需求；②随着经济高速增长的同时，地域间的差别逐

① 依据地方制度调查会制定法的第一条。虽然从现在（2005年）角度考虑会感觉非常不协调，但是根据矶村、星野（1990）分析，它是“通过改正地方的过度自治，根本性地重新研究地方制度”而设置的。

② 地方制度调查会的表决结果是，在33名参加人员中，17名赞成“地方”草案，12名赞成“县”草案，其余人员反对两草案。

③ 第四次地方制度调查会的“地方”草案，预测到了合并派驻机关的困难，所以把其合并到了“地方府”（“地方府”的首领叫做“地方长官”）。

渐明显的过程中，意识到要确保全国的公平性、统一性[①]。

虽然强调“广域行政”会不可避免地批判其无制约的膨胀，但机关委任事务也开始受到了与以往不一样的肯定评价。因为对广域行政的需求，委托非常了解地方实情的地方公共团体来提供更高效率的行政服务，这比设立派驻机关由中央自行处理要理想。这种想法在1964年发表的临时行政调查会（第一次临调）的意见中明确提出[②]。第一次临调，认为夏普建议对行政责任的明确化有“过于理想化的倾向”，决定保留将来重新研究它的可能性，同时用来强化当前的机关委任方式。并且在第一次临调中，以中央省厅间及中央—地方间的协作关系为前提，提出了地方性、综合性、经济性三个原则，并提出了与夏普建议的行政责任明确化不同的理念，主张以都道府县知事的综合协调职能为核心的事务再分配。

相反，和第一次临调意见同时期提出的第九次地方制度调查会的报告（1963年12月），基本上依据夏普建议、神户建议中的行政责任明确化理念，主张废除机关委任事务。但是，在此报告中也没忽略在考虑事务再分配方面，把广域行政作为其重要的一点。关于这一点，报告指出，现代福利国家中中央和地方公共团体的关系不是争夺权限的对立关系，而都是作为统治机构的一环，应该为提高国民福利的共同目的承担各种职能，并且要互相协作处理行政。报告中，这种协作关系和行政责任明确化理念的关系未必需要明确，但从报告的后段，即规定中央干预地方公共团体事务的界限，可以看出希望两者并立。这在有关“财政措施”的论述中，部分地典型地体现出来。即，有关行政事务的经费，原则上应由执行事务的团体承担，但是根据事务的性质也认同中央和地方公共团体共同承担，以便明确区分经费承担方。这点与强烈主张废除国库负担金的（地方财政法规定）夏普建议非常不一样。

在机关委任形式的讨论中，不论是赞成还是反对都意识到了“要求广域行政”的问题，并要求中央和地方公共团体协作处理事务。因此，与第一次临调的讨论及第九次地方制度调查会的报告同时期登场的“职能分担论”，是意识到广域行政的同时，采用和夏普建议、神户建议的事务再分配论不同的形式来考虑事务分配问题。“职能分担论”的主要倡导人有自治省的官员宫泽弘、丸山高满和久世公尧，他们虽然尊重夏普建议、神户建议理念，但他们认为夏普建议、神户建议缺乏现实性。他们主张的“职能分担”具体指什么非常模糊，即便是整理总结此主张体系的成田赖明的论点，也没有夏普建议的理念清楚明确。总结中包括：①地方公共团体（尤其是市町村）能够完成的事务要委托地方公共团体；②整理机关委任事务，把要求广域行政的事务作为中央和地方的共同事务；③地方公共团体也要适当参与制定作为事务依据的立法等内容。从把特定的事务作为一个行政主体进行专属分配可以看出以往事务再分配论的特征，从不可能实现这种专属分配看出，在各行政主体之间只有如何相互分担职能才是应关心的共同点[③]。这种“职能分担论”，虽然其内容模糊暧昧，但还是具有一

---

① 20世纪60年代，在“全国的公平性、统一性”名义下，机关委任事务剧增。尤其在公害防范措施领域，国家把先进的部分地方公共团体采取的政策制定成法律（“吸取”），并把其作为机关委任事务让地方公共团体执行。

② “有关行政事务分配的改革意见”（1964年9月）的原文依据室井（1980）。（第一次）临时调查委员会，是作为附属于总理府的调查审查机关而设置的，对于当时的经济高速增长，在发展社会经济近代化方面，行政上的落后受到了批判，因此提出了以行政近代化为目标的改革意见。

③ 晴山在成田座谈会上，回顾了自己的职能分担论，根据其理论“出现了用以往的事物分配论无法领会的新问题。如，参与地方自治体上级政府的政策决定，在日本这是自治体参与国政的形式，是以下主张的理论依据，即应保持地方公共团体或其联合体对法令、国家计划、指定地域等发表意见或反应其意向的权利及体系”。

定的影响力。如辻山幸宣所说，在追求福利国家目标方面，从全国性视点进行再分配，实行地域差别不大的政策时，中央政府赋予的很多决定权限具有很大的合理性。事实上在第九次地方制度调查会报告中，机关委任事务的废除没有法制化，并且在涉及事务再分配问题的第十七次地方制度调查会报告（1979）中，还强调了议会干预机关委任事务等促进中央和地方合作协同关系的方针政策，成为中央和地方公共团体追求“职能分担恰当化”的组成部分。

就这样，虽然经过数次批判，但通过机关委任方式执行行政事务的方式在经济高速增长期的日本站住了脚，除废除外，希望通过整顿、合理化进行有效运用的想法强烈起来。产生这种想法多半是由于要求事务责任方和经费承担方一致的夏普建议、神户建议提倡的行政责任明确化，很难实施。因此，在这个时期，机关委任事务在现实中很难废除，相反更大的趋势是，纠正在实施国政事务时，因国家的计算标准、承担比例不明确，结果不给地方公共团体提供充分经费而导致经费负担过重的问题，进而让地方议会和检查委员参与机关委任事务，现实地接受机关委任事务，同时修正其弊端①。

3. 财政危机和第二次临调。

1973 年的石油危机以后，进入低增长时代的日本，无法以自然增收来维持社会福利支出为中心持续增长的年支出总额，中央政府和地方公共团体的财政危机同时表面化起来。尤其是，日益严重的中央政府的财政危机，在没有重新评价经济高速增长时期扩大的行政范围的情况下，继续惯性地扩大支出，所以以“重建无增税的财政”为口号开始了第二次临时行政调查会（第二次临调）。第二次临调设在总理府，其基本任务是向内阁总里大臣提出中央、地方的行政制度及行政管理的改革途径，特别是在其第三部会上，从整顿及合理化行政的角度出发，讨论中央和地方的职能划分。

第二次临调的报告中，在中央—地方关系的部分特别强调的是“选择和负担”概念。基本报告（第三次报告）中，肯定了地方公共团体的行政服务，经过经济高速增长期大幅度的改善，并区分了全国统一公平地提供的行政服务和超过了标准等级的地域自身的行政服务，对前者的标准行政，证实与其采用中央的派驻机关不如采用机关委任方式更有效。对于后者，建议应通过地域居民的“选择和负担”来进行行政服务。并且，建议像以往一样整顿合理化机关委任事务、辅助金、必设规则，进一步为地方公共团体的合理化、减量化做了努力。

提案本身，基本承袭了第一次临调和经济高速增长期的地方制度调查会的报告。更新部分有引进“选择和负担”概念外，严厉地批判了财政危机严重的地方财政的非效率性，强调对地方公共团体的内部事项——组织、定员、工资、退休金等中央应“加强个别指导”和“彻底修正措施”（新藤，1985）。这种提案，对于地方公共团体和地方自治研究者来说，只有“选择和负担”一词的分权色彩受欢迎，但是因为其内容是把中央自身的财政负担推给地方公共团体、统一地方行政而受到了很多批判②。

第二次临调及其报告，经常被批判为是基于对地方公共团体不信任的基础上推行强权的

① 作为经费负担过重问题的典型事例，有 1973 年判决的摄津诉讼。

② 说到批判，除把第二次临调提案背景的思想叫做“新新中央集权”进行严厉批判的新藤（1985）外，还有成田（1982）、和田（1982）、田中（1985）等。

中央集权，违背了誉为“地方时代”的1979年的第十七次地方制度调查会报告中表明的，地方分权的动向①。但是，为了让面临严重财政危机的中央政府减轻自身负担，报告上把机关委任事务和许可的整顿合理化法定化的同时，整顿辅助金问题使之合理化②，并建议改革方向是尽量让地方公共团体承担工作，这作为20世纪90年代分权改革的伏笔有着重要的意义。即表示，支撑中央各省多元化中央统制的机关委任事务及补助金的膨胀，即便是中央政府的财政也渐渐难以负担，产生了重新研究现有体制的必要性。

（五）地方分权改革的进展

1. 财政危机的深化和地方分权改革的萌芽。

中曾根政权下继续设置的临时行政改革推荐审议会（行革审：1983～1986；新行革审：1987～1990）中，中心委员也没有什么变化，基本上沿袭第二临调的方针，进行了机关委任事务和补助金的整顿合理化。

这个时期需要特别说明的有两点。一个是接受行革审及新行革审的报告，制定以下法律：通过“有关行政事务的简洁合理化及处理的法律”（1983）、“有关地方公共团体事务的中央干预等的处理，有关合理化等的法律”（1984）、“有关地方公共团体的执行机关作为中央机关进行的事务处理及合理化的法律”（1986）、“有关行政事务的中央和地方的关系等的处理及合理化的法律”（1991）。通过以上立法，逐渐废除了机关委任的事务和必须设定的规章制度。如此，机关委任方式的整体体系虽然没有改变，但是地方公共团体的判决权正在扩大。其次，引起注目的是以高比率补助金为中心的补助率的削减。补助金的削减，最初从1985年开始，计划3年左右达到目标，最后根据数次制定完成的“有关国家补助金等的处理及合理化以及临时特例等的法律”等，终于定下了削减后的补助率。这样的改革意图是非常明显的。也就是说，在中央政府的财政危机中，作为一部分经费支付给机关委任事务的国库负担金，成了中央政府的重担，这个重担必须卸掉。这一点从地方公共团体方面来看，“背负负担”的同时，不知不觉中也扩大了权力。

除此之外，机关委任事务制度自身也在进行很大的改革。这就是1991年修订了地方自治法。通过这次修正，地方议会与监查委员对机关委任事务的检查监督权限得到扩充，机关委任事务和自治事务的区别已经极为微小了。由于引入了地方议会与监查委员的检查监督机制，很明显机关委任事务对地方议会有部分解释说明的责任。

这样，以财政危机为契机发展的机关委任事务或补助金经过整顿合理化，虽然机关委任方式体系自身没有变化，但是地方公共团体的权力却是越来越扩大。

2. 从细川政权的诞生到地方分权改革。

地方分权推进的讨论，大致以1993年作为转折点开始发生质的变化。因自民党分裂而在1993年6月召开的国会，通过了“有关地方分权推进的决议”，揭开了这次讨论的序幕。这个决议，排除向东京的过分集中，重新审议了中央集权的行政现状，认识到推进地方分权是大势所趋而重新审视了中央和地方的职责分工，加强了中央向地方移交权限及地方税的财

---

① 坂田编（1983）收录很多地方公共团体相关人士的这种意见。

② 根据1982年制定的“因行政事务简化而整理相关法规的法律以及将适用对象消失的法律废除的法律”，整顿了35个许可和44个机关委任事务。另外，成田（1982）认为提案尤其深入考虑了有关辅助金的合理化问题。

源，认识到确立与21世纪相适应的地方自治是急迫的任务，在此基础上，“为积极推进地方分权，开始制定法律，尽全力果断采取妥当的措施”[①]。这次决议中继续提出的第三次行革审（1990~1993）的最终报告，仍然强调了彻底的地方分权改革，提出“要在今后一年内制定地方分权的大纲方针，明确地方分权的基本理念、应解决的课题和程序”，并且“按大纲方针，促成立法府和行政府的共识，快速取得方案，建立推进地方分权的法律制度”，促进地方分权的立法[②]。

进而，在这次国会审议和第三次行革审报告期间，1955年的保守合并后第一次政权更迭应视为一个极为重要的事件[③]。1993年7月举行的众议院选举和其后的联合谈判导致自民党自结党以来第一次下野，在八党联合政权下，日本新党的细川护熙成为总理大臣。拥有熊本县知事经验的细川，在组成日本新党以前，作为第三次行革审的“富裕生活部会”的部会长，主张“地方分权特例制度（领航制度）”，同时也是推进地方分权制度的领导之一。他作为总理大臣接受了第三次行革审的最终报告，所以至少有关人士对他推进地方分权给予了很高的期待。

政府根据行革审的报告，1994年2月由内阁会议通过了“推进今后行政改革的方案”，制定了报告所强调的“大纲方针”。其中，作为地方公共团体的全国性联合组织的地方六团体[④]行使地方自治法中规定的“意见提出权”[⑤]，提出了“关于推进地方分权的意见书”，制定方案（包括废除机关委任事务）；另外，第二十四次地方制度调查会特别提出了针对今后地方分权推进方针的状况而总结的“关于推进地方分权的报告”[⑥]。大纲方针还在制定计划的时候，细川总理辞职，在羽田、村山总理大臣的继任中，最终以大量纳入地方制度调查会的报告的形式，于12月25日由内阁会议通过了“关于推进地方分权的大纲方针”。紧接着第二年5月，制定了“地方分权推进法”，并成立了围绕这个问题集中展开讨论的地方分权推进委员会。在地方分权推进法中，对于机关委任事务，也没有表明一定要“废除”，而是采用了原来的“整顿合理化”的表达方式。但是，在国会答辩中，出现了以下微妙的表述：“经（地方）分权推进委员会讨论，如果得出结论，也可能包括有关废除的讨论”[⑦]。实际上把机关委任事务的存废问题交给地方分权委员会讨论。

地方分权委员会开展激烈的讨论，提出了1~4次建议，制定了地方分权推进计划。这个计划中，虽然遇到以中央各省为中心的各种抵抗，但都被压制下去，成功地废除了机关委任事务[⑧]。由于机关委任事务的废除，从战后（或者一部分在战前）马上开始延续的中央各

---

① 引自“关于推进地方分权的决议”。

② 在第三次行革审最终答复中，关于机关委任事务，仅限于“缩减和合理化”，并没有说到“废除”。

③ 保守合并即指成为“55年体制”出发点的自由党和民主党两个保守党派合并结成自由民主党派（自民党）。两党合并是为对抗当时日益壮大的左派力量社会党和共产党，其后，直到1993年的政权交替，自民党一直长期执政。

④ 地方六团体由全国知事会、全国都道府县议会议长会、全国市长会、全国市议会议长会、全国町村会、全国町村议会议长会6个组织组成，是履行地方公共团体的意见职能的团体。

⑤ “意见提出权”的意思是，从中央和地方的“适当的职能分担”观点出发重视地方公共团体参加国政，在1993年的《地方自治法修正案》中定为制度。但是，迄今为止，行使这个意见提出权的只有一件事，2005年正在进行的第二十八次地方制度调查会中，讨论了这个意见提出权的扩充问题。

⑥ 这个第二十四次地方制度调查会报告中，地方制度调查会也鲜见地提出“机关委任事务制度应该废除”。

⑦ 引自座谈会（1996.10）中成田赖明的发言。

⑧ 关于地方分权推进委员会中的议论和其政治过程，除了西尾（1999）以外，请参照座谈会（1997、1998）、大森（1998、2000）、北村（2000）、曾我（2002）等。

省的多元化中央统制直接面临着变化。

(六) 小结

占领军总司令部的占领期改革，实际上终结了明治以来一直存在的内务省—府县的一元化中央统制，利用机关委任方式的中央各省的多元化中央统制，主宰了战后日本的中央地方关系。在战后的中央地方关系上，一贯讨论的议题是中央和地方的事务分配问题。以占领改革末期进行的夏普建议为起源，要求明确区分中央政府的事务和地方公共团体的事务，分清各层政府的责任的议论，以地方公共团体相关人员为中心出现了坚决的支持者。但是，夏普建议和其后继的神户建议最终也没有实施，搁置下来，机关委任事务的范围也没有明确定义。另一方面，单一的府县、市町村难以处理的行政问题和经济高速增长带来的地域间的差距渐渐明显，有人意识到应确保全国的公平性和统一性，再次考虑到弃用派出机关，只用较低成本就能提供全国性均等服务的机关委任方式。第二临调的报告中也积极提倡了这种了方式。

但是石油危机使经济高速增长终止，深刻的财政危机开始使机关委任事务的性质发生了变化。在经济高速增长期，以自然增收为背景，无论是对机关委任事务还是对地方公共团体均有可能增加补助金。中央政府的财政状况变得严峻，补助金的增加就变成很难的事情。因此，如 20 世纪 80 年代后半期的高比率补助金的补助率下降所预示，虽然强加给事务的义务但没有拨付全部经费，中央政府将负担转嫁到地方政府的下放（off－loading）做法，使机关委任事务接近于无财源保障的中央请客地方买单（unfunded mandate）的委任状态。虽然事务支出没有减少，但是补助金被削减，对此地方公共团体表示反对，所以这是形成“地方分权的趋势”的一个契机。

而且在考虑 20 世纪 90 年代后的“地方分权的趋势”时一个重点就是强调起事务的“实地性”。特别是在临调报告以后，通过 1991 年的地方自治法修正案，认可地方议会对机关委任事务的参与也应算是其中重要一环。确实，在提供全国一致的服务方面，机关委任事务是一种有效的制度。某种程度上这种服务很充分，但在提供各地域特色的服务时，各地方公共团体就显得权力不足，而且补助金供给不充分的机关委任事务制度就成了纯粹的绊脚石。因此，开始强烈要求变革财源保障职能日益减弱的机关委任事务。

以下讨论 20 世纪 90 年代的地方分权改革在废除了机关委任事务后，是怎样设定中央和地方的关系的以及又发生了怎样的变化。

三、90 年代地方分权改革的成果

(一) 机关委任事务的废除

地方分权推进委员主导的地方分权改革最大的成果就是机关委任事务的废除。首先，来确认一下由于机关委任事务的废除，中央和地方公共团体在权限划分上了又有了怎样的制度设计。

废除机关委任事务的结果是，作为地方公共团体从事的事务，原来的固有事务、团体委任事务、机关委任事务的种类，重新分为“法定受托事务”和“自治事务”。机关委任事务废除后最重要的问题是怎样处理从前作为国家事务，在中央的一般性的指挥监督下，用机关委任方式处理的事务。关于这一点，除了中央通过分部机关直接执行的事务外，地方公共团体从事的事务全部作为“地方公共团体事务”来处理了（见图1）[①]。但是，这个“地方公共团体事务”并不是指中央和地方的事务已经明确分工，地方公共团体对所有的事务都负责的意思，而是意图将这些事务规定为地方公共团体的事务，将中央政府和地方公共团体放在对等的关系上，否定指挥监督权的意思。其结果便不会再有——就像机关委任事务一样，姑且将它当作国家事务——再由中央“委托（委任）”给地方公共团体的事务了[②]。这样，事务的责任归属不明确的问题，从地方分权推进委员会上的讨论开始一直存在，由于中央和地方公共团体的分工很难限定，不能严格分离其职能，所以在这次的地方分权改革中废除机关委任方式就被摆在了显眼的位置。废除机关委任事务后，中央虽然不再拥有一般性指挥监督权，但在法律上规定为地方公共团体实施的事务，中央可以“干预”。“法定受托事务”或“自治事务”的分类，就是对这一干预程度的规定[③]。

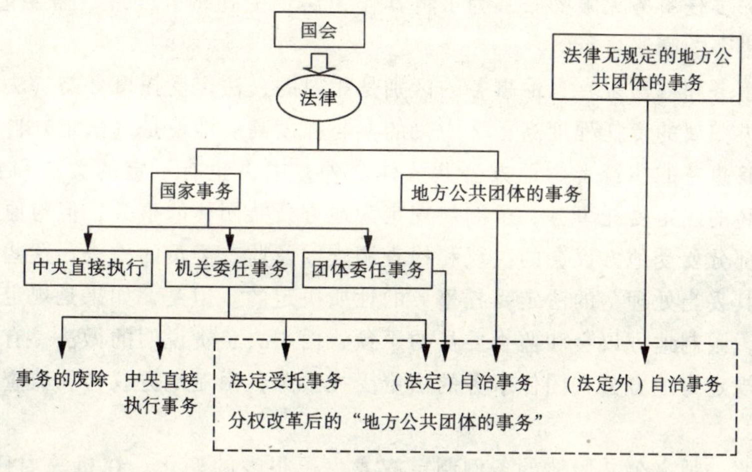

图1　事务的变迁

（二）新事务区分

原来作为国家事务处理的机关委任事务中，没有成为中央直接执行事务的在“法定受托事务”或“自治事务”中做了区分。这其中，法定受托事务在地方自治法2条9款中如下定义：

根据法律或基于法律制定的政令，都道府县、市町村或特别区处理的事务中，①中央本

① 这里所说的“地方公共团体的事务”，不一定就是地方公共团体有这个权限的意思。如后述，关于法定受托及（法定）自治事务，在其执行上，由于国家有一定的关注，事务责任的归属就变得模糊不清了（山下，2000）。即使在地方分权推进委员会的讨论里，在性质上很难完全分清是国家的事务，还是地方的事务，这里只是关注执行的主体，整理为“地方公共团体的事务”。（成田，1999；佐藤，2000）。

② 从“受托”一词的语感看，法定受托事务是将属于国家责任的事务委托给地方公共团体去执行，持这一看法的争论是很多的，至少在现在的法制上没有这样的结构。

③ 但是，如图1所示，“自治事务”也包括国家法律规定外的，作为地方公共团体事务实施的事务（法定外自治事务）。

应该实施的事务的关联事务，②在中央需要特别确保其妥当实施的事务，在法律或基于法律制定的政令里作了规定。

地方自治法2条8款中，自治事务规定为“地方公共团体处理的事务中，法定受托事务以外的事务”。从这一点来看，首先根据个别法律规定了“地方公共团体处理的事务”，然后由上述①②的基准确定“法定受托事务”，剩下的就是“（法定）自治事务”。在实际的地方分权改革中，也是从之前的机关委任事务中按照一定的标准（Merkmal）选择法定受托事务[①]。这样，这些事务的决定依据以下理论：不是把“法律上规定的国家事务”委任给地方公共团体，而是从“法律上规定应该由地方公共团体实施的事务”中选出“中央应负责任的事务”。在原来的机关委任事务制度中，关于什么是机关委任事务并没有明确的标准，所以发生了中央省厅随意借口机关委任事务滥发指令的教训。也就是说，是否是法定受托事务虽然个别法律有规定，但是如为法定受托事务，在地方自治法的附表中会有记载；即使是机关委任事务，在地方自治法的附表中也有规定。除这些记载以外，还存在机关委任事务形式的事务，说明机关委任事务无限膨胀，为了将其作为法定受托事务处理，需要记载在附表中，遏制法定受托事务的膨胀进行。

法定受托事务和（法定）自治事务的区别是相对的，法定受托事务与（法定）自治事务相比：①对中央归属的责任程度高；②中央的参与程度高。即使是（法定）自治事务，按照国家法律规定其事务的执行者为地方公共团体之外，中央也有一定的关注和责任[②]。但是，中央参与程度高的法定受托事务，虽然被规定为地方公共团体的事务，但与原来的机关委任事务一样，一部分要受地方议会的决议和检查调查以及监查委员的检查。这些限制是由“中央要特别确保其妥当处理”的法定受托事务的性质决定的。但是，如果是规定为国家事务的机关委任事务，限制地方议会和监查委员的干预，由中央负责说明的做法，有其逻辑的合理性。然而，对规定为地方公共团体事务的法定受托事务，限制地方议会和监查委员干预的做法受到了批判。

与此相对照，地方公共团体的条例制定权发生了很大的变化。在机关委任事务制度下，由于原来作为议论对象的事务并不是地方公共团体的事务，所以就排除了地方公共团体的条例制定权。对此，在地方分权改革后的新的地方自治法中，由于法定受托事务和自治事务都作为地方公共团体的事务，所以从制度上不再制约其条例制定权[③]。但是，法律和条例的关系，并没有因为这次的改革而变化。也就是说，地方公共团体可以制定条例是指法律允许遵循条例制定的规章存在，条例只不过是在法律范围内有自由度而已[④]。因此，根据规定地方

① 如图1所示，以前的团体委任事务，理所当然成为（法定）自治事务。

② 关于这一点，更详细的说明是佐藤（2000）。在佐藤（2000）中，地方分权推进委员会的建议中，“在事务的性质上，其实施属于国家义务，应由中央行政机关直接执行，但是从国民的便利性或事务处理的效率性的观点看，法律或是根据法律制定的政令规定，将其作为地方公共团体受托执行的事务”。这种法定受托事务的定义成为本文条文的经过，都有解说。

③ 在地方分权推进委员会的建议或地方分权推进计划的阶段，关于法定受托事务的条例制定，只限于在法律或根据法律制定的政令中有明确委任的情况，这一点受到批判。（山下，2000）。

④ 1975年的德岛市公安条例事件终审判决及其后的许多说法中，在有些法律政策领域，虽然存在法律但是没有规定条例出处，在“法律和对象统一、目的统一的条例制定是否可能”、“制定更为严格的规章制度是否可能”、“比法律更为对象广阔、目的统一的条例是否可能”中都给与了肯定的解释（北村，2005）。所谓凌驾之上，横出其外，就是说地方公共团体根据国家的一定的标准，可以允许在界限内增加行政服务。

公共团体事务的法律，地方公共团体的裁量权受到限制。原本属于中央该履行的职责且中央关心度很高的法定受托事务，其内容将在国家法令中详细加以规定，在这个限度下条例可以规定的余地就极小了。

（三）中央对地方公共团体的干预

中央干预地方公共团体的中心点是指，地方公共团体没有采取国家法律规定的行动时受到的处置。在机关委任事务制度时期，在主务大臣的一般性的指挥监督下，除了可以进行许可、忠告、建议、要求提交资料外，还可以要求违反法律的地方公共团体纠正和进行职务执行命令诉讼，然后代执行①。代执行就是，对中央有责任实施的事务，作为受任机关的地方公共团体没有妥当执行时，中央代地方公共团体执行事务的制度。根据这个制度，若发现地方公共团体首长或行政委员会，在事务执行上有违法和怠慢时，主务大臣发布“职务执行命令”，经过“职务执行命令诉讼”、“命令违反确认诉讼”两次审判后，或是由主务大臣代执行，或是由内阁总理大臣罢免公选的知事，以此来彻底贯彻中央的意志②。

在新制度下，主务大臣的一般性指挥监督权有时会被否定，没有以机关委任事务的形式进行代执行的情况。但是，对于“与中央原本应实施的职责相关的”法定受托事务，其具体内容保留了可以约束地方公共团体的“修正指示”，也保留了经过判决手续进行代执行的权限。相反，对于自治事务，《地方自治法》中，没有规定主务大臣的进行代执行的权限③，中央的最高权限也只是“纠正的要求”，纠正结果的处理内容，由地方公共团体量度（见图2、表1）。因此，虽然国家法律里规定了（法定）自治事务的实施，但是现实中，中央干预的权限并没有那么强，可以说地方公共团体可以在很大程度上按中央的意思在自律的情况下执行自治事务。

表1　　修正和代执行（一般性规定）

	修正的要求	修正的指示
对象事务	自治事务	法定受托事务
对措施内容的干预	修正结果的措施内容由地方公共团体裁决	可以就具体的措施发出约束公共团体的指示
没有按要求执行时	不可代执行	可以代执行

① 这在作为一般法的《地方自治法》下成为可能，在很多个别法中，规定了更多的干预情况。

② 制度出台之处，根据“法定力”主务大臣的命令有效的情况下，只要地方公共团体明白其命令且认为没有重大问题，就必须遵从。但是1960年的砂川事件的最高判决，根据地方公共团体独立于中央的法令解释，地方开始可以在法庭和中央的争斗。另外，1991年修正了《地方自治法》，判决从两次修正到一次，（废除命令违反确认判决），由内阁总理大臣罢免知事的制度也废除了，从而手续简单化，公选知事不能罢免一事也得到确认。

③ 自治事务的代执行，在一般法的地方自治法中没有规定，地方自治法中对自治事务的代执行有“国家，尽量不要…”的规定，有人批判还留有容许代执行的余地。另外，个别法中（都市计划法、建筑标准法、国土利用计划法等）留有主务大臣可以自行行使权限的宗旨，有人批判这是对自治事务的代执行。成田对这些批判反驳道：①虽承认这是允许代执行的余地，但是从立法的宗旨上并没有考虑要设代执行的规定，②个别法的规定并不是代执行的内容，而是在一定的重要事件上，将地方公共团体的全部或一部分权限冻结，由主务大臣自行执行的一种特例，是一般规则以外的特别法范畴的问题，这个行使是受严格限制的。

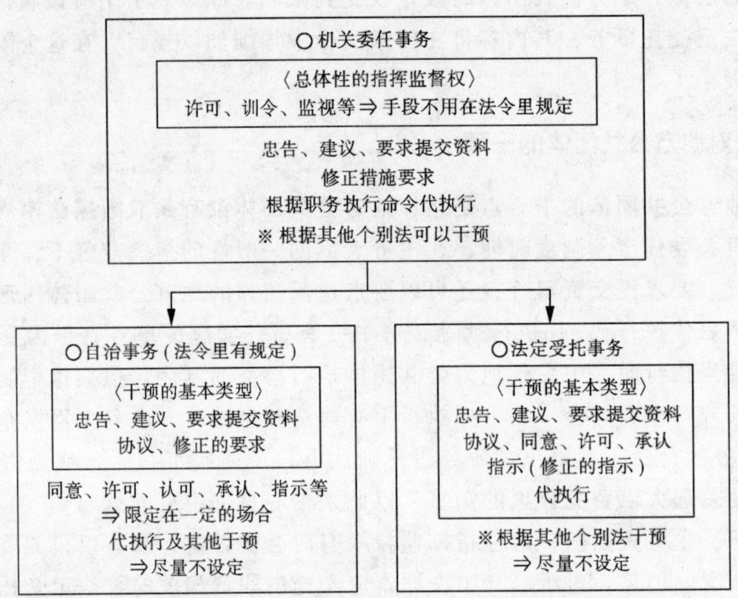

图 2　中央对地方公共团体的事务的干预

而且，在新地方自治法中规定，中央可干预地方公共团体执行事务，并制定了中央和地方公共团体之间发生纷争时的处理规则①。根据规则，纷争处理按图 3 的程序来进行。也就是说，如地方公共团体对中央干预有异议时，首先要向总务省根据地方自治法设置的“中央地方纷争处理委员会”提出审查申请（①—②）。中央地方纷争处理委员会，对申请进行审查裁决后（③），对中央和地方公共团体提出建议或通知，中央根据建议采取必要的措施(④—⑤)。中央地方纷争处理委员会作出的建议没有法律约束力，地方公共团体对此裁决有异议或中央没有采取必要措施时，还可以向高等法院提出诉讼，要求审理（⑥）。

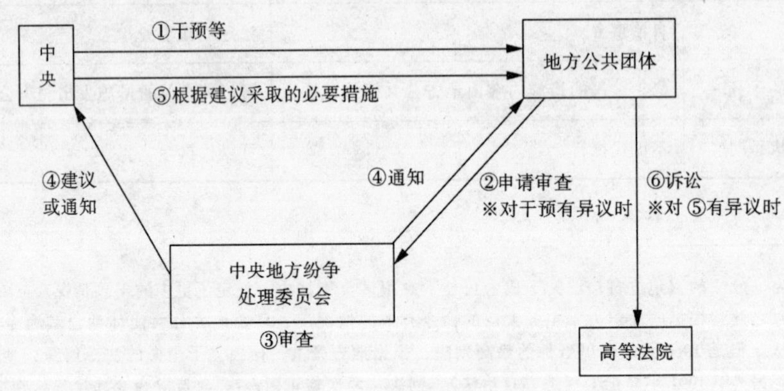

图 3　中央和地方的纷争处理手续

地方公共团体向中央地方纷争处理委员会提交审查申请限于以下三种情况：①对中央的

① 在新地方自治法中规定了以下制度：在都道府县的机关可以对市町村进行各种干预的前提下，市町村的执行机关可对都道府县的干预提出审查申请或诉讼。其内容与国家干预的纷争处理制度基本相同。

“权力性”干预有异议时；②中央对地方团体提出的申请不作为时；③中央和地方团体的协商未达成时。“①”具体为，对（法定）自治事务的修定要求有异议，拒绝法定受托事务的协议、许可、认可、批准，对修订的指示有异议之意。但是，中央不能向中央地方纷争处理委员会提出审查申请，也不能对审查结果不服，而向法院提出诉讼。

（四）地方分权改革的评价

经过地方分权改革，中央和地方公共团体的权限划分发生了怎样的变化呢？在这次变革中，最被重视的一点是，为实现宪法92条的“地方自治的本意”，中央政府和地方公共团体从上下主从关系变为相互独立的团体对等合作的关系①。机关委任事务的废除，否定了主务大臣和地方公共团体因一般性指挥监督权而结合在一起的上级厅—下级厅的关系，地方公共团体按照自己对法令的解释执行事务。中央和地方之间发生纷争时，不单纯依靠主务大臣的指挥监督，在法定规则下，根据第三机关——中央地方纷争委员会和法院共同作出法律解释接受裁决。这说明中央各省不能再根据通告或行政实例把各自的法令解释强加给地方公共团体。但是，从地方分权改革经过约5年到现在，实际上中央政府和地方政府之间起纷争，运用过这个规则的事例只有一件：因主务大臣不同意横滨市与总务大臣就第一候选人投票权发售税达成的协议，向中央地方纷争处理委员会提出了申请。关于改革后的中央政府和地方政府真的变成对等的关系了吗？还需要今后进一步事例的累积和论证②。

另外，在地方分权改革中，并没有明确地说明再分配哪些是国家事务，哪些是地方公共团体的事务。所以，处理事务的责任归属仍然模糊。在机关委任事务制度时期，虽然国家事务委任给了地方团体，但并没有明确定义什么事务是机关委任事务，所以，处理事务的责任归属是模糊的。在分权改革后的地方自治法中，中央可以干预地方公共团体的事务，但是，法定受托事务和（法定）自治事务的区别在于，它不是根据明确处理事务的责任归属分类，而是根据中央干预的程度进行分类。所以，地方公共团体在执行事务时，并不明确对地域居民的代表——地方议会有怎样的说明责任③，很显然，中央和地方公共团体的“职能分担”比改革前更明确。

另外，中央负担经费的方法在分权改革后基本上没有发生变化。也就是说，国库负担金的基准都是从地方财政法的“利害标准”而来，并在个别法中做了规定。作为一种考虑方法，中央根据其干涉程度承担地方公共团体执行事务的费用，但是，并没有出台针对“对等合作关系”的财政系统的彻底的改革方案。

四、面向今后制度设计的论点整理

最后，依据上述的各种讨论，整理了对中央和地方权限划分有关的今后制度设计上的论点。

如何执行国家应负责的事务这一课题，其论点可分为以下两点：①什么是“国家应负责

---

① 参见“地方分权推进委员会最终报告”。

② 因为没有实例，故没有运用累积分析。但是还是有人运用横滨市的事例对国家地方纷争处理委员会进行了分析。

③ 法定外的自治事务，在执行过程中，作为地域居民代表的地方议会有说明责任。

的事务”和②“怎么执行这个事务”。其中，关于第一点，至少不是先天决定的问题。国家最低限度应该行使的事务有外交和国防。可是，在现实中，每个国家会先考虑事务的性质（是涉及分配的事务还是涉及再分配的事务）和广域性、地域性等，然后再以各种各样的形式规定中央负责的事务和地方负责的事务，很难一概而论中央应对什么样的事务负有责任。可是，至少有必要决定，哪一级政府对什么样的事务负有执行责任。说到原因是因为，如果不明确责任主体，就很难对事务的执行追究责任。

关于第二点，就像上述的各种讨论一样，在战后的日本，一直把中央应负责的事务以机关委任的形式委任给地方公共团体。这种方法避免了事务成本因增设多余的中央派驻机关而增加，可以充分利用已执行一些事务的地方公共团体的经济，从这样的意义上，（至少从国家的立场看）被认为这是经济实惠的方法。现行制度下，派驻机关行使中央直属事务以外，通过国家法律可以规定地方公共团体应执行的事务，也可以通过个别法的规定，转嫁经费给地方公共团体，把本来应该由国家执行的事务委任给地方公共团体［即下放（off－loading）］。这样的下放应该慎重决定[①]，但是，对中央来说，比起使用派驻机关，以经济实惠的形式执行事务，是可行的制度。

这样，至少从中央角度看，充分利用地方公共团体的经济执行本来应由国家执行的事务（通过派驻机关）的方法，最利于节约费用。可是实际上，由于中央和地方公共团体的权限划分未明确，致使中央的派驻机关和地方公共团体之间、或是地方公共团体间发生权限争执，而且还有两重（三重）行政的情况[②]。特别是在日本，地方公共团体（特别是都道府县）历来是作为中央的“综合派驻机关”纳入制度，其内部组织大体上也与中央各省对应[③]。因此，都道府县和市町村的内部部局都与中央各省对应，并一直以这种形式执行了事务，以致事务的执行因各级政府同时执行而产生重复现象。此外，事务的范围非常细微并且其界限的划分也模糊不清（demarcation）。某个事务如果与所有级别的政府有关系的话，在执行事务时存在四套委任系统，即：“中央→都道府县”、“中央→都道府县→市町村”、“中央→市町村”（以上是“中央的事务”）、“都道府县→市町村”（“都道府县的事务”）。如果像现在的日本一样同时重视地方公共团体的自主性和自律性，这个调整会非常困难，调整的费用也很庞大。如果这个调整费用过于庞大，那么可以借鉴现今英国（英格兰）的做法，即，将处理某个事务的垄断性权限下放给某一级别的地方公共团体[④]。

此外，关于财源，如果是原本国家法律规定的“中央应承担责任”的事务，在行使事务时，中央应承担费用。特别是关于用全国统一水准进行的行政服务，既然使用全国统一的水

---

① 但，在制定地方分权总括法时，附带决议中规定，应尽量避免增加法定受托事务及在个别法中制定对自治事务加以干预的规定。

② 举个典型性例子，尽管是国道，道路保养也要由县负责的所谓“三重国道”问题等。这种情况下成为问题的是，没能顺利进行派驻机关（地方建设局→地方整备局）和地方公共团体（都道府县）之间的协调。

③ 到战后制定地方自治法之前，都道府县和市町村内部部局是根据官制规定。地方自治法制定后，根据地方自治法158条规定，在都道府县的总部组织，设置必置部局，1952年引进标准部局制。此后，逐渐放宽对标准部局制的要求，直至2003年修订地方自治法，根据都道府县“可以设置必要的内部组织”的条例，最终得以废除。再者，自从地方自治法制定以来，市町村“可以根据条例设置必要的部课”。

④ 在英格兰规定，都道府县一级的郡（county），承担有关教育和交通政策、社会福利服务的事务，市町村一级的地区（district）执行开发限制和征收地方税等事务。同时，关于警察和消防，在地区同级别的区域，各设立警察当局和消防当局。

准，如果中央不保障其财源，地方公共团体就得用自己的财源来承担未得到财源保障的经费，那么，这个部分会产生对居民（有限的）说明的责任。可是，在现行制度下，中央定下统一水准后，地方公共团体即使没有中央的财源保障，不管民意如何也要提供一定的行政服务，所以说明责任是非常模糊的。

如果强调说明责任，一个方法是，像联邦制国家一样，限定上级政府（中央）的权限，先减少应该用国家统一水准行使的事务，然后拨给下级政府（地方公共团体）财源（税源），并使之执行相应的事务。但，如果采用了这样的方法，有必要慎重讨论如何根据国会制定的法律，约束地方公共团体。现在在日本，根据个别法进行权限划分，但是，如果要限制中央（国会）的权限，必需要在宪法水平上进行讨论。与此相对，如果依然重视日本是单一国家这一特点，（在财源保障充分的前提下）中央通过地方公共团体，用全国统一水准提供行政服务的方法仍然有效。这时，需要留意从上级政府（中央）至下级政府（地方公共团体）的转嫁 off - loading。这是因为，正如已经叙述的，没有财源保障却让地方公共团体执行事务，使说明责任的落实点变得模糊不清。在财政状况不断恶化的情况下，如果以这种形式明确说明责任的落实点，在中央能够保障财源的范围内，根据法律来规定最低限度的应满足的水准。对于超出的部分，放宽国家法律规定的范围，仅显示制度大纲和框架，扩大地方公共团体的条例委托的范围。这样的立法方针是必要的。

参考文献

阿部泰隆："机关委任事务与代执行"，《法律时报》，57（11），P4~10。

天川晃："战后民政局和内务省对地方制度改革的态度"，《季刊行政管理研究》，56，P15~25。

晴山一穗："行政事务再分配论的沿革与背景"，室井力编：《行政事务再分配的理论与现状》，劲草书房，1980年。

人见刚："中央与地方诉讼处理委员会的起动——以横浜市第一候选人投票券发售税不同意事件的劝告为素材"，《jurist》，1214，P28~35。

市川喜崇："战时、占领期的集权体制的变貌——重新讨论现代日本的中央与地方关系史"，日本地方自治学会编：《现代的分权化——战后地方自治的开展过程》，敬文堂，1995年。

市川喜崇：《日本的现代集权体制的形成——内务省—府县体制的结束与职能集权化的发展》，早稻田大学博士学位论文，1997年。

稻叶馨："中央·自治团体间的纠纷处理制度"，《城市问题》，91（4），P29~39。

矶村英一、星野光男：《地方自治读本》，东洋经济新报社，1990年。

岩崎忠夫："关于修改一部分地方自治法的法律概要"，《jurist》，982，P24~31。

自治大学：《战后自治史 XI 地方税制的改革·上卷》，自治大学校，1969年。

自治大学：《战后自治史 XIII 地方税制的改革·下卷之一》，自治大学校，1975年。

金子宏："关于地方自治法146条中执行任务命令诉讼的问题点"，《jurist》，208，P105~113。

兼子仁："'未经裁判的代理'问题与地方自治的宗旨"，《jurist》863，P30~35。

加藤一明："机关委任事务的监督与经费"，《自治研究》51（10），P13~26。

加藤一明："关于事务分配与经费分配"，《年报行政研究》，1976.12，P161~186。

龟挂川浩："机关委任事务的沿革"，《城市问题》，60（4），P15~25。

北村喜宣：《分权改革与条例》，弘文堂，2005年。

北村亘："机关委任事务制度废除的政治过程"，《甲南法学》，40（3/4）。

久世公尧："事务分配的现代课题——事务分配的历史推移、视点、实践的课题"，《jurist》622，P40~

47。

丸山高满："关于事务再分配的一项考察"(1)、(2),《自治研究》39(8),P139~152;39(9),P99~124。

宫泽弘:"职能的区域分工——广域行政的原理",田中二郎编:《广域行政论》,有斐阁,1962年。

村上弘:"中央对自治团体的统一和引导",西尾胜、村松岐夫编:《讲座行政学第5卷·业务的执行》,有斐阁,1994年。

成田赖明:"行政上的职能分工(上)",《自治研究》,51(9),P17~27。

成田赖明:"地方公共团体的国政参与——其理论根据与方法及范围(上)",《自治研究》,55(9),P3~13。

成田赖明:"以中央和地方的职能分工为主",《城市问题研究》,34(9),P100~113。

成田赖明:"机关委任事务的废除与伴随的诸问题——围绕地方分权推进委员会中间报告"(上)、(下),《自治研究》,72(6),P3~16;72(7),P3~19。

成田赖明:"围绕修改地方自治法的争论点——回应批判",《自治研究》,75(9),P3~20。

西尾胜:《未完的分权改革》,行政,1999年。

大川武:"机关委任事务与地方财政",《城市问题》,66(8),P22~34。

大桥洋一:"机关委任事务的废除与权限转让的推进",《jurist》,1127,P63~71。

大藏省财政史研究室:《昭和财政史:战争结束到议和·第16卷·地方财政》,东洋经济新报社,1978年。

大贯裕之:"中央与地方公共团体间的争执处理结构",《jurist》,1127,P85~93。

临调与行革审OB会(监修):《临调　行革审:行政改革2000日的记录》,行政管理研究中心,1987年。

临时行政改革推进审议会事务室(监修):《第三次行革审建议集》,行政管理研究中心,1994年。

坂田期雄(编):《临调报告与自治团体:如何理解,如何实施》,行政,1983年,P79~105。

佐久间疆:"行政事务的分配",《年报行政研究》,1963.2,P95~111。

佐藤文俊:"地方分权总括法的成立与地方自治法的修改",《自治研究》,1999年。

佐藤文俊:"为了推进地方分权而制定的关于充实关系法律等的法律(所谓地方分权总括法)"《jurist》,1165,P34~39。

新藤宗幸:"新中央集权下的中央与地方的关系",《年报行政研究》,1985.19,P29~58。

盐野宏:《中央与地方公共团体》,有斐阁,1990年。

白藤博行:"'机关委任事务'法论与地方自治",日本地方自治学会编,《机关委任事务与地方自治》,敬文堂,1997年。

曾我谦悟:"地方分权改革的政治过程:自民党与地方分权改革",《社会科学研究》,2002年。

高木钲作:"知事公选制与中央统一",溪内谦(等)编,《现代行政与官僚制》,东京大学出版会,1974年。

Reed, Steven R.:《日本的政府间关系:都道府县的政策决定》,森田朗、新川达郎、西尾隆、小池治译,木铎社,1990年。

田村秀:《联邦制与道州制——以往的议论及今后的展望》,行政,2004年。

田中良明:"从地方财政看临调",《年报行政研究》1985.19,P59~83。

辻山幸宣:"重新讨论'机关委任事务'的概念":《jurist增刊综合特集　行政转换期》,1983年。

和田八束:"行政改革与地方分权",《城市问题研究》,34(9),P114~126。

山下淳:"机关委任事务的废除与新的事务划分",《城市问题》,91(4),P15~28。

山下淳、小幡纯子、桥本博之:《行政法(第二版)》,有斐阁,2001年。

山内敏雄:"机关委任事务与超额负担",《城市问题》,66(8),P35~48。

座谈会："机关委任事务废除与地方分权：围绕地方分权推进委员会中间报告"（小早川光郎、新藤宗幸、辻山幸宣、成田赖明），《jurist》，1090，P4～29。

座谈会"围绕地方分权推进委员会第一次劝告"（小早川光郎、今村都南雄、大森弥、成田赖明），《jurist》，1110，P3～25。

座谈会"目前的分权改革：围绕地方分权推进委员会第1次～第4次建议"（小早川光郎、高桥和之、西尾胜、增岛俊之），《jurist》，1127，P12～37。

财务综合政策研究所：《财务省财务综合政策研究所与中国国务院发展研究中心（DRC）关于"地方财政（地方交付税）的共同研究"的最终报告书》，2005年。

中国的地方税制度：着眼于省和省级以下的财政关系

日本一桥大学经济学研究科　佐藤主光

一、前言

中国第十届全国人民代表大会（全国人大）通过了《国民经济和社会发展第十一个五年规划纲要》。纲要中指出把调整经济结构作为主线，促使经济增长由主要依靠投资带动向消费带动转变的同时，增加农民收入，重点加大对农业和农村的财政投入。目的在于促进国家基础设施建设的重点转向农村，解决经济快速增长导致的贫富差距的扩大。显然，令人担忧的不仅是收入差距的扩大，更重要的是明显的财政“差距”。

本文主要针对1994年分税制改革后的中国地方财政进行讨论，讨论的重点为省和省级以下政府（市、县、乡镇政府）之间的财政分配、财政转移以及支出责任。希望从经济学的观点结合中国地方财政的现状对其进行分析、评价并对制度改革提些微薄的建议。本文的内容结构如下：第二节概述中国地方税制现状。自1994年的分税制改革以来，虽然加强了中央的税收征管能力，但也不可避免地导致了垂直财政差异和水平财政差异；第三节则以纯理论的观点对地方级（下级地方）政府渴望的理想的地方税进行说明。处于发展期和过渡期的国家如要实施地方税制改革，就一定要确保纳税人对征税的信任与纳税义务；第四节介绍对中国地方财政的两个不同的评价。第一是认为分权化的财政体制改革是推动20世纪80年代中国经济发展的重要因素［“市场维持型联邦主制（market - preserving federalism)”］。第二是“三农问题”，即地区间的收入差距和乡镇政府的制度内财政收入的严重不足以及对农民的盘剥结构；第五节叙述中国自分税制改革后地方财政存在的问题以及改革方向。主要涉及省和省级以下政府之间财政分配的明确化、将土地征税作为县、乡镇政府的统一税源以及有关政府间财政转移制度的改革等；第六节是本文的总结。

二、中国的分税财政体制概述

1994年，取消了以①中央和各省的个别契约（决定每个省的税收保留比率）和②省级政府对中央的财政转移（负的垂直财政差异）为特征的“财政承包制”，开始实行以实现①国家和地方之间的全国统一的财政分配（例：增值税中将中央税和地方税的比例统一调整为75%比25%）以及提高②“两个比例”（财政收入占GDP的比例，中央财政收入在整个财政中的比例）为目的的“分税制改革”。结果，1993年为止在整个财政中占22%的中央财政上升到了50%左右，2003年则达到了54.6%（《中国财政年鉴》2004）。有人认为除了分税制改革以外，将预算外资金纳入中央预算以及限制、取消地方的费用征收措施也是中央财政比例增加的重要因素（Zhao 2004）。另一方面，从公共支出方面看，改革后地方财政的支出比例也上升到了70%左右（见表1）。其原因在于地方政府主要负担福利、教育、医疗等主要的社会服务。财政收入的中央集权与财政支出的地方分权导致了中央和地方（省、省级以下政府）之间的“垂直财政差异”（见表1）。这种差距必须通过中央对地方的财政转移（增值税的税收返还、补助金）填补。实际上，2003年财政转移在地方年度财政收入中占的比重为45.6%（决算基础上）左右。比地方的主税源增值税（地方份额25%）和营业税合起来的比率25.3%（见表2）都要高。

表1　　**垂直财政差异**

各级地方政府在财政收支总额中所占比重

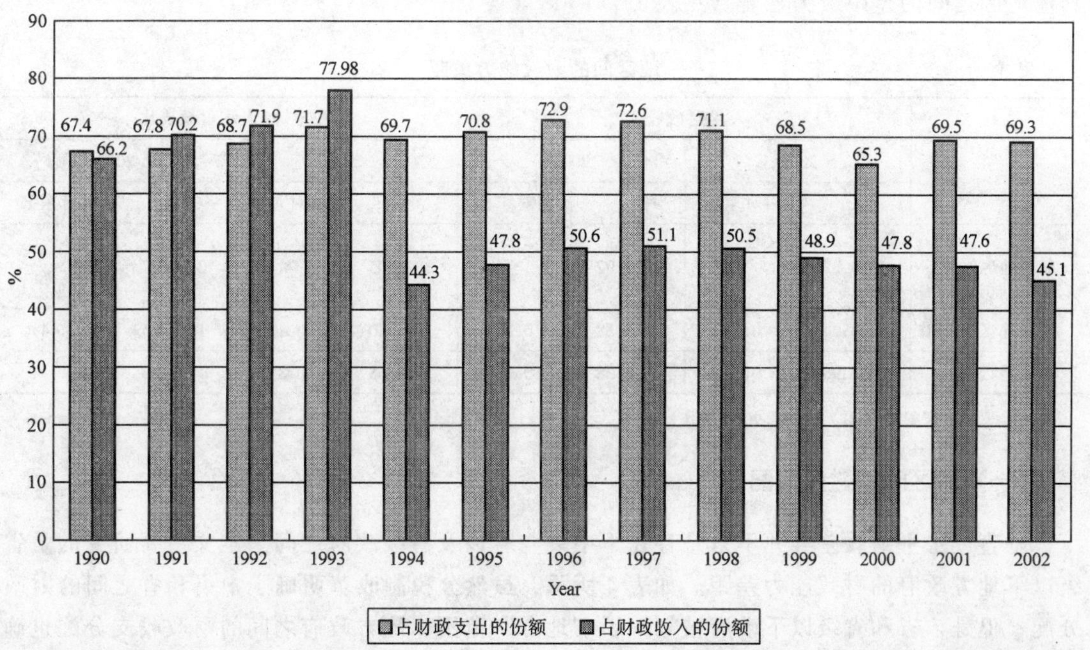

（Source）Zhao（2004）。

表2　　**地方收入明细（决算）**

地方税		%
	增值税	10.0
	营业税	15.3
	企业所得税	6.5
	个人所得税	3.1

续表

地方税		%
	城市维护建设税	3.0
	地方税合计	46.5
财政转移		45.6
总收入（亿元）	18111.39	

注：据中国财政年鉴 2004 制作。

垂直财政差异是包括日本在内的很多国家都存在的现象。加拿大作为传统的联邦国家，联邦政府也要对州政府支付平衡补助金和特定补助金。但是，中国财政的问题在于：①中央的财政转移不足以确保地方的支出责任；②财政转移制度还不能够有效解决地区间财政能力的差距。后者是因为中国的财政转移制度不具备像日本的地方交付税和加拿大的平衡补助金之类的均衡功能造成的。实际上，有人认为“税收返还”（1993 年将增值税 20%的增加收入归还有税源的省）作为主要的财政转移措施反而加剧了地区间的收入分配差距（Ahmad et al，2002）。地区间差距（水平财政差异）主要在人均财政支出上体现。特别是东部地区和其他地区之间的差距最为显著（见表 3）。

表 3 地区间的财政能力差距

	人均财政收入				2003 年人均财政支出			
	2002		2003		2002		2003	
	元	相对东部	元	相对东部	元	相对东部	元	相对东部
东部地区平均	1534.32		1759.92		2074.05		2406.47	
中部地区平均	408.24	0.27	463.58	0.27	949.40	0.46	1055.15	0.44
西部地区平均	406.96	0.27	458.38	0.26	1728.68	0.84	1799.06	0.75

注：据《中国财政年鉴》2003、2004 制作。

（一）地区间的财政分配

垂直或水平财政差异并不只是存在于中央与省以及省级政府之间。本文主要研究的是省级以下地方政府的财政能力差距。如表 4 所示，虽然分税制改革明确了中央和省之间的财政分配，但是，省和省级以下政府被划入了“地方”范围，地方政府之间的财政收支分配也确定由省级政府负担（池上，2004）。因此，省级以下地方政府的财政制度改革不够明确，使得很多下级地方政府（乡镇政府）的税收分配关系也模糊不清。在共享税方面，增值税和企业所得税在中央和省之间分配比例为 75:25 和 60:40。另一方面，由省决定省和省级以下政府之间的税收比率（表 6），表 7 中山东省的地方政府间税收分配就是一个实例。刘玲、张凯云、程子建（2005）指出，在财政能力进一步集中到上级政府的同时，义务教育、该地区的基础设施设备、社会治安、环境保护、行政管理等种种提供地方性公共产品的责任及其支出负担则继续由下级政府负担。这种公共服务有着支出基数庞大而增额迅速的特点。另外，地方政府没有正式的税收立法权、税法解释权、税种·税率的调整权、税收减免权。中央、省级政府向县、乡政府强制施加支出责任、同时实行减少县、乡政府自主财源政策的结果是地方财政的负担进一步加重，处在了“被动立场”（刘玲、张凯云、程子建（2005））。分税制改革后的税收集权化现象在省和省级以下级政府之间也很显著。如表8所示，1994年以后省级政府的收入比率一直高居不下；相反，支出却处于分权状态。显然，政府间的财政能力差距在扩大。总而言之，地方税中除了增值税和营业税，还包括企业所得税、个人所得税（所有共享税）等征收率可能会随着经济发展一起提高的有“增长性”的税源，并将在地方税收中占很大的份额（表5）。但是，只要财政转移制度还不足以分配给省级以下政府符合他们支出责任的财政以及足以填补税收和支出责任之间的差距，下级政府就一定会慢慢陷入财源不足的境况。如后文所述，地方政府没有正式的征税自主权，而上级政府的财政转移又不够充分，使得地方政府只能依靠非正式的形式（特定的费用负担）解决收入不足的现状。

表4 中央和地方的税收划分

共享税	中央税	地方税
增值税	消费税	城镇土地使用税
营业税	车辆购置税	房产税
企业所得税	关税	城市房地产税
外商投资企业和外国企业所得税	海关代征的增值税	耕地占用税
	船舶吨税	土地增值税
个人所得税		车船使用税
资源税		农牧业税
城市维护建设税		固定资产投资方向调节税等
印花税		

资料来源：财务省财务综合政策研究所和中国国务院发展研究中心对“地方财政（地方交付税）共同研究的最终报告书（2005年3月）”。

表5 地方的税收结构

	地方税总额 亿元	增值税 %	营业税 %	企业所得税 %	资源税 %	个人所得税 %	城镇土地使用税 %	耕地占用税 %
1996	3448.99	21.5	29.2	11.7	1.7	0.0	1.1	0.9
1997	4002.04	20.6	29.0	13.5	1.4	0.0	1.1	0.8
1998	4438.45	20.5	30.2	11.9	1.4	0.0	1.2	0.8
1999	4934.93	19.7	29.5	12.7	1.3	8.4	1.2	0.7
2000	5688.86	20.0	28.6	18.5	1.1	9.0	1.1	0.6
2001	6962.76	19.3	26.6	24.2	1.0	10.3	1.0	0.6
2002	7406.16	20.9	31.0	16.2	1.0	8.2	1.0	0.8
2003	8413.27	21.5	32.9	14.0	1.0	6.7	1.1	1.1

注：据中国财政年鉴2004制作。

表 6　　省以下的“地方分税”

①分税＋一部分税的共享	将各税种作为任一政府的固定收入进行分配，省与市、县共享其中的一部分税种
②分税＋省负责两种税收返还的方式	将各税种作为任一政府的固定收入进行分配，省负责向市、县支付增值税、营业税的“税收返还额”
③分税＋一部分税的共享＋省负责两种税收返还的方式	①与②方式的合一
④分税＋省负责所有税收返还的方式	将各税种作为任一政府的固定收入进行分配，省负责向市、县支付包括增值税、营业税的所有“税收返还额”

资料来源：津上（2004）。

表 7　　地方各级政府的主要税收明细（山东省 1999 年）　　（单位：%）

	省级	市级	县级	乡镇级
增值税	36	20	26	15
营业税	32	27	20	17
企业所得税	25	16	23	13
个人所得税		6	4	9
资源税	7			
城市建设、投资、住宅相关税		26	21	14
农业相关税			3	29

资料来源：大西（2004）。

表 8　　“省内”支出、收入比例的变化

	支出比例	收入比例
	1999 年	1999 年
省	28.2%	21.2%
市	30.2%	35.4%
县、乡镇	41.5%	43.4%
	1994～1999 年的变化率	1994～1999 年的变化率
省	1.8%	4.1%
市	－1.1%	－5.6%
县、乡镇	－0.6%	1.5%

资料来源：World Bank（2002）。

（二）为何关注省级以下政府之间的关系

地方分权一直倍受专门研究中央和省之间财政关系（中国，20 世纪 80 年代的财政承包制和 1994 年的分税制改革等）的人员的关注（Bahl and Wallace，2003）。本文将省和省级以下级政府之间的财政关系当作分税制改革以后亟待解决的课题进行分析。

Bahl and Wallace（2003）将中国划入“自治（Autonomy）模式”国家。这就意味着省级以下政府之间的财政关系是委托省来裁夺（国家不进行干预）。越南的地方财政也具有此类特征。另一方面，由国家规定省（州）和地方之间关系的属于"统制（Mandate）模式"，日本和德国是其典型。"自治"模式的问题在于实际上省级政府可以无视中央政策。比如，即使中央政府向省级政府进行均衡的财政分配，只要省级以下政府之间不能实现财政均衡，国家的缩小差距政策就不具实效性。同时，即使努力提高省级政府的征税能力，只要省级以下政府的征税机制不充分，就无法进一步增加税收收入。因而，省、地方政府之间的关系严重影响着中央政策。

（三）与日本相比

最后，想在这一节与日本进行简单的比较。日本的地方自治体（都道府县、市町村）的税源很丰富。国税税种大体分为：①个人所得税，②法人所得税，③消费税，④资产税。其中，所得税以个人所得征收，法人税以法人所得征收，消费税、酒税、烟税属于消费税征收范围，遗产税、赠送税则属于资产税征收范围。地方税中也有与国税中的所得税相对应的个人居民税，以及与法人税相对应的法人居民税和法人事业税。而且，现行5%的消费税中1%是地方税（道府县税）中的"地方消费税"，且与消费税一起由国家征收，并按照"发往地"（消费）向都道府县进行分配［因而，征收消费税的地区（产地）和分配税收的地区（消费地）不一致］。市町村的基础税种固定资产税属于资产税征收范围。如后文所述，固定资产税是"潜在的"负担和受益相称（符合受益征税原则）的"理想的地方税"。与中国不同，"地方税法"中对都道府县和市町村的税种均有规定。

解决中央与地方之间垂直财政差异（地方占公共支出的6成，却只能得到税收收入的4成）的政府间财政转移手段有：①以"一般补助金"形式交付的地方交付税以及②以"特定补助金"形式交付的国库补助负担金，且全部由中央向都道府县、市町村交付。另外，还包括都道府县向市町村实施的财政转移（县支出金）。因此，日本可以说是"统制模式"国家（Bahl and Wallace，2003）的典型。日本的地方自治体也负责提供福利、医疗、教育等社会服务，并通过财政转移制度确保这些公共支出。①除了财政保障功能以外，财政转移制度（地方交付税）还具有②财政调节（均衡地区间财政能力）的作用。对制度的详细说明暂且省略，其中，与中国的明显不同在于：①中央与下级地方政府（市町村）有直接的财政关系；②根据"在法律和政令基础上规定一般地方公共团体的事务处理义务时，国家必需采取保障其相关经费来源的措施"（地方自治法第232条第2项）。原则上禁止将无财政保障的支出责任（Unfunded mandate）转嫁给地方课征。

三、理想的地方税

（一）理论篇

财政职能分为：①负责提供公共财·服务等的资源分配功能；②解决收入分配不平等的再分配功能；以及③通过财政、金融等宏观调控政策确保经济稳定的功能。依照传统的功能分配论，最理想的办法莫过于针对地方将财政三职能中的资源分配功能（具体说就是提供地方公共服务）"特殊化"。原因在于，为了实现人、物品、钱财的自由转移，地方不能"独自”担负收入再分配和经济稳定功能（对应景气)。如果说资源分配功能与地方税的功能在于确保地方公共服务，则“理想的地方税”的实现条件为：①税收稳定；②地区间的税源均衡；③地区间的税基基本不变；④居民明了受益和负担的关系等（见表10)。其中，④项遵循“受益原则”征税。衡量税制公平的原则里虽然还包括了“能力原则”，但是，因为收入再分配功能被限制在中央职能里，“能力原则”应该在国税中要求。

表10　　理想的地方税原则

(1)	地区间没有转移的可能性
(2)	能够获得尽可能满足地区间财政需求的充足的税收收入
(3)	长期内有稳定的、可预期的税收收入
(4)	被纳税人公认为公平（Fair）
(5)	征收管理相对简易和有效
(6)	不能将税收负担转嫁给非居民
(7)	征税标准明确，履行对居民的说明责任

资料来源：Bird (1993)。

当然，不能过分严谨地给每一个税种分配一个指定功能。所得税兼具公共支出的财政保障、收入再分配以及经济稳定功能［内在稳定因素（built - in stabilizer)］。当负担和（公共支出需要的财政负担）受益不相符时固定资产税就起到分配作用。地方税对振兴地区经济和环境保护也有莫大影响。因此，地方的税源能否满足表10中所列的条件才是最重要的。

虽然，由地方税完全负担地方支出是很理想的，但实行起来却很困难（地方政府应以主体身份（裁夺）对其支出负担财政责任。这种责任称作“被限制的财政责任”)。那是因为上级政府［中央、省（州）级政府］的征税权相对占优。上级政府面临的人、物品、钱财（税基）的自由转移现象比下级政府少。而且，征税集权化的好处在于，“规模经济”的实现使得税务行政更具效率，同时又减轻了纳税成本（tax compliance cost）等（Vehorn and Ahmad, 1997)。因此，“垂直财政差异”不仅不可避免，某种程度上还可以说是理想的。为了解决这种差异，就一定要建立政府间财政转移制度。解决税源不均衡导致的地区间水平财政差异也是财政转移的一项功能。

表11

	个人所得税	消费税	企业税	固定资产税
稳定性		O	X	O
一致性			X	
固定性			X	O
受益原则			X	O

注：O = 有、X = 无

土地税是“理想的地方税”的最好实例。土地作为税基不会变动，且（除了泡沫期）税收比较稳定，如果以市场价格评估税基（土地)，随着经济的发展征税额也会提高，税收收入的增长也可预期。另外，土地征税符合“受益原则”。因为土地税的征税对象为公共服务的受益对象居民，而且，地方政府提供的公共财·服务的便利与土地“资本化”的价值相符。这是因为，如果希望居住在公共服务良好地区的个人增多，则该地区的住宅、土地需求也会上涨。当然，居民也可以行使用脚投票权（前提是，居民有选择居住地的自由、且迁移费用低、土地市场的运行效率高）。另一方面，调节再分配的个人所得征税、税收收入容易不稳定的企业征税、征税复杂的消费征税，最好是由上级政府负担。虽然可以以共享税的名义与下级政府共享税收收入，但是，不应给地方分配税率、税基的选择、征税等“征税自主权”。

（二）过渡期·发展期国家篇

实现上述“理想的地方税”的前提条件为成熟的地方自治和市场经济。如果地方财政上没有反应居民喜好的税收体系，就无法保证征税的受益性原则。而且，如果土地市场的运行效率低，来自公共财·服务的受益就无法资本化。尽管如此，也并不是说受益原则在过渡期·发展期国家完全无效。本文以后文所述的①确保财政义务（纳税人的权利）、②改善纳税遵从（tax compliance）的观点重点阐明了征税的受益性。

1. 财政分配的稳定性。

财政分配不仅要均衡，还要规范和稳定。比如，为了促进地方的地区经济发展和征税进程，中央有可能实行大多数税收分配给地方，或提高共享税（所得征税或消费征税）中的地方比重的制度改革。然而，在地方的努力付之东流后，如果中央单方面依据（因经济发展或有效的征税）扩大的税基改变规则、或增加中央的税收比例，则不仅会给预见其结果的地方带去负面影响，也有可能破坏政府之间的信任关系。这就是所谓的“投资阻塞问题（holdup problem）”。Ma（1997）指出20世纪80年代中国的中央、地方间财政关系“财政承包制”中就存在投资阻塞问题。有关中央和地方（省）的税收分配，根据财政承包制虽然进行契约交换，但是，Ma（1997）指出这种契约被屡次变更。显然，征税权的定位既不明确又不稳定。

征税权的不明确可能会侵害纳税人的权利。各纳税人必需明白需要对哪一个政府、依照何种征税标准履行纳税义务（预知性）。不然，各级政府或征税人［利益相关者（stakeholder）］就无法行使征税裁夺权。同时，可能会破坏纳税人对征税的信任，造成征税困难。依据征税权明确的法律（规则）征税（“租税法律主义”）是租税制度的基础。

2. 攫取之手（Grabbing Hands）与“公共地的悲剧”。

Berstein and Lu（2003）评价中国农村的现状为“42个官员吃一个农民”［“Forty two caps（uniformed agencies）eat one broken straw hat（peasants）”］。也就是说征税或费用征收相关的利益相关者太多。Berstein and Lu（2003）指出，举办商业活动者或城市就业者需要向官僚机构申请各式各样的认可，这就是中国的贪污根源所在。还存在对公共服务收取无意义费用的事例。强制要求订阅政府机关杂志就是一例［Berstein and Lu（2003）］。

Shleifer（1997）对莫斯科和华沙的商店经营者就监查他们的官员数以及贿赂次数进行了调查（抽样中莫斯科占55，华沙占45）。结果，监查的官员（利益相关者）数、贿赂次数以及被判定罚款次数都是莫斯科居多（见表12）。注册需要的时间过长等均显示，与华沙相比，莫斯科不是“市场维持型”的。Shleifer（1997）将利益相关者的“盘剥”称之为攫取之手（Grabbing Hands）。即使一次的贿赂额小，只要次数多，负担的总额就高。因此，有可能会阻碍经济活动（个人的企业创办热情，企业的投资热情）的开展。

Shleifer and Vishny（1993）指出，如果“分权化”导致相关征税、费用征收、规则等

(独立行动)的利益相关者增加，则比起限制他们权限的一元化集权体制的加强，贿赂总额的增加反倒会更快。这就是与“公共地的悲剧”类似的现象。所谓的所有权不确定的公共地无非就是指成为盘剥对象的经济活动(个人和企业)。更严谨地说，如果利益相关者行使的营业许可等权限是相互“补充”性质的(例：需要多次的许可)，则分权化将助长“公共地的悲剧”。另一方面，如果这些权限是“可代替”性质的(例：只需其中一个许可)，分权化将会促进(围绕顾客)利益相关者之间的价格竞争(贿赂上涨)。总的来说，为了避免发生“公共地的悲剧”(盘剥)，有必要尽可能地减少(以征税等方式)与个人、企业接触的利益相关者数量。

表 12　　攫取之手(Grabbing Hands)　　1996 年 3~4 月

	华沙平均	莫斯科平均	T值
监查官员数	2.65(49)	3.58(55)	3.91
注册需要的时间(月)	0.72(47)	2.71(51)	5.02
上一年的监查次数	9.0(49)	18.56(55)	3.46
上一年，监查后被罚款的店铺比例(%)	46%(49)	83%(52)	2.72
贿赂次数(以 1~5 评价)	2.21(47)	2.9(53)	2.52

注：括弧内为抽样数

资料来源：Shleifer(1997)

地方分权能否改善(能否制止贪污现象)政治责任(accountability)，在理论和实践上都需要进一步的讨论。说起来，没有道理让地方政府先天就为居民竭尽全力地服务。与居民关系密切的地方政府对特定利益团体来说也是一个切身相关的存在，两者容易粘连，因此，分权化反而有可能助长地方的政治家、官僚的贪污行为(Tanzi，1995)。对于地方分权能否提高政府责任的问题虽然有很多实证研究，但就如同经济的发展，没有一个明确的定论(Fisman and Gatti，2002)。如果通过确保征税、费用征收的透明性等地方政府内部的“统治改革”也不能够根除粘连和贪污的温床，分权化就不能确保权力的廉洁运行。

地方分权加剧政府之间的竞争，并赋予政府利己性的问题被屡次提及(Brennan and Buchanan，1980)。这种看法是因为地区间(水平的)竞争而产生的。然而，分权化意味着除了中央之外，地方政府也加入了利益相关者的行列。分权化既导致政府间的水平竞争，也加剧了垂直竞争。如果不同级政府之间的税基(例：企业所得税)不断重复，且各级政府均独立行使(非协调性)征税权，则税收负担会过剩。因此，在这一点上(将重复的税基视作公共地)也会出现“公共地的悲剧”。有关这种现象，Treisman(2000)通过国际比较(crossing section 分析)证实了政府阶层越多，贪污就越甚(责任下降)。

3. 正式职权(Formal authority)与非正式权威(Informal authority)。

政策、制度未必就会照着计划(打算)顺利执行。在法律执行力疲软的发展期·过渡期国家，财政分配和地方权限在“形式上”虽然齐备，却与实际情况严重背离。地方级政府很有可能行使非正式(informality)权威使正式的制度、政策失效。中国的地方政府(包括省)没有正式的选择税率、税基的征税自主权。这也就意味着中国的财政是“集权式”的(中央统制式)。然而，实际情况为，地方政府一直以特定的费用征收弥补财政收入的不足。以下详述农村费用征收的实际情况。地方政府也许会与地区内企业(或地方政府所属的企业)相互勾结，进行逃避国税收负担的账目操作，或向国家征税机关（的地方分局）施加政治压力。Cai and Treisman（2004）将地方政府与企业之间不分家与其导致的中央政府的征税困难称之为“侵蚀国家的联邦制度”（State corroding federalism）。虽然地方政府的借款行为被禁止，但却保留了通过所属国营企业等借款的余地。同时，中国的预算外预算被严格控制在中央制定的限制、法律范围内，严禁用于指定外的用途。然而在实际上，这种限制执行起来很困难（Berstein，T.P and X.Lu，2003）。随着市场经济分权化改革的深化，竞争日趋激烈，裁夺量加重，以致为了维护顾客——地方政府的利益，金融机关（的地方分店）也会努力对中央隐瞒地方的预算外预算（Jin and Zou，2003）。

我们不仅要关注徒具形式的权限，还要正视地方“实质性”的权限。对地方政府的“预算外预算”和费用征收加以限制应该是最为理想的解决方法。然而，如果限制措施执行困难，则最好是给地方政府分配更具效率的、稳定性的财源（税源、财政转移），以降低地方政府对预算外预算和特定费用征收的依赖度。

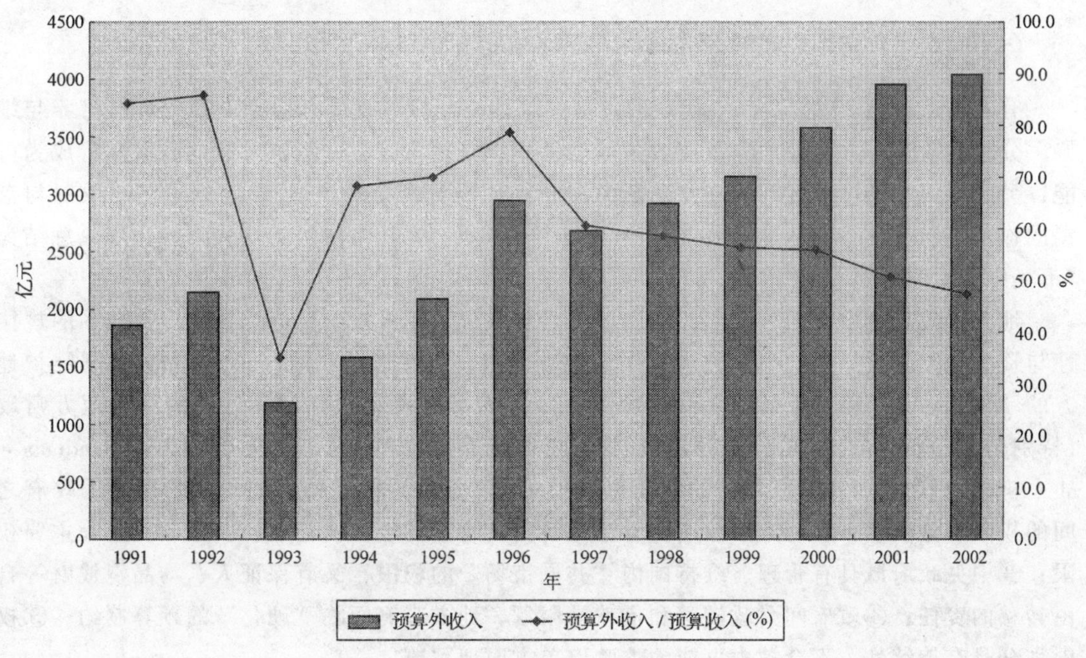

图 1　中国地方的预算外收入

注：1996 年的改革，将以前预算外收入外的费用征收等列入了预算外收入的范围。

资料来源：《中国财政年鉴》(2004)。

4. 隶属关系。

日本向所有的法人企业征收法人税和法人事业税。法人事业税要向都道府县交纳，法人税要向国家交纳，法人居民税则一定要向市町村交纳。然而在中国，企业所得税是根据传统的、历史性的隶属关系向特定政府（中央、省、市、县）交纳的，也不进行政府间的分配。但是，2002 年法人税与所得税分享改革中确定国家税务总局负责向新成立的企业征税，原有企业则在地区间进行“合理的分配”（大西，2004）。因此，也可以说地方政府实质上拥有对所属企业（例：乡镇政府所属的乡镇企业）的“剩余请求权”。这种隶属关系也适用于

VAT税收中的地方份额（25%）。表13表示的是云南省VAT税收的归属。这种隶属关系在促进企业发展的同时，也会阻碍统一的财政分配与征税。

表13 云南省的情况

VAT税收中地方份额（25%）的归属	
州直属的国营企业（SOE）	大理州
民营企业	县、市
乡镇企业	乡镇政府

资料来源：据现场的访问调查制作。

四、对中国地方财政的评价与课题

（一）“市场维持型联邦制（market - preserving federalism）”

有的观点认为20世纪80年代以后中国的“地方分权”改革有助于市场经济的培养与维持。分权化改革一方面使地方政府为主体的基础设施整备等促进经济发展的政策实行成为可能，另一方面，通过地区间的“竞争压力抑制住政治对市场的渗透”，起到了制止限制与盘剥的作用（Qian and Weingast，1995）。Montinola et al（1996）将中国的这种分权化现象总结为“市场维持型联邦制”。

地方财政理论中有两种观点，第一种观点着眼于“用脚投票”等“政府间竞争”的规律性与资源分配的效率化；第二种观点强调地方分权，主张以承诺（commitment）机制维护地方的“预算硬化”以及市场功能（鼓励性质）。“市场维持型联邦制”性质的中国地方财政（特别是20世纪80年代的“财政承包制”）可以借助第二种观点理论进行说明。Montinola et al（1996）对市场维持型联邦制的“理想的规定”（条件）作了如下的总结。即：①政府之间的权限划分明确；②地方级政府在管辖地区内具有限制经济执行或整备基础设施等主要权限；③中央政府既具有管理、维持国内“共同市场”的权限，又有保证人、物品、钱财等自由转移的责任；④政府间财政转移和借款被限制，地方政府面临“硬化”的预算制约；⑤权限划分具有持续性，不会被中央或地方政府单方面地更改。

在以上这些条件中，中国符合①、②两项，③～⑤项部分只满足部分内容（Qian Y and B.R.Weingast，1995）。

Qian Y and B.R.Weingast（1995）主要对中国经济发展的原动力“乡镇企业”以及企业所属的乡镇级政府的职能进行了研究。根据他们的研究指出，地方经济的增长必然会带动地方政府的资源（财政收入）增加，因此，很多地方政府投入到提供辅助市场发展的公共产品的事业上。虽然如此，地方政府也不能对整体经济活动强制施加自己的政策。因为，如果地方政府对该地区内的企业或生产活动施加政治负担，则会导致该地方在国内、国际竞争中的劣势。市场维持型联邦制不会将地方政府假设为“仁慈”。公共选择论也同样如此，政府说不定就会采取“利己”的行动。这里指的利己性的利益追求与地区经济发展是相辅相成的（中国的地方政府具有对乡镇企业盈利余额的请求权，地方政府与其说是行政机关不如说是作为企业主体的性格更为强烈，而这些特点恰恰更助长了利己性）。而且，Qian and Weingast（1995）指出对乡镇企业的预算制约比国有企业还要硬化的理由，第一是银行不对乡镇企业提供就业保障等政治性的“政策性融资”或低利融资，商业基础设施就更不用说；第二是乡镇企业向农村信用合作社借款，而借款银行却面临着与国家银行完全不同的预算约束硬化，因此根本没有余力提供无偿还可能的融资。Qian and Roland（1996）认为地方政府间的竞争致使救济赤字企业的机会成本提高（具体来说，为了确保救济资金而实行增税、暂停基础设施支出等措施不利于该地方与其他地区之间的竞争）也是导致预算硬化的原因之一（与以上观点相左的就称作“弹性预算制约问题”。该问题的理论支持与各国的经验请参照 Rodden et al ed.2003。）除了“预算硬化”之外，不同级政府试行不同公共政策的“试验”性要素也有助于经济的发展。这不仅有助于其他地区模仿“试验”成功的地区，通过政策的“成绩比较”也易于淘汰失败政策。

不过，关于中国的地方分权是不是“市场维持型”的说法还有待进一步讨论。Young（2000）认为地方政府希望发展地区经济以及确保就业的动机助长了保护地区产业政策和无视相对占优产业的培养政策，其结果是严重阻碍了地区间的产业分工。Zhang and Zou（1998）用实例证实地方分权给中国的经济发展带来了负面影响。总之，中国的经济发展并不是借助于分权化改革。

市场维持型联邦制重视①中央和地方（省、省级以下政府）之间的“阶层关系”以及②有没有对采取阻碍市场维持、经济发展政策（例：干涉地区间交易）的地方政府进行惩罚。关于这一点，Enikolopov and Zhuravskaya（2003）证实在发展期和过渡期的国家，地方分权有没有促进助长经济发展和改善政府责任（accountability）取决于依附着的中央执政党是否足够强大。而且，Blanchard and Shleifer（2000）也指出，比较 20 世纪 80 ~ 90 年代的中国和俄罗斯的地方分权，虽然中国通过财政承包制等促进了财政分权化的发展，但是，包括人事权在内的政治集权化体制（中央对地方进行的阶层化控制）的巩固却使中国的地区间竞争体现出“市场维持型”特点。另一方面，俄罗斯在财政、政治两方面实行分权化的结果，不仅中央的控制力减弱，也没能阻止地方政府对地区内产业的保护政策及特定征税等阻碍市场发展的行为。Li and Zhou（2005）以 1979 年到 1995 年的数据证实，中国的中央政府运用政绩良好的省政府负责人可以得到晋升等人事权确保了省内秩序。根据“市场维持型联邦制”理论，地方分权需要（以补助金政策等起主导性作用）“强大的中央集权”的保驾。

（二）“三农问题”

以下想对中国地方财政的“盲区”进行分析。中国在经济发展的同时地区间差距也日益显著（关于财政上的差距请参照表 3），特别是以“三农问题”广为人知的农村、农民问题的进一步加深。让农民陷入困境的不仅仅是经济上的贫困与差距，是地方的乱收费使农民的境况越发困窘。表 14 中总结了农民负担。农业税不仅是对土地的收益征税，各种费用还带有人均征收的人头税性质，因此，对低收入者而言是个沉重的负担（表 15）。另外，还存在与“三提五统”相对的农民委员会和乡镇政府的行政服务费征收（其中义务教育相关费占所有征收费用的一半）（大西，2004）。乡政府以税外税名义任意征收费用，以至农民之间流传着这样一个顺口溜：“头税轻，二税重，三税是个无底洞”。1991 年国务院出台的《农民的费用负担和劳动管理条例》中规定农民负担（费用征收）不能超过纯收入的 5%，然而，这种规定并没有得以遵守。1996年国务院出台的《关于切实做好减轻农民负担工作的决定》禁止了不合法的费用征收，然而，并没有收到实效。如上所述，这就是地方没有按照中央政策执行的实例。当时的现状是地方无视法律乱收费，而分税制改革却加重了这些负担（表16）。“我们目前从农民的手里收取300亿元的农业税，600亿元的乡统筹、村提留，再加上300亿元的乱收费，大约从农民那里一年要拿1200亿元，甚至还要更多”（朱镕基总理发言，2001年3月）。

表14　农民负担

上级政府	省　级	村　级
农业税 农业特产税 主要农产品的订购任务	统筹费用 ● 教育 ● 计划生育 ● 民兵训练 ● 五保户供养 ● 乡村道路建设 各种社会负担 ● 行政服务费 ● 罚款 ● 集资	提留金 ● 公积金（基础整备） ● 公益金（社会保障） ● 村级管理费（行政费等） 土地承包费 农民“两工” ● 义务工（5~10日） ● 劳动积累工（10~20日）

表15　按收入水平划分的农民负担　单位：%

	全国平均	最低（下位20%）	最高（上位20%）
1997	5.12	10.13	3.18
1998	4.83	9.58	2.90
1999	4.43	9.21	2.52

表16　农民负担增加率　单位：%

	1995	1996	1997
现金收入增加率	37	21	6.5
税及乡镇费用征收的增加率	32.4	16.4	19.6

资料来源：Berstein and Lu（2003）Table 3.4

1994年的分税制改革进一步加重了农民负担，主要原因在于“乡镇政府向农民征收义务教育、计划生育、五保户供养、民兵训练等各种各样的费用”，以及“政府级别每提高一级，对下级政府的增收要求也会逐步升级，而增加财政收入和上缴金的目标则强加给下级政府执行”。实行“超额收入不交付，超额支出不提供，为支出而征收”政策的结果，使得“县和乡镇政府不得不对农民进行盘剥”。实际上，“1995年两个农业税（农业税和农业特产税）的增长不过是前一年的9.9%，然而，向农民征收的各种费用却增加了48.3%，行政服务费和罚款、集资等社会负担则增加了52.22%”（中国农村调查，2005）。分税制改革在促进税收集权化的同时，很多支出责任在没有任何财政支援的情况下被转嫁给下级地方政府。表 17 中所列是安徽省地方政府的财政恶化情况。

为了解决这种现状，2000 年在安徽省和一部分县市试行农村税费改革，2003 年在全国范围开展。“税费改革”的总目标概括起来就是“减轻、规范、稳定”和“三个确保”。实现“三个目标”是：①农民利益切实得到保护；②农村经济和重点事业健康发展；③农村社会稳定。“三个确保”就是①确保合理减轻农民负担；②确保基层组织正常运转；③确保农村义务教育等社会事业投入。村的户头被集中一处，由乡镇政府监督有无不正当资金的支出(大西，2004)。虽然不合法的费用征收被完全取消，但是政府认为妥当的 13 项费用（医疗、水、电、各种罚款等）还是维持现状（表 18)。

表 17　　安徽省乡镇的负债

		1997 年	1998 年
乡镇（Township）	总额（10 亿元）	3.60	5.90
	每个乡镇平均（百万元）	1.60	3.04
村（Village）	总额（10 亿元）	4.64	5.16
	每个村平均（万元）	150.00	169.00

资料来源：Berstein and Lu（2003）Table 4.3。

国务院《关于进一步做好农村税费改革试点工作的通知》（2001 年 3 月）中明确规定了在安徽省推行教育相关的“三个保证”（教师工资、学校设备安全、正常授课），“义务教育负担明确指定由县级政府负担，由乡镇政府开头，实现义务教育的稳定实施”（大西，2004)。《中国税务报》（2003 年 11 月 8 日）报道说，“改善地方税制度，结合税金和费用的改革，对现行租税进行改革，开始征收几个新税种，取消几个原税种，在租税统一的前提下，适当给予地方租税政策管理权”，“深化农村税费改革，取消农业特产税，阶段性地降低农业税税率的同时，…切实减轻农民负担，在条件具备之后阶段性的开展城市与乡镇税制统一工作”。继此，2004 年政府决定除烟叶税外，取消农业特产税，逐步降低农业税税率，平均每年降低 1 个百分点以上，5 年内取消农业税，最终使农民享受城市居民同样的税制。

表 18　　农村的税费改革

三取消	(1) 取消乡统筹费、农村教育集资等专门面向农民征收的行政事业性收费和政府性基金、集资 (2) 取消屠宰税 (3) 取消“两工”（劳动积累工和义务工）
二调整	(1) 调整农业税税率（从 2.5% 到 7% 的实质性提高） (2) 切实调整农业特产税政策
一改革	(1) 改革村提留征收使用办法：原由农民按人均上缴的村提留，改按新的农业税和农业特产税附加的形式收取，最高附加比例为正税的 20%。 (2)“一事一议”：村内兴办的集体生产公益事业①由村民大会、村民代表大会讨论决定，需要三分之二以上的票数通过；②每个村民所负担的“一事一议”资金，最高不超过 15 元。

表 19　　“税费改革”前后的比较

	改革前	改革后
项目	税、费用、劳务	农业税、农业附加税
原则	分配	定额
对象	土地、农家	土地
期间	不定期	指定期间
征税人	基层政府机构	农业税征收机构
负担总额	弹性	固定

五、展望税制改革

（一）中国地方财政制度的课题

如对至今为止关于中国地方财政课题的讨论进行总结，可将其归结为以下几点：①1994年的分税制改革，导致“垂直财政差异”和“水平财政（地区间）差异”扩大；②模糊不清的财政支出责任分配；③省级以下政府的财政分配和支出责任的不明确性；④下级政府财政状况的恶化；⑤征税（税费征收）不明确和责任缺乏。

解决财政能力差距，就一定要：①改善财政分配及支出责任分配，或②改善财政转移制度。尤其是，如果（包括教育、医疗、社会福利等）提供公共财·服务的责任方（什么级别的政府在什么范围内提供哪一种公共财）不够明确，因待解决的差距本身不够明确，根本无法缩小差距。明确中央、省级政府、下级地方政府的支出责任分配是地方税制改革以及财政转移制度改革的前提条件，甚至可以说是紧要课题。

并不是说改善了财政转移制度和财政分配制度就一定能解决“差距”问题。个人之间的收入差距只有通过完善累进性所得税制度和社会保障制度（例：通过福利或最低生活保障制度进行个人之间的收入再分配）才能解决（表 20）。话虽如此，同时进行所有的制度改革，在财政能力上是不允许的。虽然也有人主张从城市的富有阶层征收所得税再分配给农村，先抛开这种设想理想与否，其可行性却不言自明。Bird（2004）认为发展中国家通过所得税进行的收入再分配是相当有限的。目前的课题是地方级政府负担的医疗、教育、基础设施等基础性的公共服务（供给实物）能否稳定和确保最低水准。为此，当务之急就是改善政府间财政关系。

表 20　　解决三个差距的对策

	本论文中具体指	对　策
地区间差距	省与省的差距	财政转移制度改革
城市与农村差距	省内差距	改善省级以下政府间的财政分配和支出责任分配
收入差距	个人收入差距	社会保障制度改革

（二）建议

1. 实现省、省级以下政府的财政分配明确化以及制定国家统一标准：

为了明确征税权的执行主体，本文建议在省级以下政府之间进行“原则”性税源分配。具体地说，就是给省级政府分配增值税、营业税，给市（地方）级政府分配企业所得税、个人所得税，给县、乡镇政府分配土地税。而土地税之外的其他税则划入中央共享税。充足而稳定的税源分配给上级政府（省级政府），不仅可以对省级以下政府实施财政转移（财源保障），还可以确保上级政府承担支出责任（财政支出集权化）需要的财源。刘玲玲、张凯云、程子建（2005）也认为，“税收规模较大的税（营业税、企业所得税、个人所得税等）应交由县级以上的财政管理，税收基础比较稳定、极具县市地区特色的中规模税收（例如资源税等）则是上级财政与县乡财政共享，规模比较小或税收规模不稳定、极具乡镇地方特色的税收（例如契约税、耕地占用税等）应交给县乡财政管理。同时，将来会因财产税改革而征收的居民房产税或遗产税等税收，应向县乡财政交纳”。关于土地税的征收，虽然后文有述，但在原则上，应根据土地的市场价格征税，并交给地方政府一定程度的征税自主权（例：在一定范围内可以自由选择税率的权利），以代替任意且无效率、不公平的费用征收（然而，实际情况是，地方政府拥有费用征收裁量权。如果这种非正式的裁量不能见效或不甚理想，则给予地方政府更具效率和公平的征税自主权为上策）。

并且，上级政府进行税收分配时，应排除“隶属主义”。省级政府认为的理想方式是将增值税（地方份额）的一部分转移给下级政府。当然，这种转移应该以正式的补助金、财政转移的形式进行，而不是分配税源本身（例：来自小规模企业的增值税收入）。这是为了避免税收归属、征税权主体的不明确，以及避免（因税源不均衡）地区间形成财政能力差距。虽然日本以地方交付税形式援助财政力缺乏的地方自治体，但并不会将中央的税源分配给此类地方自治体。使各级政府、纳税人明了征税权的主体和税收归属（提高税制的透明性），是赢得纳税人对征税信任的必不可少的条件。同时，能避免省级以下政府间的利害对立或特定目的的交涉，也能使各级政府专心发展分配明确的税源。

2. 原则上统一规定土地税为下级地方政府的税源（自主财源）：

这是出于确保税源的稳定性和明确性考虑的。即使用途明确，如果没有得到上级政府的许可，下级政府就无权征税。以海外为例，英国地方自治体的自主财源是“家庭税”（房产税）即单一税。如果得当地进行设计并执行，就能够从土地征税获得稳定的税收，对费用征收的依赖度自然也会下降。从而，这个规则实行起来也多了一份可能性。税种统一是为了：①让纳税人明确征税的根据（征税标准）；②同时尽可能地减少征税的利益相关者人数，并限制与纳税人的接触。总之，会有助于限制贪污和盘剥行为（第三节叙述的“公共地的悲剧”。希望大家能够回想起关乎税、费用征收的利益相关者越多“公共地的悲剧”就会更加恶化的议题），已经决定取消的农业税会被重新编入土地税。因此，本文建议由省级政府制定“标准税率”和“限制税率”，地方政府在规定范围内行使征税自主权。

同时，下级政府彻底遵守“受益原则”。说起受益征税，地方财政理论多会从公共财供给的效率性和税收负担的公平性观点进行讨论。然而，本文重视受益征税的原因在于，随着纳税人越发明了税收负担的根据以及支出增加与税收负担增加之间的联系，不仅纳税义务会得以改善，纳税人对征税的信任也会有所提高。如果纳税人信任税制，则纳税遵从（Tax compliance）也会改善。过渡期·发展期的国家应该认识到，它们不是在获得信任的前提下设计、执行税制，而是为了赢得信任而设计、执行税制。

当然，最好是能够单以土地税收负担下级政府的支出责任，但实行起来却不可能。必须与上级政府的财政转移以及支出责任的集权化（转移给上级政府）相配合。

3. 改善省级以下政府的支出责任。

中国的下级政府负担着许多无任何财政支援（无财源保障）的支出责任。可以说就是这种体制导致了对任意费用征收的依赖度。为此，本文提议：①义务教育、医疗等基础性公共服务交给县、市（地方）政府集权执行。如果下级政府希望充当“执行”主体，则有必要提供彻底的财源保障。应该以法律的形式禁止“中央（或上级政府）请客，地方买单”（Unfunded mandate）。②为了切实保障财源，就一定要对省级以下政府实行财政转移制度。如上所述，在“自治体式”的中国，应该由省级政府对省级以下政府实施财政转移。即使中央以补助金形式对下级政府发放义务教育援助，省内的分配也应由省级政府负担。并不是说这样就能达到中央的财政能力均衡及财源保障的目的。关于义务教育、医疗等关乎国家稳定的公共服务，本文认为中央应该对负担上述服务的下级政府（县、乡镇政府）直接实施财政转移（特定补助金），如果需要通过省级政府执行，则应该制定对省级以下政府实施财政转移的“标准”。考虑到中央的财源有限，补助金应以贫困地区、重要服务项目为对象进行分配。如果现有条件还无法建立这样的财政转移制度，在财政分配上最好是由上级政府负担并执行（支出集权化）支出责任。

（三）土地税制改革

作为第 3 节中列出的“理想的地方税”，不动产税（Property tax）常常被地方政府当作基干税源列出。理由是，第一，作为税基的土地在地区间无法转移；第二，具有资产税的受益征税特性。这也是根据地方提供的公共服务的受益与土地价格的“资本化”挂钩决定的（当然，前提条件是土地市场的有效运作）；第三，明确的税收负担可以提高居民的成本意识，促进地方财政的效率化运作。土地税征收不光是给地方政府带来了比较稳定的税收。如上所述，征税的受益性（受益和负担相对应）也会提高地区居民的纳税意识。而且，在确保税收的同时，还具有抑制投机交易和泡沫的效果。如果再进一步进行评价，征税标准额作为土地市场交易的基准，对土地市场的发展会有益处（Malme and Youngman，2001）。

表 21　　土地税征收效果

（1）作为“理想的地方税”确保稳定的财源；
（2）以负担的受益性和切身相关的征税提高地区居民的纳税意识；
（3）抑制投机性房产交易、泡沫；
（4）作为土地交易的基准，征税评估额有助于土地市场的发展。

资产税的征税标准（税基）有①土地、②住宅（建筑物）、③生产设备（偿还资产）等。征税范围根据国家各有不同。日本固定资产税的税基中包括土地、建筑物（住宅）、偿还资产等。因此，它带有资产税的性质。加拿大房产税的税基只有土地和建筑物。也有只把土地当作征税对象的国家。很多国家以市场价值（market value）为基准评估征税标准。作为评估土地的手法，除了市场价值以外，还有租赁价值（地租）（rental value）。1990 年以前英国资产税的比率就是根据后者算出的。如果土地市场运作效率高，土地的市场价值就会与受益的当前价值相符，任何评估方法都应该符合这种规律。然而在实际上，①受益评估是根据“当前用途”（例：

农业用土地）进行，②如果对地租有限制，则两者之间进行的评估会不同。而且，即使以市场价值为原则进行评估，税基的评估额也不会严谨到与市场价值一致（Norregaard，1997）。

表 22　　国际比较

国家	税　基	税基评估	地方税收中的比重（%）
加拿大	土地与建筑物	市场价值	53.3
日本	土地、住宅、建筑物以及有形的商业资产	市场价值	25.5
印尼	土地与建筑物	市场价值	13.4
印度	土地与建筑物	年租赁价值/地区有限的使用价值以及市场价值	10.7
菲律宾	土地、建筑物、住宅以及机器	市场价值	13.4

资料来源：《土地和物业税收国际手册》（2004），表格 2.1、2.2。

日本固定资产税的税基评估额以地价公告的 7 成为目标每 3 年进行一次评估。并且，“征税标准额”（税额以征税标准额乘上税率得出）根据不同“负担率”（＝该年度评估额除以前年度征税标准额的比率）进行的调整措施计算。也就是对前年度征税标准额的负担调整率显著低于（负担率低）该年度评估额的土地实施税收负担缓慢上升的措施，而对原本作为评估额目标的 7 成地价低于该年度评估额的土地（前年度征税标准高）实施减轻税收负担的措施。这种计算方法可以说是为了解决税收负担锐减或税基评估不一致（每 3 年的土地评估和市场价格实际上的背离）而采取的对策。

因为土地和房屋不可能频繁进行交易，评估其实际价值在“技术上”是有难度的。评估额的放置期间越长，评估额和（反映了征税对象的潜在受益性）市场价值的背离就越严重。并且，也存在从“政治性”因素考虑有意算低征税标准额的情况。举例来说，除了对小规模住宅的优惠措施外，“一般农业用土地”基于现行用途（农业用土地）进行评估也是其一。可以说为了确保资产征税的透明性与明确性，出于税收负担的政治性考虑，除了制定征税标准额，（包括应用税率减轻等措施）最好也制定出合适的税率。这样一来，就能一目了然地看出谁在优势地位。另外，最后只要得到纳税人的理解就可以了。另一方面，应该将征税标准额的估算专门化，将其当作反映征税对象市场价值的“技术性”工作对待。

表 24 中总结了中国土地税制的概况。土地税是在土地的保有、使用，转让、交易的过程中征收的。原本土地税在地方税收里占的比重不到一成，但是，近几年，与土地相关的税收在不断增加（图 3）。本文建议将“城镇土地使用税”、“耕地占用税”等重复或与现行保有、使用土地相关的土地征税统一（农业税也作为土地税重新编入）归纳，并将归纳后的土地税当作基干税分配给下级政府。为了搞活规模经济和实现征税效率化，并防止（限制跟纳税人接触的机会）贪污，土地税的征收（包括乡镇政府的份额）应交由县级政府或市级政府负担。将土地评估额当作税基。如果技术上允许，也不排除房屋作为税基。原则上，征税评估额以市场价格为基础由省级政府设置的专门机构决定，并尽可能地排除政治性的裁量。“城镇土地使用税”是以面积作税基的。这种结构下，经济发展虽然会使地价上升，却不会使税收增长。中国的现行土地税缺少增值余地。而且，土地使用权的转让收益属于个人所得

税范围。因此，税收收入属于分配个人所得税的上级政府所有。

表 23　　中国土地税制度的概要

征税阶段	税　种	征税对象	税　率	征税计算
保有、使用	城镇土地使用税	以征收范围内的土地为征税对象	以人均面积为标准规定税率（按不同城市规定每平方米 0.2～10 元，在税率范围内由地方政府决定）	应纳税额 = 适用税额 × 计税土地面积
	房产税、城市房地产税	以征收范围内的房屋的产权所有人为征税对象	依照房产余值的 1.2% 或房产租金收入的 12% 计算	房产余值 = 房产原价 - 扣除率
	耕地占用税	以占用耕地建房或者从事其他非农业建设的单位和个人为征税对象	以人均耕地面积（耕地占用税以县为单位）为标准，分别规定单位税额	税额 = 单位税额 × 占用耕地面积
转让、交易	土地增值税	以转让房地产取得的增值额为征税对象	实行 30%～60% 四个阶段的超率累进税率	应纳税额 = 增值额 × 适用税率（累进征税） 增值额 = 转让收入额 - 转让原价、费用
	契税	所有权发生转移变动的不动产为征税对象	（购买）买价的 6% （赠送）市场价格的 6% （抵押权）抵押权价格的 3%	

注：城市房地产税是对外商投资企业和外国企业征收的税，内容与土地税相同。

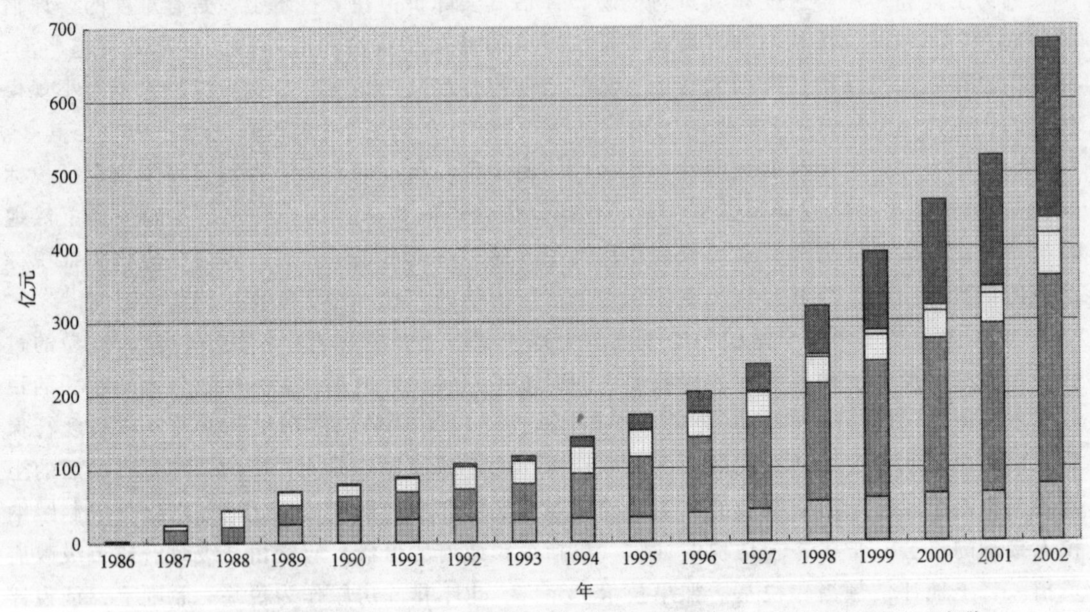

图 2　土地税收入的变迁

资料来源；Xu Shanda and Wang Daoshu（2003）。

表 24　　土地税制度的实行经过

税　　种	实行日期	纳税人范围
城镇土地使用税	1988 年 11 月 1 日	国内企业、个人
房产税	1986 年 10 月 1 日	国内企业、个人
城市土地房产税	1951 年 8 月 8 日	外资企业、外国人
耕地占用税	1987 年 4 月 1 日	将土地用于农业以外用途的个人、企业、外资等
土地增值说	1994 年 1 月 1 日	所有纳税人
契税	1997 年 10 月 1 日（修订）	所有纳税人

资料来源：Xu Shanda and Wang Daoshu（2003）。

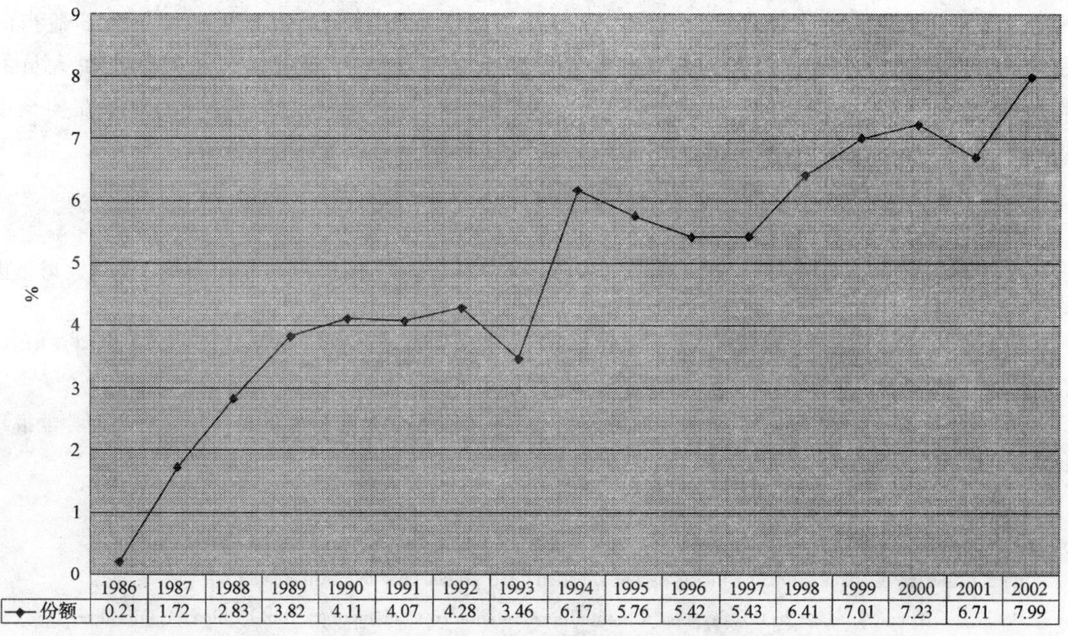

图 3　土地税收入占地方收入的比例

注：地府收入中不包括中央的财政转移收入。

资料来源；Xu Shanda and Wang Daoshu（2003）。

六、结论

本文主要指出了 1994 年分税制改革后中国亟待解决的课题，即省级政府与下级地方政府（市、县、乡镇政府）之间的财政分配与财政能力差距问题。理论上，下级地方政府应遵循受益原则征税，地区间的财政能力要均衡，且最好有税收稳定的税源（“理想的地方税”）。另外，在发展期·过渡期国家，确保纳税人对征税的信任与纳税义务变得越来越重要。关乎征税和费用征收的利益相关者越多就越会助长对纳税人的索取，不仅会损坏公平性，也会导致给经济活动带来负面影响的“公共地的悲剧”。从而，对税制本身的信任也会消失殆尽。尤其是在农村地区这一问题更加严峻，其原因就如第 4 节中所述：①没有给下级地方政府分配与支出责任相应的财源，②虽然地方政府没有正式的征税自主权，地方上却存在诸多非正式且任意的费用征收现象。

针对以上问题，本文给出了以下4点建议，即：①实行明确省和省级以下政府之间财政分配的新的分税制改革；②原则上将省、市、县、乡镇政府的税源分开；③统一规定土地税为县、乡镇级政府的自主财源（对原有的土地、房屋保有税、农业税进行再编制，制定出新的统一的房产税）；④为了解决政府间的财政能力差距，对支出责任进行重新分配，并实行（包括中央直接对下级地方政府实施的财政转移）政府间财政转移制度。税源分开与下级政府的税源统一不仅能够使纳税人明了税收归属与征税权的主体，而且也能改善征税的透明性与责任。新的土地税按照受益原则征收，使纳税人明了受益与负担的关系（具体地说，明确规定将土地税收收入用于义务教育、医疗、基础设施的整备等与居民密切相关的公共服务、事业上），也能提高纳税人对地方税制的信任。当然，如要合理地进行土地税征收，适当的税基和评估是必不可少的因素，然而在技术积累上（不仅是IT等硬件，还包括征税人员的素质提高）还需要一段时间。因此，可以说地方税制和政府间财政转移制度的改革在构筑市场经济和完善财政制度方面是避无可避的，也是不得不全力以赴解决的课题。

参考文献

大西靖：《中国财政、税制的现状与展望：面向“全面实现小康社会”的改革》，财团法人大藏财务协会，2004年。

加藤弘之：“第8章：所得分配制度的新开展——聚焦农村税费改革”，财团法人国际金融信息中心，《中国的经济改革与经济合作》。

刘玲玲、张凯云、程子建：“县解决财政难的处方——依据甘肃省的实例研究”《清华大学学报》，2005.11。

《中国财政年鉴》（2003、2004）。

总务省：《地方税的参考统计资料》（2005年度）。

Bahl R and S. Wallace（2003）“Fiscal decentralization：the provincial - local dimension”.

Berstein T.P and X. Lu（2004）Taxation without Representation in Contemporary Rural China，Cambridge.

Bird，R.（1993）“Threading the Fiscal Labyrinth：Some Issues in Fiscal Decentralization，” National Tax Journal vol 46（2）P207 ~ 228.

Bird R. and E. Slack ed.（2004）International Handbook of Land and Property Taxation，Edward Elgar.

Blanchard，O. and A. Shleifer，2000，“Federalism With and Without Political Centralization：China Versus Russia，” NBER Working P7616.

Brennan，G. and J. M. Buchanan，1980，Power to Tax：Analytical Foundation of a Fiscal Constitution，Cambridge University Press.

Cai，H and D.Treisman（2004）“State corroding federalism，” Journal of Public Economics，Volume 88，Issues 3 ~ 4，P819 ~ 843.

Enikolopov，R.，and E. Zhuravskaya（2003）“Decentralization and Political Institutions.” C.E.P.R. Discussion Papers，CEPR Discussion P3857.

Fisman，R. and R. Gatti，2002 “Decentralization and Corruption：Evidence Across Countries，” Journal of Public Economics 83（3）325 ~ 345.

Jin J and H - F Zou（2003）“Soft Budget Constraints and Local Government in China，” Rodden et al ed.（2003）Fiscal Decentralization and the Challenge of Hard Budget Constraints，The MIT Press.

Li, H. and L. Zhou. (2005) "Political turnover and economic performance: the incentive role of personnel control in China," Journal of Public Economics 89 (9 ~ 10), 1743 ~ 1762.

Ma, J, 1997, Intergovernmental Relations in Economic Management in China, MacMillan Press.

Malme, J.H. and J.M. Youngman (2001) The Development of Property Taxation in Economics in Transition: Case Studies from Central and Eastern Europe, WBI Learning Research Series.

Montinola G., Yingyi Qian and B.R. Weigast (1996) "Federalism: Chinese Style: The Political Basis for Economic Development," World Politics 48 (1) 50 ~ 81.

Norregaard, J. (1997) "Tax Assignment" in Teresa Ter – Minassian ed. Fiscal Federalism in Theory and Practice, International Monetary Fund.

Qian. Y. and G. Roland, 1996, "The Soft Budget Constraint in China," Japan and the World Economy 8, 207 ~ 223.

Qian Y and B.R. Weingast: "制度。政府行动主义与经济发展：中国国有企业与乡镇企业的比较"，青木昌彦编《东亚经济发展与政府职能》，日本经济新闻社，1995 年。

Rodden et al ed. (2003) Fiscal Decentralization and the Challenge of Hard Budget Constraints, The MIT Press.

Shleifer, A. (1997) Government in Transition, European Economic Review 41, P385 ~ 410.

Shleifer, A. and R. Vishny, 1993, "Corruption," Quarterly Journal of Economics 108, 599 ~ 618.

Tanzi, V. 1995, "Fiscal Federalism and Decentralization: A Review of Some Efficiency and Macroeconomic Aspect," Annual Bank Conference on Development Economics, The World Bank.

Treisman, D., 2000, "Decentralization and the Quality of Government," Paper presented at Conference on Fiscal Decentralization, IMF.

Xu Shanda and Wang Daoshu (2003) in Bird R. and E. Slack ed. International Handbook of Land and Property Taxation, Edward Elgar.

World Bank (2002) China: National Development and Sub National Finance: A Review of Provincial Expenditure, Report No 22951 – CHA.

Young, A., 2000, "The Razor's Edge: Distortions and Incremental Reform in The People's Republic of China," Quarterly Journal of Economics, 1091 ~ 1135.

Zhang, T. and H – F, Zou, 1998, "Fiscal Decentralization, Public Spending and Economic Growth in China," Journal of Public Economics 67, 221 ~ 240.

中央与地方的税务执行关系：中日对比论述

日本一桥大学国际·公共政策大学院　渡边智之

前言

在中央政府和地方政府划分职能、分担税收的前提下，本文从中日两国对比的角度出发，对中央和地方的税务执行关系进行研究。在我们的共同研究项目“中央与地方的职能划分与财政的关系”中，本文的内容是其他研究内容的补充。

中国和日本，中央与地方的税务执行关系有很大的差异。这种差异与其说是税制或税务执行制度的差异引起的，不如说反映了两国国家体制上的整体差异。如果只是对两国表面上的税务执行结构进行比较，而后就引出某些政策性暗示，只会把人们的理解引入歧途。话虽如此，在各国基本的征税结构中确实也能找出共通的普遍要素，因此，从这种观点对两国进行比较也不是完全没有意义。总的来说，在条件相异的国家之间进行比较，其目的并不是为了将一个个差异列成表，再对其进行优劣讨论（因为这种讨论慢慢会演变为主观性的争论），而是希望通过比较将各国共通的结构问题摆到桌面上，当面讨论各国的制度差异。

另外，在税务执行方面，除了中央和地方当局之间的关系，还有必要将征税当局与纳税人之间的关系纳入讨论范围。尤其是，执行税务工作时征税当局和纳税人之间容易产生摩擦，此时，作为征税当局应该充分考虑纳税人动机（incentive）（也包括偷税动机）和遵从成本（compliance cost）办理。而且，不管是中央征税还是地方征税，对纳税人来说税负不变。因此，想要推行某种理想的税务执行体制，就一定要先站在纳税人的立场制定评价标准。尤其要注意，不要因中央和地方的征税当局之间的关系不够完善而将多余的成本转嫁纳税人。

本文的结构如下：第一节中简单比较了中日税务执行体制；第二节和第三节分别针对日本和中国，对它们在中央和地方的税务执行关系中存在的若干具体问题进行研究；第四节为结论。

一、税务执行体制的比较

比较日中两国中央和地方的税务执行关系，就有必要对两国地方政府的结构差异进行讨论。详情请参照图1。日本的行政结构分为中央政府—都道府县—市町村3个等级，而中国则分为中央政府—省级政府—市级政府—县级政府—乡镇级政府等5个等级，行政结构较复杂（如果将村民委员会也考虑在内，就是5.5个等级）〔大西（2004)〕①。这种差异也从另一个侧面反映了国家规模的差异，即中国的总人口比日本多等。而且，因为两国国家体制之间存在基本的差异，两国“地方政府”的概念也可能大不相同。尤其是在中国，政府和执政党的关系与日本完全两样。因此，在此希望大家对中国的地方政府复杂的结构先有个印象。

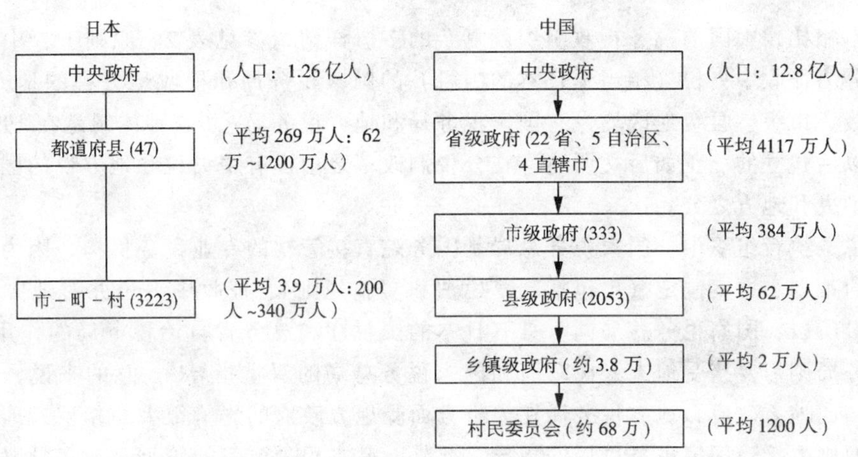

图1　日本—中国的地方政府结构比较

注：以2001年末的数字为准。乡镇、村的平均人口为农村居住者的平均数。

资料来源：2002年统计年鉴。

在日本，国税由国税厅（及作为地方办事处的11个国税局和524个税务局）执行。关税、进口消费税等税种的征收工作则是海关负责。地方税分为都道府县税和市町村税，分别由都道府县和市町村执行。即，日本的国税、都道府县税、市町村税这三层税务结构，恰好反映了中央政府、都道府县、市町村这三层行政结构。另外，国会制定地方税法和国税相关的法律，地方税的基本结构则根据地方税法（国家法律）制定。

日本的地方税是地方公共团体在宪法规定的保障地方自治的前提下独立行使征税权征收的税款。即，日本国宪法第94条中规定，“地方公共团体有管理财产、处理事务以及执行行政的权能，可依法制定条例”。为了对应宪法内容，地方公共团体就必须拥有独立的征税权。因此有人指出“地方公共团体拥有宪法上规定的自治权之一的征税权（征税自主权），并可根据权限对其地区财源进行自主的分配”（金子2005)。当然，地方税的标准结构实际上是根据国家法律即地方税法制定的，即便是因地区不同而使地方税在执行上稍有差别，那也是在地方税法范围内的差异。实际上，地区间的背离程度是极为有限的，而且地方团体不是只依靠征收地方税来满足其财政需求，地方财源多数是来自中央的地方交付税或辅助金。从以上因素考虑，地方团体通过行使独立的征税权究竟能否满足地方的自身需求，这一点是很令人质疑的。只是，即使存在现实问题，在原则上仍需要强调地方税是在地方自治的基础上地

---

① 表1所示是2001年年末的情况。当时的日本市町村数为3223，不过，近几年随着市町村的频繁合并，到2005年3月末减少到2522，2006年4月则减少到了1800左右。

方团体行使征税权征收的税款这种概念。

另外，地方税制度的整体策划和方案是国家组织即总务省自治税务局制定。且在地方团体征收地方税方面，总务省的作用也很大。比如，关于市町村税中的基干税即固定资产税，地方税法中明文规定总务大臣可以围绕固定资产的评估标准和评估方法、手续等制定“固定资产评估标准”。“固定资产评估标准”在固定资产税的征收、尤其是在税基计算中起着决定性的作用；同时，如果地方团体之间因征税权的归属问题发生纠纷，总务大臣也有权行使决定权或裁决权。

与日本相比，中国的税务行政组织就复杂的多。详情请参见表2。原则上，中国的税务执行组织分为征收中央税（相当于日本的国税）的国家税务局和征收地方税的地方税务局。中国的省级、市级、县级地区均设有国家税务局和地方税务局①。这种体制是在1994年的分税制改革以后建立的。正如后文所述，在分税制改革之前没有中央税和地方税的区分，税务局更没有中央和地方之分。

中国税务执行组织中，国家税务总局是国务院直接管辖的专业税务机构，因为它担负着税务执行的策划、方案制定（也包括起草税法和实施规则）、征收中央税并对地方税的征收进行管理，所以，国家税务总局同时具有日本的国税厅和总务省自治税务局的作用②。中国的地方税务局则需要接受地方人民政府和国家税务总局的双重指导③。总的来说，地方税务局的职员归属地方政府，地方税务局在人事方面受地方政府的影响很大；相反，地方税务局在业务方面则要接受国家税务总局的指导。此外，基本租税政策的策划、方案是财政部与国家税务总局合作制定；而且，关税是中央的海关总署和海关总署下设的海关执行。

虽然中国是在1994年的分税制改革后才划分了中央税和地方税，中国的地方税却不同于日本在地方自治基础上由地方公共团体行使征税权的地方税。在中国，地方税的制度建立以及解释权均归中央的财政部和国家税务总局所有。另外，分税制改革之前是地方政府所属的税务机关执行征税工作。这并不是说中国的所有税种都属于地方税，只是说作为国家办事处的地方政府从国家承包执行税务征收。因此，可以说在分税制改革之前，中国不存在明确的“地方税”概念。即，按照当时中国的税务执行结构，地方政府的税务机关征收的税种姑且由地方政府收缴，事后再由地方政府上缴中央政府。

另外，中国的税制中还存在一种共享税概念，即中央和地方共享对同一税基征收的税收。比如，增值税是共享税，虽然是国家税务局执行，却在中央和地方之间以75%：25%的比例进行分配。同时，在企业所得税的征收结构方面，隶属中央政府的企业由国家税务局征收，隶属地方政府的企业由地方税务局征收。归根到底，中国的中央税、地方税、共享税是根据税收的归属来界定的。

二、日本的中央与地方征税当局之间的关系

在日本，国税和地方税的区别非常明确。国税由作为中央政府机关的国税厅（财务省的

① 此外，在县级地区设立征收分局和税务所作为国家税务局和地方税务局各自的办事处。

② 国家税务总局中设有地方税务司。我们可将它看成日本的总务省自治税务局。

③ 同理，省级地方税务局需要接受省级人民政府和国家税务总局的指导，市（县）级地方税务局需要接受市（县）级人民政府和省（市）级地方税务局的指导。

中央直属局）及其办事处即国税局、税务局征收，税收全部纳入国库①。地方税根据不同税种由都道府县或市町村的税务担当办事处征收，税收纳入都道府县、市町村的财政收入②。另外，日本还有一种交付税制度，即对国税中的所得税、法人税、消费税、酒税、烟税等国税5税征收的税收会先纳入国库，再将这些税收乘上一定的交付税率作为地方交付税补助金交付地方团体的制度。但是，日本的地方交付税制度是为了进行中央和地方之间的财政调节而建立的，并不是如中国的国税5税一般是“共享税”。

日本也有中国共享税性质的同属国税和地方税的税种。其典型例子为，以个人收入为税基征收的所得税（国税）和个人居民税、个人事业税（地方税），以及以法人的收入为税基征收的法人税（国税）和法人事业税、法人居民税（地方税）。

总之，国家对同一税基重复征税并不值得提倡。理由之一，如果对同样的税基反复征税，就很难向纳税人解释税负的公平性，而且，不同立场下中央和地方都希望各自设定理想的税率，结果，过重的税负就必然会转嫁给纳税人③。另外，从执行观点看，随着征税成本的不断重复，中央和地方的征税成本会越来越统一，而从纳税人的角度看，同时向国家、地方的征税当局缴纳同一种税很麻烦（遵从成本增加）。以下章节想围绕所得税和个人居民税的关系，讨论日本的税务体系采取了什么措施解决中央和地方对同一税基征税造成的执行上的非效率性问题。

（一）日本的所得税与个人居民税的关系

在日本，虽然所得税和个人居民税被重复课征，但是，到目前为止还没有对重复问题足够重视并致力于寻求解决方法，反而是所得税在国税中个人居民税在地方税中各自成了基干税种（日景2002）。然而，这并不能阻止人们关注所得税和个人居民税两种性质相似的税金被中央和地方重复课征是否会产生不必要的成本。事实上，对于是否应将个人居民税当作所得税的附加税征收或是否应将两税合并征收的讨论一直没有停止过。以下主要参考日景（2002）的资料，来研究日本所得税和个人居民税并存的状况以及以个人收入为税基征税时的国税、地方税当局之间的理想的合作关系。

日本自1887年开始实行所得税制度。当时，纳税人数少且所得税收在税收整体中占的比重也非常微小；其后，所得税逐渐成为重要财源，1919年在国税收入中的比重甚至超过了20%。第二次世界大战后，1947年对所得税制度进行了大幅度的修订，当时，将赋课征税制度④ 改为自估申报纳税制度⑤ 的同时，又实行了以综合所得概念为基础的综合所得税制。接受夏普建议后，于1950年进行的税制修订中也进一步明确了“以自估申报纳税制度

① 是地方消费税，却由国税当局征收，而税收则直接划进都道府县的财政收入。关于地方消费税的结构，后文有述。

② 有时，都道府县和市町村的业务是统一的。比如，个人居民税中的市町村居民税和都道府县居民税均由市町村征收。

③ 此类问题是因为中央政府、地方政府过低评估各自的征税边际费用而产生的，有人也将其称之为“垂直性的租税外部效果”。

④ 所谓赋课征税方式是指应纳税额完全由租税行政厅处理决定的方式（请参照国税通则法第16条）。

⑤ 自估申报纳税方式指的是，原则上根据纳税人的申报决定应纳税额，对于不申报或申报不符的情况，则由租税行政厅决定或改正税额（请参照租税通则法第16条）。

和综合所得税制为基础的理想的征税制度”，此后，虽然经历了各种变迁，至今为止基本未变①。

个人居民税② 原本是1888年在市町村实行，1908年在府县实行的所得税的附加税，然而，随着1940年的税制修订，所得税的附加税被取消。战后，接受夏普建议后于1950年进行的税制修订中创设了市町村居民税，1954年又实施了都道府县居民税。这些税种基本上都采用以所得税额为基础的赋课征税方式，以致带有强烈的所得税附加税性质。此后，在1961年的税制修订中加强了个人居民税免受所得税影响的措施，即，以个人居民税作为地方税应具有独立性的观点出发，在个人居民税中实施了独立的所得扣除制度。但是，个人居民税完全脱离所得税影响的结构却因纳税人的事务负担和税务执行上的繁杂而告终。

现行的个人居民税依然采用赋课征税方式，且根据上一年的收入多少进行征收③。之所以采用这种征税结构，如后所述，是因为所得税的征收与个人居民税的征收深有渊源。另外，1946年以前所得税的征收标准有两种。即，对于勤劳所得通过预先扣除税款的方式执行当年度的征收工作，对于个体经营业的所得执行前年所得征税制度，即根据前一年的实际收入征收当年的所得税。但是，因为通货膨胀的影响，个体经营业者的当年所得额有很大的缩减，以致人们普遍要求开展全面的当年度征税。当局也认识到全面进行当年度征税的必要性，于1947年的所得税修订中导入了自估申报纳税制度。

如要有效运作个人居民税的赋课征税制度，就要给征税当局提供税额计算必要的信息。地方公共团体主要根据以下4种资料决定个人居民税的赋课。即：①工资支付报告书（由工资支付者向领取者所在的市町村提交，记载内容与工资收入的预先扣除税款单④ 一致。）；②公共养老金等支付报告书；③个人居民税的申报单；④所得税的确定申报单（纳税人为了申报所得税而向国税当局提交，目前，所得税的确定申报表格中附有供市町村查阅的副联）。

关于上述资料中提到的个人居民税申报单，以下两种人可以免去提交义务：即，除了工资支付者（通过向领取人所在市町村提交工资支付报告书）支付的工资之外无其他收入的工资领取者，以及除了养老金支付者（通过提交公共养老金等支付报告书）支付的公共养老金之外无其他收入的人。另外，当纳税人向税务局提交所得税确定申报单时，依据只要向税务局提交所得税确定申报单就无需再提交个人居民税申报单的措施，系统认定个人居民税申报单业已提交。因此，虽然在形式上个人居民税申报单③是制定个人居民税赋课的重要资料，然而，真正意义上的重要资料为①②④，尤其是①和④。

也就是说，对于不提交确定申报单的工资领取人，地方税当局基本上按照条件①，而对于其他纳税人则按照条件④来决定个人居民税的赋课。当然，①和④都是所得税征税的相关资料而不是个人居民税的。因为，按照地方税当局的征税结构，只有在已经收到所得税征税资料的前提下才能决定个人居民税的赋课。然而，地方税当局通过国税当局实际得到所得税

---

① 当然，对利息、分配、股票转让收益、土地转让收益进行分别征税等，实际上与综合征税背离的情况也很常见，但因为不属于本论文的主题范围，在此不予讨论。

② 本论文只以个人居民税中的“收入比例”为对象进行分析。个人居民税中除了“收入比例”外，还有源自1878年创设的地方税之一“户口捐”的“均摊”，然而，因为“均摊”的金额过小，本文中不予讨论。

③ 另外，每个人应在当年的1月1日到地方自治体的办事处所在地行使个人居民税纳税义务。

④ 所得税是对工资收入征收的税款，其征收结构采用预先扣除税款方式，即工资支付者从纳税人每月的工资中扣除相应税款纳税。预先扣除税款单是记录1年内的支付工资总额和预先扣除税款的单据。

确定申报单的副联，是已经过了确定申报期（某一年的所得税确定申报期是第二年的2月16日到3月15日期间）了。因此，在现行税务体制下，地方税当局不得不采用前年所得征税制度，根据前年的收入决定个人居民税的赋课并征收。

如此乍一看，会给人以个人居民税的执行不是完全依存所得税的印象。然而实际情况却非如此，正确的说法应该是在国税当局和地方税当局的互相协力下，日本的个人所得税征收机制才能发挥功效。以下想继续以日景（2002）的资料为依据，就个人所得税执行时的中央与地方的合作关系进行讨论。

如前所述，第二次世界大战前地方的所得税征收工作是以所得税附加税形式执行的。而且，国税附加税在其他地方税中也占据大比重。而国税征收事务则采用委托征收制度委托市町村执行。就这样，在地方组织虽为地方自治主体却更具中央合作机构色彩的背景下，战前的国税和地方税在执行上是相当统一的①。

战后，自1947年实行所得税的自估申报纳税制度并取消委托征收制度后，税务执行上，中央和地方的合作关系暂时有些退步。虽然，此后实行的都道府县居民税和市町村居民税带有强烈的所得税附加税性质，但是，经过1961年的修订确立了地方独立的个人居民税征税制度。期间，在仍对同一税基征税的前提下，中央和地方开始讨论双方之间理想的合作关系。尤其是在1954年，国税厅和旧自治省之间签订了征税资料供查阅等了解事项。至此，中央和地方之间的执行合作体制也进一步加强。

中央和地方之间在税务执行上的现行合作关系如下：首先，中央向地方的征税当局提供各种信息。第一，如前所述，将所得税的确定申报数据提供给市町村，作为决定个人居民税赋课的基础资料使用；第二，将通过所得税的税务调查等方式最终提交的修正申报数据或税务署长亲自改正、决定的数据提供给市町村。结果，税务局进行的所得税调查工作恰好有助于个人居民税的征收②；第三，关于国税的法定记录③，市町村的职员能够在其中查阅认为有必要的数据进行信息搜集。法定记录的大部分为所得税相关数据，其内容可以当作决定个人居民税赋课的资料使用。这样一来，在地方税当局的税务执行上，国税当局提供的信息就成了必不可少的要素。

其次，地方也会将信息上报中央。尤其是，市町村保有居民基本总账和国民健康保险、国民养老金支付等数据。这些数据不仅能够在一定范围内影响个人居民税的赋课决定，如被国税当局合理利用也有助于所得税的执行。比如，关于扶养扣除和配偶扣除等人为扣除的适用数据都集中整理在市町村处，如果国税当局对所得税的人为扣除有疑义，大多数情况下都会向市町村查询。总之，当市町村决定个人居民税赋课时，对照市町村固有的数据发现有关所得税的错误数据，则由市町村将信息上报国税当局。

就这样，中央和地方之间不断进行税务执行必要的信息交流，而不是中央单方面向地方提供信息。因为个人居民税的最低征税额低于所得税，所以缴纳个人居民税的纳税人在实际

---

① 本人认为将日本战前的国税、地方税的执行关系与1994年分税制改革前后的中国现状进行比较有一定意义。

② 虽然地方税法有权对个人居民税行使疑问审查权，但是，从实际情况看来，并没怎么实施税务调查。原因在于，市町村是与地区居民关系密切的行政主体，在与居民的紧张关系有可能进一步升级的顾虑下，市町村的职员很难顺利执行税务调查，而且，通常采用的地方税担当职员也不是地方税的专业工作人员，在税务调查技能的掌握上也很有限。

③ 法定记录制度指的是根据租税法的规定，以进行特定交易的主体为对象，采用一定的格式调查记录交易相关的事项，并有义务将结果提交给国税当局的制度。

承担税负的人当中占据大比例。另外，个人居民税的征收不采用所得税的年末调整制度，以致对不提交所得税确定申报单的大部分工资领取者也要决定个人所得税赋课。因此，属于地方税当局直接管理的纳税人范围比国税当局广泛得多。而且，市町村是以居民基本总账为基础，以所有居民为对象整理纳税义务的有无、个人居民税赋课参考资料等。国税当局也会对提交确定申报单的纳税人进行个别的信息管理，但是，对于在年末调整中所得税征税关系已结束却并未提交确定申报单的纳税人，虽然其相关数据可以通过企业等预先扣除税的征税人间接得到，但这并不代表个人数据的整理归档。因此，对于没有提交确定申报单的纳税人，国税当局也会视情况向市町村就个人居民税的相关信息进行问询。

如上所述，在提供各自税务执行必要的信息上，中央和地方的征税当局是相互依存的关系。当然，作为可在全国范围内开展工作的专业的税务执行机关，国税当局具有一定的优势，以致在搜集税务执行必要的信息和税务调查得出的信息时，国税当局明显占优。而地方税当局作为在该市町村内行使综合行政事务的地方自治体的一部分，比起国税当局，更易于搜集当地居民的普通信息。因此，功能相异的中央政府机关和不同地区的地方自治体在信息存取方面是互相依存的关系。当然，国税当局和地方税当局之间的信息交换应该局限在对税务执行有必要的方面；同时，也要注意不能随意泄漏纳税人的个人信息。因此，最好是在满足以上所有条件的前提下促进国税当局和地方税当局的信息交流。

此外，除了相互交换信息之外的其他税务执行方面，中央和地方的征税当局之间的合作机会也不少。比如，市町村可以受理所得税（国税）确定申报单并转交给税务局。因为可提交确定申报单的地点增加，这种服务对纳税人是有益的[①]。另外，面向预先扣除税的征税人进行的年末调整等说明会，多数情况下是税务局和市町村共同实施，而预先扣除税的征税人向市町村提交的工资支付报告书与提交税务局的预先扣除税款单在内容上一致。从这一点考虑，可以说双方的合作非常有效。

关于日本现存的所得税（国税）和个人居民税（地方税）对同一税基即个人收入重复课征的情况，从税务执行的效率性考虑，有人提议实行征税事务一元化（合并所得税和个人居民税，由一个税务执行机关即税务局执行的税制）。但是，如果征税事务一元化因诸多条件（比如，宪法规定保障“地方自治”）的限制而暂时不能实施，则当前最好的解决办法就是促进所得税和个人居民税的执行机关即国税当局和地方税当局之间的合作关系。双方之间的合作虽然还没有达到最理想的状态，但一直在努力协调中，期间也起到了一些肯定作用。

展望未来，2006年的税制修订在个人居民税中导入了单一税率结构，这将使得所得税和个人居民税的职能划分比任何时候都更清楚。不仅电子申报会进一步普及，修订个人居民税前年度征收制度的进程也会向前推进一步。其中，还有一些声音是支持修订所得税制中的年末调整制度的[②]。从这些因素看来，今后所得税和个人居民税的税务执行会出现很大的变化。但是，只要所得税和个人居民税一直并存，国税当局和地方税当局之间的合作关系就会持续存在，并且一如既往地在所得税、个人居民税的执行上发挥重要作用。

---

① 但是，今后随着确定申报单的邮寄业务和电子申报业务的广泛普及，说不定受理确定申报单的窗口数量的多少就不是大问题了。

② 如果年末调整制度被取消，则所有的所得税纳税人都需要执行提交确定申报单的义务，国税当局进行的个人税务信息管理也将进一步发展。另外，对于取消年末调整制度是不是提高了“纳税意识”，或应该如何评价纳税费用、行政费用的增加等问题，都是与理想的日本税制相关的重要论点，并不在本论文的讨论范围内。

（二）法人税和法人事业税、法人居民税的关系

作为国税的法人税和作为地方税的法人事业税、法人居民税也是密不可分的。视行业和企业规模的不同，法人事业税的征税基础也多种多样。然而，最根本的标准还是纳税人收入，即作为法人税征税基础的收入。事业税其实是都道府县以企业享受公共服务为代价，以其所得和收入额为征税基础向企业征收的所得税。当时有的观点还认为由都道府县征收税收变动大且以企业收入为税基的事业税并不甚理想。目前，对于资金超过1亿日元以上的法人，事业税的计算对象并不只是收入，还包括增值额和资本额①。

法人事业税属于都道府县税，由纳税人即法人对其办事处、企业所在的都道府县行使事业税的申报、缴纳义务。对于横跨两个以上的都道府县设立办事处、企业开展业务的法人，应向所跨的各都道府县行使纳税义务。这种情况下，需要按一定比例划分（办事处、企业的工作人员数和固定资产价值等）征税基础并分配给各都道府县，并根据划分的征税基础向各都道府县申报、缴纳事业税。这种结构下各法人虽然可以向各都道府县直接缴纳法人事业税，在税基计算方面却仍无法脱离法人税（国税）。而且，从纳税人需要负担根据划分的征税基础计算税额并向各都道府县缴税等事务就可看出，法人事业税是被刻意赋予了地方税性质。

另外，法人居民税在执行上对法人税的依赖度比法人事业税要高。法人居民税的基本税基为法人税额②。各法人根据设在各都道府县或市町村的办事处工作人员数计算各都道府县及各市町村的法人居民税税基，并将税基计算额乘上税率得出的金额作为法人居民税向各都道府县、市町村申报、缴纳。通过这种简单的结构，由各法人作为纳税人承担事务性负担即确定基本的法人税额并纳税，最终转化为各地方团体的税收收入。

（三）地方消费税的结构

实际上，地方消费税是消费税的附加税，几乎完全依靠国税当局的消费税执行。地方消费税的征税基础是消费税额（因为消费税的税率为4%，地方消费税的税率为消费税额的25%，因此，消费税和地方消费税的合计税率为5%。），税务执行上委托中央，由国税当局与消费税一并征收。地方消费税首先向各都道府县的税务局缴纳，并根据消费相关标准（各都道府县的年零售额等）在都道府县之间进行税收收入结算。然后，再由各都道府县将相当于结算金额1/2的金额交付市町村。交付标准的一半是人口比例，另一半是工作人员数比例。

如上所述，虽然地方消费税的税收收入归地方团体所有，但在税务执行上却不同于其他地方税，是国税当局执行。对于地方消费税是不是“地方税”的讨论虽然也存在，但是，将每一笔交易都需缴纳的增值税交由地方征税当局执行根本不现实，因此，只能根据现实情况

---

① 对于资金超过1亿日元的法人（外形标准征税的对象），原来是以其收入的7.2%（其他法人是9.6%）为税率征收事业税。而现在，作为外形标准征税的对象，事业税的实额计算除了收入额的7.2%以外，还要加上该法人增值额的0.48%和资本额的0.2%。

② 法人居民税的税基为法人税额，其中道府县居民税的标准税率为5%，市町村居民税的标准税率为12.3%。另外，法人居民税中除了上述税率外还包括按照企业规模支付一定金额的“均摊”结构，但是，因为金额过少就不在此提起。

对现行制度进行评价。

三、中国的中央与地方征税当局之间的关系

就如在第一节中的介绍，中国的税务执行机关分为国家税务总局、国家税务局、地方税务局。各税务执行机关之间的关系如图2所示，不仅复杂，组织和人员数也很庞大。2004年年初，税务局的分布如下：省级地区61所、副省级地区30所、市级地区1000所、县级地区5277所。此外，还设有40228所分局。从事税务工作的职员数为85.2万人，其中，46.3万人为国家税务局的职员，38.9万为地方税务局的职员（Liu Zuo 2004a）。

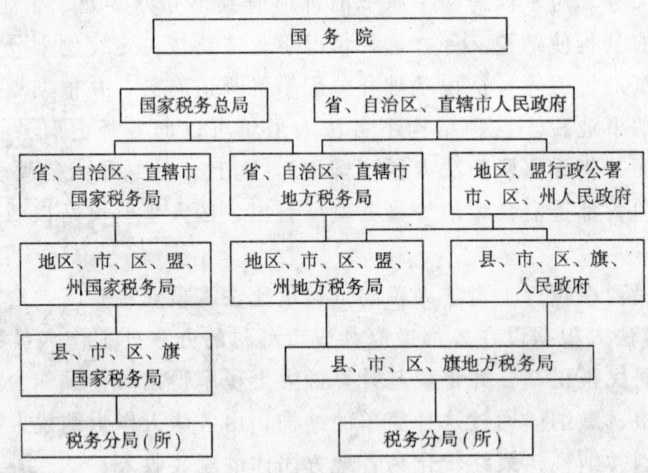

图2 中国税务体系组织结构图

资料来源：中国税制研究小组编辑（2004）。

国家税务总局下设国家税务局，两者之间构成垂直领导体系（这一点与日本的国税厅和国税局、税务局的关系一样）。省级国家税务局直属国家税务总局管辖，作用是主管该地区的税务业务。县级以下国家税务局则属于省级国家税务局的管辖。显然，国家税务局的组织结构是易懂的金字塔型。

按照上述结构，地方税务局需要接受地方政府（人民政府）和上级税务机关的双重管理，以致结构复杂。比如，省级地方税务局要接受国家税务总局和省级人民政府的双重管理。即，在归属上，省级地方税务局隶属省级人民政府，地方税务局的职员也隶属地方政府（人民政府）；而在税务执行方面，省级地方税务局要接受国家税务局的指导，国家税务总局要回答地方税务局执行业务时的咨询，并下达地方税执行相关的通知。另外，省级地方税务局的局长虽然是由地方政府任命，但是，需要预先将候选人名单上报国家税务总局，并在听取国家税务局意见之后任命。

如前文所述，中国的许多主要税种都属于中央和地方分享税收收入的“共享税”。Liu（2005）指出，中国的共享税分为增值税、营业税、企业所得税、外商投资企业及外国企业所得税、个人所得税、资源税、城市维护建设税、印花税等。因此，税收收入的大块税种全部集中在共享税（能够带来大块税收收入的税种中，不属于共享税范围的就只有中央税中的

关税、消费税[1])。

中国区分税种是否为共享税的标准并不在于国家税务局和地方税务局中哪一个是征税主体，而在于税收是否归属中央和地方共同所有[2]。比如，增值税由国家税务局执行，营业税由地方税务局执行，但这两种税都属于共享税。也就是说，增值税的税收收入将在中央和地方之间以75%:25%的比例进行分配（但是，海关征收的增值税则全归中央所有)。营业税的税收基本上归地方所有，但是，铁路及银行、保险公司的总店和分店的营业税则归中央所有。另外，在企业所得税征收方面，按企业的不同种类分别由国家税务局和地方税务局执行。

关于中央与地方的税务执行关系问题，当我们说起日本时提出了国税和地方税税基重复的问题，并讨论了中央和地方在税务执行上划分职能后是如何相互协调的。而对于中国，因笔者的调查还处于初级阶段，还不能够提出总结性的问题。在此，只想举两个具体的事例一窥中国存在的些许问题。以下举出的例子中，一个是增值税和营业税的关系问题，另一个是有关地方政府向外资企业提供的征税优惠措施问题。

(一) 增值税和营业税的关系

如上所述，增值税由国家税务局征收，营业税由地方税务局征收。这两个税种既关系密切，同时又是中国的两个重要税种。以下，对两个税种的执行关系进行具体的讨论。

中国的增值税和营业税都是对企业的销售额征收的税种，同时又属于流通税的范围。其中，增值税相当于日本的增值税，是对销售货物或者进口货物的单位和个人就其实现的增值额征收的一个税种（提供服务不属于增值税征税范围)。标准税率为17%，而对一些特定物品还采用了13%的税率。中国的增值税虽然类似日本的增值税，但是，与日本和欧洲实行的消费型增值税不同，购买投资商品时扣除的进项税额不会即刻生效。而且，作为前阶段税额扣除的必要条件，需要提供征税当局发行的正式发货单（增值税专用发票)，而征税当局只会将正式发货单发放给受到认可的增值税的一般纳税人。其他的增值税纳税人不享受前阶段税额扣除，只是作为小规模纳税人缴纳占销售额一定比例（生产者为6%，商业企业为4%）的增值税。另外，如果增值税的一般纳税人想要得到征税当局的认可，需要提交认可申请，条件是一年的销售额一定要达到一定金额，不像日本的消费税会根据企业主的申报选定一般纳税人。

增值税的征税对象为物品交易，而营业税则对有偿提供应税劳务、转让无形资产和销售不动产的单位和个人，就其营业收入额征收的一种税。应税劳务的提供中包括交通运输业、建筑业、金融保险业、邮政通信业、文化体育业、娱乐业、服务行业劳务的提供。营业税的税率是5%，不享受进项税额扣除，只是累积每笔交易的税负。

因此，增值税和营业税中大致都存在物品和服务的共存现象，规模较小且业务种类不多的情况下，纳税人只需缴纳增值税和营业税中的任一项即可。当然，也不排除一个企业同时

---

[1] 中国的消费税不同于日本的消费税，属于个别消费税范畴（相当于日本的旧物品税)。中国消费税的征税范围有酒、烟、化妆品、贵重首饰、珠宝、汽油、摩托车、汽车等。

[2] 根据中国的税收定义，日本的消费税（+地方消费税）相当于共享税。同时，税收的一定比例成为地方交付税资源的所得税和法人税也有接近共享税的性质。

符合增值税和营业税的纳税要求，视情况会被要求缴纳哪一种税对企业来说也是未知数。比如，物品加工和修理维护劳务的提供属于服务范围，却被要求缴纳增值税而不是营业税。而且，对于修理维护等服务提供并没有明确的缴税范围规定，因此，这种情况下需要做微妙的判断。另一方面，在税率高且有进项扣除的增值税和税率低却没有进项扣除的营业税中，因各企业的设立条件不同，所以并不清楚缴纳哪一种税会对企业更有利。在这种情形下，企业一般会选择对自己有利的一方缴纳。

应对这种情况，如果企业选错了税种，如，本应该向国家税务局交纳增值税却反而向地方税务局交纳了营业税，国家税务局在事后会依然向纳税人要求缴纳增值税。此时，企业就不得不向国家税务局缴纳增值税，然而，即使缴纳了增值税，营业税也不会被地方税务局自动退还，而需要纳税人与地方税务局另行交涉。从纳税人的立场看，当然是国家税务局和地方税务局之间的关系越完善越好，然而，现状却并非如此。因为是国家税务局和地方税务局分别执行这种类似税种，纳税人可能要被迫负担诸多不必要的成本。

（二）地方政府对外资企业等采取的优惠措施

中国的政策允许地方政府采取积极措施引进外资企业。为此，地方政府广泛采取了面向外资企业的各种优待措施，其中也包括税制在内。当时，有人指出不仅是在地方税方面，根据地方政府的意愿就连在共享税方面也向外资企业提供了单独的（在税法规定的范围内）优惠措施。这种措施与一贯以来的税制适用政策是相背离的，即便如此，只要不妨碍大局国家税务总局就会默认地方政府采取的优惠措施。不过，从税制的透明性观点看，这种现象对纳税人却没什么益处。

四、结论

以上围绕日本和中国的中央与地方的税务执行关系进行了简单的讨论。当然，并不是说日本的状态就是理想的，实际存在的问题也不少。尤其是在税务执行上，对同一税基国税和地方税同时征收的情况也是屡见不鲜，虽然在税务执行上双方也采取了各种措施加强合作，但是，最终还是导致了税务执行成本和纳税人遵从成本的上升。另一方面，中国也存在许多问题。尤其是地方税务局的指挥体系太过复杂，对纳税人来说很不好懂。因此，本文认为有必要进一步促进国家税务局和地方税务局的合作关系，进一步完善国家税务总局、国家税务局、地方税务局及地方政府的关系，并向纳税人公开。

总之，对日中两国进行比较的目的不在于通过对比分出胜负，而在于对各自的体制进行对比，以期以全新的观点展开讨论。以下，希望从两国的对比引出对中国理想的税务执行体制的微薄建议（当然，通过与中国现状的比较，研究日本的国税、地方税的结构问题也很重要，但是，因为本文对中国的分析还不够充分，目前想保留不议）。

最重要的一点就是明确区分税务执行（征税）与税收分配，将这两个问题分开讨论。首先，在征税方面，一定要根据能否最小化执行成本与遵从成本之和为依据决定中央与地方各自的职能。比如，将中央与地方的征税当局应分别执行哪一种税才更具效率的问题纳入考虑范围。这一问题应该与各税种的税收具体归哪一级政府所有的问题分开讨论。而且，不仅要考虑中央政府（中央税的征税当局）和地方政府（地方税的征税当局）之间的关系，也要重视征税当局和纳税人之间的关系。想要加强中央与地方之间的税务执行关系，就一定要避免纳税人被迫承担多余成本的情况发生。

其次，在税收分配方面，应该在与税务执行问题区分明确的基础上，将地方税和财政调整视为一体进行讨论。如果中央政府的税务执行比地方政府更具效率，且存在地区间经济差距，则应该对共享税结构和地区间的财政分配结构进行整体性的讨论，并找出最为合理的解决方法。作为解决方案，最好是能够明确地方政府有限的财政责任。因为，不管是如何解决地方分权问题，这是最符合资源分配效率的方法。然而，为了切实确保地方政府有限的财政责任，至少要让地方政府全权执行一个税种。因为即使实行了新的地方税政策，即税务执行委托中央政府，地方政府只在税率制定等方面进行调控，且税收收入全额归地方所有，地方政府也不可能对地方税行使真正意义上的执行责任。当然，如果只考虑行政效率化问题，最好是中央政府全权执行税务，但是将地方的税务执行当局完全撤销也不是根本的解决方法。

如果中央与地方的税务执行当局的执行范围不清，则两者之间会出现税收纷争，纳税人也会因为缴纳主体不清而陷入困惑。而且，两者并存无疑也会降低整个税务执行的透明性。总之，最理想的办法莫过于进一步完善中央与地方的征税当局在税务执行上的合作关系，勿庸置疑，这种趋势在中国也会得到长足的发展。那时，信息通信技术的有效利用一定会发挥应有的作用，然而，也不能只依靠技术改善强化双方的执行合作关系，因此，需要在制度改善方面开展更加慎重的讨论。最后一点是，围绕地方税的税务执行过程，不同的地方政府之间很容易产生税收归属权纠纷。遇到这种情况，日本方面中央政府的总务大臣会行使决定权或裁决权处理问题。借鉴日本，中国方面最好也进行完善制度的改革，赋予国家税务总局上述权限。

参考文献

逸见幸司：《2005 年版：图解地方税》，大藏财务协会，2005 年。

碓井光明：《概要：地方税的结构与法》，学阳书房，2001 年。

大西靖：《中国财政、税制的现状与展望》，大藏财务协会，2004 年。

金子宏：《租税法》（第 10 版），弘文堂，2005 年。

托马斯编：《中国的投资、会计、税务 Q&A》，中央经济社，2004 年。

近藤义雄：《中国增值税的结构与实务》，中央经济社，2004 年。

佐藤主光："地方税存在的诸问题与理想的分权化财政政策"，《财政·视窗》2002 年第 65 号。

曹瑞林：《现代中国税制的研究：中国的市场经济化与税制改革》，茶水书房，2004 年。

中央青山监查法人编著：《中国税务六法（2004 年版）》，日本国际贸易促进协会，2003 年。

中国税制研究小组编：《中国的税制》，大藏财务协会，2004 年。

羽深成树编：《图解：日本的税制》（2005 年度版），财经详报社，2005 年。

日高智："关于所得税和个人居民税的关系：我国个人所得税征收机制"，《税务大学论丛》，2002 年第 39 号。

三户俊英他：《中国进出口企业的税务、会计实务手册》（第四次改订版），清文社，2005 年。

渡边智之：《互联网与征税系统》，东洋经济新报社，2001 年。

Ahmad, Ehtisham, Raju Singh, and Benjamin Lockwood (2004), "Taxation Reform and Changes in Revenue Assignments in China", IMF Working Paper, WP/04/125.

Easson, Alex (2004), *Tax Incentives for Foreign Tax Investment*, Kluwer Law International.

Liu Zuo (2004a), *Tax System of the People' s Republic of China*, (Translated by Liu Tieying), Intellectual Property Press.

Liu Zuo (2004b), *China Foreign Tax Guide*, (Translated by Liu Tieying), Law Press China.

Liu Zuo (2005), *Local Taxation in China* (in Chinese). (《中国地方税制概览》, 中国税务出版社)。

从义务教育制度上看中央与地方事权划分及财政保障

——以日本和中国为例

日本财务省财务综合研究所　沼尾波子

一、前言——问题之所在

自中国推行改革开放政策以来，20世纪90年代开始，经济以每年10%的惊人速度增长。但是，沿海地区和内陆地区、城市和农村的收入差距却在逐步扩大。收入差距不仅扩大了生活水平的差距，而且还造成了地区间财政能力的差距。在中央政府没有足够的能力保障地方财政的情况下，尤其是对中西部以农村地区为主的财政能力薄弱的地区，其最大的课题就是如何实现最低国家标准（national minimum）。近几年，中国政府为了实现贫困地区的最低国家标准，实施了以构筑财政调节制度为代表的一连串的制度改革。

为了研究中国的财政调节制度，本报告将围绕地区间行政服务供给和负担的实际差距，以及实现贫困地区最低国家标准两项课题进行分析。具体内容为，一是以义务教育制度为例对事权划分和财政分配进行分析；二是以文献资料为线索，对面向贫困地区的服务供给和财政保障实情进行说明。与此同时，介绍代表着日本财政调节制度萌芽的义务教育国库负担金制度。关于事权划分和财政分配的关系，则根据日本和中国的制度差异，围绕中国出台的确保教育经费来源的政策进行研究。

二、由分税制带来的地方财政变貌和乡镇财政

（一）分税制的实行和地方财政

20世纪80年代中期，中国实行了义务教育制度。当时（1980~1987年）的政府间财政

关系处于“总额分配方式[①]”阶段，也就是中央和地方基于各自的责任范围保障年度财政收入的体制（后文将具体说明）。对于事权问题，虽然向每一级政府都明示了其责任范围，但是，根据事权大小进行财政分配的想法当时还未产生。通过1983～1984年的“利改税”改革，国有企业和政府间的关系由原国有企业上缴国家财政的税利演变为向国家交税，实现了国家和国有企业的财政分开。当时的中国正处于政府体制刚从自给自足的生产活动获取利润的“有产国家”向税收确保年度财政收入的“无产国家”转换的时期。分析当时的财政运营体制，财政收入中不仅包括税收，同时还包括企业利润和行政事业单位收入等各项收入。而且，随着企业生产率的提高和销售额的增加，财政收入也出现了不同的变化。在政府的年度财政收入不以税收为主的时期，不可能产生根据事权大小划分中央和地方财政的想法。这种全新的构思只有在进一步推进政企分开、财政收入转变为以租税为中心的形式时方可出现。

此后，从1988年开始实行承包经营责任制。所谓的承包经营责任制，指的是地方政府向中央交纳定额后，余下的财政收入归地方所有的制度。作为积极推进地区开发和确保财政收入而实行的奖励性制度，虽然在东部沿海地区实现了经济发展和财政收入的增加，但是，在中西部地区根本无法推行，反而进一步扩大了地区间的财政能力差距。

1994年，通过实施分税制，将税种划为中央税、地方税或中央和地方共享税。通过分税制改革可以预期如下两种结果：第一是中央财政的强化。分税制的实施将会使“两个比重”得以提高，即：①提高财政收入占全国经济收入的比重；②提高中央财政收入占全国财政收入的比重。前者将目标值定在20%，1995年达到10.7%，2003年则大幅上升到18.5%；后者将目标值定在60%，1993年达到22%，2003年同样大幅上升到54.6%。目前，中国正为了扎扎实实地达到目标而不懈努力。随着中央财政的强化，可以预期经济上宏观调控将会加强而地区间差距将会缩小。

分税制改革后的第二种结果为，下划到各级政府的责任明确化。目标是中央—省级—地（市）级—县级—乡级等5个级别政府的责任明确化的同时，实现财政分配的合理化。因此，如表1所示，将税源划分为中央税、地方税或中央和地方共享税三种，并可根据表2划分中央和地方的事权大小。

表1　　　　分税制税收划分

共享税	中央税	地方税
增值税	消费税	城镇土地使用税
营业税	车辆购置税	房产税
企业所得税	关税	城市房地产税
外商投资企业和外国企业所得税	海关代征的增值税	耕地占用税
个人所得税	船舶吨税	土地增值税
资源税		车船使用税
城市维护建设税		农牧业税
印花税		固定资产投资方向调节税
		其他

① 1980～1984年，实行了“划分收支，分级包干”（明确划分中央预算和地方预算的收支范围，中央和地方按照确定的包干基数实行包干的方式）的预算管理体制。自1985年开始，实行“划分税种，核定收支，分级包干”的预算管理体制。

表 2 1994 年中央与地方支出划分

中央财政支出	地方财政支出
1. 国防费	1. 地方行政管理费
2. 武警经费	2. 公检法支出
3. 外交和援外支出	3. 部分武警经费
4. 中央级行政管理费	4. 民兵事业费
5. 中央统管的基本建设投资	5. 地方统筹的基本建设投资
6. 中央直属企业技改和新产品试制费	6. 地方企业技改和新产品试制费
7. 地质勘探费	7. 支农支出
8. 由中央财政安排的支农支出	8. 城市维护建设支出
9. 国内外债务的还本付息支出	9. 地方文化支出
10. 中央本级负担的公检法支出	10. 地方教育支出
11. 中央本级负担的文化支出	11. 地方卫生科技支出
12. 中央本级负担的教育支出	12. 价格补贴支出
13. 中央本级负担的卫生科技支出	13. 其他支出

然而，实际上下划到地方的多为零散的税种，地方政府很难通过租税方式确保充分的财政收入。而且，通过分税制改革，虽然中央政府与省级政府的财政分配关系有所规范，但是，隶属省的市、县、乡镇等各级政府的财政分配则下放给了省级政府决定。而多数省级政府为了推进经济发展，对省和市进行了相对优厚的财政分配。因此，县级、乡级政府的财政便进一步陷入困境①。

针对这种状况，近几年，中国开始试行中央政府对地方政府的“转移支付”制度，即在分税制基础上实行的财政调节制度。但是，这种制度只是中央政府对省级政府实施的转移支付制度，不是中央政府对特定的市、县、乡实施的直接支付制度。同时，也没有明确规定省内的财政分配办法，而县、乡镇也没有可稳定税收的基础税种。陈锡文等（2005）的文中指出，1994 年以来县乡之间仍然实行“定额上缴、比例递增、超收分成②”的财政分配模式。多数县、乡级政府为了筹措实施各种措施所必需的财源，在征收多种零散税种的同时，还向居民征收各种费用。

（二）乡镇政府的财政

乡镇政府的财政状况不够规范，想看透其全貌并不容易。如果从其大体结构着手分析，可将年度财政收入分为预算内收入、预算外收入、制度外收入等 3 种。其中预算内收入和预算外收入合称“财政收入”。所谓的预算外收入，包括租税、法律规定的费用征收和资金筹措等。相对于预算外收入，制度外收入指的是财政收入以外的收入，包括乡镇企业的利润上缴和行政事业单位的收入等。

另一方面，财政支出项目异常繁复。主要的项目包括行政事业支出（主要是人头费）、

---

① 陈锡文等（2005）。

② 向上级政府缴纳定额，上缴额却逐年上升。对于超收部分，以县:乡 = 3:7 的比例进行分配。

基本建设支出（修路、架桥、农田基本建设等）、文教卫生支出（主要包括学校修建、教师和医务人员工资、乡镇卫生院、卫生所的经费）等等。其中，人头费作为义务性经费在财政支出中占很大的比重，成为抑制乡镇财政增长的主要原因。

表3所示的是湖北省乡镇的财政状况。如表中所示，租税收入占年度财政收入的比重还不到1/3，其余为预算外收入或制度外收入。再看财政支出，大部分支出为人头费支出，即使有制度外收入填补，年度财政支出也处于赤字状态。

表3　　湖北省乡镇的收入与支出

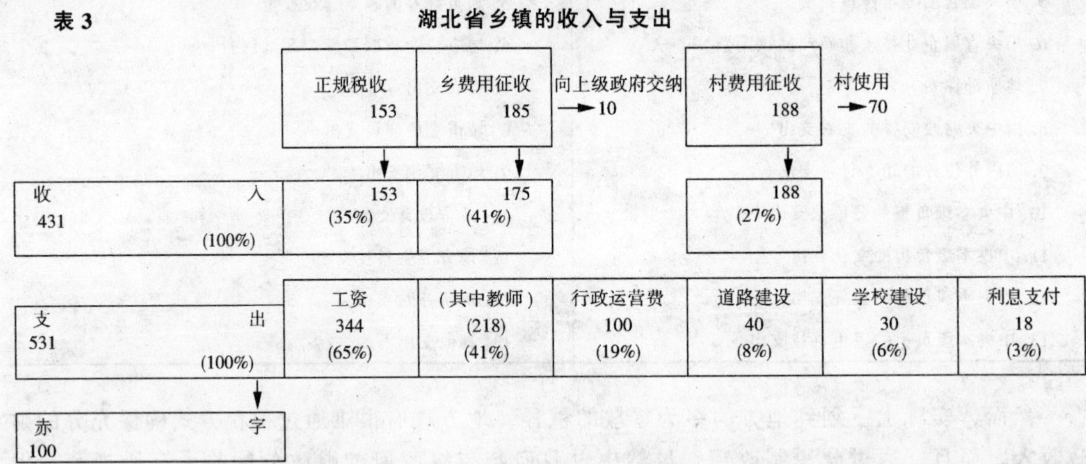

乡镇作为政府最基层的机构，为了符合最低国家标准而必需承担教育、医疗、失业保险、养老金、低收入者的救济等费用。然而，就如"账本上级管理，业务下级实施；收入交纳上级，支出下级负责"的说法一般，这种事业实施权与财政管理权分离的现象很多。譬如乡镇支出占国家和地方的预算内教育费支出的比重达到了70%，医疗支出也占了55%～60%的比重。虽然乡镇政府向居民提供的是生活中不可或缺的服务，却无法分配到实施这些服务所必需的充足的财源，如果不能通过预算外收入和制度外收入筹措资金，将无法保证服务质量。

对于乡镇财政的上述特征，陈锡文等（2005）做了如下整理：首先，在年度财政收入方面，第一是随着经济越来越发展，财政收入的地区间差距在不断拉大；第二是预算外收入在财政收入中占着高比重，财政收入变动频繁；第三是财政收入在总生产中占的比重低；第四是随着经济的进一步发展，财政收入中预算内收入、预算外收入的比重有差异。而且税收种类繁多，农业税收入的比重也并不高。在年度财政支出方面，一是随着财政支出的急速增加，支出项目中的支出额多为"文教"支出；二是预算外支出中临时支出占很大的比重。而且，还指出不论经济水平如何，乡镇对上级政府的依赖度低，任何一个乡镇的财政自给率都超过了1项。这并不说明乡镇实现了财政上的独立，而是因为无法依靠上级政府，只能靠调整自身的服务水准来解决实际的服务需求。

如上所述，乡镇政府的财政正处于极度不稳的状况。拥有高效益的乡镇企业和行政事业单位，能够确保充足的预算外收入和制度外收入的地区可以提供一定水准的服务。但是，难以布局高附加价值型产业的中西部农村地区等，连维持最低水平服务的资金都无法筹措。在这些地区，存在着如下问题：①财政困难导致农业基础设施整备迟缓，生产力迟迟得不到提高；②县、乡镇政府的教育、医疗等公共服务供给不足；③地方政府的财政困难导致农民的租税负担加重；④没有独自征税权和募集贷款权的县、乡镇政府如何开拓预算外资金筹措途径；⑤农村的“三乱①”造成税外负担加重等。

在中国，还有很多地区因财政困难问题难以实现最低国家标准。以下，以义务教育为例，仔细分析财政困难究竟难在哪里。

三、中国的义务教育制度和经费来源

（一）义务教育制度的实行

20世纪80年代中期，中国实行了义务教育制度。1985年制定“中共中央关于教育体制改革的决定”，1986年制定义务教育法，目标是实行9年义务教育并扫清青少年文盲。而且，在义务教育制度确立的同时，创设了“地方负责、分级管理”的体制。

中央的职责是，制定教育基本方针、政策、法律、学校制度、课程，以及在落后地区实施义务教育等；省级政府的职责是，管理并控制基于政策和法律实施的教育服务，以及向市县提供指导；市县需要根据中央方针制定在整个地区实施的计划，并担负基础教育经费；乡镇政府可以在县政府指导下，组织管理教育服务的团体，主要担负乡统筹款专项事务；村政府在执行校舍危房修建和改善学校经营条件、提高教师待遇、进行资产管理等事务的同时，担负推进学龄儿童的入学工作等与学校整体经营有关的事务。

（二）义务教育经费来源

中国的义务教育制度，虽然是由中央政府制定方针，省政府也负有一定责任，然而，实际上提供服务和整备设施，以及筹措费用主要是由县级政府负责，而且，实际的资金筹措是由乡镇政府担负的。对于义务教育的经费来源，黄佩华（2003）在书中做了如下的整理。当中国实行义务教育制度时，并没有制订出制度所需的有关经费来源或各级政府责任的计划。此后，在1988年实行承包经营责任制时，才大致规定了各级政府的支出责任，但在此时，也没有将抑制地方政府年度财政支出的义务教育经费负担考虑在内，因而产生了收入和支出的严重背离。而且，通过1994年的分税制改革，虽然收入主要集中到了中央政府，但是，因为当时并没有实行财政调节制度，导致地方的财政运营进一步陷入困境。不久之后，中央政府对教育领域实行了补助金制度，但是，实际问题依然没有得以解决。

直到1995年颁布教育法第53条，才对义务教育的经费来源有了明确的规定。53条中明确规定，“国家建立以财政拨款为主、其他多种渠道筹措教育经费为辅的体制，逐步增加对教育的投入，保证国家兴办学校的教育经费的稳定来源”。除了财政拨款，对于其他“种类繁多”的教育经费来源也有了明确的规定，即“教育附加费”、“学杂费”（以学费和杂费的名义向在校学生的监护人征收）、“校办产业收入”（学校经营的盈利事业的收入）、“勤工俭学收入”（将劳动作为教育的一部分，学校从学生的生产活动中获得的收入）、“社会捐款捐资”（捐款与投资）等。所谓的“教育附加费”，就是市县为了确保教育经费来源而征收的附加税。城市中由征税机构以增值税、营业税、消费税的3%为附加率征收。农村的征收比例

① “乱收费、乱罚款、乱摊派”。以某些理由为名，征收各种费用、罚款和分担金。

一般为农民人均年纯收入的1.5%～2%。农村的附加费最高征收比例为5%，由乡镇政府征收。此外，有的地区还将学校教育的必需经费作为经费项目，以“社会集资”为名在地区内部征收。

根据黄佩华（2003）的书中记载，1998年教育费（包括高等教育）经费来源中，财政资金为53%、学杂费为21%、教育附加费为9%、捐款为5%、其他费用为12%。

1999年，教育部启动了“面向21世纪教育振兴行动计划”。计划中指出，“要保证做到教育经费的‘三个增长’（即各级政府教育财政拨款的增长要高于同级财政经常性收入的增长，在校学生人均教育经费逐步增长，教师工资和学生人均公用经费逐步增长），确实提高有效的教育投资经费”。具体实施对策为，每年以1个百分点提高中央本级和省级财政支出中教育经费支出所占的比例。还有意见指出，考虑到东亚国家的国家财政性教育经费占国民生产总值的比例为4%，应以此为目标逐步提高教育经费的比例①。

另一方面，财政部颁布了《关于进一步做好教育科技经费预算安排和确保教师工资按时发放的通知》，规定从1998年起，各级财政每年超收部分和财政预算外收入，应按不低于年初确定的教育经费占财政支出的比例用于教育。加强对城、乡“教育附加费”的征管工作，以确保足额征收并由教育行政部门商财政部门统筹安排使用。积极支持“勤工俭学”、校办产业（企业）的发展，并对其继续实行税收优惠政策。

（三）义务教育阶段的地区间差距

从以上内容看来，20世纪90年代后半期，中央政府开始围绕教育经费来源制定了一系列的制度。然而，在现行体制下，义务教育的财政责任主要由地方政府尤其是县乡政府承担，各地方不同的经济能力和财政能力导致了教育服务的差距。2002年全社会的各项教育投资是5800多亿元，其中用在城市的占77%，用在农村的只有23%，而在中国接受义务教育的孩子中，70%在农村。显然，这样一种财政支出结构十分不合理。而且，苏明（2003）也在书中具体介绍了1998年围绕教育费的财政支出（表4）。很显然，城市与农村相比农村通过“社会集资”或“学杂费”方式筹措资金的比例更高。

表4 （单位：亿元）

1998年	国家财政性教育经费	预算内教育经费	向社会团体及个人筹措的运营经费	筹措社会资本整备资金	学费和杂费	其他教育经费
全国总额	2032.5	1565.6	48	141.9	369.7	357
（中央负担）	260.8	199.7	—	8.4	38.8	84.8
（地方负担）	1771.7	1365.9	48	133.5	330.9	272.2
其中的义务教育	1076.1	775.8	25.3	94.3	137.8	95
（农村负担）	616.9	468.4	25.3	64	88.6	42.4
（城市负担）	459.2	307.4	—	30.3	49.2	52.6

① 中国与日本有很大的一点不同，值得我们注意。即教育费支出总额中，义务教育经费不过占1/2左右，余下的1/2为高等教育支出。

对于教育发展的地区差距，如表5所示，苏明在书中比较分析了1998年6个省的财政支出。普通小学学生的人均教育事业费支出，在6个省中广东省约为527.38元，贵州省为210.92元，差距为2.5倍。而且，黄佩华（2003）也指出，2000年省与省之间儿童的人均初等教育费的差距（包括直辖市和自治区），最高省份和最低省份居然相差10.6倍。

表5　　中国6个省的经济财政状况和义务教育经费

1999年	财政收入（亿元）	人均财政收入（元）	财政支出（亿元）	人均财政支出（元）
广东省	766.19	1063.19	965.9	1340.32
江苏省	343.36	477.05	484.65	673.36
山东省	404.48	456.5	550	620.73
吉林省	101.28	382.04	234.62	885.02
安徽省	174.29	280.64	288.6	464.7
贵州省	74.26	201.57	170.72	463.41
1998年	预算内教育经费（亿元）	预算内教育经费占财政支出的比重（%）	儿童人均教育事业费（普通小学，元）	儿童人均预算内公用经费（普通小学，元）
广东省	145.32	17.65	527.56	63.8
江苏省	106.25	25.01	498.35	28.52
山东省	98.53	20.2	309.41	14.82
吉林省	38.16	20.07	470.77	46.04
安徽省	47.38	19.8	291.5	15.41
贵州省	25.37	18.94	210.92	13.1

这样的差距不只存在于省与省之间。苏明（2003）在书中以市与市之间的差距为例，比较介绍了山东省的威海市与德州市的教育经费支出（表6）。如表6所示，即使是同一个省内的城市，儿童的人均教育费支出也存在2倍左右的差距。而且，预算内公费支出在财政支出中占的比重，威海市为7成左右，德州市仅为5成左右。显然，预算内经费少的德州市，教育经费会更加依赖于预算外资金。同时，两个城市的所有支出额与市内农村地区的支出额相比，虽然农村地区的一些支出偏少，但并没有明显的差距。因此，可以推知，位于沿海地区的山东省，市郊农村与市中心相比，经济能力与财政能力并没有太大的差距。不过，威海市的固定资产和专业设施水平方面，市中心地区和郊外农村地区之间还是存有差距的。

表6　　山东省两个城市的小学教育经费　　（单位：元）

	威海市		德州市	
	各学校平均	农村地区平均	各学校平均	农村地区平均
儿童人均教育经费支出	1172.64	1107.14	507.1	484.2
儿童人均预算内公费支出	793.34	776.24	305.2	286.6
儿童人均校舍面积	4.04	4.07	3.8	3.8
儿童人均固定资产额	2224.72	1549.3	1232.4	1090.4
儿童人均专项设施	361.83	210.27	90.3	82

还有一个特点必须说明，从财政上分析，教育费的地位还有提升空间。预算内教育经费在财政支出中占的比重，江苏省为25.01%，广东省为17.65%，各占省内财政支出的2成左右。然而，普通小学学生的人均教育事业费支出和预算内经费，财政预算内支出占普通小学必要经费中的比重还不到全省支出的2成。6个省中，支出额最高的广东省为12%左右，吉林省只有5%。显然，义务教育经费多数靠财政支出外经费来维持。

只是，即使在各方筹措资金，有的地区依然难以提供充分的教育服务。黄佩华（2003）的书中详细介绍了1998年甘肃省积石山县与和政县的情况。在两县中，小学就学率分别达到了89.04%和95%，但是，初级中学的入学率仅为25%和37.3%，维持在低水平。而且，在小学学习写作文的学生比率不过是7.9%和1.05%，其原因在于，很多家庭无法承担购买教材和笔记本的费用。显然，即使有了预算外资金，通过各种努力筹措到财政资金，有的地区也无法向学生提供学写作文这一基本的教育服务。

（四）近几年的对应政策

2000年以后，中央政府实施新的制度改革，以缩小地区间教育经费差距和减轻农村地区过重的费用负担。2000年，在一部分地区试行了“税费改革”。通过①取消乡镇担负的费用征收（“教育集资”等费用负担的废除）；②取消屠宰税、降低农业特产税等；③取消“两工”（国家规定向农民提取的“积累工”和“义务工”）等措施，切实减轻农民的负担。然而，试点改革的推行却导致农村推行必要行政服务的财政能力不足。因此，2002年，中央政府在“税费改革”基础上实行了财政转移制度。财政转移制度将全省和一部分县级政府纳入试点对象。具体分为义务教育教员工资的财政转移和伴随税费改革的财政转移，由中央政府对财政负担能力、减少地方税、财政困难度等进行预算。

中国农业部对河北省怀来县的调查表明，一连串的“税费改革”，不仅基本上确保了义务教育教员工资，还确保了学校运营经费中财政资金的一部分资金。这不仅是因为“税费改革”带来了补助金收入，县政府所实施的新的收费政策也解决了部分财政负担。然而，因为学校的运营经费依然不足，仍需向在校学生征收学费及杂费，同时，学校或县乡政府仍需靠借款来筹措教育资金。

虽然中央政府采取了上述对应措施，但是，在中国，义务教育的服务水准和费用负担方面依然存在不容忽视的地区间差距，有不少地区还不具备保障最低基准的教育环境。因此，中国面临的课题就是建立实现最低国家标准的财政体制①。

四、日本的义务教育经费负担

（一）建立义务教育经费国库负担制度

地区间的经济差距导致财政能力差距，日本也不可避免。但在日本，一直由具备强有力

① 自2006年起，完全废除了农业税。为了解决农业税废除引发的农村财政不足的问题，中央政府决定扩大“转移支付”的规模。人们也对农民负担的减轻效果，以及是否能够确保必要财源等问题持有各种不同的意见，废除后的走向颇引人关注。

的财政调节功能和保障地方财政功能的地方交付税制度担负着调节责任。

回顾一下日本是如何实行以“地方交付税制度”为代表的强有力的财政调节制度的。1918年，日本实行了“市町村义务教育费国库负担金制度”。当时，在日本，中央征收正税，市町村的征税权被限制，大多是征收国税的附加税。为了增加财政需求所需的财源，许多市町村向各家庭征收“户口捐”（附加税），户口捐成了弥补每年财政收入不足的调节手段。在税源缺乏的农村地区，户口捐成了农民的沉重负担。

当时，义务教育作为国事行为的委任事务，确定经费由地方政府担负。但在实质上，义务教育经费是由市町村负担，严重地制约了市町村的财政，有的地方官甚至因为无法支付教员的工资而剖腹自杀。

义务教育经费国库负担制度就在这样的背景下形成。1918年，中央政府以国库支出开始对地方政府负担的义务教育经费进行补助，当时的总额为1000万日元（定额）。这个制度有两个功能。第一是作为对教育经费的特定补助金发放；第二是财政调节功能。国库支出对各市町村的分配方式，是以正、准教员数分配总额的45%，以就学儿童数分配45%，余下的10%主要给“资力贫乏的町村”分配。由于这个10%是财政调节功能的关键环节，分配额根据各市町村的征税能力决定。

此后，义务教育经费国库负担的总额逐渐增加，1923年，总额达到4000万日元，1926年达到了7000万日元，支出额超过了教员工资的50%。而且，1930年的总额达到了8500万日元（见图1）。

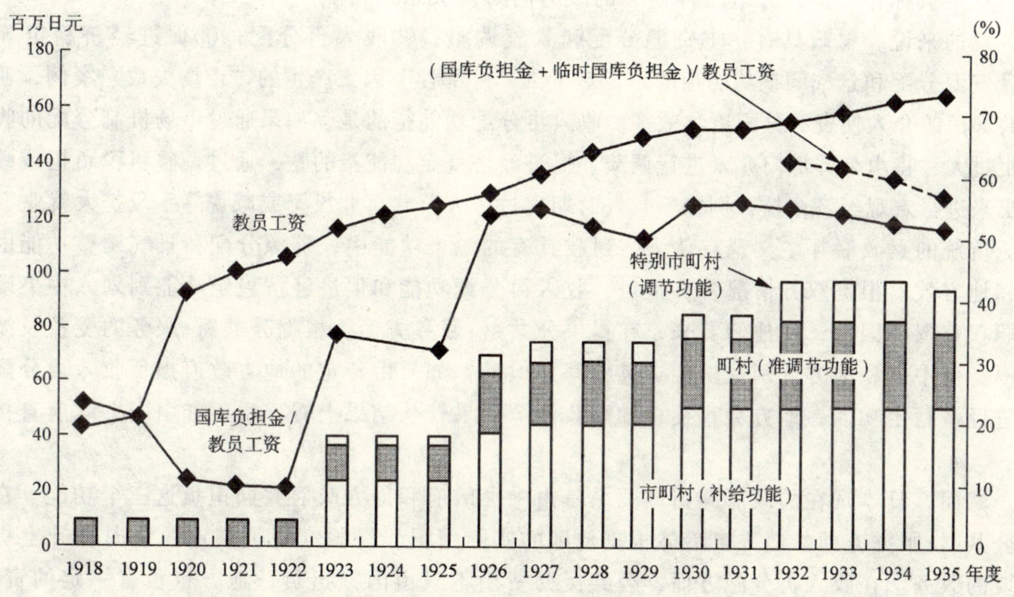

图1　日本义务教育国库负担金的变迁

随着制度的不断修正，义务教育经费国库负担的功能日趋完善。支出总额的扩大也增强了财政调节功能。当初以改善教育为目的交付的教育经费负担制度，逐渐蜕变为以减轻市町村户口捐附加税为目的进行的财政调节制度。

而后，通过1930年修订的国库负担金增额，确定一些贫弱町村的义务教育经费由国库补给98%。到此，以国库负担制度为基础的财政调节功能已经饱和。以此为契机，财政调节制度进入了以非特别指定用途的补助金形式补给的阶段，也开始了对实行切实有效的财政调节制度的研究。

需要附带一提的是，1920年，要求中央政府向地方政府转让地税和营业税的“两税转让论”开始抬头，但是，由于税源不均匀导致的财政能力差距的扩大等影响，并没有得以实现。不过，从这起事件开始，解决税源不均匀问题的财政调节制度的必要性被提到日程，最终促进了财政调节制度的建立。

如上所述，日本的财政调节制度就是在以特定目的补助金形式逐渐强化调节功能的过程中发展进步，最终演变为以非特别指定用途的一般补助金形式补给的制度。

（二）中央和地方的财政关系——“集权分散型体制”

在纵览日本如今的义务教育制度相关的事权划分和财政分配之前，让我们先整理一下日本政府间财政关系的特点。

在日本，20世纪60年代是经济高度成长期，大量人口从农村向城市移动，导致城市和农村之间的诸多社会经济差距，但是，通过国库支出金与地方交付税等中央对地方的财政转移制度，财政能力薄弱的地区也得到了财政补给，有效缩小了财政能力差距。在社会资本的整备方面，在全国范围内进行了确保最低服务水准的整备工作。同时，在公共卫生或初等教育等最低国家标准方面，也在全国范围内确保了一定的服务水准。将以上这些措施均变成现实的就是被称作“集权分散型体制”的政府间财政关系结构。

总的来说，财政具有：①资源分配和景气调整；②收入再分配；③促进经济稳定等功能。资源分配和景气调整功能指的是，对于因“外部性”因素产生的“市场失败”案例，通过公共部门的介入使资源分配更具效率。收入再分配功能指的是，如果通过市场机制分配的收入差距过大，将由公共部门介入进行调节。促进经济稳定功能指的是，通过调整租税负担或政府支出来进行宏观经济调控，例如不景气时期通过扩大公共事业投资或减税等手段扩大就业。

传统的财政联邦主义观点认为，财政具有的三个功能中，资源分配和景气调整功能由中央和地方政府根据双方情况各自担负，收入再分配功能和促进经济稳定功能则划入中央政府的职权范围。因为，在他们看来，在提供公共财·服务方面，根据公共财·服务的受益及波及范围，由中央和地方分别提供会更具效率；但是，如果由特定的地方政府担负收入再分配和促进经济稳定功能，地方会直接得知财政调节后果，从结果上看，反不如由中央政府直接实施。

然而，日本现在的政府间财政关系是由中央政府和地方政府共同担负这三个功能。在提供公共财·服务方面，地方自治体根据地区的实际情况，在国家统一制定的方向基础上提供必要的服务。在收入再分配方面，公共援助费用不只由国家担负，地方也负有一定的责任，而且，地方自治体也一直担负着直接面对居民的窗口业务。再看地方税体系，很多先进国家的基础自治团体都是以财产税为中心征收地方税，而日本的地方税除了财产税，还包括作为累进性收入课税的居民税。在促进经济稳定方面也同样如此。地方税中很多税种是以附加税形式征收的。因此，当国家为了解决不景气而减税时，地方税也会自动缩减。而且，社会资本的整备事业也一直是国家和地方共同推进的。公共事业的这种结构，很好地解决了一些地区民营企业难以进驻的就业难题。

（三）围绕现行义务教育制度的事权划分与财政分配

表7中整理的是中央与地方围绕日本现行义务教育制度的职权划分。其中，中央负责制定指导要领或学校课程以及班级人数（每个班级40人）等义务教育制度的基本框架。都道府县负责人事与工资，市町村负责校舍等设施的建设与维修管理。同时，以上所需的教员工资等财源，中央除了以义务教育国库负担金形式向地方交付外，教科书费全额由中央负担，无偿提供给在校学生。设施整备费的一部分资金也由国库补助金支付，需要地方负担的部分，则在中央向地方交付的地方交付税额中估算支付。

表7　　义务教育管理的现状

教育服务的构成要素		中　央	都道府县	市町村	
				政令市	其他市町村
作用		● 保障国民受教育的权利 ● 保障教育机会均等 ● 提供无偿的义务教育（日本宪法） ● 教育水平的维持与提高（义务教育费国库负担法，人才保障法等）	实施市町村单位难以处理的，有必要跨地区解决的教育事业	将中小学教育当作自治事务实施（地方自治法）	
学校	学校设立	制定中小学等的设立标准（学校教育法，法律实施规则）	设立盲人学校·老人学校·残疾人学校（中小学部）的义务（学校教育法）	设立中小学的义务（学校教育法）	
		负担市町村立中小学校舍建设等相关经费（1/2或1/3）（义务教育诸学校设施费的国库负担法）	有关市町村的补助金交付申请事务	负担中小学校舍建设等相关经费（1/2或2/3）（学校教育法）	
	班级编制	班级编制及教职员人数标准的制定（有关公立义务教育诸学校的班级编制及教职员人数标准的法律：标准法）	● 制定教职员人数条例（有关地方教育行政的组织及运营的法律） ● 制定县内的班级编制标准（标准法） ● 盲人老人残疾人学校（中小学部）的管理·运营（有关地方教育行政的组织及运营的法律）	中小学的管理·运营（有关地方教育行政的组织及运营的法律）	
教师	资格	制定教员许可证标准（教育职员许可证法，法律实施规则） 实施教师资格认定考试	都道府县教育委员会根据资格获得者的申请授予证书（教育职员许可证法）		
	任命	（制定有关地方教育行政的组织及运营的法律）	政令市除外的市町村立中小学等的教职员任命（有关地方教育行政的组织及运营的法律）	政令市立中小学等的教职员任命（有关地方教育行政的组织及运营的法律）	

续表

教育服务的构成要素		中　央	都道府县	市町村	
				政令市	其他市町村
教师	工资	负担市町村立中小学的教职员工资（1/2）（义务教育费国库负担法） 制定一般行政职务的教育工资水平优势（为了维持和提高学校教育水平，防止义务教育诸学校的教育职员人才外流而实施的特别措施法：人才保障法）	决定·负担（1/2）（市町村立学校职员工资负担法）市町村立中小学等的教职员工资（政令市除外）	政令市立中小学等的教职员工资的决定（有关地方教育行政的组织及运营的法律）	
	服务	（制定有关地方教育行政的组织及运营的法律）	制定县费负担教职员服务的标准（市町村立学校县费负担教职员的资格、惩戒、工作时间、休假等条例及相关实施规则等。例：市町村立学校县费负担教职员资格的条例等）	中小学教职员的服务监督（职务遂行时，基于法令，相关市町村的条例、规则和教育委员会规则、规定执行）	
教育内容	教科书	实施教科书的审定工作（学校教育法，课程用图书审定规则等） 无偿提供教科书（有关免费的义务教育诸学校的课程用图书的法律，有关无偿提供义务教育诸学校的课程用图书的法律等）	● 向市町村提供指导·建议·帮助 ● 向国家报告选定的教科书册数等事务 ● 县立盲人老人残疾人学校（中小学部）的选定（有关无偿提供义务教育诸学校的课程用图书的法律）	教科书的选定（有关地方教育行政的组织及运营的法律）	
	学习指导	制定学习指导要领等教育课程的标准（学校教育法，学习指导要领）	向市町村提供有关教育内容和学校运营等状况的指导·建议·帮助（有关地方教育行政的组织及运营的法律	● 学校的组织编制，教育课程 ● 学习指导，学生辅导等 ● 教科书及其他教材的选用（有关地方教育行政的组织及运营的法律）	
全面	指导·建议·帮助	向都道府县及市町村提供有关教育内容、学校营运等状况的指导·建议·帮助（有关地方教育行政的组织及运营的法律）	向市町村提供有关教育内容和学校运营等状况的指导·建议·帮助（有关地方教育行政的组织及运营的法律）		

图2以神奈川县为例，表示了2003年度中央、县、市町村之间的事权与资金流动关系。因为在日本，原则上是不允许公立中小学独自开展收益事业筹措教育经费的，学校运营的相关经费，除了一部分是在校学生交纳的伙食费之外，其他部分原则上由学校所属的市町村财政支付。有关教科书的费用是由中央负担全额。此外，教员工资和设施整备费则是国家对县，县对市町村以补助金形式交付。因此，县不仅要对各市町村的申报金额进行汇总上报，同时，还要将国家发放的补助金经过调节后再交付给市町村。

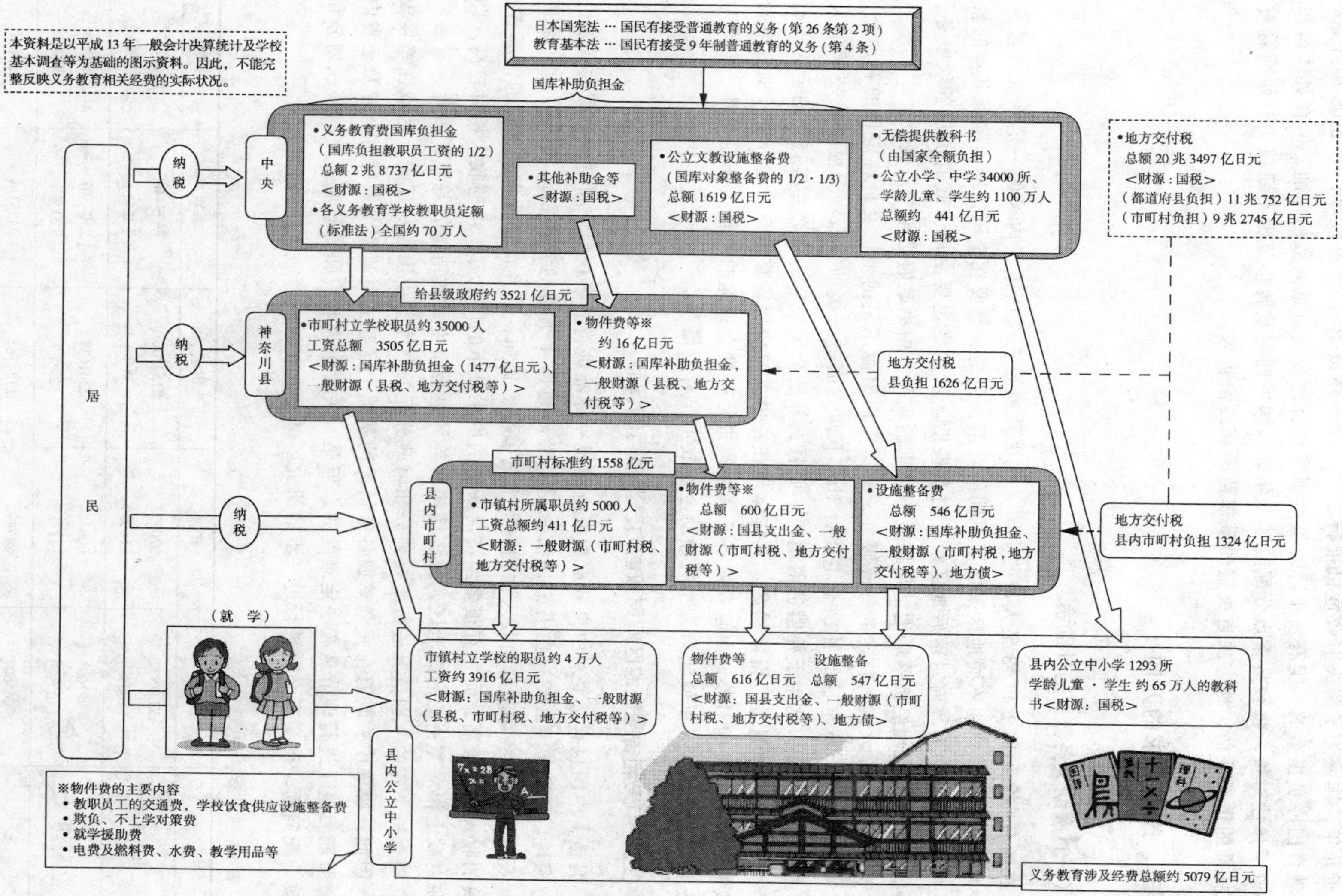

图 2　义务教育的结构概况图（神奈川县，2001 年度）

近几年，国家为了解决财政危机推行了“三位一体改革”。通过改革，自2006年开始，义务教育国库负担金的负担有所下降。虽然国家没有改变教员总人数的标准，但在具体运作中采取了弹性对策，将教员重点分配给了低年级。国家的财政转移范围不断减少，而随着对国家标准的重新评估，地方独自决定的事权范围在逐渐扩大。

五、改革寻求的方向

（一）援助义务教育的补助金

在拥有广袤的国土和13亿人口的中国，中央政府要在全国范围内确保一定水准的教育服务并非易事。虽然视不同地区采取了不同的对策，但是，想要在全国范围内确保基本的教育服务，还需要中央政府对落后地区给予财政援助。虽然规定要由地方政府负担各项服务，但是，为了防止出现经济落后地区居民负担过重的现象，中央政府必须予以援助。

为了确保一定水准的特定的行政服务，有必要向财源不足的地区交付特定目的补助金。在义务教育领域，特定目的补助金主要针对以下两方面进行援助，即：①根据在校学生人数、教员人数分配；②用于补偿贫困地区。而且，补助金发放后，有必要核查补助金的支出是否合理，服务质量是否得以提高。具体体现在，中央政府要检查省政府是否将补助金准确发放给了相应的补助对象，而且要对各县和乡镇进行补助金用途的监督检查；同时，还要对服务质量进行评价，以便让第二年的补助金发放工作有所借鉴。

（二）中央和省围绕地区间财政能力差距进行的调节

但是，中国也有必要对中央政府根据全国统一标准进行的事权划分和财政分配的有效性进行探讨。伊慧敏（2003）在书中详细介绍了沿海地区4个省的省内财政收入结构（见表10）。显然，省内各级政府的收入比例有很大的差异。比如，在乡镇企业发展良好的江苏省，乡镇的收入相对较高；而在有很多经济活跃的的中小城市的广东省，市的收入相对较高。即使在财政上相对宽裕的沿海地区，经济结构的差异也会衍生财政结构的差异，因此，有必要建立根据每个省的个别情况进行事权划分和财政分配的制度。中国幅员辽阔，区域性差异较大，因此，要求中央政府在完全掌握各省情况的基础上，建立财政调节制度对全省乃至省内的财政能力差距进行调节是有一定难度的，但是，关于中央政府和省政府之间的事权划分和财政分配问题，确实有必要进行进一步的研究。

表10

	合计	省级	市级	县级	乡级
山东省	7137877 （100%）	970973 （14%）	2157706 （30%）	2499448 （35%）	1509750 （21%）
江苏省	7981065 （100%）	909464 （11%）	2301638 （29%）	2507367 （31%）	2262596 （28%）
浙江省	7065607 （100%）	847892 （12%）	1734767 （25%）	3355314 （47%）	1127634 （16%）

续表

	合计	省级	市级	县级	乡级
广东省	13155151 （100%）	3256629 （25%）	6689673 （51%）	1977525 （15%）	1231324 （9%）

注：①除了税收等预算内资金外，也包括了制度上认可的预算外资金。虽然所得税和营业税是根据省的规定进行分配（2003年，山东省的企业所得税分配比例为中央:省:市=60:8:32，营业税分配比例为省:市=20:80）的，但在实际上，分配给各个市的税种有时也会划给县和乡镇负担。

②江苏省的乡镇企业发展良好，乡镇的收入相对较高。

③广东省有很多经济活跃的中小城市，市的收入较高。

（三）行政单位所属企业的经营与财政收入的关系

但是，在中国实行中央对地方以地方交付税为主的财政调节制度也很困难。因为，地方政府作为当地“行政单位所属企业的经营主体”经营各种企业，而这些企业收入和政府财政混在一起，收支不清。由各级政府创立的“企业单位”所获得的收入叫做预算外资金，地方政府经常用这些预算外收入补贴财政不足。因为公共服务的资金都来自预算外资金，因此，有效利用商机的地区往往能够提供更加充分的行政服务和社会公共服务。

以往，很多大城市都是将行政单位所属企业的收入投放到社会资本整备或社会公共服务活动中。比如，地方政府将权限下放“社区[①]”（自治组织，地方自治团体），社会公共服务也完全委托给“社区”完成等。

“社区”不仅负责老年人和残疾人看护以及就业支援等工作，还担负着地方自治团体中心（community center）的管理运营。然而，维持经营的费用并不都是来自行政补助或由受益者担负。“社区”在地区内还担负报亭、旧货店或家电修理等各种各样的地区商业服务，并将其收入用作福利服务费用。“社区”在地区内经营着各种各样的企业（商业），不仅解决了本地困难户的就业困难，同时还将企业收入用作各种福利服务的财源。在大城市行政收入是与年度财政支出紧密相关的，因此，“社区”这种结构才能够不断得以发展。

若要完善财政调节制度，各地方政府潜在的年度财政收入究竟有多少，这将是最为关键的课题。

创办企业单位，不仅会提高本地就业率，地区经济的发展也会增加未来的税收收入。但是，这些资金也可能导致地方财政的不透明。如要恢复预算原有的透明性、明确性原则，就有必要根据事权大小进行财政分配，才能够区分财政资金与制度外资金，使各级政府能够尽到说明责任。

（四）地区经济活性化与社会公共服务

从行政单位所属企业的收入充当财政收入的实情来看，由政府经营企业并将企业收入转入财政资金，以确保公共服务的事情是屡见不鲜的。再看前文所述的教育经费的例子，除了财政收入，通过学校自己经营的餐馆或文化中心等经营收入筹措财政收入的事例在制度上也

① “社区”的功能类似于日本的街道居民会或地方自治团体，但是，可以地区为基础经营企业这一点上，则与日本的街道居民会有很大的不同。

有明文规定，以行政单位所属企业的收入充当公共服务的财源已经成了一种非常普遍的做法。

然而，在商机不足的地区，因为很难确保足够的收入，不仅无法确保各种社会资本，更无法提供行政服务必需的财源，当然，也不能寄希望于民间投资。

日本的政府间财政转移不仅是通过地方交付税实施，还以补助金形式在全国各地支援公共事业。现如今，虽然这些措施也在大受批评，但是，在经济高度成长期，它不仅完成了农村地区的社会资本整备，农家在农闲期也可以忙于道路铺修和下水道工程等工作，在维持农村生活的同时为农民获得现金收入开辟了道路，在这一点上它是有积极意义的。

如果中国要在商机有限的农村地区实行这种地区自治型财政结构，首先，有必要从软硬件设施两方面完成社会资本的整备，而且，需要通过财政转移制度确保足够的财源。

中央政府用作财政转移的财源是有限的，而地方上仍需确保教育和卫生等特定服务，因此，实行兼有财政调节功能的特定目的补助金的交付制度将是最有效的办法。

六、结束语

自 1994 年的分税制改革以来，虽然分配的税源有限，县和乡镇政府仍然要被迫负担许多提供教育和卫生等重要服务的权限和责任。而在一些财政能力和经济能力薄弱的地区，不仅无法确保与事权相应的财源，居民负担过重，更无法提供教育等服务。

为了解决这些课题，首先要对政府间的事权划分与财源分配的关系重新研究，其次，为了给县和乡镇政府分配与权限相应的足够财源，需要进行新的调整。但在中国，各级政府的收入并不是局限在租税等预算内收入，还包括了行政单位所属企业等制度外收入。如果不能明确区分这两种收入，则议题会变得更加艰难。同时，由于中国幅员辽阔，区域性差异较大，统一规则的制定严重脱离了现实，诸如此类需要解决的问题还有很多。

因此，在重新研究政府间职权划分的同时，为了在全国范围内确保一定水准的服务，特别是财政能力和经济能力薄弱的地区，有必要实行中央政府对地方的财政转移制度。为了确保教育等特定服务的一定水准，中央政府不仅要根据必要项目支付特定目的补助金，同时，有必要时常检查资金使用状况及成效。并且，有的观点认为，政府间财政关系不仅是税收关系，还是一种以促进地方经济发展为目的的转移支付关系，即中央向地方提供的各种基础整备或农业补助等。

如要支援落后地区的经济基础建设并保障居民生活，就一定要完善政府间的职权划分与财政调节，为此，有必要对各个具体事例进行更深入的调查。不过，就这一点问题，希望留作课题供日后研究。

（附注：在搜集必要的书籍资料时，本报告得到了中国财政部财政科学研究所阎坤教授的大力支持。谨借此机会致以衷心的感谢。）

参考文献

阿古智子："从农民负担问题看中国基层政权改革的方向"，《东亚》，财团法人霞山会：2003 年 6 月。

大西靖：《中国财政、税制的现状与展望：面向"实现全面的小康社会"的改革》，财团法人大藏财务协会，2004 年。

加藤弘之："收入分配制度的新发展——聚焦农村税费改革"，财团法人国际金融信息中心：《中国的经济改革与经济合作》第8章，2003年。

《中国财政年鉴》2003年、2004年。

武田胜："日本财政调节制度的产生过程"，神野直彦、池上岳彦编：《地方交付税：到底怎么了》第2章东洋经济新报社，2003年。

持田信树：《地方分权的财政学》，东京大学出版会，2003年。

陈锡文主编：《中国农村公共财政制度》，中国发展出版社，2005年。

宋洪远等：《中国乡村财政与公共管理研究》，中国财政经济出版社，2004年。

黄佩华等：《中国：国家发展与地方财政》，中信出版社，2003年。

苏明：《中国农村发展与财政政策选择》，中国财政经济出版社，2003年。

伊慧敏编：《山东省财政分配结构研究》，经济科学出版社，2003年。

全国人民代表大会常务委员会预算工作委员会调研室编：《中外专家论财政转移支付》，中国财政经济出版社，2003年。

日本与中国的土地泡沫和税制

日本财务省财务综合研究所所长　森信茂树

一、前言

笔者在我国土地泡沫时代参与过土地税制的规划立案，由此对中国的土地泡沫和土地税制发生了极大的兴趣。泡沫经济的发生和崩溃给国民带来许多恶劣影响，使经济社会陷入混乱。因此作为政府最优先的课题是，不失时机地采取适当的对策。在这个意义上，容许泡沫经济的产生，对经济崩溃过度慌乱的我国金融和税制政策，也许不是成功的例子。但是，我认为客观地分析日本的经验，并从中学习的重要性绝对不可小视。

从税制专家的立场来看，我国发生泡沫经济的最主要的原因，可以举出土地税制问题。尤其是为土地保有而减少了税务负担这个措施，维护了土地作为资产的有利性，阻碍了土地的有效利用，进而容许了投机。针对此问题政府为土地保有而将适当的税收构筑为国税的同时，合理评价作为地方税的固定资产税，在政策上促进土地有效利用的同时扩充地方财源，这成为抑制土地泡沫的一个主要手段。在这里讨论我国采取的土地税制改革，特别是土地保征税的作用，对中国的启示。同时提及，对土地的转让收益特别是短期的转让收益，加强征税的必要性。

二、什么是土地泡沫

在讨论中国是否产生了土地泡沫时，必须对泡沫原本是什么做出定义，否则就没有意义。一般来说所谓泡沫是指，在经济基本原则上被定义为无法说明的资产价格的暴涨。重要的一点是，消费者物价和批发物价、货币供货量等经济基本原则，不认可特别的异常。在这一点上，泡沫就与通货膨胀和经济发展所伴随的资产价格的上升有所不同。

资产价格，一般由下面的公式决定：

资产价格 = 收益/〔长期利率 + 风险酬金（premium)〕

决定资产价格的要因是收益、长期利率和风险酬金（premium）这三个。其原理是，从资产中获得的收益增加的话，则资产价格上升，如果长期利率上升，或感觉前景不明朗等因素增加了资产的风险酬金的话，则资产价格下跌。如果解说日本20世纪80年代后半期的经济状况的话，作为日元升值不景气的对策，采取了的超低息政策（特别的1986年以后），这使得长期利率很低，而且可期望这个状况能持续一段时期。风险酬金，在后文的土地神话的基础上，可预见更大的上升，使其起着负作用。资产的收益（期待），在景气普遍好的基础上，起着坚实的作用。因此，80年代后半期的资产价格暴涨的主要原因在于，持续的超低利率和负风险酬金这个分母系数。

这个时期的消费者物价有1.2%的上升，批发物价为负增长，货币供应量也稳定，丝毫没呈现通货膨胀的样子。在当时来说，这种状况下的资产价格暴涨，特别是股票价格的上升，也可以看作是，伴随生产力的提高出现了新的范式转移（paradigm shift）和新经济。也就是说，直到此后发生了资产价格急剧下跌的事态后，才普遍认识到原来这是泡沫。这么看来，即使是严重不符基本原理的资产价格的形成，及各种国际性指标不能说明的资产价格的形成，也不能轻易判断是否是泡沫。中国若想讨论土地泡沫问题，应基于这样的统计和资料来讨论，但是中国没有与经济基本原理相关联的，相互比较分析的文献，而把重点放在了上海等城市地区的地价和房价的上升等感觉上的东西。中国的名义经济增长率和货币供应量持续两位数上升，如果从这一点做比较思考的话，现在土地价格的上升，并不违背经济基本原理。反之，将个人住房价格与个人收入比较的话，房价与个人收入之比在我国最高时候是8倍，而在上海是20倍，这表明流通量的所得和存货价格失衡，这是资产价格正在背离经济基本原理（变成泡沫）的一个例证。

三、日本的土地泡沫和土地税制

日本的土地泡沫的背景是，在第二次世界大战后日本生根的声称“土地价格绝对不下降”的土地神话。土地本来是通过社会上的利用才具有价值的。但是在日本，个人和法人开展事业时抵押土地得到贷款，这种超越了土地利用的金融性功能和作用，把土地变成了经济活动中不可缺少的东西，所以也称为“土地本位制”。在战后资本不足的状况下，没有信用的中小企业也能够融资，有效利用有限的资本，可以说这是生活的智慧。这与欧美银行的融资多为计划资金成鲜明的对比。

为此，需要土地价格不下降这个前提，且结合国土窄小及对房产的执着需求等心理效果，形成了地价不降，持续上涨的神话。从企业方面看，企业会计对土地的评价，仍然还停留在账簿上的价格，因此土地价格的上涨可作为隐藏效益保留，能够进行所谓的谨慎经营(基于长期思考的经营)，也能够脱离股东控制进行经营，为扩大业绩做出了贡献。

这种战后智慧，在显著的经济发展完成之后仍然继续，从80年代后半期开始的金融自由化，导致了如下循环：激化了金融机关的贷款竞争，产生了过剩的土地融资，这使地价上涨，银行逐渐将未来地价暴涨（预期）也列入了抵押评估中。

支撑土地神话的是土地税制。土地税制是在取得、保有、转让这个三个阶段征税。以我国的税制来看，在取得阶段有继承税（国税）、登记执照税（国税）、不动产取得税（都道府县税）等三个税；在保有阶段，有固定资产税（市町村税）、城市计划税（市町村税）、特别土地保有税（市町村税，1993年停收）等三个税。另外，在转让阶段，作为对转让收益的征税，有法人税、所得税（移让国税）、居民税（地方税）等三个税。在这里看看泡沫期之前的，保有和转让阶段的税制。

作为保有税负的代表——固定资产税，其性质是对地方居民受益的公共服务提供补偿的受益税，因此税负持续保持低水平。截至1990年，比较不动产税在国民收入中占有的比例的话，日本为1.7%，美国为3.5%，英国为2.9%。我国的水准较低，这阻碍了土地的有效利用。土地常常在低利用、未利用的状态下闲置着，因此与其他资产相比更加有利可图，成为土地投机交易的温床，导致了土地并非有了利用价值而是赋予了资产价值的现象。作为泡沫经济的对策，本来应该提高固定资产税的负担，但是从政治理由出发新设了作为国税的地价税（1992年1月起实施）。此后为谋求对固定资产税的合理评价，提高了土地所有的税负。

加强土地保有环节的税务负担基于以下考虑：提高土地的保有成本，抑制投机行为，促进土地利用。在我国如果要修改税制，从租税法定主义的原则出发需要国会审议和表决，所以它受时间上的制约，使地价税在地价顶峰过后才得以导入。虽然有这样的问题，但是，在整体上有效地缩小了土地作为资产的有利性，也平息了对土地的投机，其作用得到好评。而现在因完成了使命而冻结。

其次，是对土地转让时发生的资本利润征税。加强征收转让税会导致锁定（Lock in）效果（对资本利润加重征税的话，会导致土地惜售，长期性地抑制土地供给），基于这种考虑，对转让收益的课税一直并不太重。然而，回顾泡沫时期的土地交易，并没有出现预估的锁定（Lock in）效果，而投机性的土地交易反而却不断扩大。

劳动所得和土地转让收益（资本利润）的税负问题，是劳动汗水换来的收入和所谓不劳而获的收入之间的平衡征税问题，当作社会公平和效率权衡问题而被普遍讨论。在我国的泡沫经济时期，地价的上升并不基于个人的努力和才智，而是包含了所谓反射性的东西，例如在邻近土地进行公共投资或公共开发，多数观点认为其利益的一部分应该还给国家，所以采用了以下观点，伴随地价上升产生的利益有捐税能力所以其征税额度应重于劳动所得。

具体来讲，进行政策变更，通过加强对短期交易的转让收益的税率，抑制投机。特别对于短期、超短期（2年以下的保有）的情况，课以惩罚性的高利率税制，有效牵制了投机性交易且功效明显。

同时，因为继承财产和市街化农业用地的土地评价低等因素，也带来了土地的有利性，因此对此问题进行了合理化改进。如上所述一个重要的事实是，在产生泡沫经济带来经济崩溃的时期，税制发挥了很大的作用。

四、中国的土地税制与特殊问题

反过来看中国的土地税制，对企业，存在着作为企业所得税而对土地的转让收益征税的税制（国税），但是，却没有对个人和法人的保有土地征收国税。在地方税中，虽然对个人和法人的保有土地，征收土地使用税、城市不动产税等各种各样的税目，但是，从实效税率来看，其征税标准为面积且征税标准也极低。另外对土地转让征收土地增值税和个人所得税，且又重新出台新规定，对个人住宅购买2年以内买卖的，以转让价格5%的税率征收营业税，如此种种税制正在逐步完善。但是无论如何，现在缺少一般认为最重要的对“土地保有”的广泛的土地税制。

中国地方政府的最大问题是，1994年采用分税制以后矛盾突出的是因地方公共团体为义务教育、福利等提供服务而导致财源不足。分税制增加了的中央政府应得的份额，通过交付税制度和补助金下拨到省、县一级。但是，乡、镇等被称作5.5层的地方各级政府，行使义务教育、医疗、社会福利的行政责任及财源津贴不明确和不全面，因此导致混乱，并且扩大了地方间的差距。由此可见，创建与我国的固定资产税相同的土地保征税，是极为重要的税源。

乡镇级政府作为义务教育、卫生等各种行政服务的实施主体，为了确保它的财源，最好是地方政府构筑自主财源，由此来保障其提供稳定的服务。不过，对于推进集权化的中国政府来说，这种选择存在现实困难。针对此种情况可以考虑，增设国家和地方共同拥有的税种——不动产税，按照客观基准构筑可以由国家向地方分配资金的系统。设立这种共同所有的税种可以说是“一石三鸟”，即：①这是针对土地泡沫的对策；②促进土地的有效利用；③确保公共服务的财源。为此，必须引进土地评估制度，而这是规模相当大的制度改革。中国政府必须与土地价格评估这一极为资本主义化的问题做全面斗争，但是，既然说是社会主义市场经济，就不可避免地要面对这个课题。

但是，还没有将引进这种税制正式列入议题。另外，关于对短期买卖的转让收益课重税的问题及引进继承税等问题，虽然国家政府在进行讨论，但是还没有引进。由于这个关系，日本综合研究所调查部的报告“房地产泡沫与中国的改革”中，对中国特色的房地产泡沫有如下内容的记述。报告中指出以下事实：“房地产开发业者和中介业者、投机性的利益团体和政府特别是地方政府共同形成一种实质性的利益共同体，对房地产的供求形势和政策的意思决定，甚至对社会舆论等施加影响力，意图性地使房地产价格暴涨。”另外，在中国大使馆有工作经验的大西靖也指出：“2003 年以后，以地方政府为主体的全国性的过度投资成为问题时，围绕着地方政府乱开发问题和出售土地使用权，强化了其资金的不透明度。在中国，城市的所有权属于国家具体地说属于地方政府，而地方政府将这个土地使用权卖给房地产开发公司来得到巨额收入。同时，地方政府通过提供土地等方法设立国营开发公司，建设开发区招徕企业，但是一般认为，这样的国营开发公司也有很多利益不透明的资金在出入。”

有关房地产税的引进，经过多次议论都没能实施，这种情况不正是说明中国特有的结构问题吗？即，在这种土地和地方政府一体化的状况中，地方政府本身就从土地泡沫中获取了极大的利益。

总之，受国家和地方的财源及权限问题的影响，衍生了上述地方政府对土地私有物化问题，此事与消极对待土地税制有关。就中国的土地泡沫及土地税制问题，首先应展开基于实证的分析，同时完善城市土地价格的评估制度；与此同时必须解决以下政治结构上的问题：即国家和地方政府的财源问题，或是房地产业界和地方政府勾结问题等。

参考文献

田中修：《中国经济政策史（1996~2004）》，财务综合政策研究所讨论稿，2005 年 5 月 20 日。

大西靖：《中国财政和税制的现状与展望》，大藏财务协会。

日本综合研究所调查部：《房地产泡沫与中国的改革》，2005 年 7 月 21 日。

注：本文全面修改自拙稿：“中国与土地泡沫与税制的课题——借鉴日本的经验”，《国际金融》1162 号，2006 年。

附　录

日本地方财政图示

地方财政状况

平成 17（2005）年度财政白皮书视觉版〔平成 15（2003）年度决算〕

日本总务省

地方财政的作用

都道府县和市镇村是负责学校教育及福利·卫生、警察·消防、道路、下水道等各整备领域的主要行政单位，在国民生活中起着重大作用。

本书以作为各地方公共团体财政集合的地方财政为对象，以普通会计为主，介绍平成15年度的结算情况及地方公共团体针对财政健全化进行的管理。

地方公共团体的会计在决算统计中的分类

地方公共团体的会计分为一般会计和特别会计，可是，各团体的会计区分并不相同。因此，在决算统计中，明确地方公共团体整体财政状况的同时，为了地方公共团体相互间可进行比较，根据统一的方法，将一般行政部门的会计纳入普通会计，以区别于其他会计（公营事业会计）。

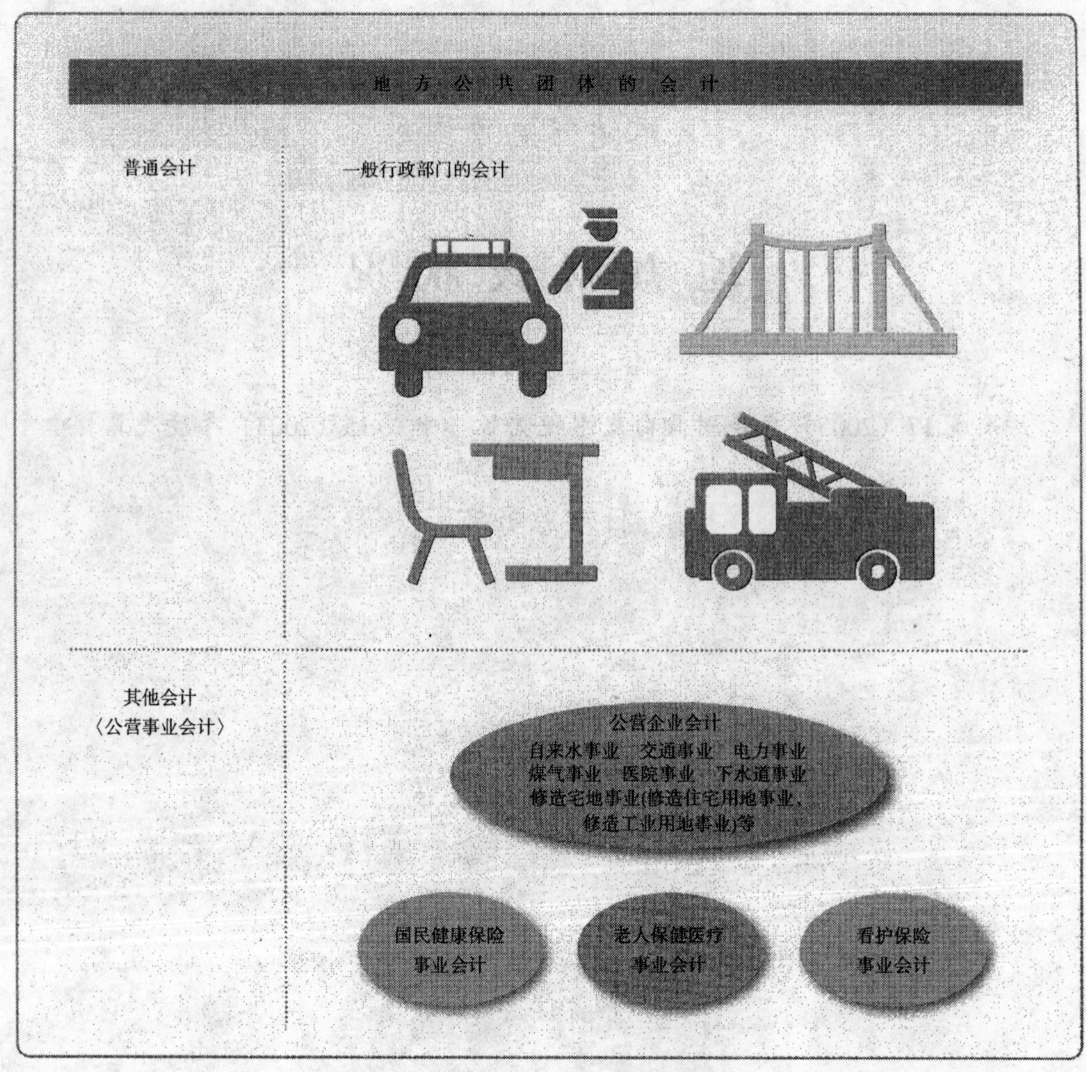

地方财政的规模在中央财政中占多少比率?

就地方财政的规模在国内总支出所占的比率来看，地方政府部门占 12.4%，约为中央政府的 3 倍。

国内总支出和地方财政

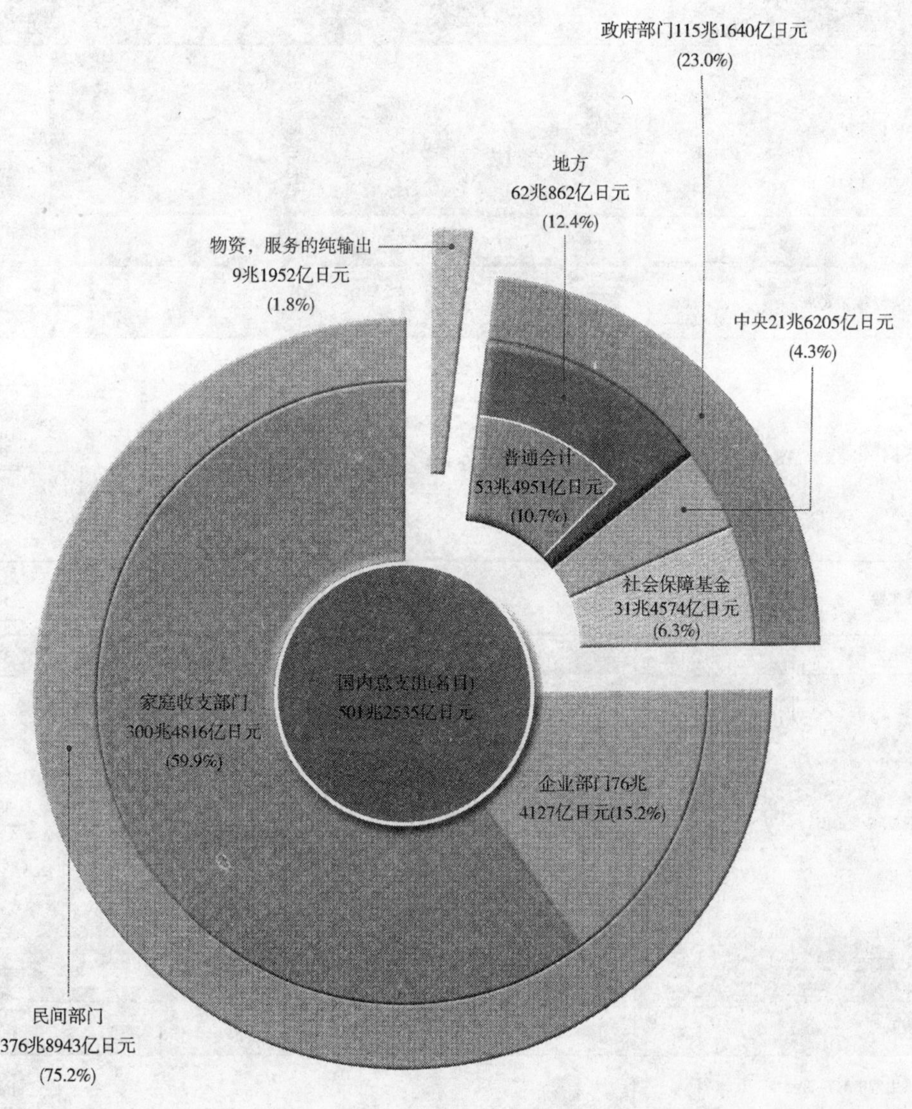

地方的年度财政支出在什么领域占高比率？

年度财政支出中，地方的年度财政支出比率较高的主要是卫生、学校教育、社会教育、警察、消防等与日常生活关系密切的领域。

中央与地方按目的区分的年度财政支出比率（最终支出额）

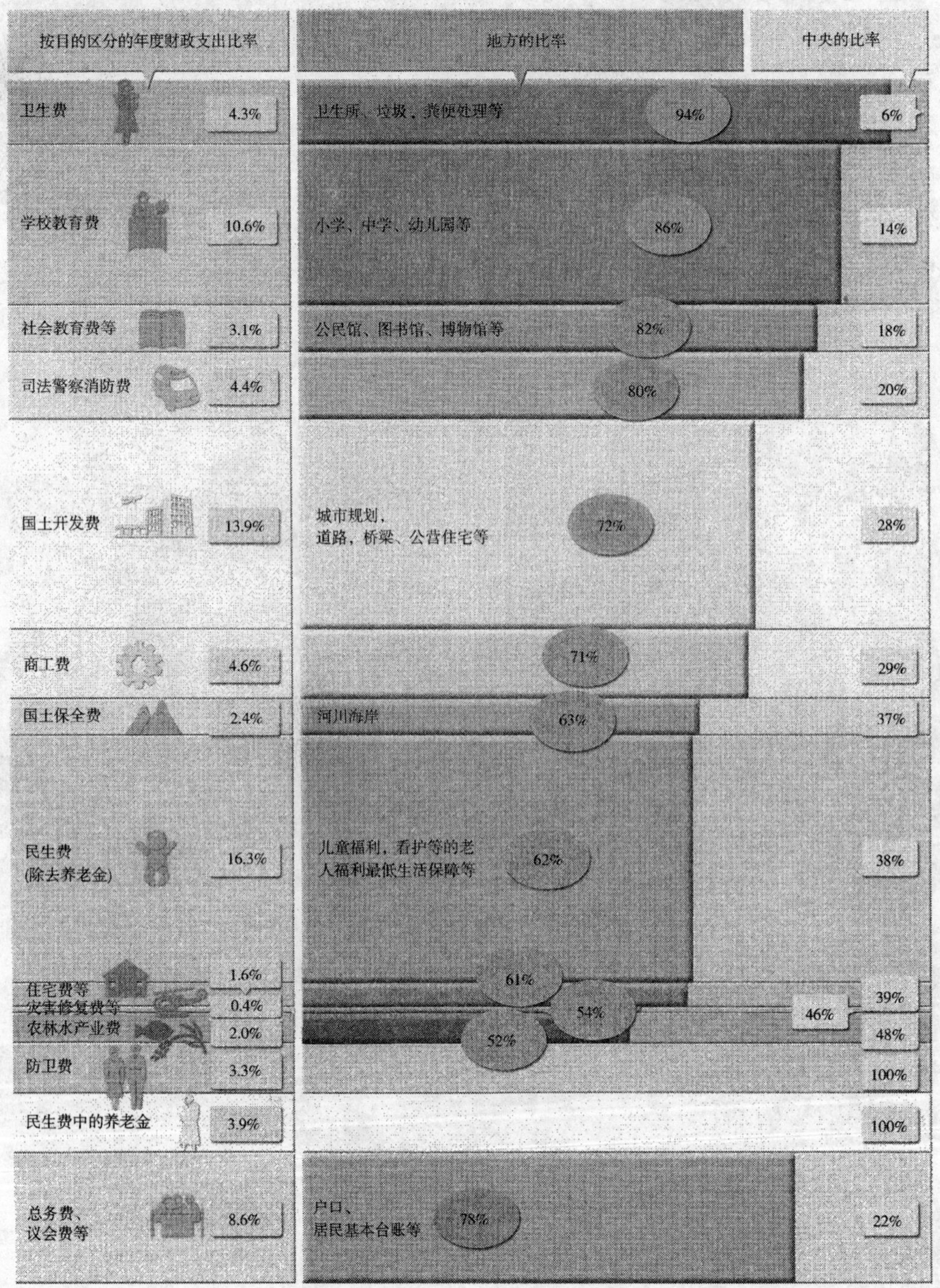

地方财政的现状

决算规模

决算规模随着年度财政支出中普通建设事业费及人事费的缩减，以及年度财政收入中地方税及地方交付税的缩减，年度财政收入及支出在4年间不断地减少。

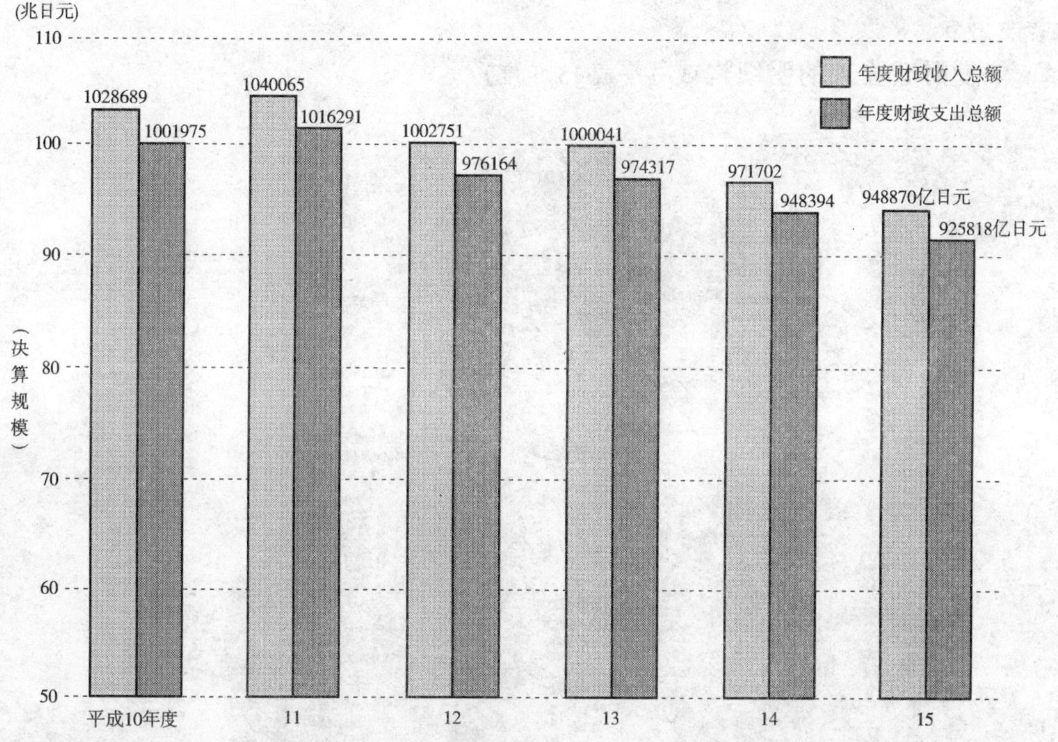

决算收支

虽然单年度收支和实质单年度收支同时盈利，但是，实质收支赤字的团体数却有所增加。

分　类	决　算　额		赤字团体数	
	15 年度	14 年度	15 年度	14 年度
实质单年度收支	918 亿日元	▲978 亿日元	1448（2435）	2055（2932）
单年度收支	1397 亿日元	▲554 亿日元	1347（2356）	1949（2845）
实质收支	1 兆 2046 亿日元	1 兆 783 亿日元	28	25

（注 1）实质单年度收支：单年度收支加上财政调整基金的积累额及地方债的提前偿还额，再扣除财政调整基金的挪用额后得出额。

单年度收支：该年度的实质收支扣除前年度的实质收支后得出额。

实质收支：年度财政收入与支出的差额扣除下一个年度应该转入的财源后得出额。

（注 2）实质单年度收支及单年度收支的赤字团体数，不包括部分事务工会及广域联合，（　）内为包括部分事务工会及广域联合的团体数。

（注 3）实质收支的赤字团体数为，截止决算额（依据市镇村合并等，出纳处理期间无年度财政收入与支出的情况）扣除赤字团体数后得出额。

年度财政收入

行政活动所需的费用是出自哪里呢?

1 年度财政收入明细的构成

地方公共团体的年度财政收入中，地方税占约 1/3，其后依次为地方交付税、地方债、国库支出金。

年度财政收入的明细构成（平成 15 年度）

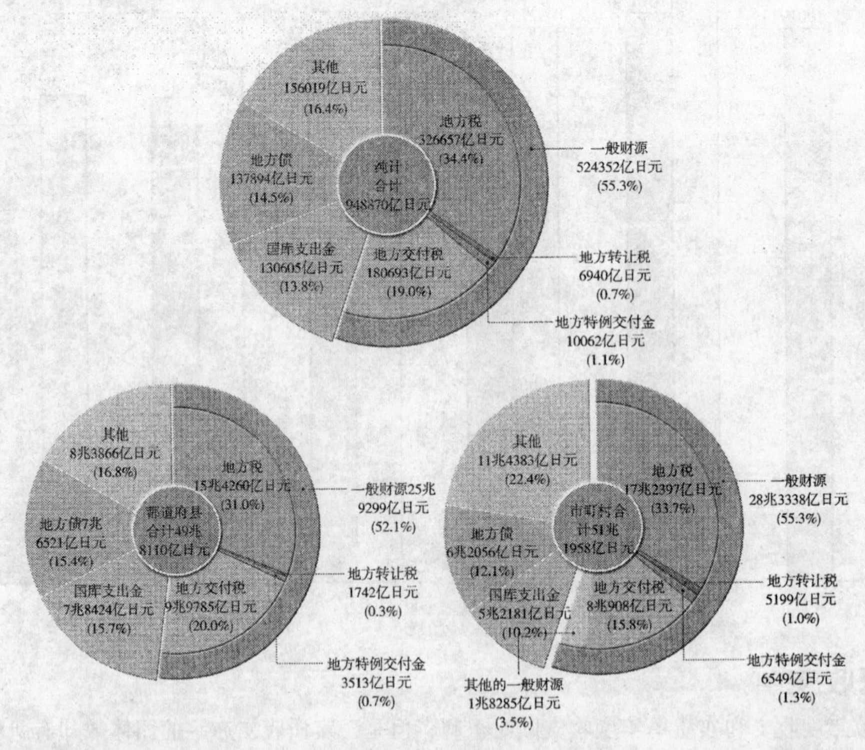

一般财源	将地方税、地方交付税等明确指定用途的财源称为一般财源。本书中，将地方税、地方转让税、地方特例补助金及地方交付税等的总额归为一般财源处理。为了让地方公共团体充分适应各种各样的行政需要，确保一般财源变得尤为重要。

* 地方转让税　作为国税征收之后，转拨到地方公共团体的税。包括地方道路转让税等。

* 地方特例交付金　为了弥补永久减税所带来的地方税收减少的部分而设，或伴随重新评估国库补助负担金而出现的国家拨给地方公共团体的补助金，某种意义上具有替代地方税的性质。

* 地方交付税　地方交付税是中央政府为了以国税 5 税的一定比例额调整地方公共团体间的财源不均衡，让不同地区的居民均能享受同一标准的行政服务而提供的地方固有的财源。(详细内容请看「地方交付税」)。

* 国库支出金　中央政府交给地方公共团体的明确指定用途的资金的统称。

* 地方债　指地方公共团体的债务中偿还期超过一个财政年度的债务。

(注 1) 本书中以普通会计为主进行说明（上下水道，交通，医院等「公营企业」，在「地方公营企业」中介绍）。

(注 2) 各项目的计数通过四舍五入表示。因此，有时明细可能与合计不相符。

2　年度财政收入明细的变迁

近几年，年度财政收入总额中地方税、地方交付税的比率有减少的倾向，而地方债的比率则不断升高。

中央

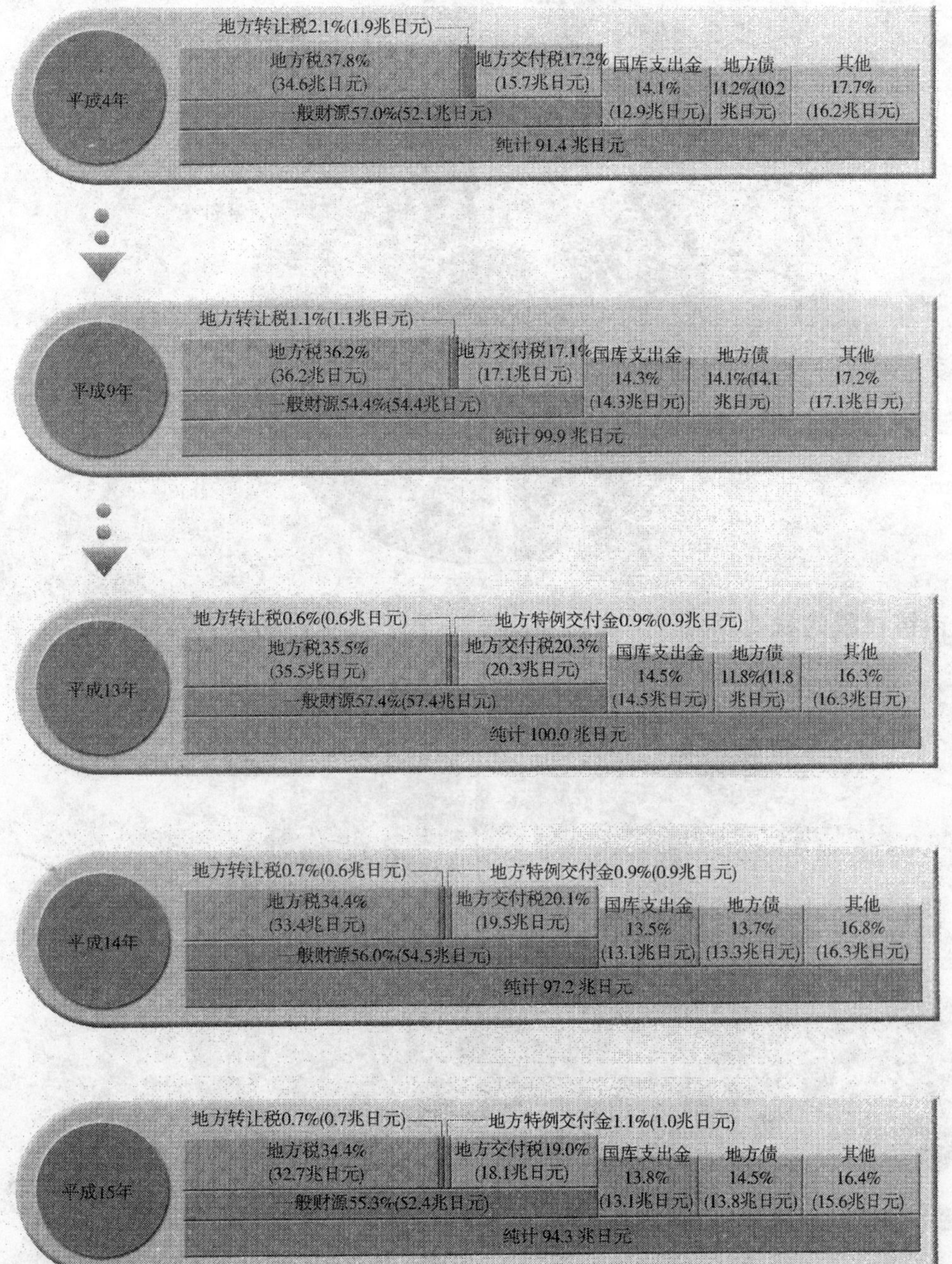

3 地方税

地方税分为都道府县税和市镇村税（在东京都这种特别区，由都城征收一部分市镇村税）。

都道府县税的税收构成（平成 15 年度决算）

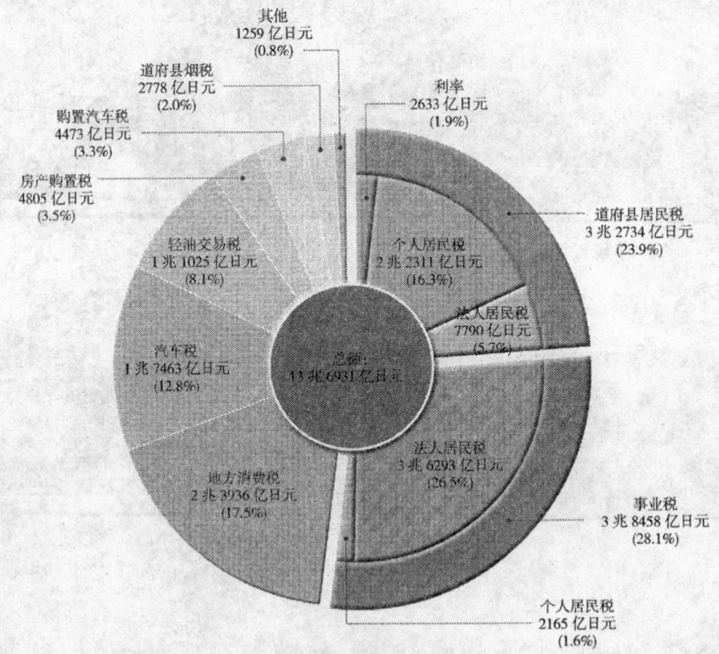

市镇村税的税收构成（平成 15 年度决算）

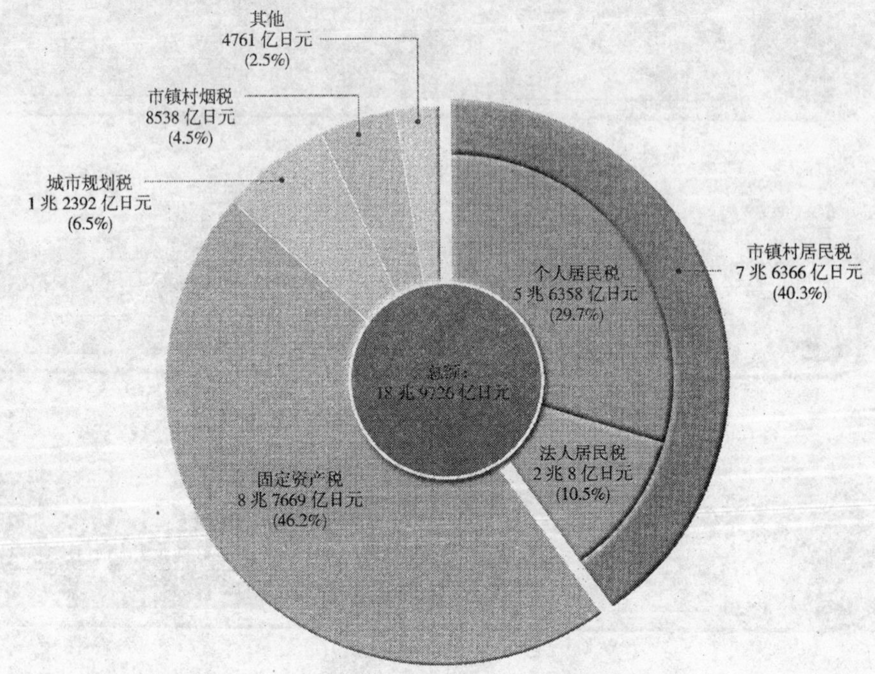

都道府县税中法人关系二税（法人事业税及法人道府县居民税）占高比率，市镇村税中固定资产税和个人市镇村居民税的比率不断升高。

法人关系二税易受景气变动的影响，都道府县税的税收不稳定。

市镇村税的变迁比较稳定，但是，平成 13 年度以后逐渐减少。

都道府县税的变迁

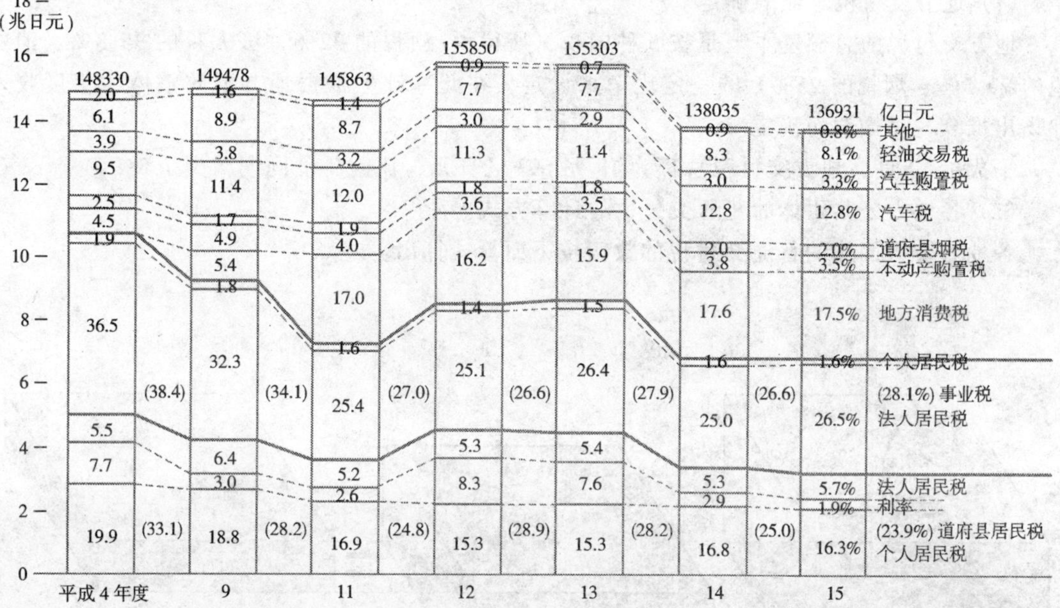

* （　）内数值为事业税及道府县居民税的构成比。

市镇村税的变迁

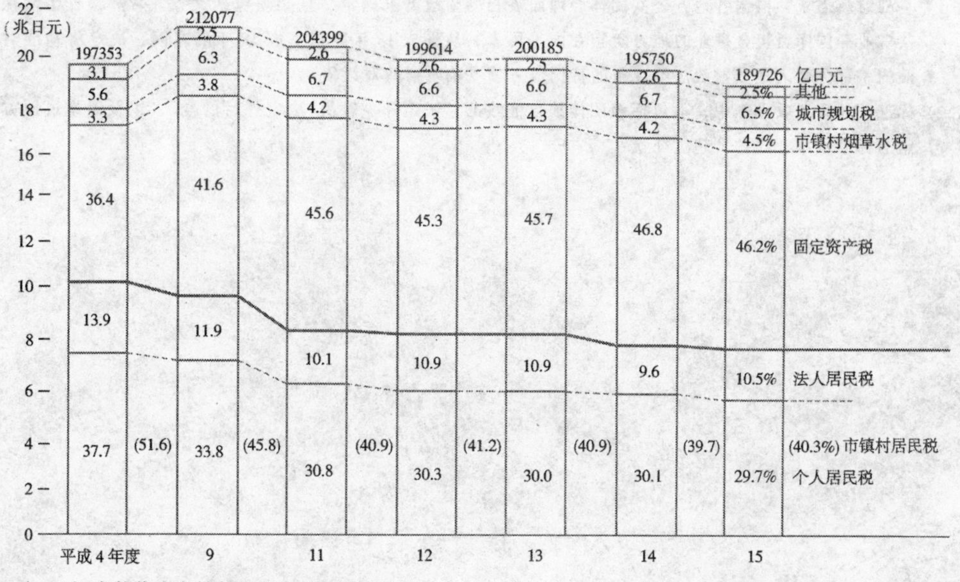

* （　）内数值为市镇村居民税的构成比。

4 地方交付税

从地方自治的观点看，行政活动必要的财源，最好是由各地方公共团体向本地居民征收的地方税提供，但是，因税源的地域性失调，多数地方公共团体不能确保必要的税收征收。因此，本应由地方征收的财源由国家代为征收，并作为地方交付税，再分配给财政能力薄弱的地方公共团体。

(1) 地方交付税总额的确定。

地方交付税的总额基本上是按 5 种国税（所得税·酒税的 32%、法人税的 35.8%、消费税的 29.5%、烟税的 25%）的一定比率来设定，在此基础上根据地方财政整体的年度收入和支出推算，做微调而确定。

平成 15 年度，地方交付税总额为 18 兆 693 亿日元，比前年度同期减少 7.5%。

(2) 各地方公共团体的普通交付税的计算方式。

各地方公共团体的普通交付税的数额按下面算式算出。

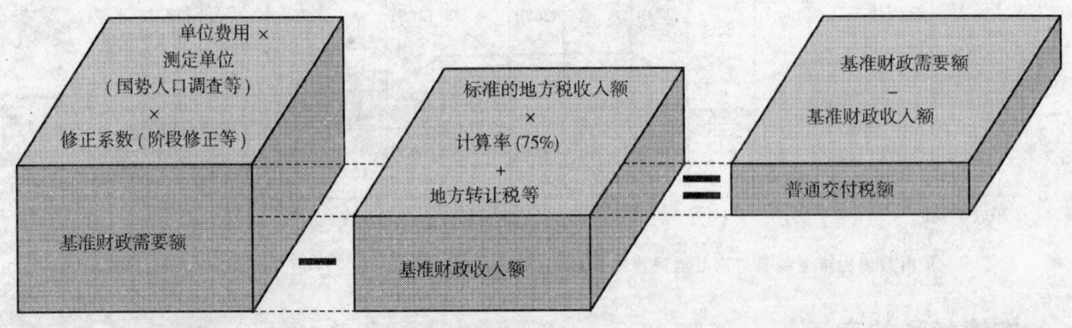

（注 1）基准财政需求额根据各地方公共团体合理而妥当的财政需求确定，且必须包括义务教育和最低生活保障、公共事业等国库负担金事业的地方负担在内。再者，从平成 13 年度到平成 18 年度之间，决定将基准财政需求额的一部分转入地方财政法第 5 条的特例地方债（临时财政对策债）。

（注 2）标准的地方税收入额中，不包括该团体独自征收的“法定外一般税·法定外目的税”，以及以超过地方税法规定的标准税率征收的“超过征税”。

（3）地方交付税的作用。

地方交付税是为了调整地方团体间的财源不均衡，让不同地区的居民均能享受同一标准的行政服务和基本社会资本而设的税项。

因此，通过征收地方交付税进行财源调整的结果，一般财源在年度财政收入总额中的比率，因人口规模等因素存在极大的差异。

市镇村年度财政收入总额中一般财源的比率分布状况

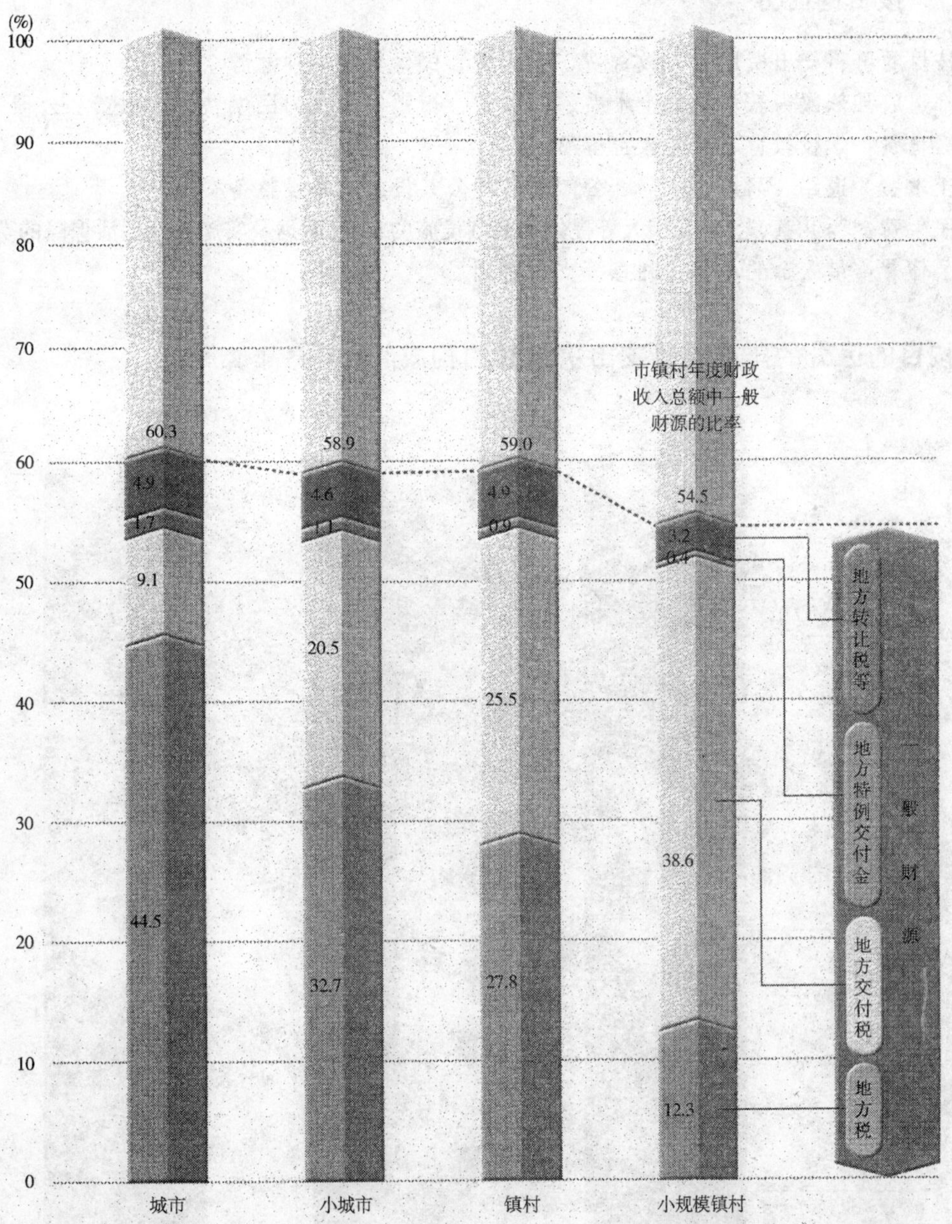

注：①所谓“城市”，是指平成12年国势调查报告中人口10万人以上的市，“小城市”则是指人口不足10万人的市。

②所谓“镇村”，是指人口1万人以上的镇村，“小规模镇村”是指人口不足1万人的镇村。

年度财政支出

年度财政是如何支出的?

1　按目的区分

按目的可将支出费用分为教育费、土木费、民生费等多种财源。

都道府县依次为教育费、土木费、公债费，市镇村依次为民生费、土木费、公债费。

教育费：学校教育、社会教育等费用。

土木费：道路、河川、住宅、公园等各种公共设施的建设整备费用。

民生费：为儿童、老年、残疾人等提供的福利设施的整备、营运及实施最低生活保障的费用。

公债费：借入金的本金、利息等支付费用。

按目的区分的年度财政支出决算额的构成（平成15年度）

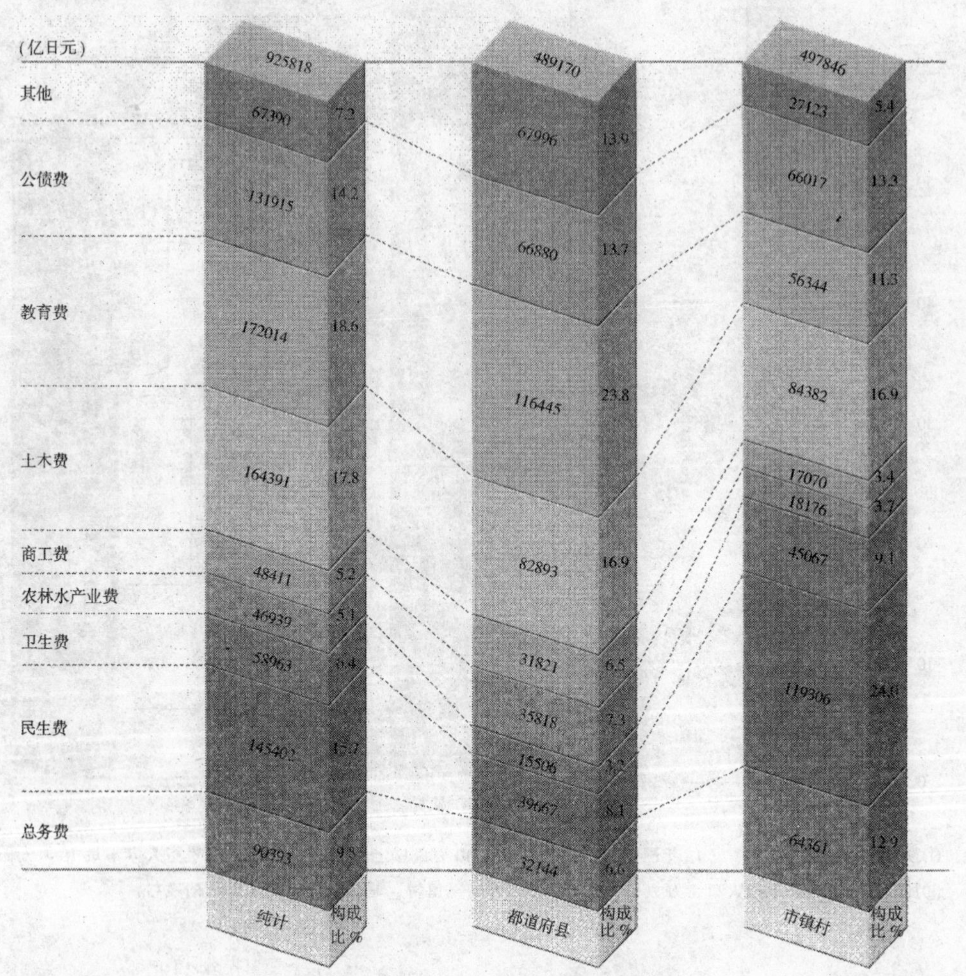

按目的区分的教育费明细

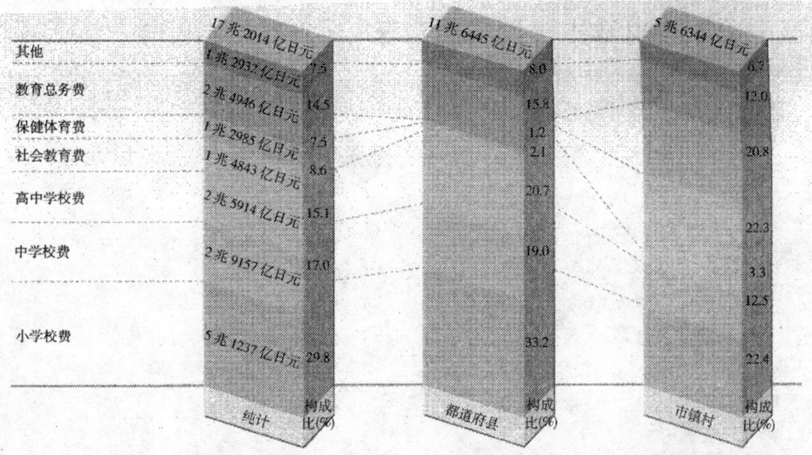

按目的区分的土木费明细

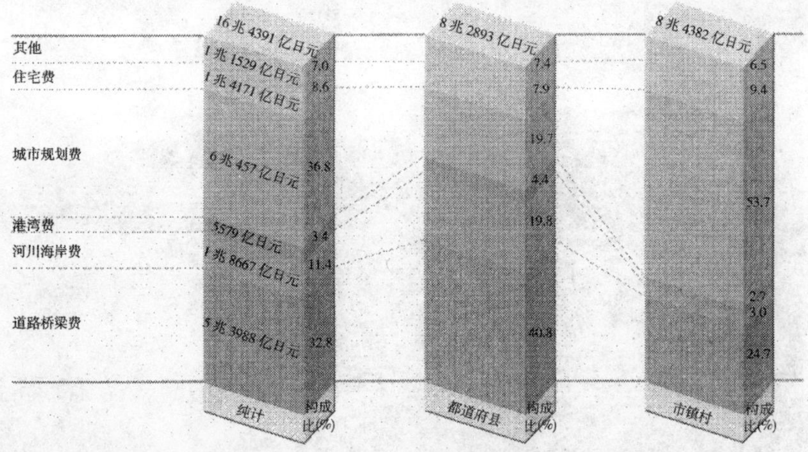

按目的区分的民生费明细

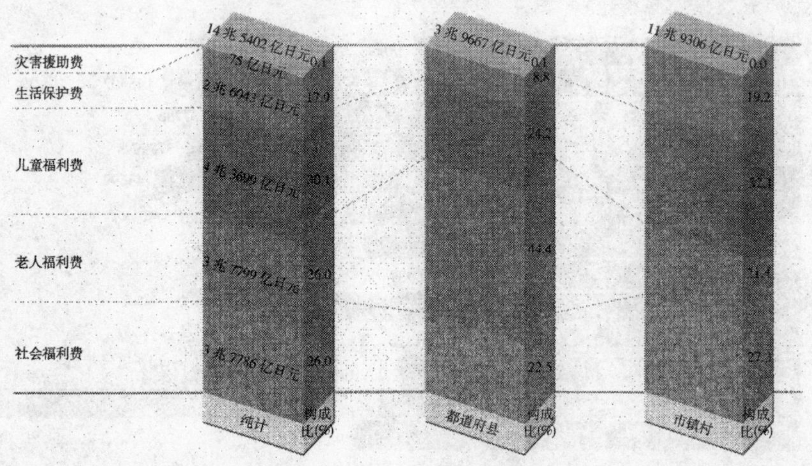

近几年，农林水产业费、土木费等不断减少，公债费则不断增加。

按目的区分的年度财政支出构成的变迁（纯以普通会计计）

单位：以平成4年度为100%算出的比率

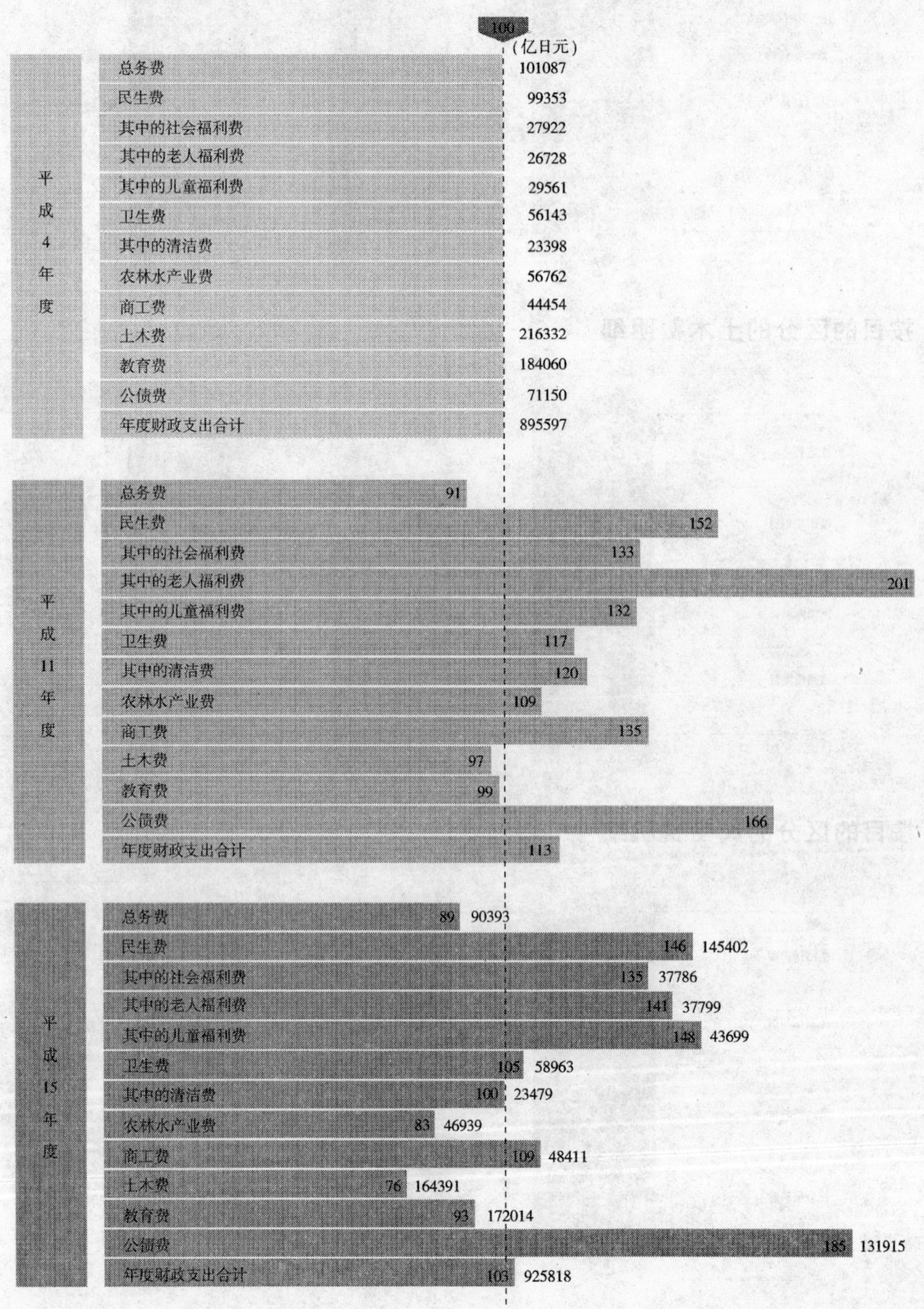

支出费用的性质是什么？

2　按性质区分

按性质可将支出费用分为属义务性支出、不可任意削减的“义务经费”（人事费、补助费及公债费），一般建设事业费等“投资经费”及“其他经费”。

年度财政支出明细的构成（平成 15 年度）

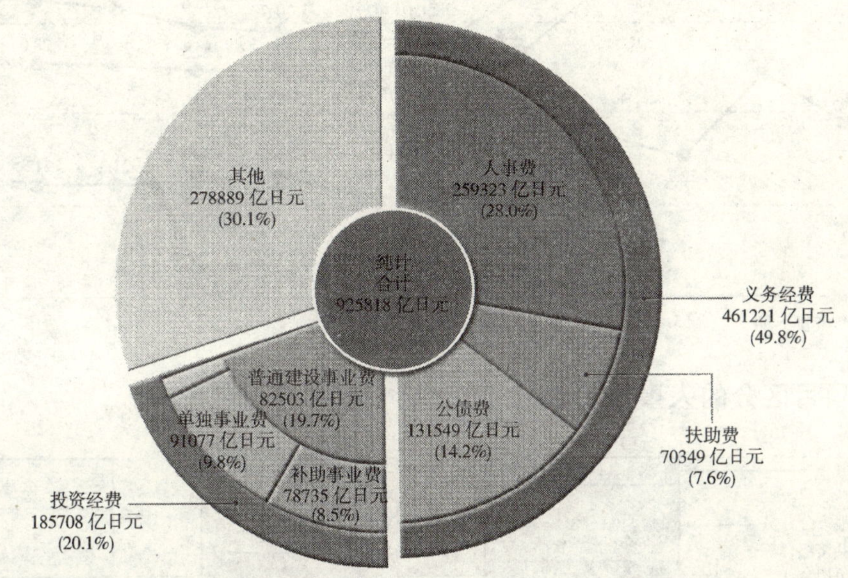

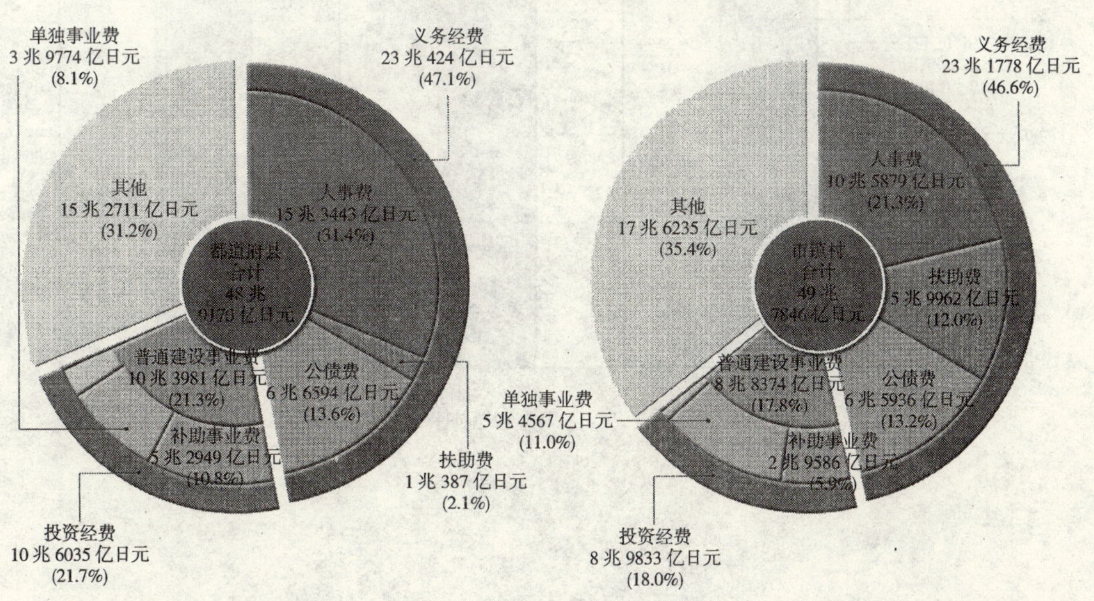

人事费的变迁

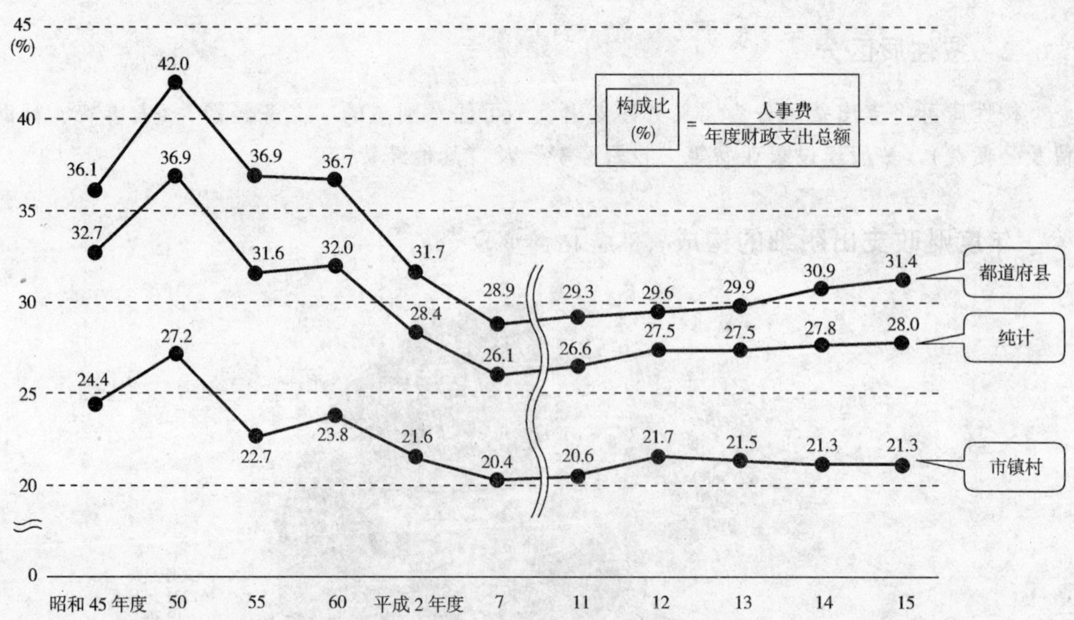

按项目区分的人事费明细

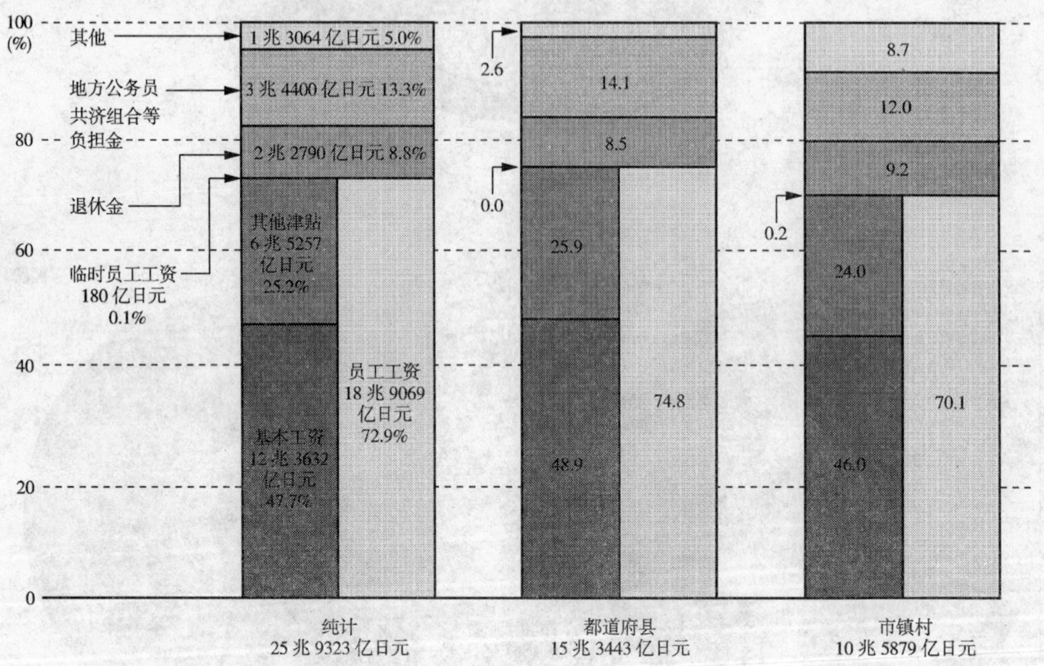

近几年，普通建设事业费、人事费等不断减少，扶助费、公债费则不断增加。

按性质区分的年度财政支出明细的变迁（普通会计纯计）

单位：以平成4年度为100%算出的比率

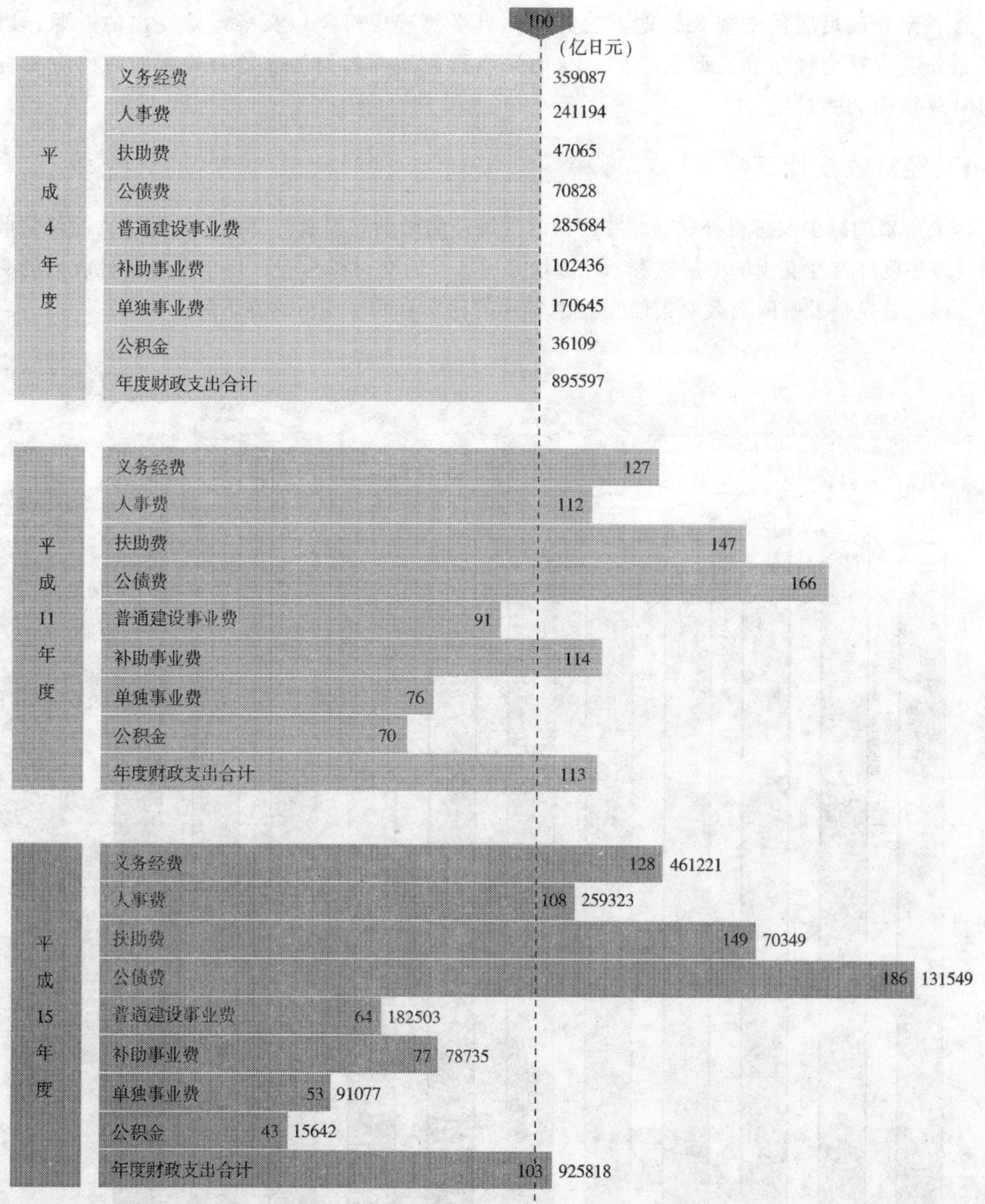

扶助费：儿童福利费、最低生活保障费等，作为社会保障制度的一个环节，为了援助生活窘迫者、儿童、老年人、身心残疾人等而支出的经费。

普通建设事业费：道路、桥梁、公园、学校等社会资本的整备需要的费用。

财政结构的弹性

财政对行政需求的应对能力如何?

为了充分满足居民的需要，地方公共团体有必要确保每年以义务经费支出的财源，以及为了充分适应社会经济和行政需求的变化而采取措施所需的财源。这种确保财源的应变程度称为财政结构的弹性。

1 经常收支比率

因人事费的减少及减税补贴债、临时财政对策债的增加等因素，都道府县及中央的经常收支比率（每年度经常性支出的一般财源，在以地方税、普通交付税为主，每年度经常性收入的一般财源、减税补贴债及临时财政对策债(注)的总额中的比率）的平均值均在下降。

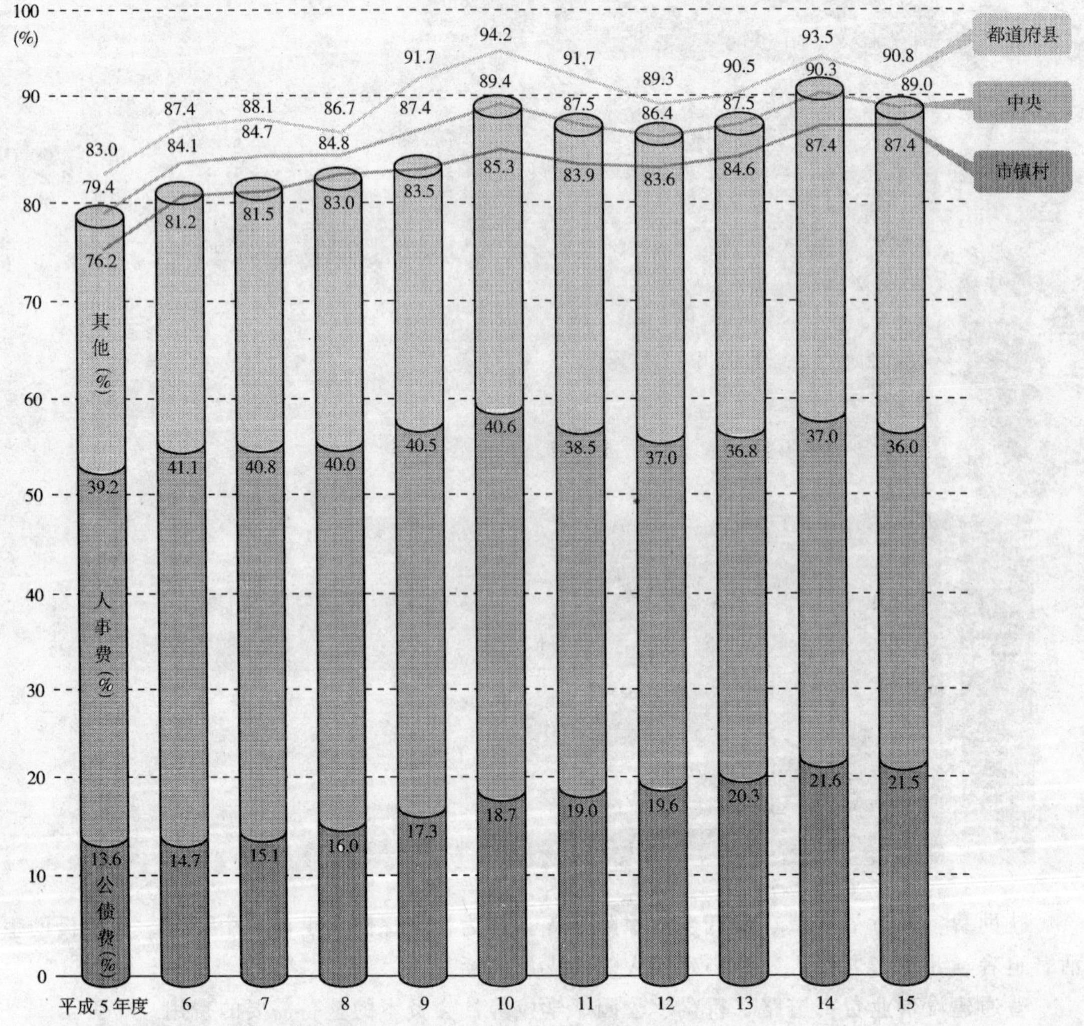

（注）减税补贴债及临时财政对策债为平成13年度追加。

2　发债限制比率

对于地方公共团体的借入金、作为利息支付的公债费、以及极其缺乏弹性的经费，有必要经常性地关注它们的动向。

作为可观察实际公债费负担程度的指标，并已将地方交付税措施考虑在内的发债限制比率*，其中央平均值与历史最高时期的前年度相比，呈现同比例增长趋势，继续以高水准变迁。

发债限制比率的变迁

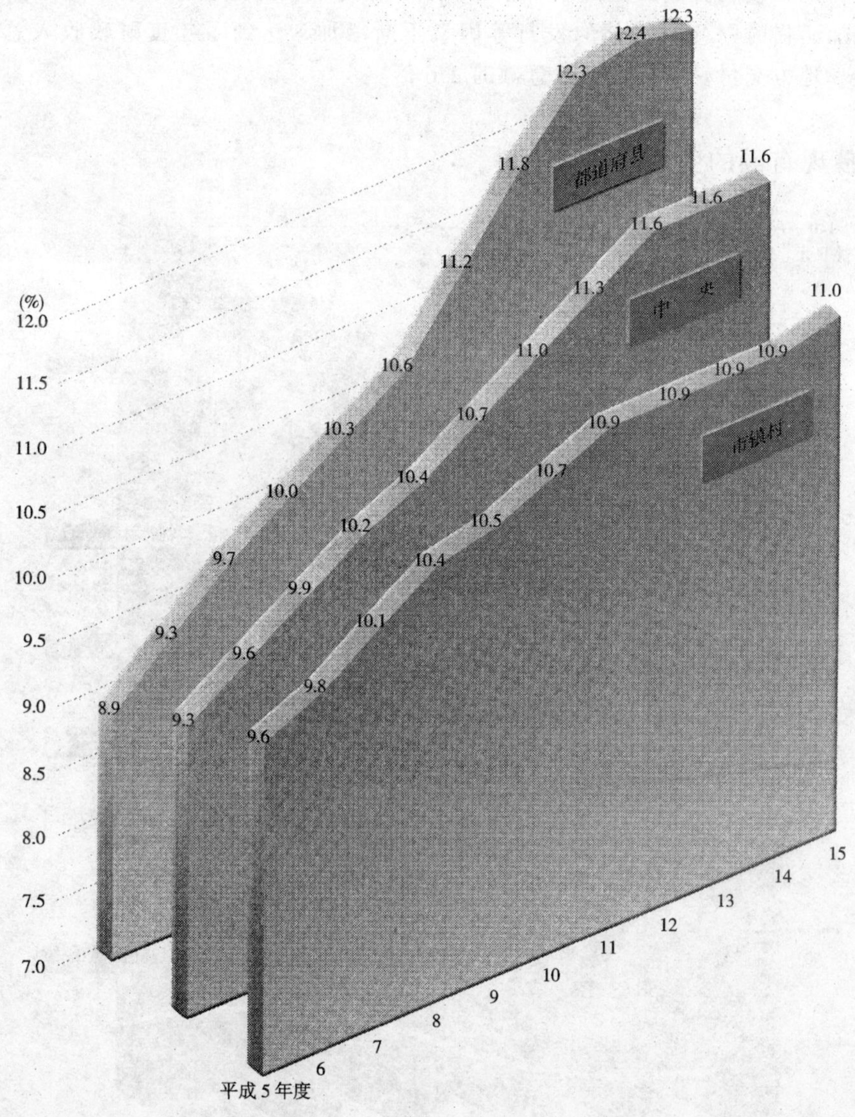

*发债限制比率：发债限制比率是为了评价从地方债本利偿还金中扣除提前偿还额，再扣除与此相应的一般财源项中的地方交付税后得出额在标准财政规模（制控地方交付税措施）及临时财政对策债发行可能额的总额中占多少比率而设的指标。这个指标用于地方债的许可限制，对于比率20%以上的团体，原则上，像一般单独事业等地方债的发行会被限制。

地方财政的借入金余额

地方财政的借款情况又如何呢?

1 地方债现有额的变迁

地方债现有额作为地方公共团体的借款额，至平成15年度末为约138兆日元。

近几年，地方债现有额因地方税收等的下跌和伴随减税的税收补贴、伴随经济对策的公共投资的追加、临时财政对策债的发行等因素不断增加，达到了年度财政收入总额的1.5倍，地方税、地方交付税等一般财源总额的2.6倍。

地方债现有额的变迁

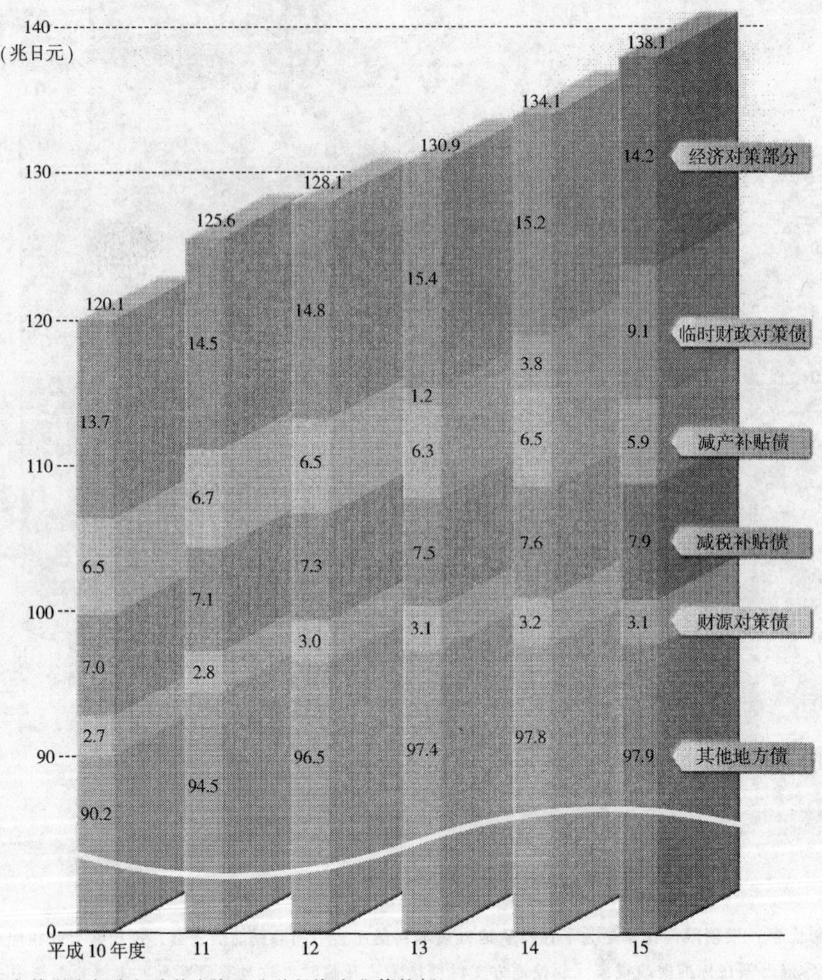

（注1）地方债现有额为扣除特定资金公共投资事业债的额。

（注2）经济对策部分为推算值。

2 地方财政的借入金余额

同时，除地方债现有额外，近几年，解决地方财源不足问题的交付税及转让税分发金特别账户借入金项中的地方承担的部分、公营企业中偿还企业债项中的普通会计承担偿还的部分剧增，在平成15年度末达到了约198兆日元，预计在平成17年度末会达到205兆日元。

普通会计应该承担的借入金余额及其在国内总生产中所占比率的变迁

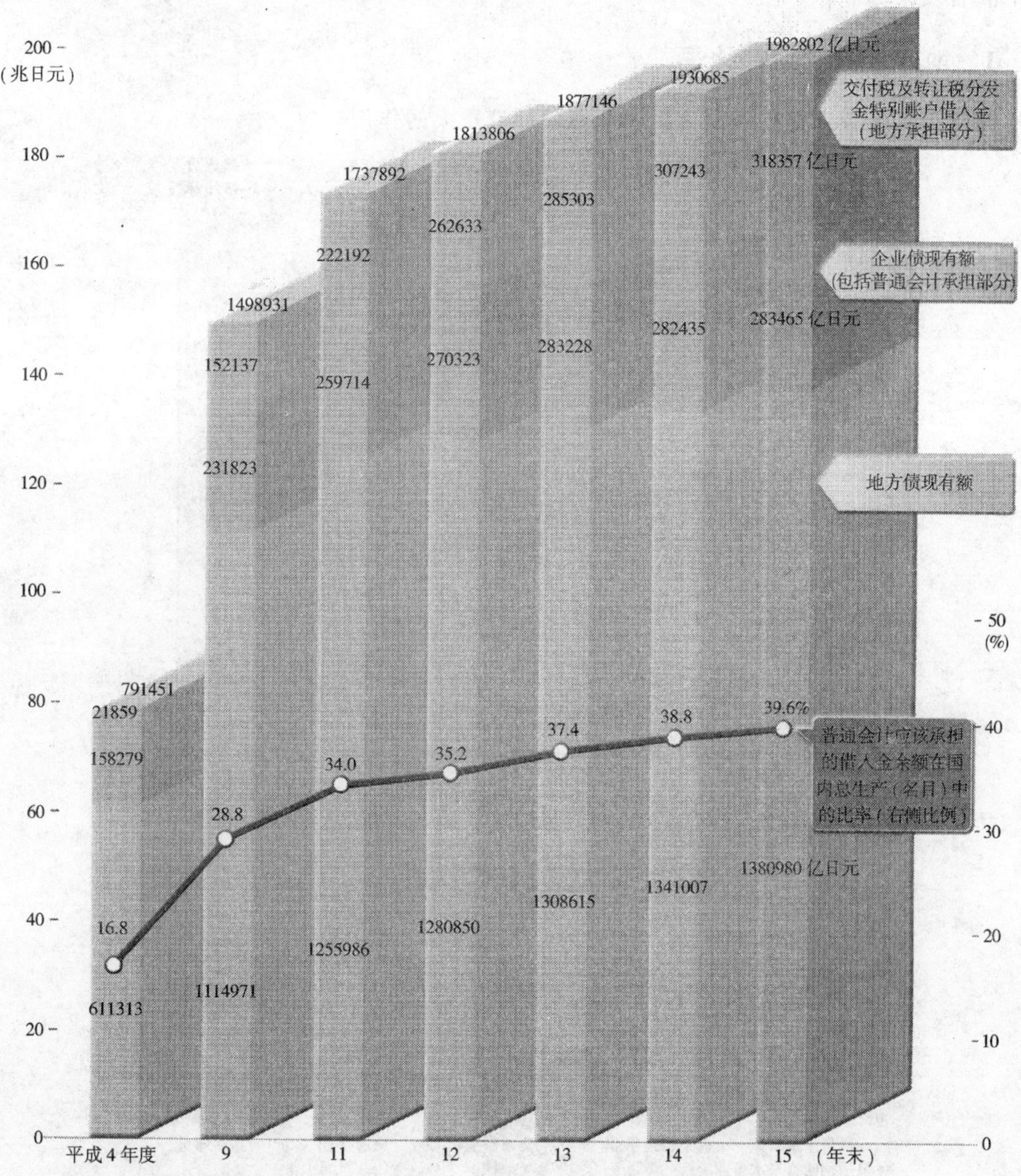

（注1）地方债现有额为扣除特定资金公共事业债及特定资金公共投资事业债的额。

（注2）企业债现有额（包括一般会计负担的部分）是以决算统计为基础推算的值。

地方公营企业

地方公营企业究竟处于何种状况?

地方公营企业是地方公共团体以社会公益为目的直接进行管理的企业，主要提供自来水事业、下水道事业、交通事业、医院事业等在当地居民生活及地域发展中必不可少的社会资本的整备及服务。

1　地方公营企业的比率

地方公营企业在提高居民生活水平方面起着重大的作用。

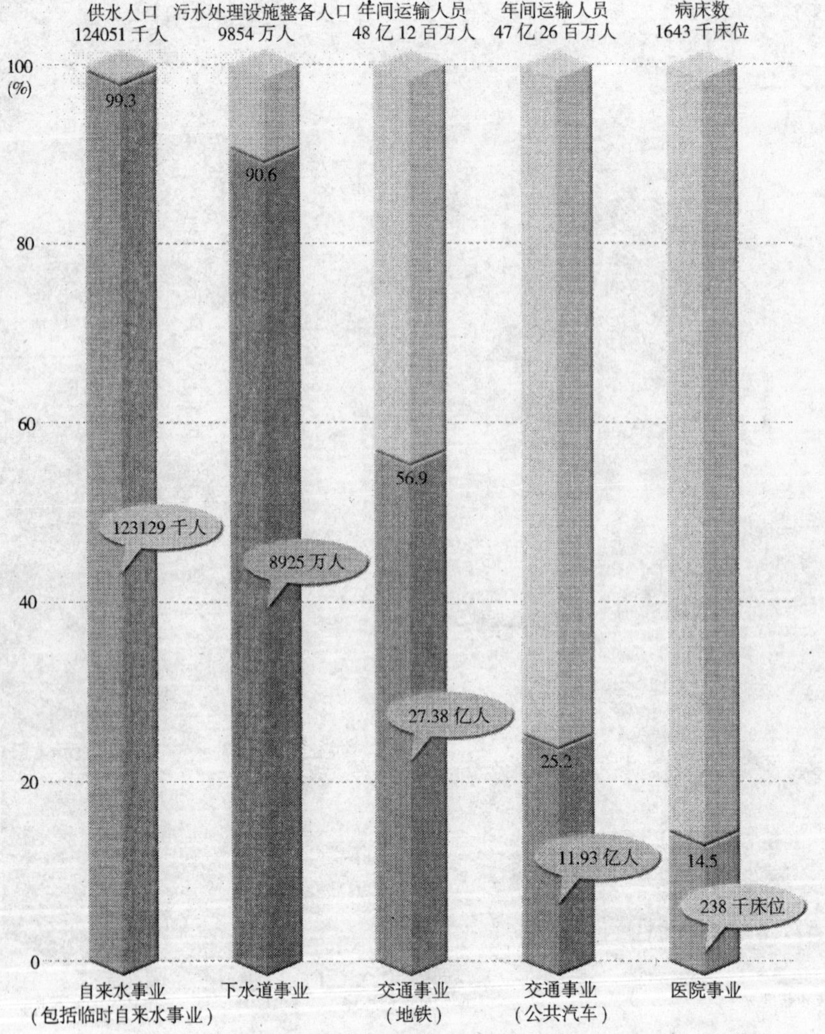

*图表表示的是，如果将全国的全事业整体数值视作 100%，则地方公营企业在其中占有的比例。

*全国的全事业整体数值根据各相关机关的统计资料制作，而地方公营企业的数值则由全事业整体数值和同年度的决算数值决定。

2　事业数

事业数为12476。在各项事业中，下水道事业占最大的比例，其次为自来水事业、看护服务事业及医院事业。

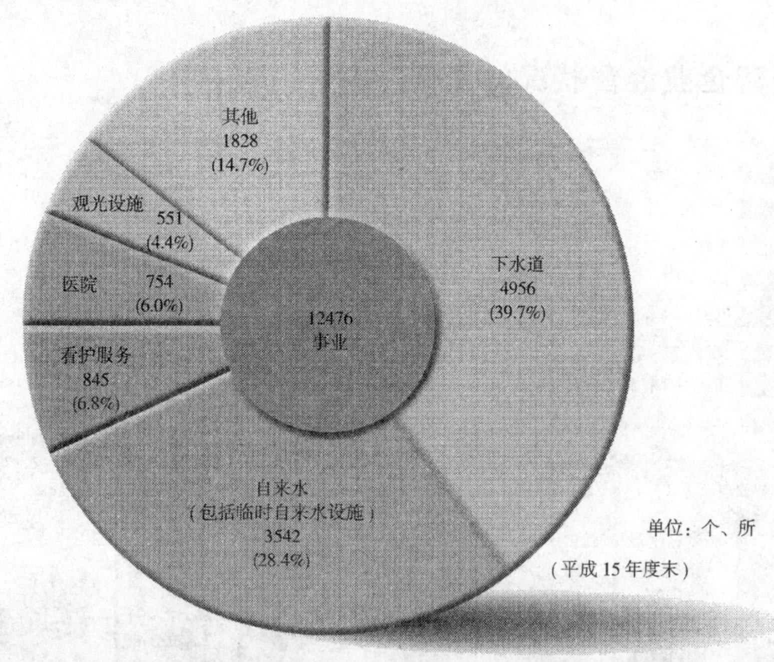

3　决算规模

决算规模为20兆3070亿日元。在各项事业中，下水道事业占最大的比例，其次为医院事业、自来水事业及交通事业。

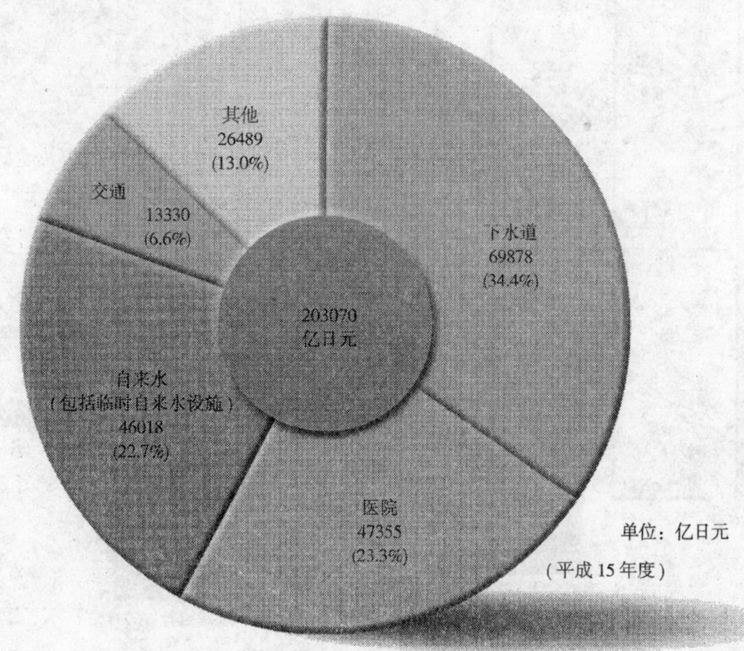

4 经营状况

经营状况为盈余 1482 亿日元。在各项事业中，自来水事业、工业用自来水事业、电力事业及下水道事业在变迁过程中继续保持盈余，而交通事业及医院事业则持续保持赤字状态。

地方公营企业经营状况的变迁

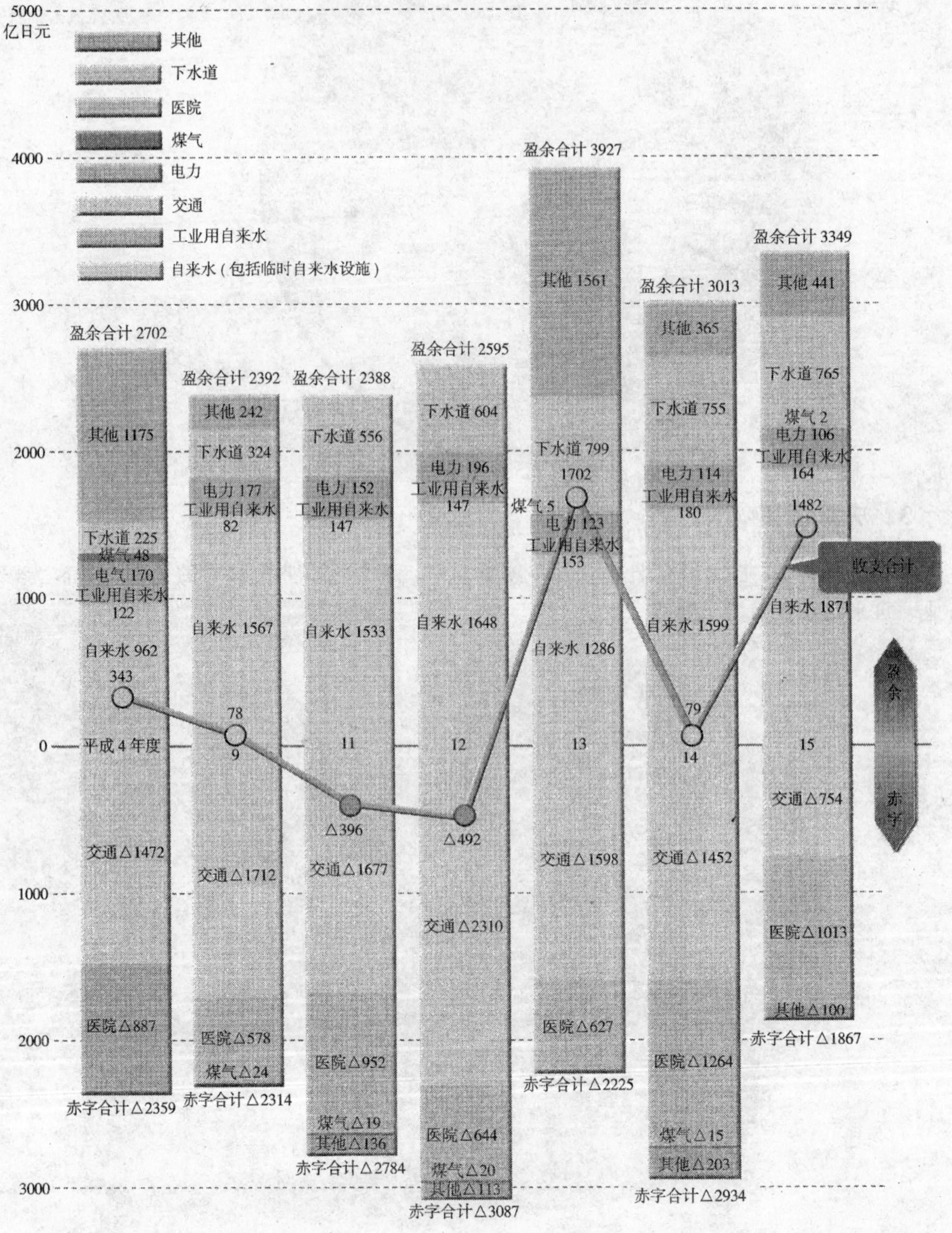

针对财政健全化的管理

为了财政健全化而采取了何种管理举措?

一方面，地方财政的状况极为严峻，另一方面，被赋予地区综合性行政主体地位的地方公共团体的作用将变得越来越重要。

因此，行政改革的管理应以组建可应对新的行政课题的简单而有效的行政组织为目标进行。

1　公务员数

地方公务员总数，从平成7年到10年为止不断减少。人员减少情况一般行政部门已持续9年，特别行政部门已持续13年，就连公营企业等会计部门也持续了3年。

这一现象是因为，随着治安·防灾对策的充实等因素，虽然有些部门的职员数有所增加，但是，因为制定了定员管理目标，其他部门在辞旧迎新的基础上进行相应的裁员，最终导致职员数在整体范围内减少。

地方公务员数的状况

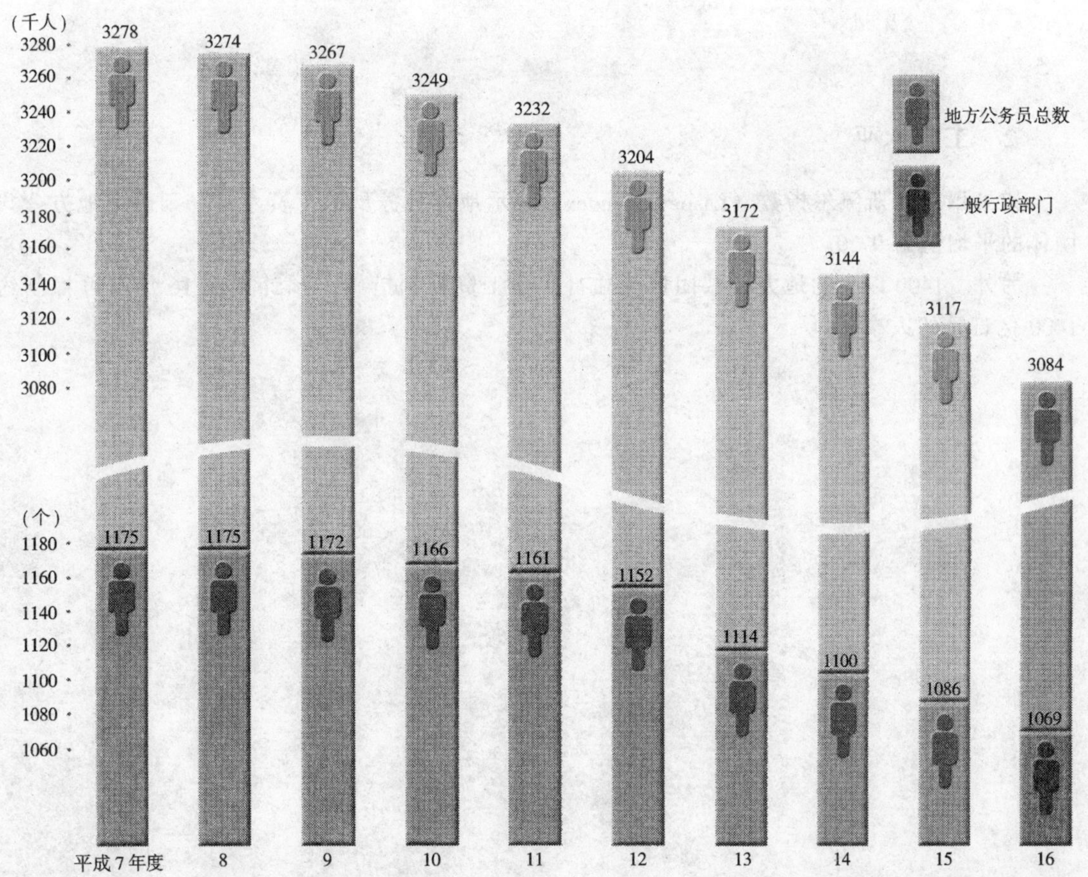

地方公共团体各部门职员数的变迁

单位：以平成 7 年 4 月 1 日当时的职员数视作 100%算出的比率

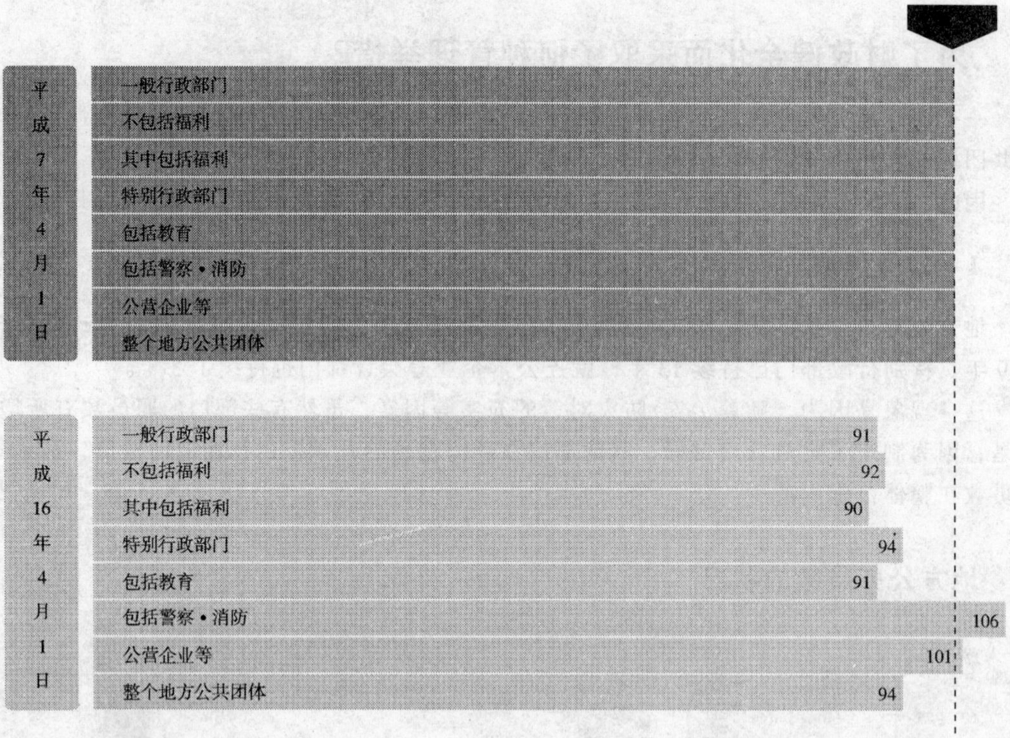
平成7年4月1日
一般行政部门
不包括福利
其中包括福利
特别行政部门
包括教育
包括警察·消防
公营企业等
整个地方公共团体
平成16年4月1日
一般行政部门 91
不包括福利 92
其中包括福利 90
特别行政部门 94
包括教育 91
包括警察·消防 106
公营企业等 101
整个地方公共团体 94

2　工资水平

如果用＊拉斯佩尔指数（Laspeyres index）表示地方公务员的工资水平，则整个地方公共团体的平均值为 97.9。

另外，1400 以上的地方公共团体均独自实施工资抑制措施，预计平成 16 年度可抑制约 1400 亿日元的人事费。

拉斯佩尔指数的变迁（整个地方公共团体平均值的变迁）

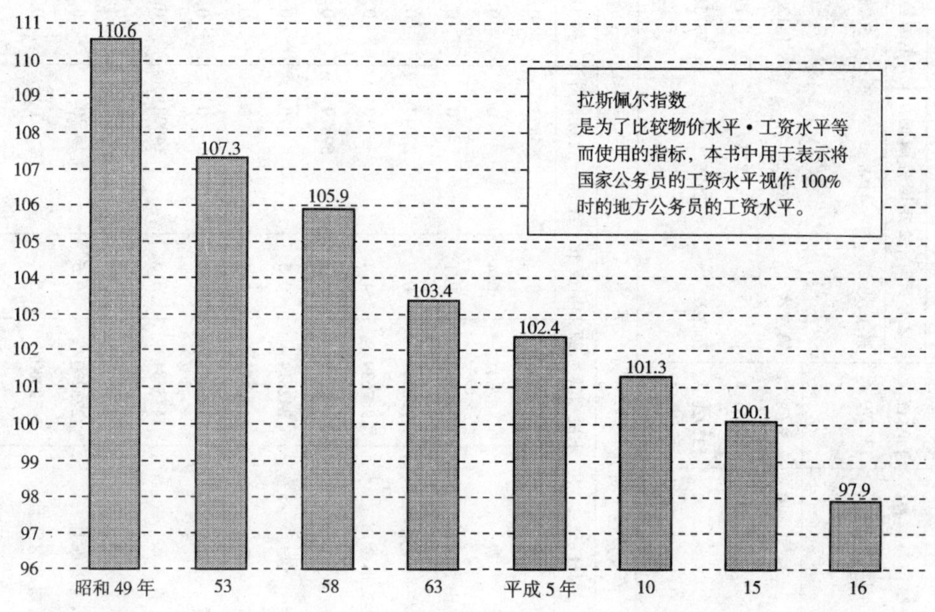

3　行政透明化

一方面，在地方财政状况越发严峻的状况下，行政部门为了尽到说明责任而采取了各种管理举措。在总务省中，自平成 16 年 10 月开始，每个个别团体汇总整个都道府县及市镇村的决算数据（平成 13 年度决算以后）制作了“决算卡”，并在各自的主页上公布。

决算卡实例（A市）

平成15年度	决算情况			
都道府县名	团体名	市镇村类型	面积（km^2）	356.90
		地方交付税种类	人口密度（人）	394

人口		
	12年国势调查	140447人
	7年国势调查	135579人
居民基本总账人口	增减率	3.6%
	16. 3. 31	138661人
	15. 3. 31	137928人
	增减率	0.5%

产业结构		
区分	12年国势调查	7年国势调查
第1次	4168	5078
	5.9	7.3
第2次	12911	13125
	18.4	19.0
第3次	52576	50761
	75.0	73.4

年度财政收入情况（单位千日元·%）

区分	决算额	构成比	经常一般财源等	构成比	区分	决算额	构成比	经常一般财源等	构成比
地方税	18030921	39.8	16550070	65.7	使用费	562535	1.2	55851	0.2
地方出让税	455452	1.0	455452	1.8	手续费	167602	0.4	0	0.0
利率交付金	172256	0.4	172256	0.7	国库支出金	4126684	9.1	0	0.0
地方消费税交付金	1311209	2.9	1311209	5.2	国有提供交付金（特别区财政交付）	22047	0.0	22047	0.1
高尔夫场地利用税交付金	28423	0.1	28423	0.1	都道府县支出金	1987639	4.4	0	0.0
特别地方消费税交付金	0	0.0	0	0.0	财产收入	89257	0.2	59879	0.2
汽车购置税交付金	259376	0.6	259376	1.0	捐款	242814	0.5	0	0.0
轻油交易税交付金	0	0.0	0	0.0	转拨款	1152554	2.5	0	0.0
地方特例交付金	647171	1.4	647171	2.6	结转金	816651	1.8	0	0.0
地方交付税	6767801	14.9	5602792	22.2	种种收入	1473884	3.3	14008	0.1
普通	5602792	12.4	5602792	22.2	地方债	6591500	14.5	0	0.0
特别	1165009	2.6	0	0.0	其中包括减税补贴债	273200	0.5	0	0.0
（一般财源合计）	27672609	61.0	25026749	99.3	其中包括临时财政对策债	2432900	5.4	0	0.0
交通安全对策特别交付金	26032	0.1	26032	0.1					
分担金·负担金	400220	0.9	0	0.0	年度财政收入合计	45332028	100.0	25204566	100.0

续表 1

市镇村税的情况（单位千日元·%）

区分		已征收额	构成比	超过征税部分
市镇村居民税	个人均等比例	125627	0.7	0
	所得税比例	5349122	29.7	0
	法人均等比例	405609	2.2	426
	法人税比例	1298083	7.2	211295
固定资产税		8322096	46.2	0
其中包括纯固定资产		8198549	45.5	0
小型汽车税		206931	1.1	0
市镇村烟税		771332	4.3	0
矿产税		0	0.0	0
特别土地占有税		91	0.0	0
（法定普通税合计）		16478891	91.4	211721
法定外普通税		0	0.0	0
目的税		1552030	8.6	0
法定目的税		1552030	8.6	0
明细	洗澡税	71179	0.4	0
	事业所税	0	0.0	0
	城市规划税	1480851	8.2	0
	水利地有益税	0	0.0	0
法定外目的税		0	0.0	0
根据旧法定的税		0	0.0	0
合计		18030921	100.0	211721

指定团体等的指定状况	
新产	×
工特	×
初步开发	×
产炭	×
山振	○
过少	×
半岛	×
首都	×
近畿	×
中部	×
市镇村圈	○
特定农山村	×
财政重建	×
指数表选定	○
财源超过	×

区分		平成 15 年度（千日元）	平成 14 年度（千日元）
收支状况	年度财政收入总额	45332028	49773432
	年度财政支出总额	44447623	48606781
	年度财政收入支出差额	884405	1166651
	次年度应该转入财源	249482	528435
	实质收支	634923	638216
	单年度收支	－3293	－153483
	公积金	968	462
	提前偿还金	0	0
	公积金挪用额	200000	500000
	实质单年度收支	－202325	－653021

区分		职员数（人）	工资月额（千日元）	人均工资月额（千日元）
一般职员等	一般职员	816	2607150	3195
	其中包括技能劳务员	151	451370	2989
	教育公务员	37	145060	3921
	消防职员	0	0	0
	临时职员	0	0	0
	合　计	853	2752210	3227

加入一部分事务公会后的状况				特别职位等	定数	开始适用年月日	人均工资（报酬）月额（百日元）
议员公务灾害	×	粪便处理	○	市区镇村长	1	15.12.01	9120
非常职位公务灾害	×	垃圾处理	○	助理	1	15.12.01	7458
退休津贴	×	火葬场	○	会计员	1	15.12.01	6508
共同事务	×	常备消防	○	教育长	1	15.12.01	6555
税务事务	×	小学校	×	议员议长	1	8.04.01	5400
老人福利	○	中学校	×	议会副议长	1	8.04.01	4650
传染病	×	其他	○	议会议员	28	8.04.01	4350

续表 2

按性质区分的年度财政支出的状况（单位千日元·%）						
	区　分	决 算 额	构 成 比	充当一般财源等	经常经费充当一般财源等	经常收支比率
	人事费	6975183	15.7	6217962	6122249	22.0
	其中包括职员工资	4802591	10.8	4145009	—	—
	扶助费	5353509	12.0	1697881	1696650	6.1
	公债费	5904228	13.3	5783224	5781615	20.7
明细	本利偿还金	5902785	13.3	5781781	5780172	20.7
明细	短期借款利息	1443	0.0	1443	1443	0.0
	（义务性经费合计）	18232920	41.0	13699067	13600514	48.8
	物品费	5302917	11.9	4516381	3343389	12.0
	保养维修费	201854	0.5	182586	182586	0.7
	补助费	4971590	11.2	4689436	3796891	13.6
	包括一部分事务公会负担金	2948997	6.6	2888953	2829946	10.2
	调用金	4523282	10.2	4165553	2535637	9.1
	公积金	298199	0.7	281893	0	0.0
	投资·出资金·租赁费	1676656	3.8	696191	0	0.0
	前年度提前充公款	0	0.0	0		
	投资经费	9240205	20.8	2906084	经常经费充当一般财源等合计	
	其中包括人事费	248779	0.6	219128		23459017 千日元
明细	普通建设事业费	9076963	20.4	2844745	经常收支比率	
明细	其中 补助	2622352	5.9	111805	84.2%	93.1%
明细	其中 特别	6306477	14.2	2687306		（减税补贴债及临时财政对策债除外）
明细	灾害恢复事业费	163242	0.4	61339	年度财政收入一般财源等	
明细	失业对策事业费	0	0.0	0		32003480 千日元
	年度财政支出	44447623	100.0	31137191		

续表 3

按目的区分的年度财政支出状况（单位千日元·%）				
区　分	决算额（A）	构成比	（A）中的普通建设事业费	（A）充当一般财源等
议会费	333173	0.7	0	333173
总务费	6271805	14.1	1067145	5246072
民生费	9690126	21.8	74063	5079284
卫生费	4946836	11.1	204023	4408112
劳动费	104774	0.2	5116	67081
农林水产业费	1468399	3.3	646454	1038736
商工费	1407149	3.2	90459	569949
土木费	7877409	17.7	5208061	3842387
消防费	1317851	3.0	34417	1290471
教育费	4961934	11.2	1747225	3416666
灾害修复费	163242	0.4	0	61339
公债费	5904925	13.3	0	5783921
种种支出费	0	0.0	0	0
前年度提前充公款	0	0.0	0	0
特别区财调缴纳金	0	0.0	0	0
年度财政支出合计	44447623	100	9076963	31137191

公营事业等调用金			国民健康保险事业会计的状况	
合计	5691249		实质收支	611799
下水道	1947170		再次精算的收支	286831
自来水	1167967		加入的家庭数（家庭）	23188
矿泉水	0		入保险人数（人）	40138
交通	0		保险税（费）收入额	81
国民健康保险	803676	入保险人均	国库支出金	67
其他	1772436		保险支付费	133

区　分			（单位千日元）	
15年度	基准财政收入额		14635451	
15年度	基准财政需要额		20274073	
15年度	标准税收额等		19359163	
15年度	标准财政规模		24961955	
财政能力指数 13～15			0.72	
实质收支比率（%）			2.5	
经常一般财源等比率（%）			101.0	
公债费负担比率（%）			18.1	
公债费比率（%）			18.7	
发债限制比率（%）			12.3	
公积金现在额	财调		2091975	
公积金现在额	减债		1207658	
公积金现在额	特定目的		6630887	
地方债现在额			66257787	
其中包括政府资金			35760606	
（预定支出额）	债务负担行为额	物品等购入	669219	
（预定支出额）	债务负担行为额	保证·补偿	0	
（预定支出额）	债务负担行为额	其他	1405234	
（预定支出额）	债务负担行为额	实质经费	0	
收益事业收入			0	
土地开发基金现在额			2048740	
征收率	现年·合计	合计	96.8	88.6
征收率	现年·合计	市镇村居民税	98.4	91.9
征收率	现年·合计	纯固定资产	95.4	85.4

另一方面，近几年，为了运用财政状况的公布、分析手法综合性地把握资产和负债情况，地方公共团体中制作资产负债表的团体数逐渐增加。

资产负债表制作实例（A市）

平成15年度普通会计资产负债表

（截至平成16年3月31日　单位：千日元）

借　方		贷　方	
（资产部分）		（负债部分）	
1. 有形固定资产		1. 固定资产	
（1）总务费	11988830	（1）地方债	58864797
（2）民生费	2896302	（2）债务负担行为	
（3）卫生费	4638834	①物品购买等	0
（4）劳动费	375522	②债务保证或损失补偿	0
（5）农林水产业费	4969931	债务负担行为合计	0
（6）商工费	2227833	（3）退休金与专用基金	5991639
（7）土木费	57481118	固定负债合计	64856436
（8）消防费	544254	2. 流动负债	
（9）教育费	52306962	（1）次年度偿还预定额	7373172
（10）其他	273934	（2）次年度提前拨用额	0
合计	137703520	流动负债合计	7373172
其中包含的土地	46861437		
有形固定资产合计	137703520	负债合计	72229608
2. 投资等			
（1）投资及出资金	4590696		
（2）贷款	895408		
（3）基金		（实质资产部分）	
①特定目的的基金	6630887	1. 国库支出金	19888897
②土地开发基金	2048740	2. 都道府县支出金	5473103
③定额运用基金	4000	3. 一般财源等	61383240
基金合计	8683627		
投资等合计	14169731	实质资产合计	86745240
3. 流动资产			
（1）现金·存款			
①财政调整基金	2091975		
②减债基金	1207658		
③岁计现金	884405		
现金·存款合计	4184038		
（2）未收金			
①地方税	2187109		
②其他	730450		
未收金合计	2917559		
流动资产合计	7101597		
资产合计	158974848	负债·实质资产合计	158974240

※有关负债行为负担的信息　①物品购买等相关费用　669219千日元
②债务保证或损失补偿相关费用　5073577千日元
③贴息等相关费用　1403984千日元

资产负债表制作情况（团体数）

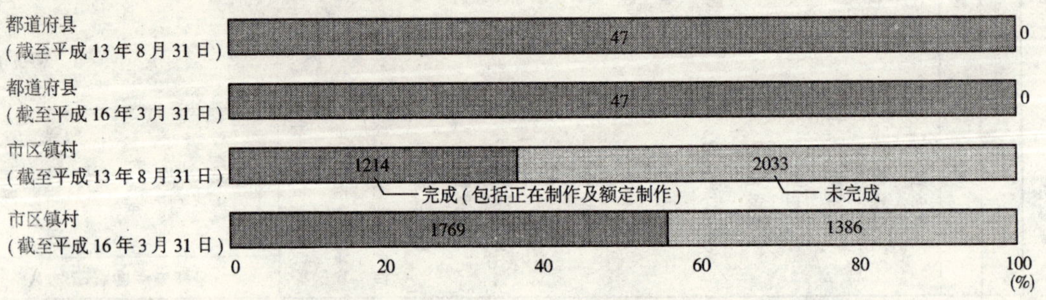

＊调查时点的市区镇村数：截至平成13年8月31日为3247团体、截至平成16年3月31日为3155团体。

4　行政改革的具体管理事例

在地方公共团体中，为了财政健全化，行政部门采取了各种具体的行政改革管理举措。本书中将介绍其中的一部分。

具体管理实例

A县

● 设立“总务事务中心”，使旅费·工资支付事务变得有效率

从平成14年度开始，首次在全国范围内设立成批处理总厅职员的旅费、工资等支付事务的“总务事务中心”，开始了事务的民间委托。以集中化和外包方式削减职员41人。取得了一年内削减约3亿5000万日元经费的效果。

●实施灵活运用“业务盘点”的行政评价

从平成9年度开始，完成明确县工作的“业务盘点”，并灵活用于行政评价。平成15年度，则向县议会（决算特别委员会）提出增加了评价信息的“业务盘点”，应用于预算及事业上。构筑了应称作日本版NPM的目的意向型行政营运系统。

●根据组织平面化原则构筑迅速而灵活的业务处理体制

从平成10年度开始，首次在全国范围内废止“科”，并按行政目的设置了“室”。废止了中间职位，使职位阶层精简化。许可及认可的标准处理期间平均缩短约5.2日，也有助于职员数的削减（100人）。

B县

● 平成11~20年度的10年内削减职员数约20%（约3000人）

（平成11~16年度的6年内削减2540人）

● 管理人员津贴的削减

（平成13~16年度内，削减10%）

● 根据县相关团体的重新评估，平成12~20年度的9年内县相关团体的职员数削减约20%（约600人）

（平成12~16年度的5年内削减516人）

● 重新评估公共设施，平成14~20年度的7年内26以上的设施（约20%）被废止或民营化等

C县

●平成16~20年度的5年内削减职员数1000人（约5.9%）

（平成16年度削减202人）

●特别职位的工资削减

（平成14~16年度，市长削减15%，副市长削减10%）

●平成16~20年度的5年内，外围团体总数（45团体）削减10%（5团体）以上

●平成16~20年度的5年内，从城市向外围团体派遣的专职派遣职员削减了平成15年度总数（259人）的30%（78人）以上

[平成16年度削减8.5%（22人）]

●平成14年度决算94.8%的市税征收率在平成20年度提高到约96%

●活用了行政评价系统的事务事业的重新评估

（重新评估平成15年度的430事业，约有102亿日元的财政效果，而平成16年度的352事业约有56亿日元的财政效果）

5 根据新地方行政改革方针进行的地方行政改革

在总务省，为了强有力地推进地方行政改革，平成17年3月29日制定了“为了在地方公共团体推进行政改革而推出的新方针”（新地方行政改革方针），并向各地方公共团体下达了通知。

此方针不仅指明了行政改革推进上的主要事项，同时，为了集中推进改革，还要求平成17年度公布明示了从平成17年度起到大致平成21年度之间的具体管理举措的“集中改革计划”。

行政改革纲要和“集中改革计划”

目标数值化·采用易懂指标等

平成17年度期间

公布明示了从平成17年度起到大致平成21年度之间的具体管理举措的“集中改革计划”

● 事务·事业的重组·处理

● 民间委托等的推进

（包含指定管理者制度的有效利用）

● 定员管理的合理化

（明示预估的退休人员数及聘用人员数，平成22年4月1日的定员目标）

● 以津贴调研为首的工资的合理化

（工资表的运用、退休津贴、特殊职务津贴等诸多津贴的重新评估等）

● 第三部门的重新评估

● 经费节减等财政效果

等等

※也公布了地方公营企业的信息

◆ 关于总务省中的都道府县·指定城市及都道府县中的市区镇村提出的“集中改革计划”，在有必要的地方简单明了地对各地方公共团体提出了建议。

◆ 听取国民对一部分地方公共团体不正当的津贴支付手段等的严厉批评，对此问题采取了强有力的矫正管理举措。

地方财政的课题

1　三位一体的改革

● 改革的背景

为了在地方财政处于大幅财源不足的状况下进一步推进地方分权改革，有必要在“地方能胜任的事务委托地方”的原则下，在年度财政收入·年度财政支出两方面，提高地方自由度及谋求真正的地域自主。从这样的观点出发，将国库补助负担金的改革、包括税源移交的税源分配的理想状态及地方交付税联系起来讨论，并决定统一对这些事项进行重新评估。

● 实现以地方税为中心的年度财政收入结构→根据行政服务带来的受益和负担的对应关系，进一步明确化尽可能缩小地方的年度财政支出规模与税收的背离

　　年度财政支出　　　　中央:地方=2:3

　　税收　　　　　　　　中央:地方=3:2

● 重新评估中央通过国库补助负担金和法令等进行的干预

● 推进中央与地方的行政改革和财政结构改革

↓

三位一体的改革

参考　　中央与地方之间的财源分配　　（平成15年度）

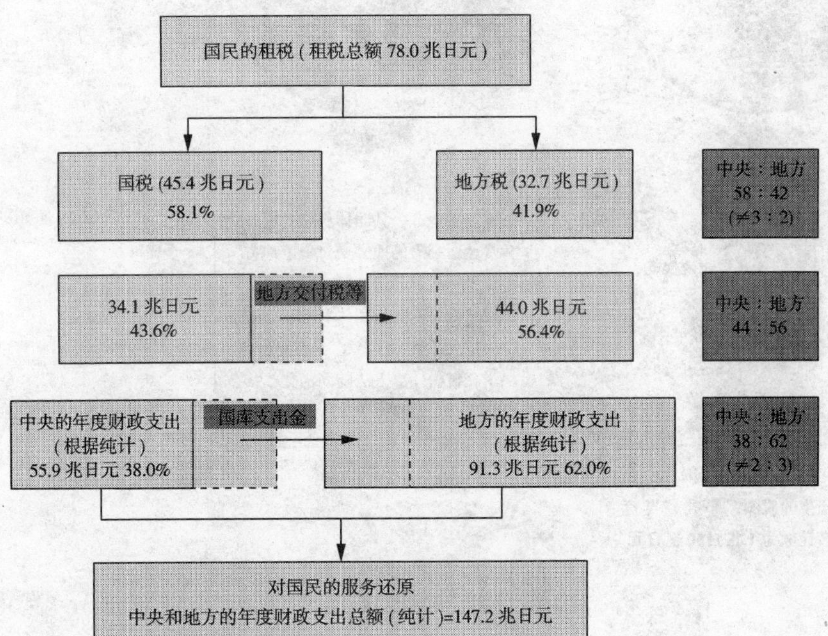

• 至平成 18 年度为止的改革全貌

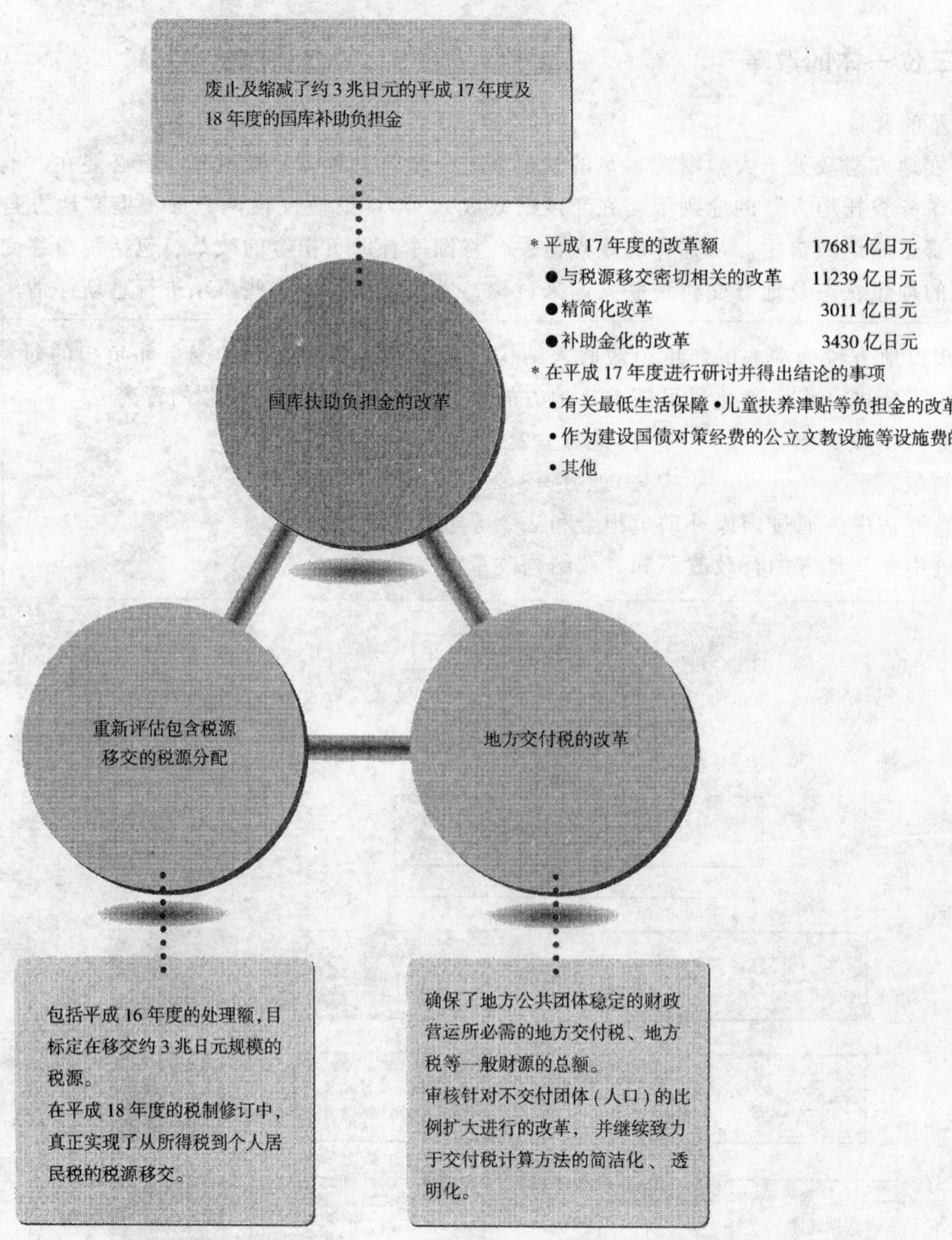

* 包括平成 15、16 年度的国库补助负担金改革衍生的税额，平成 17 年度的所得税转让额为 1 兆 1159 亿日元。

参考

与税源移交密切相关的国库补助负担金改革的图表

基于平成 17 年度

（单位：亿日元）

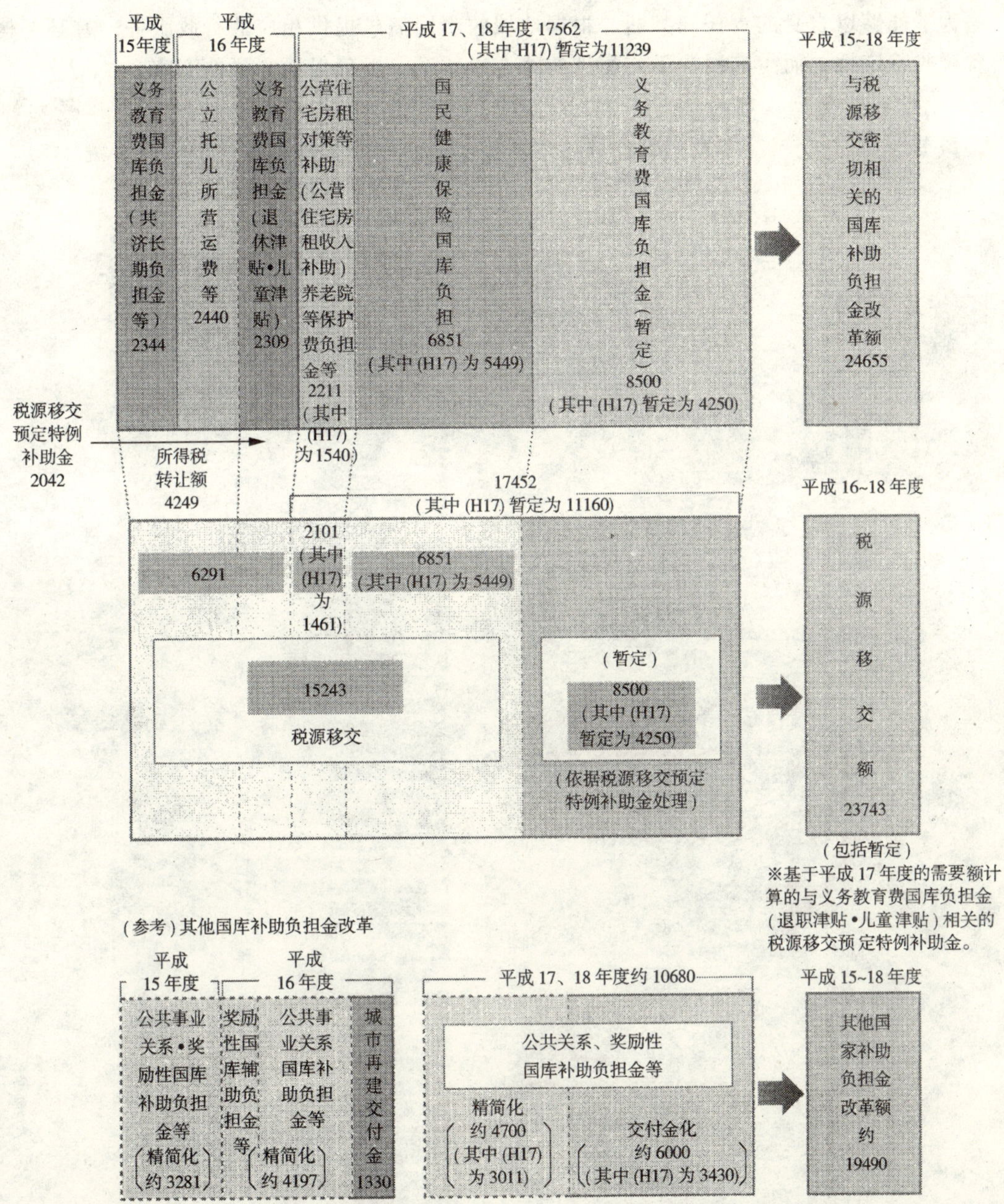

（注 1）上述内容中，平成 16 年度开始依据税源移交预定特例补助金处理的义务教育费国库负担金（退休津贴·儿童津贴）的需要额，根据年度不同而有所变动。

（注 2）平成 17、18 年度有关“其他国库补助负担金改革”的数值，是平成 16 年 11 月 26 日政府与执政党意见一致基础上的值。

（注 3）除上述内容外，根据高速汽车国道新直辖方式的引进等，平成 15 年度有 930 亿日元的税源移交给汽车重量出让税。

（注 4）圈内数字表示平成的年度。

2 财政基础的充实

地方税

为了能够以自身的责任和判断，根据地域的不同需求提供相应的行政服务，有必要构筑具备税收稳定性，而少有税源不均衡性的地方税体系，以确保地方税的充实。

参考 **地方税收合计、个人居民税人均税收额指数**

（将全国平均数值视作 100%时的平成 15 年度指数）

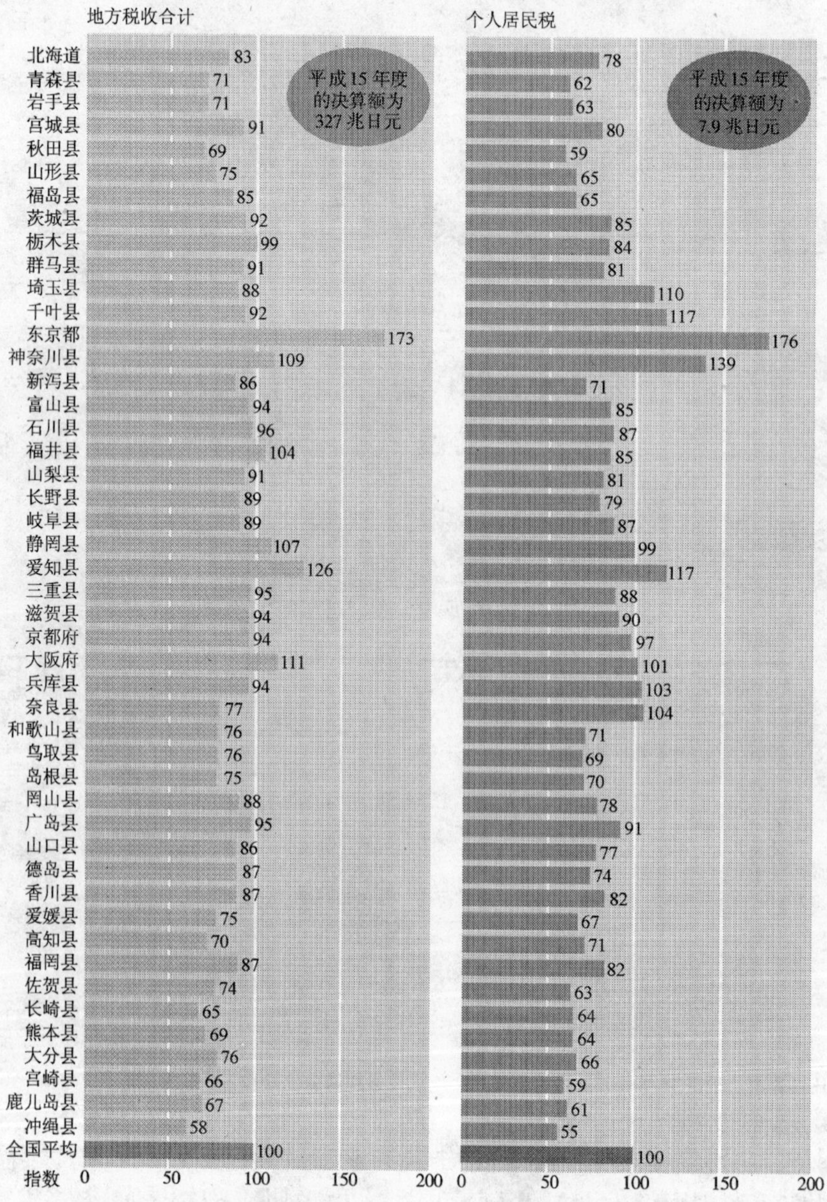

（注）个人居民税的税收额，是个人道府县居民税和个人市镇村居民税的共计额。

参考

法人二税、地方消费税（清算后）的人均税收额的指数

（将全国平均数值视作 100%时的平成 15 年度指数）

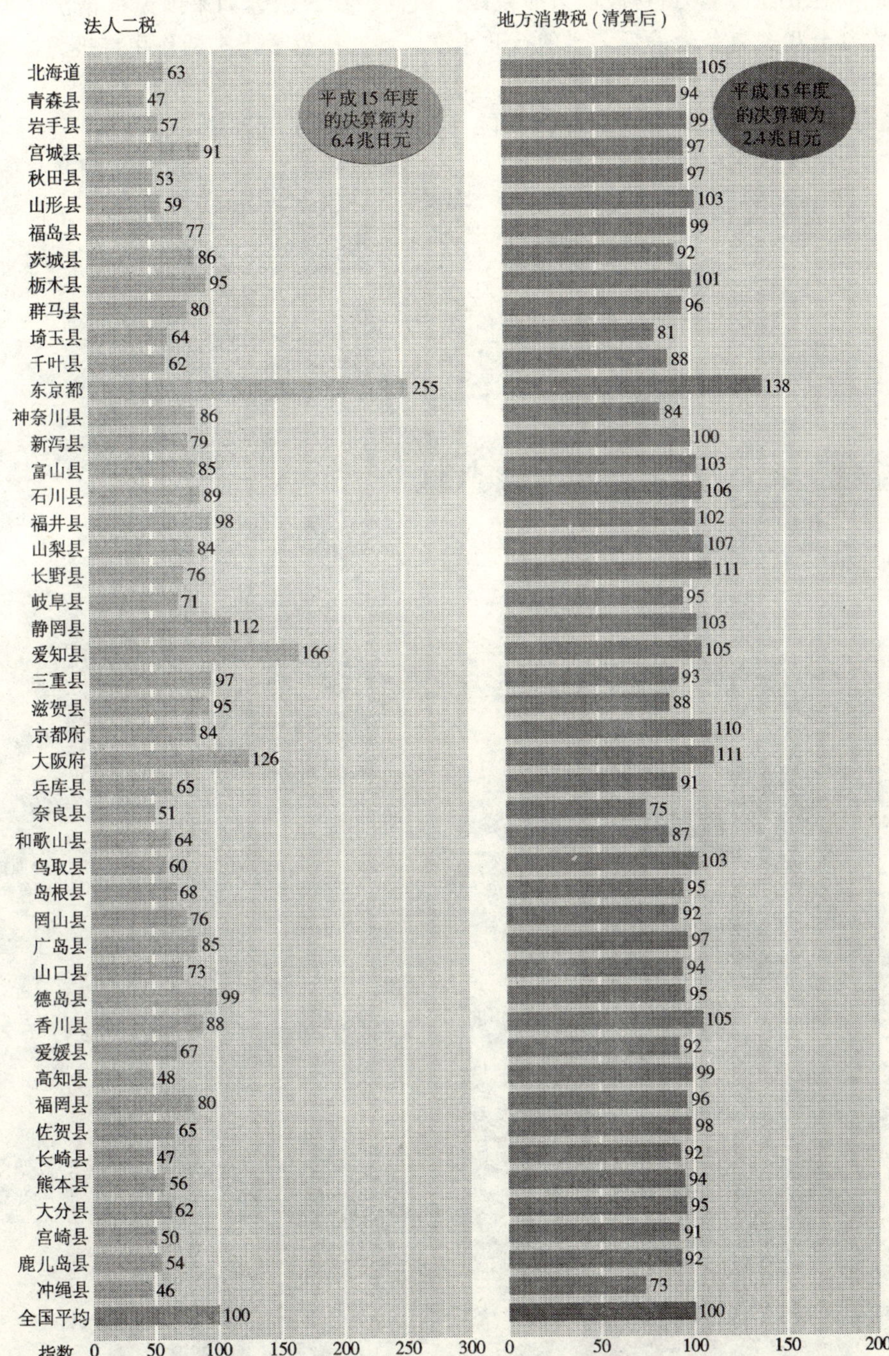

（注）法人二税税收额，是法人道府县居民税、法人市镇村居民税及法人事业税的合计额。

地方交付税

地域之间存在经济能力·财政能力的差距，因此，在我国，如果国家根据法律等要求地方在内政大部分相关事务上确保一定的行政水准，则它所发挥出来的作用将极为重要。

参考

由地方交付税得来的财源保障（微观）的状况（都道府县为例）

（平成 15 年度决算）

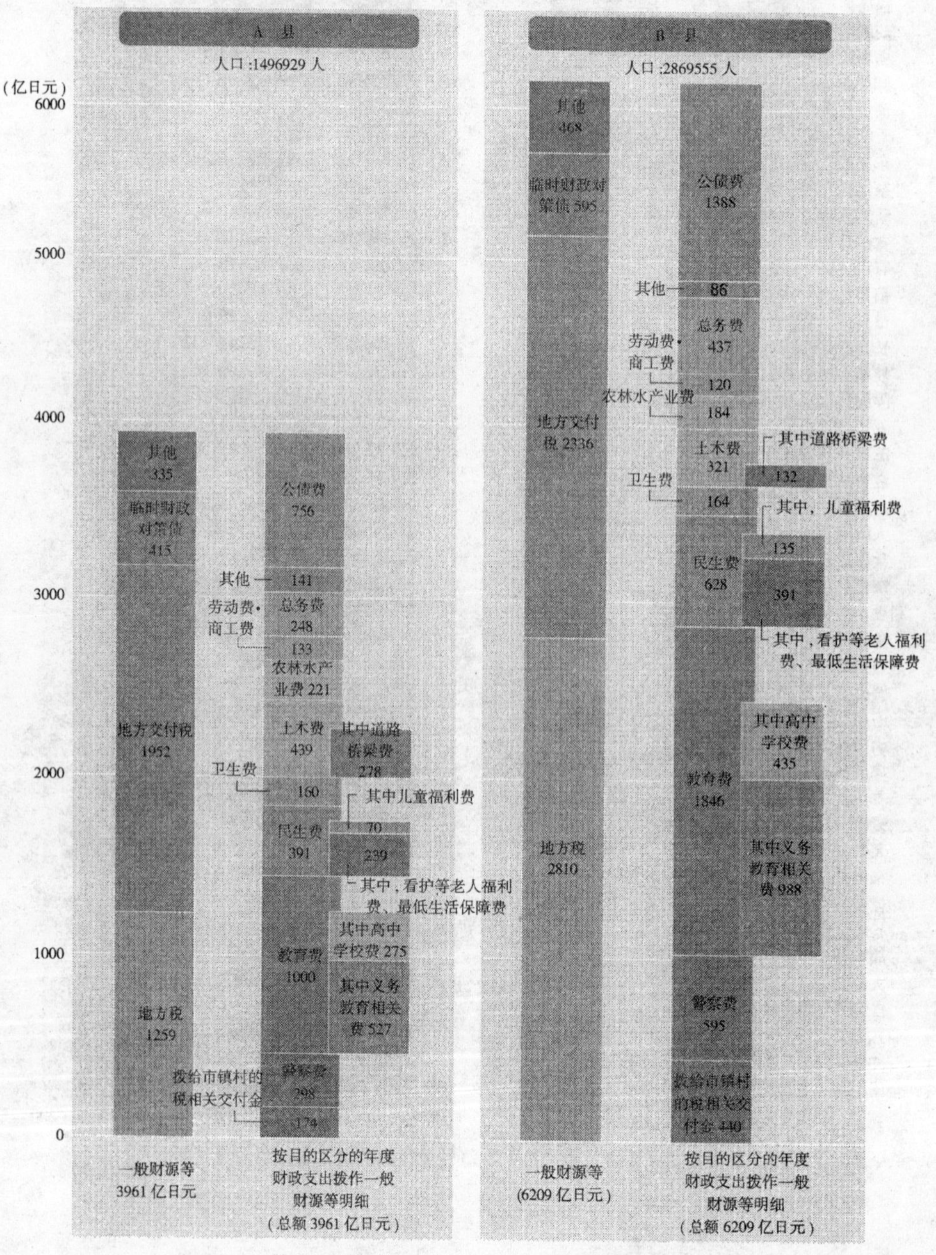

参考

由地方交付税得来的财源保障（微观）的状况（市镇村为例）

（平成 15 年度决算）

一般财源等

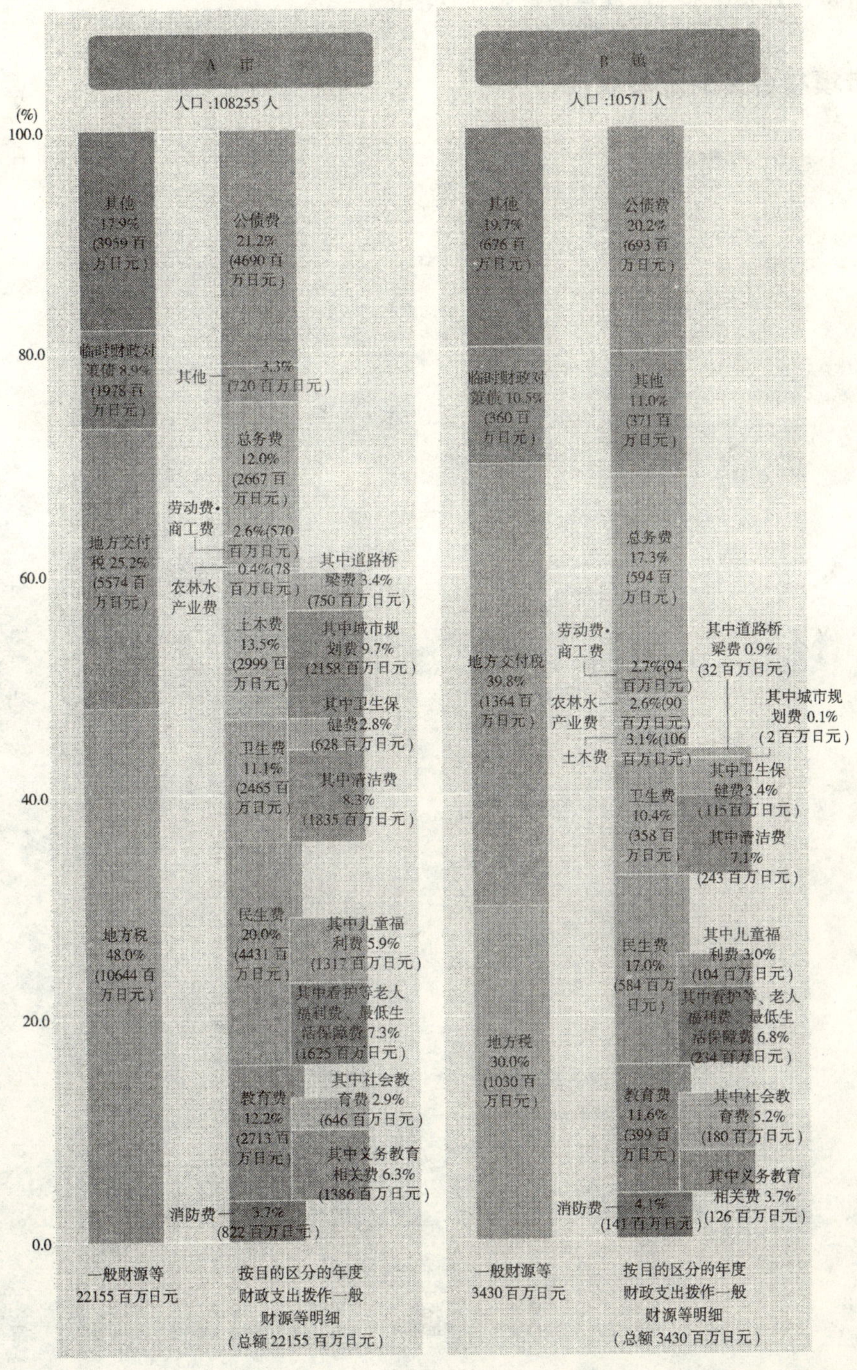

3 市镇村合并的推进

在地方分权继续发展，市镇村的作用变得越发重要的过程中，为了强化市镇村的行政财政基础，以及在中央和地方严峻的财政状况下继续维持市镇村的行政服务并使之提高，有必要通过市镇村合并谋求行政规模的扩大和效率化。

● 市镇村合并的进展状况

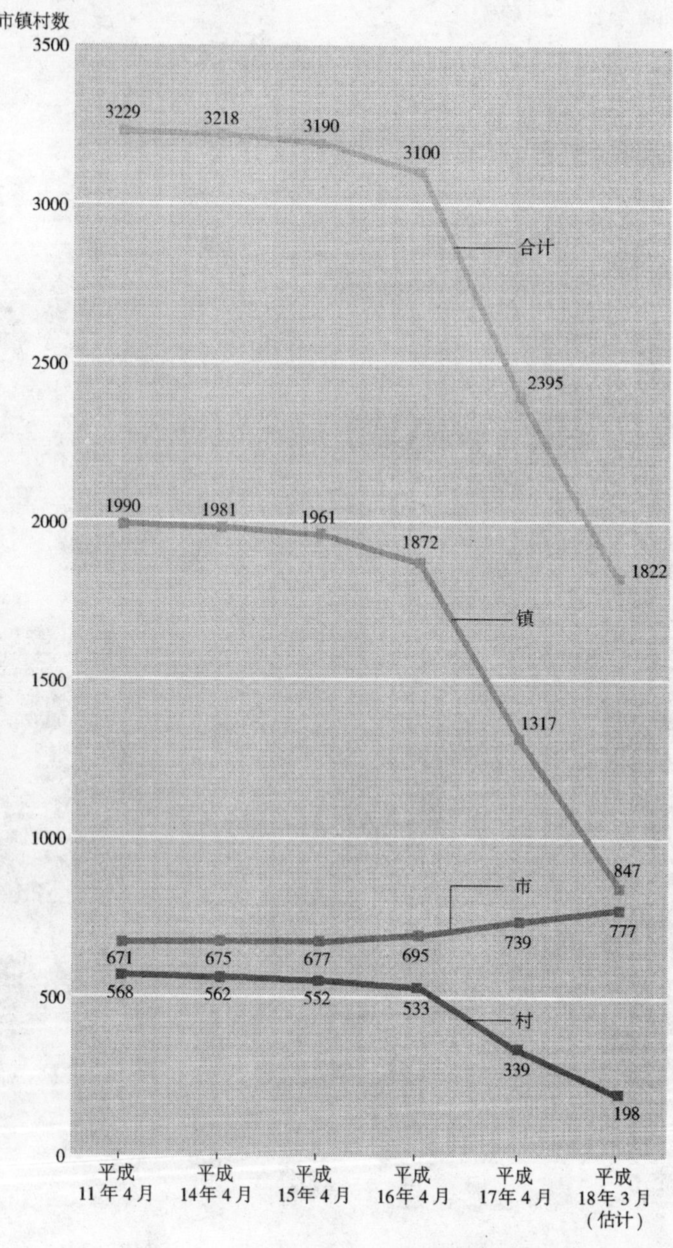

合并有何好处?

1. 提高居民的便利性

实现合并后，能够提供超越旧市镇村界限的公共设施的利用和服务，日常生活会变得便利。

〈例〉在新泻市，合并后，能够超越旧市镇村界限利用空闲的托儿所。

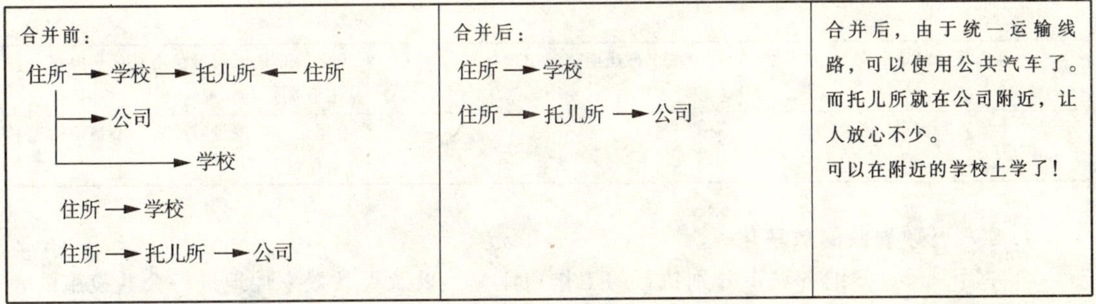

2. 实现行政服务多样化·高度化。

能够提供更专业的高度的行政服务，比如能够设置以前很难设置的专门的组织和职员等。

〈例〉在熊本县朝雾町，合并后充实了具有保健师资格的职员，以及实行了很多至今未能实施的给婴幼儿打预防针的措施，开设了面向成人的健康讲座。

合并前	合并后
一人负责三个职位，已经吃不消了!	窗口服务的高度化、迅速化。
长长的队列……	还可以引进新的服务。
太慢了!	

Q&A

没有缺点吗?

Q　公所会不会离得过远?

A　合并后，原来的市政府和镇村公所会继续作为新市镇村的公所和办事处被有效的利用，同时，也整备了居民卡发行等地区需求高的特定事务由与地域密切相关的邮局执行的法律。

而且，政府还计划，利用信息通讯技术的发展，使居民在家就可以做到在线申请等操作。最终，将会形成空间距离不再是问题的社会吧。

Q　居民的要求会不会难以传达?

A　不仅仅是每个地区原来拥有的意见听取会、行政监听员等，还在旧市镇村的区域设置了“地区审议会”，使合并之后也能充分考虑到每个旧市镇村居民的意向。对于小学校区等各居民主动参加的城市再建工作，也会纳入“我的城市再建支持事业”提供援助。

同时，根据信息公开和说明责任尽责体制的进一步强化，及有效利用具有双向功能的互联网等，以崭新的形式使居民参与进来。

Q　服务水准会不会降低?

A　合并前的市镇村，存在居民服务水准、使用费及手续费等不统一的问题。这些问题虽然已经在合并前的相关市镇村之间商谈并有决议，不过，决议中最为常见的就是根据事务处理方法的效率化等原则调整服务水准、负担等，使各居民都能够理解并接受。

同时，也整备了相关法律，使合并后居民的负担不会急剧增加。

3. 实现广域性的城市再建。

立足广域性视点，能更有效地实施道路和公共设施的整备、土地利用、有效利用地区特点的城市规划等城市再建工作。

〈例〉在水户市，从广域性视点出发，实现了整体规划和利用住宅小区、土地重新调整事业、工业小区整备事业等土地资源。

图示

学校的旁边就是绿地区啊！ （文化区）	希望城市再建能体现出地区的特征 （福利区）	重要的是地区的事情由地区想办法 （工业区）
会是一个漂亮的城市！ （绿地区）	商业	希望是一个散步时能宜人心情的街道 （居住区）

4. 实现行政财政的效率化。

合并后，通过归纳各城市分别执行的工作和业务，以及更具效率性地进行公共设施的整备，能够实现行政财政的效率化。因为归纳了重复的工作，可以节约经费。

〈例〉

● 在筱山市，市议会议员从旧镇村议员 57 人减少到 26 人，一年内削减了 2 亿日元的经费。

● 在西东京市，通过合并，10 年内能够削减约 190 亿日元的经费。

旧合并特例法和合并新法的比较。

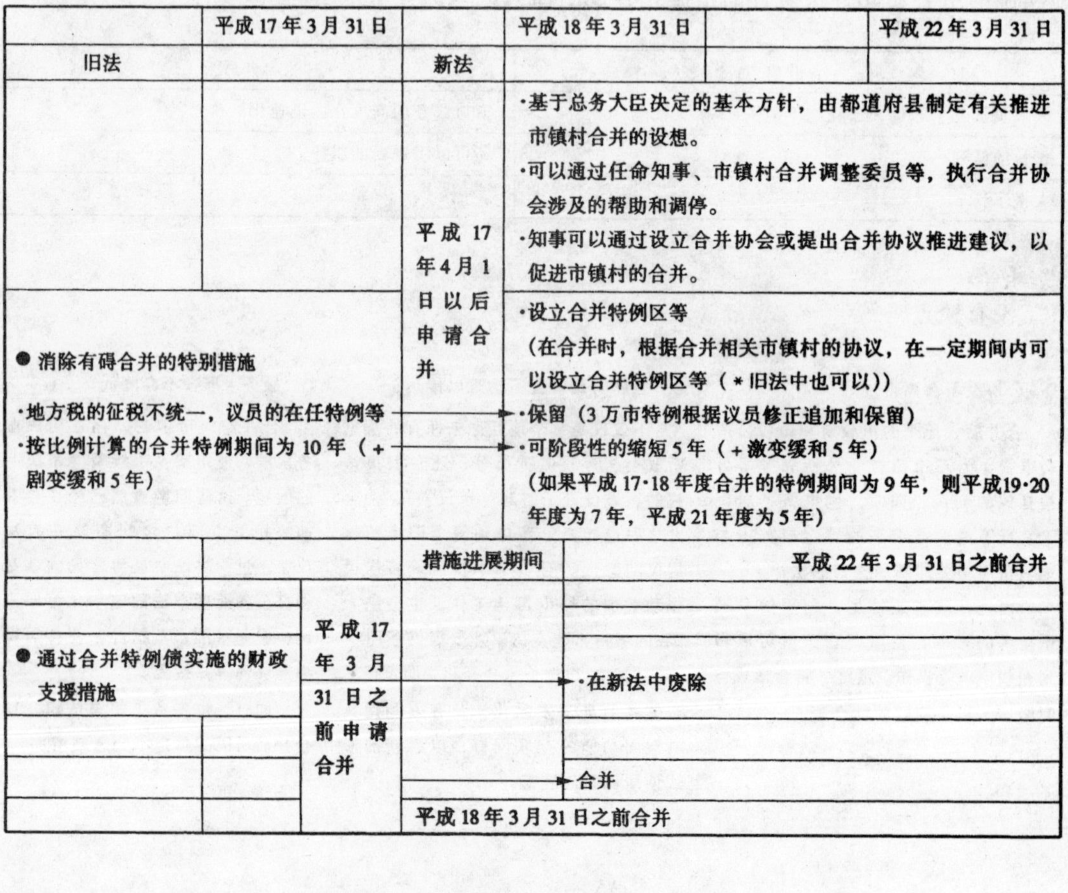

旧法	平成 17 年 3 月 31 日	新法	平成 18 年 3 月 31 日	平成 22 年 3 月 31 日
		平成 17 年 4 月 1 日以后申请合并	·基于总务大臣决定的基本方针，由都道府县制定有关推进市镇村合并的设想。 ·可以通过任命知事、市镇村合并调整委员等，执行合并协会涉及的帮助和调停。 ·知事可以通过设立合并协会或提出合并协议推进建议，以促进市镇村的合并。	
● 消除有碍合并的特别措施 ·地方税的征税不统一，议员的在任特例等 → ·按比例计算的合并特例期间为 10 年（＋剧变缓和 5 年）→			·设立合并特例区等 （在合并时，根据合并相关市镇村的协议，在一定期间内可以设立合并特例区等（＊旧法中也可以）） ·保留（3 万市特例根据议员修正追加和保留） ·可阶段性的缩短 5 年（＋激变缓和 5 年） （如果平成 17·18 年度合并的特例期间为 9 年，则平成 19·20 年度为 7 年，平成 21 年度为 5 年）	
		措施进展期间	平成 22 年 3 月 31 日之前合并	
● 通过合并特例债实施的财政支援措施	平成 17 年 3 月 31 日之前申请合并	→	·在新法中废除	
		→	合并	
		平成 18 年 3 月 31 日之前合并		